東洋史研究叢刊之七十一

シーア派聖地参詣の研究

守川知子 著

京都大学学術出版会

目　次

はじめに……3

第1章　シーア派教義とイマーム廟参詣……13

1．イマームとは誰か　13
2．イマーム廟参詣の歴史　15
3．イマーム廟参詣の法的根拠　17
4．参詣の意義　27

第2章　史的背景
——イランにおけるアタバート参詣の盛衰……35

1．16～18世紀のイランとアタバート　36
2．19世紀前半のアタバート参詣　44
3．19世紀後半のアタバート参詣——最盛期を迎えて　46

第3章　アタバートへの道
——イランからイラクへ……63

1．ルート　64
2．旅行の時期　67
3．旅行の期間　71
4．参詣者の形態　73
5．宿泊　76
6．移動の手段　77
7．費用　79
8．動機　81

第４章　聖地にて……95
１．参詣ルート　95
２．参詣場所　99
３．参詣儀礼　110
４．参詣以外の行動　117

第５章　死者たちの聖地参詣
——シーア派イスラームの「移葬」の文化……138
１．越境する遺体　139
２．病原として、収入源として　147
３．生者の参詣と死者の参詣　154

第６章　外交問題としてのアタバート参詣……162
１．アマスィヤ協定（969/1555年）とアタバート参詣者　163
２．ゾハーブ協定（1049/1639年）とアタバート参詣者　167
３．キャルダーン条約（1159/1746年）とアタバート参詣者　170
４．第一次エルズルム条約（1238/1823年）にみるアタバート参詣者問題　174
５．第二次エルズルム条約（1263/1847年）にみるアタバート参詣者問題　178

第７章　参詣者と安全保障
——生命と財産を賭けて……190
１．イラン国内の治安　191
２．イラクの治安　193
３．オスマン政府による参詣者保護策　198
４．イラン政府による参詣者保護策　201
５．自衛の手段　205

第8章　「近代化」の狭間で……213
1．通行証　215
2．検疫　220
3．関税　231
4．通行税　235

第9章　アタバート参詣者とオスマン朝下のイラク……248
1．参詣経済　248
2．イラクのシーア派化　258

第10章　イラン社会におけるアタバート参詣……275
1．イラン人参詣者のアタバート観　277
2．「シーア派の聖地」としてのアタバート　284
3．アタバート参詣の位置づけ　290

おわりに……307

資料編
ペルシア語旅行記史料解題　319
主要ペルシア語旅行記著者旅程表　335
条約・外交文書翻訳　343
『アッバース大全』第7章翻訳　364
バグダード州内の聖人の墓一覧　380

参考文献……384

索　引　409

凡　例

- 年号はヒジュラ暦／西暦の順で記す。オスマン財務暦に関しては、その旨を特記する。
- アラビア文字のローマ字転写は、IJMES（*International Journal of Middle East Studies*）のペルシア語表記法に準じる。二重母音については、ay、aw と記す。またペルシア語の母音表記には a、i、u を使用し、現代表記にはしない。オスマン・トルコ語に関しては、現代トルコ語の母音表記を使用する。しかし、原文のアラビア文字を尊重し、子音については上述の IJMES ペルシア語表記法に準じる。
- 筆者による訳文の補足、あるいは文献の引用は［ ］で示し、原語表記や訳語の解説には（ ）を、また写本間の異同には〔 〕を使用する。

シーア派聖地参詣の研究

はじめに

本書は、シーア派ムスリムの聖地参詣について、宗教社会史的観点から検討する書物である。

シーア派は、イスラーム社会の少数派であり、ムスリム全体の1割程度を占めるにすぎないが、1979年のイラン・イスラーム革命以降のイランでの政教一致体制、21世紀に入り生じたイラク戦争とサッダーム・フセイン政権崩壊後のシーア派を主流とした新政権の誕生、およびその後のイラクでの激しい宗派対立、あるいはレバノンのヒズボッラーの政治的躍進など、近年様々な理由から国際社会のなかで耳目を集める存在となっている。

このようなシーア派に対し、これまでの研究史においては、シーア派の成立や、スンナ派との教義上の相違、あるいはナジャフやゴムといった聖地で活躍するシーア派法学者（ʻulamā）の動向に焦点があてられるなど、歴史的、理論的、政治的側面から語られることが多かった。また、シーア派ムスリムに特有の信仰儀礼として、1年に一度、シーア派社会において大々的に催されるフサイン哀悼儀礼（*taʻzīya*）が人類学的見地から注目されており、これらのテーマに関しては、多くの研究の蓄積をみている[1]。しかしながらシーア派に特徴的な信仰儀礼は哀悼行事のみではない。これまでその重要性が指摘されてきたにもかかわらず、ほとんど研究がなされてこなかったテーマとして、聖地参詣という問題が挙げられる。では、聖地参詣とは何か[2]。そしてそれはシーア派社会のなかでどのように捉えられているのか。そのような問題を具体的に解き明かしていくことが本書の主たる目的である。

聖地に参詣（参拝）し、神仏に加護を求めるという行為は、何もシーア派ムスリムに限られたことではなく、日本の伊勢参りや西国巡礼、キリスト教社会のサンチャゴ巡礼など、世界中であまねく見られる。またイスラーム社会においても、生涯に一度、メッカのカーバに巡礼することは宗教的義務である五行（柱）のひとつとされ、近年では巡礼月（ヒジュラ暦第12月）になると、世界中から集った200万人もの巡礼者がメッカを訪れる[3)]。イスラームの用法では、１年に一度定まった時節に行われるメッカへの巡礼は、「ハッジ（*ḥajj*）」と称される。一方メディナにある預言者ムハンマドの墓や、その他の偉人や聖者の墓を訪れることもまた、イスラーム社会においては広く見られる行為であるが[4)]、このような墓参詣については、アラビア語で「ズィヤーラ（*ziyāra*）」という語があてられ、五行のひとつであるメッカ巡礼（ハッジ）とは厳密に区別されている。そのため、墓参詣を主題とする本書においても、イスラームの用法に合わせ、「巡礼」ではなく「参詣」の語を使用する。

シーア派ムスリム社会に見られる「参詣」は、シーア派の歴代イマームの墓であるイマーム廟や、イマームの子孫たちの墓であるイマームザーデに参り、その地でイマームやその子孫を通じてアッラーの恩寵を授かることを目的としている[5)]。主要なイマーム廟としては、イラクにあるナジャフのアリー廟やカルバラーのフサイン廟、イランのマシュハドにあるレザー廟などが挙げられよう[6)]。これら多数のイマーム廟のなかで本書が対象とするのは、イラクのシーア派聖地「アタバート」である。「アタバート」とは、アラビア語で「敷居・門口」を意味する「ʻataba」の複数形であり、「御門」と訳するにふさわしい語である。イマーム廟のもつ神聖さを表す語である「アタバート」は、諸史料においては、「至高なるアタバート（ʻatabāt al-ʻāliyāt）」と呼ばれ、イラクにある４ヶ所のシーア派聖地（ナジャフ、カルバラー、カーズィマイン、サーマッラー）の総称として用いられている[7)]。ここで、それぞれの聖地に眠るイマームの名を挙げると、ナジャフにはシーア派初代イマーム、アリー（ʻAlī b. Abī Ṭālib, 40/661年没）が眠り、カルバラーはアリーの次男である第三代イマーム、フサイン・ブン・アリー（Ḥusayn b. ʻAlī b. Abī Ṭālib, 61/680年没）が殉教し、埋葬された場所である。またバグダード近郊のカーズィマインには、第七代イマーム、ムーサー・カーズィム（Mūsā al-Kāẓim, 183/799年没）と第九代イマーム、ムハンマド・ジャヴァード（Muḥammad al-Javād, 220/835年没）の２人の墓があり、さらにバグダード北方のサーマッラーには、第十代イマーム、アリー・ハーディー（'Alī al-Hādī, 254/868年没）と第十一代イマーム、ハサン・アスカリー（Ḥasan al-'Askarī, 260/874年没）の墓および第十二代イマーム、ムハンマド・マフディー（Muḥammad al-Mahdī）が幽隠（*ghayba*）したと伝えられる「ガイバの場所」がある。このように、アタバートと総称されるイラクの四聖地には、十二イマーム・シーア派にとっての12人のイマームのうち、計６人のイマームの墓と最後のイマームである第十二代イマーム・マフディーの幽隠地が存在する。すなわち、十二イマーム派の信徒にとって、アタバートの諸聖地をめぐることは、とくに重要視されるアリーとフサインの墓参詣と同時に、そのほかのイマームたちを含め、非常に効率的にイマーム廟参詣を成就させることが可能となるのである。

このようなイマーム廟参詣が最も隆盛を誇ったのは、19世紀のイランである。今日のイランでは、国民のおよそ９割がシーア派信徒であり、十二イマーム・シーア派は同国の国教として定められるなど、他のイスラーム社会以上にシーア派の比率が高く、他とは異なる歴史を歩んでいる。しかしながら、シーア派としてのイランの歴史は、16世紀初頭のサファヴィー朝政権の成立に遡るにすぎない。十二イマーム・シーア派信仰がもたされたサファヴィー朝期（1501-1722）以降、イランではシーア派信仰が根づき、そのおよそ３世紀後の19世紀のガージャール朝時代（1796-1925）には、その領域下の人々にとり、このシーア派信仰は自明のこととなっていたようである。そのため19世紀には、イラン各地で、シーア派信仰の表象とも言うべきフサイン哀悼行事やイマームザーデ参詣が盛んに行われた[8)]。同時に、シーア派ムスリムにとって最も重要なアリーやフサインの墓廟への参詣もまた、この時代に活発に行われた。バグダードはテヘランから1,000キロメートル離れた場所にあり、さらに当時のイラクは、スンナ派のオスマン朝（1299-1922）の支配下にあったにもかかわらず、である。

シーア派ムスリムのイマーム廟参詣という問題について、これまでその重要性が指摘されつつも研究が進まなかった最大の要因は史料上の制約にある。全体的に見て、これまでのシーア派研究は、主にイマーム自身の言説であるハディース集やシーア派法学者の著作が中心に利用されてきた。また歴史的な信仰儀礼の実態を明らかにするにあたっては、他者である欧米人の目から見た旅行記や欧米諸語の外交文書史料のみに、研究者の関心が向けられてきたきらいがある。とくに、19世紀のシーア派聖地やイランの状況を検討するにあたっては、主としてイギリス外交官の報告書が利用されてきた[9)]。しかしながら、近年のイランにおける活発な出版事情や、各地の文書館や図書館の外国人利用への門戸開放などにより、ここ数年で現地の史料状況は飛躍的に向上したと考えられる。筆者は、留学あるいは現地での資料調査においてその恩恵に与り、数々の新たな史料に触れることができた。

本書で利用する主な史料は、19世紀のイランからの参詣者自身の手になるペルシア語の旅行記、およびオスマン語、欧米諸語、日本語による旅行記史料である。これら一人称で書かれた叙述史料は、実際にどのように旅行が行われ、著者は何を目撃し、どのように感じたのか、という点を語る優れた一次史料である。またこれらの叙述史料とは別に、テヘランにあるイラン外務省附属外交文書歴史センター（Markaz-i Asnād va Tārīkh-i Diplumāsī）や、イスタンブールにあるトルコ総理府オスマン文書館（Başbakanlık Osmanlı Arşivi）などの文書館に残されている外交文書、および当時オスマン領内にあったバグダード州政府からオスマン中央政府に向けて発信された上申書や内務報告書といった内政文書をも利用する。これらの文書史料からは、イランからのアタバート参詣者が置かれていた立場やオスマン政府側の参詣者への対応などが明らかとなる。ペルシア語旅行記史料をはじめ、ペルシア語やオスマン語の文書史料など、本書において使用する一次史料の大半は、未だ扱われたことがほとんどないが、このような当事者たちの史料を使わずして、シーア派ムスリムの聖地参詣の実態を語ることは不可能であろう[10)]。

本書の構成は以下のとおりである。

第１章では、シーア派教義のなかで、イマームの墓廟への参詣がどのように位置づけられているのか、実際に参詣するシーア派ムスリムにとって参詣の意義とは何であるのか、といったシーア派の教理面からイマーム廟参詣について概観する。

続く第２章では、16世紀にシーア派へと転向したイラン社会とシーア派聖地アタバートとの関係をサファヴィー朝期に遡って検討し、イランからのアタバート参詣が最盛期を迎える19世紀後半までの時代背景を追う。ここで重要となるのは、シーア派にとっての聖地であるアタバートを擁するイラクが、16世紀以降ほぼ一貫して、スンナ派であるオスマン朝の支配下にあったということである。加えて、オスマン朝中央政府から遠く離れたイラクでは、中央政府の統制の効かない在地政権が支配した時期もある。このため、この章ではイラン、オスマン朝、イラクという三者の複雑な歴史を踏まえつつ、アタバート参詣の盛衰が論じられる。

第３章と第４章では、実際のアタバート参詣の様相を、参詣者自身の記録から検証し、どのような形で旅や参詣が行われていたのか検討する。これまでイマーム廟参詣の実態などについては、まったく研究がなされていないので、旅のあり方から参詣場所や参詣儀礼、聖地での過ごし方など、19世紀のイラン人によるアタバート参詣の旅全般の具体的な様相について、これら２章で考察したい。

第５章は、アタバート参詣の特徴のひとつである死者の「移葬」について検討を加える。19世紀には、生きている参詣者たちの数の増加に伴い、大勢の死者がカルバラーやナジャフへと運ばれ、イマームの墓の傍らに埋葬された。国境を越えて運ばれる死者の「移葬」については、イスラーム社会のみならず、他の社会においてもほとんど見られることがなく、本章で示される「移葬」の実態は、比較社会史上有益な事例を提供できるであろう。

アタバート参詣はシーア派に特徴的な信仰儀礼であるが、イランのシーア派ムスリムたちが聖地へ向かう場合、イラクがオスマン朝の支配下に存在していたために、参詣はイランとオスマン朝間の外交問題としての側面をも有していた。第６章では、16世紀以降のイランの諸政権とアタバートを支配していたオスマン朝の両国家間で締結された条約を検討することによって、イラン人シーア派ムスリムのアタバート参詣が、16世紀以降19世紀に至るまで、オスマン朝とイランの間で常に重要な政治問題として扱われていたことを跡付ける。

第７章では、参詣者にとって最も重要な案件であった治安問題と安全保障について検討する。アタバートへの参詣者は、遊牧部族民らの襲撃に晒され、格好の略奪対象となっていた。一方、オスマン政府やイラン政府、あるいは参詣者自身も、生命と財産の保全のために、遊牧民らの襲撃に対して策を講じていたことが本章を通じて明らかとなる。

第８章では、19世紀に新たに導入された近代化の諸制度に基づく問題と参詣者の関係について考察する。この時代、オスマン政府は、通行証（ヴィザ）や検疫といった新たな制度を国内外の人々に課し、「国民管理」を強化し始めていた。一方イランでは、これらの諸制度の運用は立ち遅れ、国境をまたぐ参詣者らにとっては、国境で初めて目にする新制度に対して戸惑いが広がっていた。本章では当時の参詣者と「近代化」の問題を、外交文書を利用して明らかにしていきたい。

第９章では、年間に数万人が訪れるアタバート参詣が、オスマン朝下のイラクに与えた影響についての考察を試みる。イラクへの影響のひとつは、参詣者がもたらす経済的な利潤である。参詣経済は莫大な利益をもたらしたために、一方で疫病流行の危険性を孕むものの、オスマン政府やイラクの州政府は、イランからの参詣を禁じることはほとんどなかった。またもう一点の影響として、参詣者の流入によるイラクのシーア派化促進という問題が挙げられる。アタバート参詣の活性化に伴う19世紀の宗派構成の変動は、昨今のイラク社会の複雑な宗派構造を理解する上でも不可欠な点であろう。

イラン社会において「アタバート参詣」とは如何なるものであったのか。イラン人参詣者はなぜ数多の困難や国境をも乗り越えて参詣を行っていたのか。これらの疑問に答えるべく、最終第10章では、イラン人参詣者の参詣後の感想を検討し、スンナ派ムスリムや欧米人旅行者らのシーア派聖地に対する見解を考察することで、シーア派的宗教感情を最大限に引き出す場であったアタバート参詣が、イラン人参詣者に与えた影響の一端を垣間見る。また、アタバート参詣をメッカ巡礼やマシュハド参詣と比較することにより、アタバートがシーア派ムスリムにとって特別な「聖地」であったことを検証する。

本書は、19世紀のイラン人シーア派ムスリムによるアタバート参詣とはどのようなものであったのか、また、実際にどのような形で参詣が行われていたのかという点を、これまでほとんど顧みられることのなかったペルシア語やオスマン語の第一次史料をもとに考察するものである。先にも述べたように、イランからのアタバート参詣は、イランからオスマン朝下のイラクへという二国間にまたがる旅程となる。アタバート参詣が隆盛を迎えた19世紀の参詣実態は、1,000キロメートルもの道のりを、生きる者も死す者も聖地を目指すという圧倒的な信仰心に依拠するものであり、シーア派ムスリムの信仰世界の一端を余すところなく我々に提示してくれる。また対象となる19世紀は、蒸気船や鉄道といった近代交通網や通信設備が敷設されると同時に、ヨーロッパ列強によって中東社会に「近代化システム」が導入されるなど、社会的な変動の大きかった時代である。アタバートへ参詣するイランのシーア派ムスリムたちにとり、「近代化」の問題は無縁ではなく、彼らは「国家」や「国民管理」など「近代化」が生み出した諸制度に翻弄されている。またイラクでは、19世紀後半とは、シーア派の影響が拡大していく時代であり、イランからの参詣者たちがオスマン朝下のイラクに与えた社会的・経済的な影響は決して少なくはない。そのような点においても、19世紀のアタバート参詣は当時のイランやイラクの社会およびその世相を知る上で格好の題材であろうと思われる。

アタバート参詣という、当時の社会現象でもあったシーア派ムスリムの信仰儀礼を通じ、宗教社会史的観点に立つ本書によって参詣の実態が明らかになると同時に、アタバート参詣を切り口に、当時のシーア派社会、ひいてはイランやイラクやオスマン朝といった西アジア社会の一端を明らかにすることができると考える次第である。本書が、昨今国際社会のなかで注目を集めている「シーア派とは何か」という問いを解する一助となれば幸いである。

注

1) たとえばArjomand 1987、Nasr *et al.* (eds.) 1988、Halm 1991, *idem*. 1999、Richard 1995、Algar 1969、Aghaie 2004、Chelkowski (ed.) 1979、Calmard 1979, *idem*. 1983など。

2）イスラーム社会の聖地参詣に関して纏められているものとしては、*Encyclopaedia of Islam*（以下 *EI2* と略記）："Ziyāra" の項がある。そこでは、参詣の法学上の発展と小史、各地の参詣に焦点があてられているが、イランでの参詣の実態についてはきわめて簡潔に触れられているだけである。また、スンナ派の聖地参詣については、近年大稔氏がエジプトの「死者の街」を対象とし精力的に研究を進められている。現代イランのマシュハド参詣を人口動態学的に扱ったものとして、Hakami 1989がある。

3）メッカ巡礼に関しては、坂本氏の一連の研究（坂本 1986, 1992, 2000）および Faroqhi 1994、Ja'fariyān 1379s といった諸氏による研究が挙げられる。

4）イマーム廟への参詣が確立されていく過程については、Nakash 1995: 153–157を参照のこと。

5）イマーム廟参詣の理論的側面については、本書第１章、Nakash 1995、吉田 2004をも参照のこと。

6）ナジャフ、カルバラーについては後述。マシュハドのレザー廟は、シーア派第八代イマーム、アリー・レザー（'Alī Riżā, 203/818年没）が毒殺され、埋葬された場所である。「レザーの殉教地（Mashhad-i Riżā）」から現在の地名の「マシュハド」になった。このほかイランには、ゴムにある、イマーム・レザーの妹のファーティマ廟、レイのアブドゥルアズィーム廟、シーラーズのシャー・チェラーグ廟など大規模な墓廟と同時に、多くの小規模なイマームザーデ（イマームの子孫たちの墓）が各地に存在する。

7）アタバートの概略については、*Encyclopædia Iranica*："'Atabāt" の記述が参考になる。ところでアタバートという語は、19世紀の諸史料から判断するに、狭義にはカルバラー（あるいはカルバラーとナジャフ）のみを指していたと考えられる事例がいくつか見受けられる。たとえば、あるイラン人参詣者は、カーズィマインからカルバラー方面へ出立するにあたり、「アタバートへ」という表現を用いており[Adīb: 136, 139]、同様の用例が駐バグダード・イラン領事からの書簡にも見られる[MATD: 1316/35/8/30]。一方、インドからヨーロッパを旅行し、イラクを訪れた大旅行家は、カーズィマイン参詣をしつつバグダードに15日間滞在した後、「アタバートを目指した。そして（va）サーマッラーから始めた」と記しており、アタバートにサーマッラーも含まれる印象を受けるが、前文に続けて、「というのも、カルバラーやナジャフから始めたら、その後サーマッラーへ行くのが面倒になり、行くことができない事態が起こるかもしれないからである」[Ṭālibī: 403] と記しており、前文にある接続詞 va は、「そして」ではなく、「しかし」と読む方が適切であろう。これにより、著者の意図する「アタバート」も、カルバラー方面のみを指すと考えられる。ただし、イラクのシーア派四聖地をまとめて「アタバート」と考えていた可能性も否定はできず、20世紀初頭のオスマン語史料では、サーマッラーは「アタバートのひとつ」[BS: 1325/235] とみなされていた一方、「アタバート［ナジャフとカルバラー］とカーズィマインに運ばれる」という両方の用例が確認される [BOA.DH-MUİ: 48/58]。

8）19世紀には、フサイン哀悼行事や各地のイマーム廟やイマームザーデへの参詣が盛んになったことが指摘されている［Momen 1985: 143］。サファヴィー朝期のシーア派信仰の浸透については、守川 1997を参照されたい。Arjomand は、サファヴィー朝時代にシーア派法学者によって聖地参詣が奨励されたことを、10世紀から11世紀にかけて書かれた「シーア派四書」とサファヴィー朝末期の大学者 Majlisī の『光の大洋（*Biḥār al-anvār*）』（17世紀末）に現れる「巡礼（ḥajj）」と「参詣（ziyāra）」のページ数から跡付けている。それによると、「四書」では、圧倒的に「巡礼」に対して割かれていたページ数が、『光の大洋』では逆転し、「巡礼」の３倍近くを「参詣」が占めるようになっている［Arjomand 1987: 169］。

9）Litvak 1990, *idem*. 1998をはじめ、シーア派ウラマーとの関連からアタバートを考察したものは多い。また Cole 2005、Litvak 2000, *idem*. 2001など、イラクのシーア派聖地とインドのアワド藩主国との経済的関係を論じた論考は、主としてイギリスの公文書館（Public Record Office）やインド庁（India Office Library）の文書が利用されている。

10）イラン人のアタバート参詣については、ナーセロッディーン・シャーの旅行記を扱った小牧 1991と Nasiri 1991があるのみである。アタバート参詣の重要性については、これまでにも触れられてはいるが、その実態を明らかにする論考はほとんどない。20世紀のイラクのシーア派については、Nakash 1994の研究が存在し、イラン人シーア派ムスリムの参詣問題についても考察されているが、対象は20世紀であり、19世紀を扱ったものではない。

第1章

シーア派教義とイマーム廟参詣

シーア派のイマーム廟参詣を考察するにあたり、本章ではまず、シーア派における「イマーム」の捉えられ方、およびイマーム廟参詣の概略を提示したい。その上で、本書が対象とする19世紀のシーア派イランに至る上で重要な、サファヴィー朝期のシーア派法学手引書から、イマーム廟参詣の基礎的概念を検討し、参詣者たちがイマームに求めたことはどのようなことであったのか、シーア派ムスリムの信仰の核となるイマームへの尊崇とあわせて概観する。

1．イマームとは誰か

シーア派は、その「シーア」という名前の由来が「シーア・アリー（アリーの党派）」だとされるように、預言者ムハンマドの従弟にして娘婿であったアリー・ブン・アビー＝ターリブを、ムハンマドの正統な後継者として支持する一派である。彼らは、ムハンマドの持っていた能力や聖性は、預言者一族としての血統を通じてアリーへと受け継がれたと考える。シーア派においては、イスラーム共同体の真の指導者たる人物のことを「イマーム（imām）」と呼び、アリーこそがムハンマドの後継者としてふさわしいと考える。しかしながら現実のイスラーム社会では、ムハンマドの死後、共同体を率いる後継者（カリフ）となったのはアリーではなく、ムハンマドの補佐役であったアブー・バクルであった。アブー・バクルの後もクライシュ族の有力者であったウマル、ウスマーンといった人々がカリフとなり、結局アリーがカリフとなったのは、ムハンマドの死から20年以上を経た、西暦656年のことであった。

アブー・バクル、ウマル、ウスマーンに継ぎ、第四代カリフとなったアリーは、イラクのクーファを拠点に活動したが、661年にクーファのモスクで礼拝中、ハワーリジュ派の刺客 Ibn Muljam によって短剣で襲われ、命を落とした。アリーの暗殺後、当時のシリア総督であったムアーウィヤによってウマイヤ朝（661-750）が興される。イスラーム社会で初めての世襲王朝となったウマイヤ朝に対し、メディナにいたアリーの次男フサインは異議を唱え、反乱を起こす。ウマイヤ朝と対峙したフサインが、イラクのカルバラーで殉教したのは、ヒジュラ暦61年ムハッラム月10日（西暦680年10月10日）のことである。預言者ムハンマドの愛孫の殉教により、シーア派は派閥としての連帯感を深め、フサインの後は、その子孫が歴代のイマームとしてシーア派ムスリムの拠り所となった。イマームは、先代からの指名によって定められ、そのほとんどが父子伝来のものとなった。しかしながら、イマームに指名されたフサインの子孫もまた、政治の実権を握ることはできずに、アッバース朝時代（749-1258）にときのカリフたちによって政治的に利用されることはあっても、多くは反体制派の首謀たる危険因子とみなされ、投獄や毒殺などの手法で殺害された。

シーア派では、どのイマームまでを正統と認めるかによっていくつかの派が分岐した。そのなかで十二イマーム・シーア派は、その名のとおり12人のイマームを認める一派であり、初代アリーから第十二代イマーム、ムハンマドまでを数える。アリーが初代のイマームであるということは、預言者ムハンマドが、アリーに「監督権（*vilāya*）」を授けたとされる史実に基づく。632年の別離の巡礼を終えたムハンマドは、ガディール・フンムという場所で、「わたしを親しいとする者には、アリーが親しい」と語ったとされる。シーア派の人々はこのハディースを、アリーが後継者に指名され、監督権を授けられたと解釈し、その日（ズー・アルヒッジャ月18日）のことを「ガディール・フンムの祝日」と呼び重要視するが、アブー・バクルら４人のカリフからウマイヤ朝への流れを承認するスンナ派は、上述のハディースを否定はしないものの、「ムハンマドがアリーにイスラーム共同体の監督権を与えた」という解釈はとっていない。

十二イマーム派においては、初代アリーから第十一代イマーム、ハサン・アスカリーまですべてのイマームは「殉教」したとみなされる。そして最後のイマームとなる第十二代イマーム、ムハンマドのみは、873年（あるいは874年）の父の殉教時に、サーマッラーの彼らの家の横にあった井戸に逃れ、そのまま現世から姿を隠し（幽隠）、終末が訪れたときに、「救世主（マフディー）」として再臨し、不正を正して人々を救うと信じられている。

シーア派におけるイマームは、預言者ムハンマドの従弟アリーとムハンマドの娘ファーティマの血統からのみ輩出すると同時に、イマームとしてイスラーム共同体を指導する資質はこの血筋のみに継承されるとする。他方、現実には、初代アリーを除きイマームが最高指導者として政権を担うことはなかったために、イマームは、シーア派信徒の「精神的支柱」としての側面を強め、過ちを犯すことのない「無謬」の存在として神聖視されるようになった。アリーからマフディーに至る12人のイマームたちに、ムハンマドとファーティマを加えた14人は、「無謬の十四人（chahārdah maʻṣūma）」と呼ばれ、すべての美徳をそなえる理想の人間としてシーア派ムスリムの崇敬の対象となっている。これがシーア派の人々が信じるイマーム論であり、その重要性や歴代イマームに対する尊崇の念は、シーア派にとってなくてはならないものとして、信条の核をなしている。

2．イマーム廟参詣の歴史

イマーム廟参詣の歴史は古い。特別な存在である無謬のイマームたちは、アッラーと信徒の仲介者であり、そのようなイマームに賦与された神の恩寵（バラカ）は、イマームの死後も彼の遺物や墓に宿ると考えられている。そのため、イマームの墓を参詣するということは、すなわち、イマームを通じて直接バラカを授かることが可能な行為だということになる。

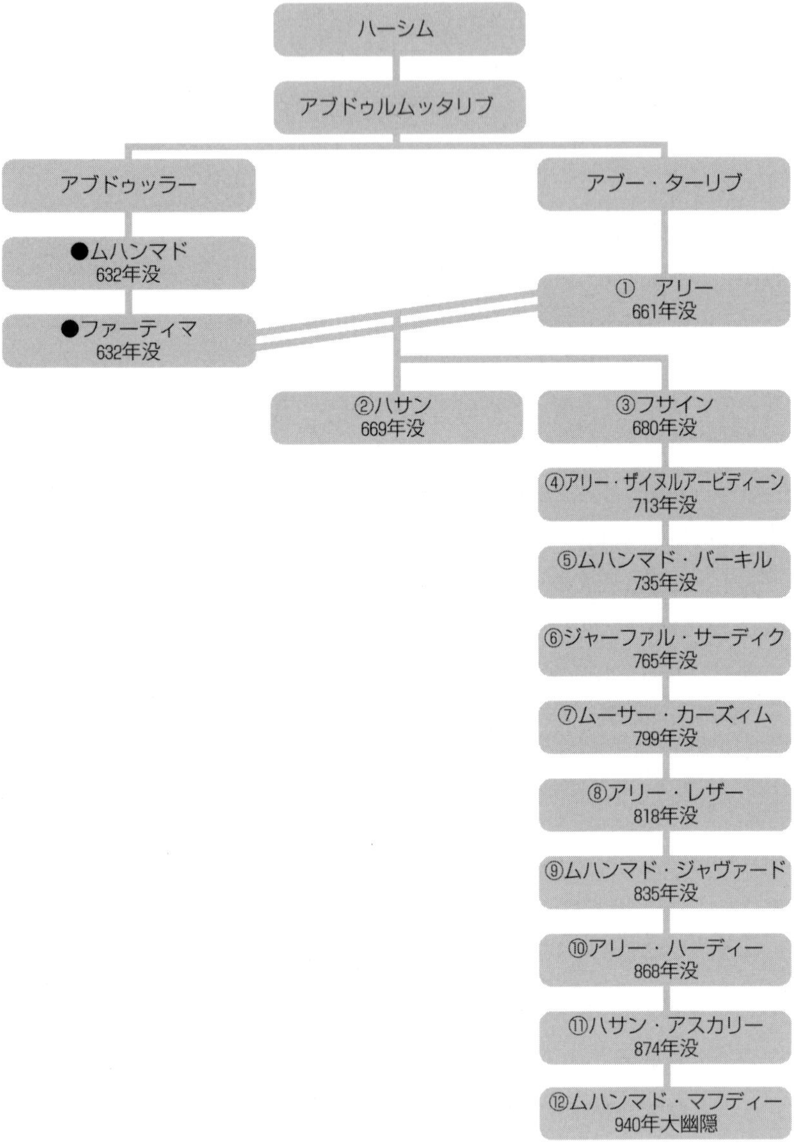

○数字は十二イマーム派の認めるイマームの継承順。●を含めた14人が「無謬の十四人」

図1-1　十二イマームの系譜

カルバラーで殉教したイマーム・フサインの墓参詣は、彼の殉教後の最初期から行われていたと伝えられている。フサインの墓を最初に訪れたのは、Jābir b. ʻAbd Allāhという人物である。ジャービルは、ヒジュラ暦61年ムハッラム月10日（アーシューラーの日）にフサインがカルバラーで殉教した後、翌サファル月20日に、メディナからカルバラーへと向かい、フサインの墓を訪れた。後世の宗教書では、この人物は、メディナにまで広まっていたフサイン殉教の報せを聞いた上で墓参のためにカルバラーを訪れたとされている。そして偶然にも彼がカルバラーに到着した「サファル月20日」がフサインの「アルバイーン（四十日忌）」に相当していたために、ジャービルが最初の参詣者であると同時に、彼によってフサインの墓参詣の作法が確立されたとされる[1)]。ただし、ジャービルによってどの程度参詣作法が確立されたのか、その詳細は明らかではない。

9世紀ごろまでには、歴代イマーム、なかでも第六代イマーム・ジャーファル（Jaʻfar al-Ṣādiq, 148/765年没）によって、アーシューラーやアルバイーンの日にフサインの墓を訪れることが奨励され、儀礼が確立された［Nakash 1993: 167］。10世紀から11世紀にかけては、何点かのシーア派イマームのハディース集が法源論としてまとめられたが、それらのなかには、預言者ムハンマドやその血筋を引き継ぐイマームたちの死後、彼らの墓を訪れる墓参詣の儀礼に関するハディースもまた採録された[2)]。そして、「イマームの墓を参詣することは、シーア派ムスリムの義務である」［Muḥaddithī 1377s: 5］という法理論の確立とともに、フサイン廟を筆頭とするイマーム廟参詣がシーア派ムスリムの間で広まり、各地で墓参詣が活性化していったと考えられている[3)]。

3．イマーム廟参詣の法的根拠

近代以前のシーア派ムスリムのアタバート参詣の実態については、史料も少なく、研究もほとんどなされていないためその詳細に触れることはできない。

本節では、シーア派イランという地域に限定し、17世紀初頭のイランで著されたシーア派法学の手引書から、イランにおけるイマーム廟参詣の法的根拠について見ていこう。

（１）　シーア派法学手引書とイマーム廟参詣

ここではまず、17世紀に Shaykh Bahāʾī（Shaykh Bahā al-Dīn ʻĀmilī）[4] によって執筆された、最も重要な十二イマーム・シーア派の法学手引書『アッバース大全（*Jāmiʻ-i ʻabbāsī*）』[5] を取り上げたい。同書は、シャー・アッバース（在位：1587-1629）治下のサファヴィー朝宮廷で活躍した十二イマーム・シーア派法学者によって、ペルシア語で著された法学手引書である。君主に厚く庇護された法学者という立場において、彼がアッバースのために記した同書は、サファヴィー朝期のシーア派信仰の理論的側面を補強したものとしてその価値も高く、またその後ガージャール朝期（1796-1925）には石版で何度も版を重ねて刊行されていることから、本書で対象とする19世紀当時のイラン人シーア派ムスリムの信仰実践にも少なからぬ影響を与えたと考えられる[6]。

同書の第７章は「無謬の十四人」の参詣や生没年に関する章であるが、その第１節「彼ら一人ひとりの参詣の功徳（thavāb）について」から、預言者ムハンマドとアタバートに眠るイマームたちの墓廟参詣の功徳に限って、以下に訳出する[7]。

［預言者ムハンマドの参詣の功徳］

知れ。巡礼者やそれ以外の人々にとって、預言者様――神が彼を嘉されますように――を清らかなるメディナにおいて参詣（ziyāra）することは、確固たる推奨行為（sunnat-i mu'akkada）である。ハディースには、以下のように述べられている。「もし参詣を止めるようであれば、指導者（imām）は、強制的に人々を参詣へと導くべし。なぜなら［そのような者は］、迫害者となるからである」と。

同様に、預言者様――神が彼を嘉されますように――のハディースには、「ハッジを行いながらも、メディナにて私を訪ねない者は、私を迫害したことになろう。迫害者は、最後の審判の場にやって来る」とある。預言者様――神が彼を嘉されますように――への迫害は、禁忌（ḥarām）である。

また、その御方は仰っている。「私を訪ねる者は、復活の日に私がその者の執り成しをするに値する。私が執り成しをするに値する者は、天国に行くに値する」と。

さらにその御方は、「私の死後、私の墓を訪れる者たちは、異教徒の地（dār-i kufr）から私のもとへ移住（hijra）したのと同様である。もし、やって来る力がなければ、遠くから私に挨拶（salām）を送れ。私に届くであろう」と仰っている。

また、その御方から伝えられているところでは、「イマーム・フサイン様――彼に平安あれ――に話しかけられ、次のように仰せられた。『おお、わが息子よ。生前であれ死後であれ、私を訪ねる者は、あるいはおまえの父や兄弟〔やおまえ〕を訪ねる者は、フサインよ、私はその者を復活の日に訪ねよう。そして数々の罪を〔その者から〕取り除いてやろう』」とある。

また、その御方からは以下のように伝えられている。「それぞれのイマームにとって、彼の友人たちの首には契約（ʻahd）がかかっている。イマームにとり、その契約の実践とは〔その契約の遂行とは〕、彼の墓を訪れることである。ゆえに、イマームのひとりを参詣し、彼への参詣の願望を示すならば、如何なる形でもそのイマームは、復活の日にその者の仲裁者となるであろう」と。

また、その御方から以下のように伝えられている。「イマーム・ハサン様――彼に平安あれ――が『おお、神の使徒よ。私たちを訪ねる人にはどのような功徳があるのか』と尋ねられたとき、その御方は仰せられた。『〔生前や死後に〕私や、おまえの父やおまえの兄弟やおまえを、生前や死後に訪ねる者は、如何なる形でも、私がその者を復活の日に地獄の業火から護ってやらねばならない』」と。

さらに、その御方から伝えられているところでは、「ファーティマ・ザフラー様――彼女に平安あれ――に話しかけられ、次のように仰せられた。

『ファーティマよ、私やおまえを３日間訪ねる〔挨拶する〕者には、天国が相応しい』と。そこで、ファーティマ――彼女に平安あれ――は、『生前にですか、それとも死後にですか？』と尋ねた。［預言者は］『生前であれ、死後であれだ』と仰せられた」とある。

［イマーム・アリーの参詣の功徳］

真実を語るイマーム、ジャーファル・ブン・ムハンマド・アッサーディク様――彼に平安あれ――から伝えられているところでは、「信徒の長アリー様――彼に平安あれ――の参詣を徒歩で行う者は、至高なる神が、その者の１歩を１回のハッジとウムラに換えて記される。また、徒歩で帰る者は、２回のハッジとウムラとして記される」と。

また、その御方（ジャーファル）は仰っているが、「その御方（アリー）を訪ね、彼の権利を知る、すなわち従うことが義務であるイマームだと信じる者は、至高なる神が、その者のために、１回の受け入れられたハッジと敬虔なるウムラを記録する。神に誓って、地獄の業火を味わうことはない。〔その御方の〕参詣のために両足が土にまみれているのであれば。たとえ騎乗であろうとも、徒歩であろうとも。」

さらにまた、その御方から伝えられているところでは、「以下のように仰せられた。『私たちのひとりを訪ねる者は、預言者様を訪ねたと同様である』」とある。

アリー・ブン・ムーサー様――彼に平安あれ――から伝えられているところでは、「アフマド・ビザンティー（Aḥmad Bizanṭī）に話しかけられ、次のように仰せられた。『ガディールの祝日にあの御方（アリー）の墓に参ぜよ。そうすれば、至高なる神はその日、信徒や女信徒やムスリムやムスリマ一人ひとりから、60年分の罪をお赦しくださる。また、ラマダーン月やカドル（御稜威）の夜やフィトル（断食明け祭）の夜に地獄の業火から救われることの２倍分、その日にお救いになる。また、１ディルハムのその日の喜捨（taṣadduq）は、その日以外の1,000ディルハムに相当する。それゆえ、自分の兄弟たる信徒たちに対して、この日に喜捨をせよ』」とある。

［イマーム・フサインの参詣の功徳］

真実を語るイマーム、ジャーファル・サーディク様——彼に平安あれ——は、イマーム・フサイン様の参詣の功徳について以下のように仰せられている。「その御方の殉教地（カルバラー）に赴き、彼を参詣し、礼拝の二度のラクアを行う者は、『行為の台帳（dīvān-i a‘māl）』において、〔その者のために〕1回の敬虔なハッジと記される。もし礼拝の四度のラクアを行えば、ハッジとウムラと記される。従わねばならない各イマームを参詣することの功徳もまた同様である」と。

イマーム・フサイン様——彼に平安あれ——の参詣は、多くの功徳がある。いくつかの伝承では、以下のように伝えられている。「その御方（フサイン）の参詣は、信徒や女信徒一人ひとりの宗教的義務（farż）である。それを捨てる者は、神や神の使徒を捨てる者である。また、預言者への不服従の要因となり、信仰における瑕疵（naqṣ）である。財のある者は、年に一度彼を参詣する義務があり、1年が過ぎてもその御方を参詣しないような者は、その者の寿命から1年分が減じられよう。あの御方の参詣は、寿命を伸ばすのである。参詣の日々は、その者の寿命に換算されず、1歩1歩が1回の敬虔なハッジとなり、神の道において解放する1,000人の奴隷の功徳を得ることができる。またその道において費やす1ディルハムは、2,000ディルハムの功徳がある。彼を参詣し、彼の権利を知る者は、至高なる神がその者の過去と未来の罪をお赦しになる。その御方の参詣は、アラファの日（犠牲祭前日）には、預言者様——神が彼とその一族を嘉されますように——やイマーム——彼に平安あれ——とともに行う、20回の敬虔なるハッジと20回のウムラに相当する」と。

また、いくつかの伝承では、以下のように述べられている。

アラファの日のその御方の参詣は、彼の権利を知りつつであれば、1,000回〔100万回〕の受け入れられたハッジに相当し、預言者様——神が彼とその一族を嘉されますように——とイマーム——彼に平安あれ——とともに行う、100万回の至高なる神の道でのジハードに相当する。

ラジャブ月朔日のその御方の参詣は、罪が赦される。

シャーバーン月15日（Niṣf-i Sha‘bān）に彼と握手をすれば、120人〔12万人〕の預言者［と握手する］。

カドルの夜には、すべての罪の赦しとなる。

１年間に、アラファの日と犠牲祭当日とシャーバーン月15日の夜との間で彼への参詣をまとめると、1,000回のハッジと1,000回の敬虔なるウムラに相当し、現世と来世の1,000の要求が叶えられる。

アーシューラーの参詣は、彼の権利を知りつつ行うと、天空（‘arsh）で神を参詣したと同様である。この言葉の意図は、至高なる神が天空へ連れて行った人物ほどに、多くの功徳や数え切れない偉大さがあるということの喩えである。

アルバイーン、すなわちサファル月20日の参詣は、信仰の徴である。

毎月の彼への参詣は、バドル［の戦い］の殉教者のうち1,000人の殉教者の功徳がある。

高みに登り、顔を天に向けて、彼の墓に目をやり、「汝に平安あれ。おお、アブー・アブドゥッラー（フサインのクンヤ）よ。汝に平安あれ。神の祝福と恩寵あれ（al-salām ‘alay-ka, yā Abā ‘Abd Allāh, al-salām ‘alay-ka, wa raḥma Allāh wa barakātu-hu）」と言う者は、ハッジとウムラの功徳が、彼の『行為の台帳』に記される。

諸伝承では、「その御方の光あふれる殉教地での礼拝は、１ラクアが1,000回のハッジと1,000回のウムラに相当し、解放された1,000人の奴隷と、使徒として遣わされた預言者の臨席のもと、至高なる神の道で行う1,000回の戦闘に相当する。また、定めの礼拝を一度行うことはハッジに相当し、推奨される礼拝（namāz-i sunna）はウムラに相当する」と言われている。

［イマーム・ムーサーの参詣の功徳］

イマーム・レザー様――彼に平安あれ――から以下のように伝えられている。「あなたの父（イマーム・ムーサー）の参詣は、イマーム・フサイン――彼に平安あれ――の参詣と同じか」と尋ねられたとき、その御方は

「そうだ」と仰せになり、以下のように言われた。「私の父をバグダードに訪ねる者は、預言者様と信徒の長様——彼らふたりに神の祝福あれ——を訪ねたのと同等である」と。

上に訳出した部分はムハンマドとアタバートに眠るイマームに限定したが、『アッバース大全』の第7章第1節では、「預言者ムハンマドや歴代イマームの参詣」と称し、ムハンマドの参詣、イマーム・アリーの参詣、イマーム・フサインの参詣、第六代イマーム・ジャーファル、第七代イマーム・ムーサー、第八代イマーム・レザーの参詣についてハディースが列挙されている。ここで注意すべきは、預言者ムハンマドのメディナの墓を参詣するハディースが多いのは当然としても、フサインとアリー・レザーの参詣に関しても多くのハディースが取り上げられている点である[8)]。また取り上げられているとはいえ、ジャーファルやムーサーの参詣に関するハディースは、それぞれ2点、1点ときわめて少なく、一方、十二イマーム派の歴代イマームのなかでは、第二代ハサン、第四代ザイヌルアービディーン、第九代ムハンマド・ジャヴァード、第十代アリー・ハーディー、第十一代ハサン・アスカリーについては、まったくハディースが取り上げられていない。もっとも、同書第7章第3節では、それぞれのイマームを参詣する際に詠むべき「参詣祈祷文（*ziyārat-nāma*）」が紹介されており、そこでは、イマーム・ハサンを除き、すべて記載されてはいる[Bahā'ī: 168–186]。

法学手引書として執筆された『アッバース大全』を通覧すると、その第7章「参詣について」の章は、他の章のように、イスラームの信仰儀礼や慣行の法規範たる五範疇（義務、推奨、許容、忌避、禁止）による具体的事例や注意事項が列挙されるのではなく、預言者ムハンマドをはじめとするシーア派イマームたち自身の多くのハディースが引用されている。このことは、「墓参詣」という行為に対する法学的な裏付けが、この書が執筆された17世紀当時に必要であったことを物語っているのではなかろうか。シーア派法学においてすでに確立していた信仰儀礼や、婚姻や商売といった民法的な諸事とは異なり、論拠となるハディースを必要とせざるを得ないほど、サファヴィー朝期には歴代イマームの墓参詣に関しては、その法的根拠が浸透していなかったのだろう。10〜11世紀に編まれたシーア派ハディース集においては、墓参詣に関するハディースも取り上げられるようになったとはいえ、未だメッカ巡礼に関するハディースがはるかに大量に採録されていたのに対し、サファヴィー朝末期のシーア派法学者マジュリスィーの大著『光の大洋（*Biḥār al-anvār*）』[9]のなかでは、メッカ巡礼とイマーム廟参詣のために割かれたページ数の比率が逆転し、メッカ巡礼の３倍近くを参詣に関する事項が占めるようになる[10]。シャイフ・バハーイーの『アッバース大全』は両者の間に位置し、マジュリスィーに先んじること100年に満たないが、『アッバース大全』が献呈された17世紀初頭においては、シーア派政権であるサファヴィー朝が成立して１世紀を経たばかりであり、「墓参詣」という慣行がイランにおいては未だ普及していなかったために、上で見たような論拠となるハディースを羅列するという手法を採用したのだと考えられよう[11]。推測ではあるが、シーア派としてのイマーム廟参詣は、ブワイフ朝期（932-1062）以降、イランでは途絶えていたように思われる。

ところで、『アッバース大全』第７章第１節の冒頭では、預言者ムハンマドの参詣は「確固たる推奨行為（sunnat-i mu'akkada）である」と記されるが、さらに先の箇所では、「イマームとの契約（'ahd）の実践・遂行」とは、「イマームの墓を訪れることである」と語調が強まる。そして「殉教者の長」たるイマーム・フサインの参詣の箇所で、フサインの参詣は「信徒一人ひとりの宗教的義務（farż）である」と述べられるに至る。

さらにまた、ここで見られるシーア派ハディース中の論理によると、まず、預言者ムハンマドを生前、あるいは死後訪ねることが、ムハンマド自身の言によって奨励される。続いて、娘ファーティマや孫のハサンとフサインに対するムハンマドの発言が引用され、ムハンマド、アリー、ハサン、フサインら預言者家の一族の者（ahl al-bayt）を訪ねる者には功徳があるとされる。以下、アリーの参詣も、フサインの参詣も、その後の歴代イマームの言葉によって、ムハンマドの参詣同様の功徳があることが語られている。別のシーア派ハディース集においてもまた、預言者ムハンマドの一族である歴代のイマームを参詣することは、「私たちの死後に私たちを訪ねる者は、私たちの生前に参じたと同様である」［Majlisī: XCVII/124］とされ、生前であれ死後であれ、イマームを参ずることの価値は変わらず普遍となる。したがって、直接にイマームを見知ることのない後世のシーア派ムスリムにとってもまた、シーア派イマームの墓を参詣することは、イマームとの契約の遂行かつ宗教的義務行為であると同時に、功徳ある行為として位置づけられ、認識されたのである。

（2） 参詣奨励日

イマーム廟参詣のなかでも、ウマイヤ朝を相手に戦い、カルバラーで殉教したフサインの死は重要な意味をもち、いつ参詣するのがよいかなど、事細かに取り上げられている。同様に、ナジャフに関してもまた、より功徳の増す、参詣に相応しい日が定められていた。

『アッバース大全』の記述は他のシーア派ハディース集と比較すると簡略化されているので、別のハディース集を援用して見てみると、カルバラー参詣に通常以上の功徳があるのは、フサインの殉教したムハッラム月10日のアーシューラー、その四十日忌であるサファル月20日のアルバイーンの日、またラジャブ月朔日とシャーバーン月15日（Nīma-yi Sha‘bān）の昼と夜、ラジャブ月15日、イマーム生誕日、ラマダーン月の夜、断食明け祭と犠牲祭の夜、アラファの日[12]となっている［Majlisī: XCVIII/290–365］。

一方ナジャフは、アリーの暗殺されたラマダーン月21日や、ガディール・フンムの日であるズー・アルヒッジャ月18日、ムハンマド生誕の日であるラビー・アルアッワル月17日、ムハンマドが召命を受けたとされるラジャブ月27日が特別な日として設定されている［Majlisī: XCVIII/354–384］。これらのほかにも、バドルやウフドの戦勝日など、多くの日が参詣には適しているとされた[13]。

今、それらを一覧にすると以下のとおりであるが、次頁に挙げた以外にも、毎週木曜日の夜（shab-i jum‘a）やラマダーン月全般が、参詣奨励日に含まれる。

フサイン廟参詣奨励日
ムハッラム月８～10日：審議の日々（ayyām al-tarvīya）
ムハッラム月10日：フサイン殉教の日
サファル月20日：アルバイーンの日
ラジャブ月１日：アリー・レザーがカルバラー参詣を行った日
ラジャブ月15日：ジャーファル・サーディクによって、参詣の日と定められた日
シャーバーン月１日、２日、３日：これら３日のうちのどれかがフサインの誕生日
シャーバーン月15日：バラートの夜（神によって来年の出来事が定められる日、マフディーの誕生日）
ラマダーン月23日：御稜威の夜（クルアーンが下された日、同月１日、19日、21日、27日とも言われる）
シャッワール月１日：断食明けの日
ズー・アルヒッジャ月９日：アラファの日
ズー・アルヒッジャ月10日：犠牲祭

アリー廟参詣奨励日
サファル月27日：アリー・レザーの命日
サファル月28日：預言者ムハンマドの命日
ラビー・アルアッワル月９日：ウマル暗殺の日
ラビー・アルアッワル月17日：ムハンマドの誕生日
ラジャブ月13日：アリーの誕生日
ラジャブ月27日：ムハンマド召命の日
ラマダーン月21日：アリー暗殺の日
ラマダーン月27日：アリーの暗殺者イブン・ムルジャムの処刑日
ズー・アルヒッジャ月18日：ガディール・フンムの日
ズー・アルヒッジャ月28日：ムバーヒラの日（天使が扮した貧者に、アリーがエメラルドの指輪を贈った日）

4．参詣の意義

イマーム廟を参詣する意義は何処にあり[14]、イマームを通じて得られるバラカにはどのようなものがあるのか。ここでは前近代から近代にかけてのイランのシーア派ムスリムが考えていた、参詣の意義やバラカについて見てみよう。

（1） 功徳（thavāb）

上で見たように、歴代イマームら自身によるイマームの墓参詣を奨励するハディースは、アリーやフサインに限らず、多くの共通点がある。すなわち、イマームの名前や内容に多少の違いがあるものの、その多くはいくつかの「功徳（thavāb）」に収斂されるのである。以下、イマーム廟参詣の功徳をシーア派の諸ハディース集をも参考に纏めてみよう。それらの功徳は、次の五つに分類することが可能である。

1．ハッジ（大巡礼）やウムラ（小巡礼）に相当
2．ジハード（聖戦）や奴隷の解放に相当
3．罪の赦し
4．祈願成就
5．最後の審判の際の執り成し

このなかで非常に重要な点として、これらのハディースの内容がどれも、歴代イマームの墓参詣の功徳は、メッカ巡礼の何倍、何千倍にも匹敵すると述べていることや、墓参詣を行った者は、墓の主であるイマームによって、最後の審判の日に執り成しを受けることが約束されていることであろう[15]。ここに、メッカ巡礼とは異なる、イマーム廟参詣のより即物的な側面を指摘し得る。すなわちイマームの墓を参詣することは、シーア派ムスリムにとって「義務（farż）」であり「イマームとの契約（‘ahd）」である反面、その見返りとして、

メッカ巡礼に匹敵するかあるいはそれ以上の価値や、さらには罪の赦しや最後の審判での執り成しを、信徒たちは期待することが可能なのである[16]。

（２）　祈願成就

イスラームにおける聖者とは、生前にも死後にも、神への執り成しをする存在である。シーア派イマームもまた、そのような「聖者」の一種であり、信者の生前であれば、病気を治癒し、願いを叶えることで、信徒の現世利益を保証する。上で見たイマーム廟参詣の功徳のなかで、イマーム廟を参詣することがメッカ巡礼やジハードに相当するという考え方は、19世紀のペルシア語旅行記の記述からは確認することはできず、法学手引書やシーア派ハディース集において「理論的に」保証される功徳の内容と、現実の参詣者たちの求める功徳の意味は異なっていたと考えられる。手引書においては理念的側面が重視され、来世での報奨が強調される傾向にあるが、参詣者たちにとってはむしろ、現世利益的な「祈願成就」や、犯した罪をも赦されるという側面から、イマームの「超人的力」が強調されている。

アタバートのシーア派聖地に関して言うと、より即物的な「祈願成就」は、イマームの奇跡との関連から、参詣者らによってとくに記憶されていた[17]。たとえば、カルバラーのフサイン廟のドームの下は、「祈願成就（al-istijābat al-du'ā）」の場所として認識されており、この場所については複数の著者が記し、また実際にその場で祈願していることから、祈願成就の場所としては最も有名であったと考えられる[18]。また、クーファのサフラ・モスクにおいても、参詣祈祷文（*ziyārat-nāma*）を詠み、ラクア（跪拝）を行った後、自身の願望を伝えれば、そのときの望みは叶えられやすいと言われていた[19]。

> サフラ・モスクの中央に立ち処（*maqām*）があり、火曜日の晩に、夕刻と就寝前の礼拝の間に二度のラクアを行い、祈祷を詠んだ者は、どんな願い事も叶い、翌年まで生きている。しかし言い伝えによると、２年寿命を延ばそうとすると、［逆に］寿命は尽きてしまうのである。［Adīb: 199］

19世紀中葉のあるイラン人参詣者の伝えるこの祈願成就は風変わりではあるが、

長命や病の平癒は、信徒の側からしてみれば、最も頻繁に見られる願望である。参詣者らが具体的にどのような祈願を行っていたかは明らかにすべくもないが、願望が成就しやすいとされる場所では、参詣者らはこぞって参詣と祈願を行っていることからも、彼らにとって、どこが祈願成就の場所なのかという点はきわめて重要な情報であったことが窺われる。一方、祈願成就の場所については、当時の法学者による参詣手引書ではほとんど触れられておらず、それがシーア派の教理教則からは逸脱する可能性もある。しかし、参詣者らにとってはそのような場所こそが重要であり、祈願を成就させる能力をどの程度備えているかといったことこそが、イマームの超人的能力の証明であり、参詣者らの崇敬をイマームへ惹きつける手段として欠かせないものであった。

（3） 奇 跡

祈願成就はイマームの起こす奇跡の一種と考えられるが、一方で、イマームの起こす別の奇跡もまた、19世紀のペルシア語旅行記において数多く伝えられる。イマームの奇跡について、

> 人間の知性は現世のことでいっぱいであるために、ときに聖なる方々からは奇跡の断片が現れ、それこそが人々の信頼の源となり、参詣の願望の源泉となるのである。[Adīb: 204]

と記す旅行記著者は、第七代イマーム、ムーサー・カーズィムの奇跡として、四つの話を伝える[20]。これら四つの話はいずれも同時代の人々が体験したものであり、イマームがシーア派信徒を擁護するものである。そのなかのひとつには、殺人という罪を犯したイラン系の人物（‘ajamī）が、このイマームの墓廟に庇護を求め逃げ込んだところ、イマームの奇跡によってスンナ派の追手たちから逃げ果せたという話さえも盛り込まれている。すなわち、殺人者であってもシーア派ムスリムであれば救われるという、「慈悲深い」イマームと「信仰心厚い」シーア派ムスリムの結束の固さをこの話は伝えているのである。

実際にイマーム廟を訪れる参詣者たちにとって、イマームの行う奇跡のなかで最も即効性があり、実体験が可能なものは、病気の平癒である。ある参詣者

は、イランからカーズィマインに入り、その後サーマッラーに向かったが、その間体調が優れなかった。そして、サーマッラーを出立する日になっても回復せず、動く体力もなく失望していた矢先に、第十二代イマーム・マフディーの母であるナルジス・ハートゥーンの墓を参詣したところ、「かの御方の功徳により力を得た。死期は遠ざかった」と回復し、出発することができた［*Rūznāma*: 37-40］。さらに、ナジャフでも体調が芳しくなかった著者に対して、アリー廟のワクフ管財人長（*mutavallī-bāshī*）は、夜間特別に参籠する際に、治癒祈願をすることを著者に約束する。その祈願の結果、著者の体調はその夜から目に見えて回復し、日に日に良くなっていった［*Rūznāma*: 45］。これらの事例は、参詣者自らが体験したものであり、イマームの能力を喧伝するためにも、旅行記中に挿話として挙げられているのであろう。

難病を抱えアタバートを参詣し、治癒を求める例も多々見られる。別の参詣記著者の親戚の青年は、耳が聞こえないため、カルバラーに治癒を求めて出かけている［Fakhr: 22］。また、イマーム・フサインは、盲人の目が見えるようにしたり、子供の病を治すといった奇跡を行うことが紹介されている［Adīb: 204-208］。カルバラーの土が病人への特効薬として珍重されていたことは、本書第4章でも触れるところであり、病気平癒を得意とするイマームの奇跡を象徴するものである。

一方、イマームが報復などの害をもたらすという事例は、旅行記のなかではさほど多くは現れない[21]。このほか、アタバートでは、イマームが夢に現れてお告げをすることもある［Adīb: 205-208; Iʻtiṣām: 68-69］。

以上のように、参詣者らによる祈願の最も一般的なものは病気平癒であろうが、そのほかにも当然のことながら参詣者一人ひとりに何らかの願望はあろう。どのようなものであれ、彼らの願望が叶うことこそが、イマームの奇跡の証明でもある。上述の旅行記史料中に言及される奇跡はどれも、参詣者自身にとっても驚きであり、聖地滞在中にイマームの奇跡を実際に目の当たりにしたり、話を聞いたりすることで、参詣者のイマームへの尊崇はより一層強固なものとなる[22]。先述のイラン人参詣者も記しているように、奇跡を行うイマームは、シーア派ムスリムをして参詣に浴したいという強い願望を生じさせ、彼らの尊崇の対象となり、かつ精神的な拠り所として、また信徒を惹きつける原動力として機能するのである[23]。

サファヴィー朝期は、シーア派イマームの墓廟への参詣がシーア派法学者らによって奨励された時代であったが、当時を代表する学者であるシャイフ・バハーイーの著作『アッバース大全』からもそのことは明らかとなった。『アッバース大全』に記される理論によると、イマーム廟の参詣は信徒の義務であり、イマームとの契約であるとされ、その報奨として、イマーム廟を参詣することには、メッカ巡礼と同等あるいはそれ以上の功徳があり、ジハードや奴隷解放に相当し、現世で犯した罪が赦され、現世利益的な祈願が成就し、最後の審判の際の執り成しや来世での報奨など、実に様々な功徳があると説かれた。

イマーム廟参詣が活性化する背景には、このような法理論上の根拠が必要であり、なかでも、法学手引書などでは明確に記されていないものの、「祈願成就」などの現世利益的な報奨は、多くの参詣者たちをイマームのもとに惹きつけたと考えられる。

イランにおいては、サファヴィー朝時代にシャイフ・バハーイーやマジュリスィーといった学者らによって推奨されたイマーム廟参詣は、その後19世紀には一般の人々にまで浸透し、参詣者たちはイマームの起こす「奇跡」やイマームの執り成しによる「祈願成就」を、イマームの殉教地に足を運ぶことで直接体験した。シーア派ムスリムにとっての義務であり、イマームとの契約である墓参詣を行うことによって、個々の信徒たちにはイマームからの様々な報奨が約束されたが、このような報奨がまさに、人々とイマームを繋ぐ要素であり、人々をイマームの墓へと向かわせる原動力だったのであろう。

注

1）Taqaddusī-niyā 1376s: 181-184.

2）シーア派ハディース集については、後注5の「シーア派四書」の部分を参照のこと。シーア派歴代イマームの参詣について書かれた本としては、Abū al-Qāsim Ja‘far b. Muḥammad Qawlavayh（979年没）による『参詣完書（*Kāmil al-ziyāra*）』が最も有名である。初期の参詣に関する書物とその内容については、吉田 2004参照。

3）初期の参詣史については、*EI2*: "Ziyāra"; 大稔 1999b: 151-160参照。

4）彼の父親はレバノンのジャバル・アーミルという伝統的にシーア派の影響力の強い地域の出身であり、サファヴィー朝の宮廷で重宝された法学者であった。息子である Bahā al-Dīn もまた、父同様偉大な法学者であり、アラビア語のみならずペルシア語にも通暁し、文学や数学、自然科学など多岐にわたる分野で執筆活動を行っている。シャー・アッバースは彼を厚遇し、エスファハーン遷都時やマシュハド及びアルダビールへの書物のワクフ時など、様々な施策において彼の意見を取り入れた。ちなみに、現在もマシュハドのイマーム・レザー廟図書館にはシャー・アッバースによって寄進された多くの宗教書が保存されているが、本の表紙裏の部分には、シャイフ・バハーイー直筆のワクフ文言が記されている。

5）サファヴィー朝君主シャー・アッバースの命により、沐浴、礼拝、喜捨、断食、巡礼、聖戦、参詣、諸イマームの生没日、売買、婚姻、離婚といった諸問題についてしたためられたが、シャイフ・バハーイー自身は、第5章までを書き上げた後、1030年シャッワール月12日（1621年8月30日）に死去した。その後、再度王命が下り、第6章以降は、シャイフ・バハーイーの弟子である Niẓām b. Ḥusayn Sāvijī によって書き継がれ、アッバースに献呈された。全二十章からなる。法学手引書であるため、簡潔な体裁であり、論拠である一つひとつのハディースは、ほとんど省略されている。典拠としては、同書168頁にあるように、「シーア派四書」として名高い、Ibn Bābavayh の『法学者不要の書（*Kitāb man lā yaḥżuru-hu al-faqīh*）』、Ibn Qawlavayh の『参詣完書（*Kāmil al-ziyārāt*）』、Shaykh Ṭūsī の『諸規定改定の書（*Tahẕīb-i ḥadīth*）』、『大小の燈火（*Miṣbāḥ-i kabīr va ṣaghīr*）』などが挙げられる。

6）ガージャール朝期には、このほかにイマーム廟への参詣に関する専門の書物である、Muḥammad Bāqir Majlisī（1110/1698年頃没）著『参詣者の贈り物（*Tuḥfat al-zā'ir*）』も版を重ねたが、筆者未見である。

7）『アッバース大全』第7章全体の翻訳は、本書資料編を参照のこと。

8）本書の主題から外れるために詳述はしないが、『アッバース大全』のなかで、シャイフ・バハーイーが第八代イマーム・レザーの参詣について長々と述べていることは注目に値する。しかも、ハディースを引用するのみならず、ここで、シーア派のなかの諸派と比較して、十二イマーム派の優越性と、十二イマーム派であるためには、第八代イマームの参詣が重要であると説いている点は、当時のサファヴィー朝の政治的・宗教的背景と照らし合わせてみるときわめて示唆に富む。マシュハドの優越性を説くと同時に、「イマーム・フサインの参詣よりもイマーム・レザーの参詣が優れている」とするハディースを引用するなど、『参詣完書』や『光の大洋』と比較しても、シャイフ・バハーイーによるハディースの取り上げ方は偏っており、本書第2章で触れるように、イラクやメッカ・メディナを支配することができなかった当時のサファヴィー朝の性格を現していよう。

9）マジュリスィーの『光の大洋』は、全110巻からなる膨大なハディース集であり、シーア派ハディースの集大成と目される書物であるが、このなかの「墓の章（Kitāb al-mazār）」（校訂本では第97〜99の3巻にわたる）に、預言者ムハンマド以下、歴代イマームやイマーム所縁の人々の参詣に関するハディースが 1,000点以上挙げられている。

10）大稔 1999b: 153参照。

11）ただし、墓参詣の手順や内容が法規定の五範疇にそぐわないという見方も可能かもしれない。

12）アラファの日は、犠牲祭前日にあたるズー・アルヒッジャ月9日に、メッカ巡礼者がアラファの平原に向かい、これまでに犯した罪業を悔い改め、アッラーに赦しを求め祈願する日である。イマーム・フサインは、この日、神への祈願文を自ら詠んだと伝えられ、その祈願文が残されている［Chittick 1980: 92–113］。

13）ナジャフやカルバラーを参詣する特別な日については、Cuinet: 177–178; Nakash 1995: 163–164; Lorimer: I/2359–61も参照のこと。

14）イマームの墓廟参詣の意義については、吉田氏がシーア派法学の理論面から詳細かつ明確に検討されているため、理論的側面については吉田氏前掲論文を参照されたい。ほか、Arjomand 1987: 167–168や Nakash 1993: 168も参照のこと。

15）本書では、アタバートを中心に論じているため、その他のシーア派聖地に関しては触れないが、テヘランを出発しレイのアブドゥルアズィーム廟に到着したある参詣者は、「レイのアブドゥルアズィーム廟を参する者はカルバラーのフサイン――彼に平安あれ――を参すると同じである」というアラビア語を引用している［ʻAżud: 26］。このような言及から判断するに、各聖地は、それぞれのレヴェルでシーア派ムスリムの参詣を奨励していたと言えよう。

16）19世紀の参詣者自身も、「ナジャフで眠る夜は、700年の信仰儀礼（ʻibādat）に等しい」［Adīb: 181］と言うように、参詣の価値について理解していたと考えられる。聖者を介した「執り成し」については、大稔 1993: 26–28が参考になる。ただし、シーア派ムスリムの考えるイマームによる執り成しは、大稔氏の指摘する、ムハンマドが格上という一般の聖者とは異なり、ムハンマドと同程度か、あるいはそれ以上であったと思われる。

17）参詣者にとっては、「祈願成就」が最も切実な問題であることについては、大稔氏や吉田氏がすでに言及している［大稔 1993: 24–25; *idem*. 1999a: 13; *idem*. 1999b: 165–168; 吉田 2004: 217–219］。

18）*Rūznāma*: 41; ʻAżud: 206; Fakhr: 41, 47参照。

19）現代の参詣手引書では、サフラ・モスク内のイマーム・サーディクの立ち処は、水曜の夜に参詣するのが最良と言われている［Ardakānī 1381s: 87］。このモスクについては本書第４章参照。

20）Adīb: 136–137. このほか、Adīb al-Mulk は、サーマッラーの聖廟で生じた「光の雨」についても言及しているが、他史料からはまったく確認できないこの件に関しては、彼自身も否定している［Adīb: 111–115］。

21）イマームザーデの柵の被いを盗んだ７人のアラブが、盗んだ直後即座に中庭で倒れ、そのまま死んでしまったという奇跡譚が確認される程度である［Fakhr: 64］。

22）カルバラーで疫病が発生し、大勢が死に至ったときには、カルバラーやナジャフで哀悼行事（ターズィイエ）が盛んに催され、イマームに祈願を行っていた［*Rūznāma*: 45–46］。イラン国内でも同様に、難題があった場合にはしばしばイマームに祈願をした。1269/1853年初夏にテヘランで生じた疫病の際には、テヘラン市民は、イマーム・ジョムエ（集団礼拝指導者）やその他のウラマーとともに、フサインのターズィイエを行い、疫病の終息を祈願した［RVI: I/746］。同時期の疫病は、イラン中に広まったため、他の地域でも、人々がターズィイエを行う事例が見られる［RVI: II/855, 868］。かつ、疫病が流行した場合には、イマーム廟に避難するケースが少なくない［RVI: I/755, II/828］。19世紀中葉にイランで発行された官報は、ゴシップ的な記事も少なくはないが、そのなかにはターズィイエを行う敬虔な信者に生じる奇跡が多く見られ、とくに疫病の終息は、ターズィイエ、すなわちシーア派イマームの恩寵と関連づけられる［RVI: II/868–869, 923］。

23）現代でも、アタバートに眠るイマームへの情熱は熱く語られる［Muḥaddithī 1377s: 6–7］。

常に、カルバラーと「殉教者の長（フサイン）」の墓への参詣の愛は、まるで我々の父母や祖先の胸という貝の中の真珠のようにあり続ける。たとえカルバラーへの道が閉ざされており、アブー・アブドゥッラー（フサイン）の聖地（ḥaram）を愛する者たちがこっそりと道なき道を秘密裡にアタバートの参詣を行っていた時代であれ、あるいはこの道が開かれており、フサインに魅了された者たちが愛の翼と熱望の足でもってこの道を進んでいった時代であろうとも、この灯火は燃え続けるのである。いかに多くの殉教者たちが、カルバラーへの愛のため、一歩一歩を進めたか。主（mawlā）の敷居にひれ伏すために。今日、この神聖な熱望は、心の囲炉裏で一層燃えさかり、愛する者たちはより［その熱望に］耐え難くなっている。

第2章

史的背景
——イランにおけるアタバート参詣の盛衰

前章で見たように、イスラーム社会でのアタバート参詣の歴史は古い。ここでの主題となるのは、他のイスラーム社会以上にシーア派信仰が発展したイランにおけるアタバート参詣の歴史である。イランの人々にとってシーア派聖地アタバートがそれまで以上の重要性を帯びるようになったのは、スンナ派が主流を占めていたイランの地に、シャー・イスマーイール（Shāh Ismā'īl, 在位：907-930/1501-1524）がシーア派政権であるサファヴィー朝（1501-1722）を樹立し、その支配領域内に硬軟両様の方法でシーア派信仰を広めようと努めてからであろう[1)]。すなわち、シーア派信仰がイランで根付くにつれ、信仰の根幹をなす「イマーム」の重要性が増し、それに付随してイマーム廟参詣がイランにおいて重視されるようになっていったと考えられる。前章で見た『アッバース大全』という書物のなかで、シーア派の信仰実践のひとつとして「イマーム廟参詣」が挙げられ、確固たる位置づけがなされつつあったのもそのゆえであろう。本章では、シーア派信仰がイランにもたらされたサファヴィー朝期から、アタバート参詣が最盛期を迎える19世紀後半までの時代を対象に、それぞれの時代でのイランからのアタバート参詣について検討する。

1．16〜18世紀のイランとアタバート

（1）16〜18世紀のアタバート参詣

サファヴィー朝時代のシーア派聖地参詣に関してはほとんど情報がなく、シーア派を標榜した同王朝期に、どの程度アタバート参詣が行われていたかは詳らかではない[2)]。

サファヴィー朝期のシーア派に関する詳細な一書である『信徒たちの宴席（*Majālis al-mu'minīn*）』では、「高貴なる場所」の説明中、ナジャフについて、「［ナジャフは］常に十二イマーム・シーア派（shī'a-yi imāmīya）の善人たちが至る場所であり、その崇高な宗派の義人や敬虔な者たちの落ち着く場所である。（中略）ナジャフの聖地（mashhad-i muqaddas-i gharvī）に居住する美徳については多くの伝承がある」と記し、さらにカルバラーについては、「カルバラーの地の美徳と、イマーム・フサイン様の光り輝く墓廟を参詣（ziyārat）する功徳については、多くの伝承がある」と述べている［Shūshtarī: I/57-58］。このふたつのシーア派聖地に関する著者の説明は他の文献からの引用に過ぎず、非常に簡潔であり、ナジャフに居住することの美徳やフサイン廟を参詣することの功徳について触れられてはいるものの、その実態はここからではほとんどわからない。

17世紀後半に通算で約７年半をイランで過ごしたシャルダンは、その著書のなかの「ペルシア人の宗教信条」と題する章で、ペルシア人の信仰は、アリーをはじめとする十二人のムハンマドの後継者を支持する分派だとした上で、①神の他に神なし、②ムハンマドは神の使徒なり、③アリーは神の代理なり、④合法的なお浄めの必要性について、⑤定められた時間に礼拝を行うこと、⑥貧者に施しを行うこと、⑦ラマザン月中は断食をすること、⑧可能ならメッカ巡礼に赴くこと、の８項目を挙げている［Chardin: VI/165-496, VII/1-270］。このなかで、③の「アリーは神の代理なり」という項目を除き、ほかはすべて

全ムスリムに共通の五行（柱）の範囲内のことである。シャルダンが依拠した史料は、シーア派法学者シャイフ・バハーイーの『アッバース大全』であり［羽田 1999: 107］、教義面におけるスンナ派とシーア派の違いには触れていても、実践面において目を引く話はない。加えてシャルダンは、別の箇所でメッカ巡礼については、その儀礼・作法を非常に詳細かつ具体的に取り上げているのに対し、アタバート参詣についてはまったくと言ってよいほど触れてはいない［Chardin: VII/154-250］。イランで長年暮らし、イラン文化に通暁していたシャルダンにとって、当時のアタバート参詣は意義あるものとは映らなかった可能性がある。

では、当時のアタバート参詣はどのようなものだったのだろうか。実態はわからないまでも、この時代特有の現象はなかったのだろうか。結論から言うと、この時代のアタバート参詣に関する重要な点は、アタバートのシーア派聖地のみを目指す、独立したアタバート参詣旅行というものがほとんど発達しなかったと考えられる点である。シャルダンがエスファハーンのカジュク城外区について記す以下の情報は、それを示唆するものである。

> ここではいちばん注目すべきものはカジ・カンの屋敷と、三つの大きな隊商宿で、私のいた当時は、かつてはバクトリアと呼ばれていたコラソン［ホラーサーン］から来た人たちは、すべてこの隊商宿に泊まっていた。彼らは世俗の用件よりもむしろ信心のためにイスファハーンに出てくるのであって、1年に1度、何百人という集団をつくって、アリーの葬られているアラビアの地ケルベラ（原注省略）に巡礼に行くために、団長に率いられてやって来る。［シャルダン（H）: 144-145］

このなかでシャルダンは、アリーの埋葬地をナジャフではなく、カルバラーと誤解しており、情報が錯綜しているようである。また、「1年に1度」という表現に注意したい。「1年に1度」定められた時節に行われる宗教行為は、イスラーム社会ではメッカ巡礼に対して用いられることが多い。すなわちシャルダンの認識では、当時のメッカ巡礼とアタバート参詣は不可分のものであった可能性が高いのである。

ここで、サファヴィー朝期のメッカ巡礼路について考えてみよう。当時、オスマン朝の支配下にあったメッカへの公式な巡礼団は、ダマスクスで編成されるものであった。しかし、サファヴィー朝下の人々が主に利用していたのは、一旦バグダードに出てからバスラに南下し、そこからアラビア半島を縦断するかあるいは船でメッカへと向かうものであった[3)]。バグダードを経由していたこの時代のイランからのメッカ巡礼路に鑑みると、逆に、イランからのメッカ巡礼者の大半は、カルバラーやナジャフなどへの参詣を、メッカ巡礼時に重ねて行っていたと想定される[4)]。

ところでサファヴィー朝期には、オスマン朝との宗派対立ゆえに、このメッカ巡礼を行う者さえも限られていた。政治史的にみると、アナトリアやイラクをめぐり、オスマン朝と激しい抗争を続けていたサファヴィー朝は、結果的にメッカ・メディナの両聖地を含むアラビア半島やアタバートを擁するイラクへの安定的な支配権を確立することはできなかった。またサファヴィー朝とオスマン朝の対立は、スンナ派とシーア派という宗派闘争を主因としており、両者が互いにいがみ合う構造は、サファヴィー朝の滅亡までほぼ変わることがなかった[5)]。そのため、同朝支配下のムスリムにとって、メッカ巡礼も、またアタバート参詣も、そのどちらも実践することはまずもって容易ではなかったと考えられる。とくに、サファヴィー朝成立後間もない16世紀には、サファヴィー朝の高官である王族の一員でさえも、メッカ巡礼途上に暴漢に襲われて命を落としている［Rūmlū: 570］。また、シーア派政権としてのサファヴィー朝を快く思わなかったオスマン朝は、イランのシーア派ムスリムがバグダードを経由してメッカ巡礼に向かうことを是とせず、オスマン政府が公式に編成するシリアからのキャラバンに加わるよう要請していた[6)]。

17世紀においてもまた、サファヴィー朝とオスマン朝の宗派対立という政治的要因から、イラクを経由する巡礼者は非常に限られていた。一例として、ヘラートからマシュハド、レイ、エスファハーン、ハマダーンを巡った17世紀のヘラート出身の詩人 Bihishtī を挙げよう。彼が最初からアタバートやメッカ巡礼を目指していたかは定かではない。しかし、シーア派に深く傾倒していたことは、その著作『東西の光（*Nūr al-mashriqayn*）』から明白である。彼がハマダーンに滞在している最中に、オスマン朝のKhusraw Pasha（1041/1632年没）が、バグダードを征服するためにハマダーンにまで押し入るという事件があった。このため彼はハマダーンを離れ、やむなく故郷へ戻り、その後インドへ旅行し、彼の地で亡くなった。Khusraw Pashaの事件は、1039/1630年の春から夏にかけて行われたオスマン朝によるバグダード奪還のための遠征時のことであると考えられるが7)、サファヴィー朝領内であったハマダーンにまでオスマン朝の軍隊が入り込んでいたのである。後述のようにアタバートへの道が、ハマダーンの南方、ケルマーンシャーを通過する一本道であったことを考え合わせると、政治状況が不穏ななかでは、イラクへ向かうことなど到底不可能であっただろう。

シャルダンは、17世紀のイラン人のメッカ巡礼について、以下のように述べる。

> ペルシア人が巡礼を行うのは困難である。彼らがバグダードを支配下に置いていたときは、彼らはそこを通って巡礼に行っていた。今、彼らが普通に使うのは、ペルシア湾岸の港町であるバスラを経由する道である。彼らは旅の間、多くの侮辱を受ける。アラブ人は、通行税などの税金を毎日引き上げる。アラビア半島やその砂漠地帯のアラブ人たちによって、ペルシア人たちは異端であると思われていることもあって、信仰上の敵意からさらに高い金を払わされることもある。そのためペルシアの宮廷は、しばしばバスラからメッカに行くことを禁止し、インドから［紅海経由で］行くようにと奨励した。（中略）
>
> 巡礼中に虐待されたことこそ、一生に一度はメッカに巡礼しなければならぬという戒律を、ペルシア人が厳密に守らなくなった理由であろう。
>
> ［Chardin: VII/183-185］

シャルダンは続けて、「一生に一度メッカ巡礼を行うべし」という戒律について、ペルシア人はこれを字義通りに解釈する必要はない、巡礼を行う義務があるのは、健康で財産もある者たちだけであり、健康でなく財産だけがあるのなら、代理を立てて巡礼を行えばよい、と考えていると記す。これらのことから、

「シーア派である」ということゆえに、メッカ巡礼そのものが当時のイランではあまり行われていなかったと考えることには妥当性があると思われる[8)]。

さて、この時代のメッカ巡礼者やアタバート参詣者の数は具体的にはほとんどわからない。わずかに挙がる数字は、ペルシア語年代記中の1115/1703-04年の記事に出てくるものである。記事によると、その年はメッカ巡礼やアタバート参詣に出かける高官たちが多く、全体で１万人がメッカおよびアタバートへと向かったとされている［Khātūnābādī: 553］。同史料では、「この年は」と書かれていることから、それ以外の年はさほど巡礼者の数はなく、ヒジュラ暦1115年が突出して多かったのだと推察される。その１万人のなかでは、3,000人ほどがメッカ巡礼者であった、と述べられていることから、実態はわからないものの、残りの7,000人はアタバート参詣のみを行い、メッカまでは行かなかった人々ということになる。イランからの地理的な距離を勘案すると、メッカ巡礼者と比較した場合、16～18世紀のアタバート参詣者は多少なりとも多いと考えることに問題はない。さらに時代が下り、サファヴィー朝が崩壊した後の18世紀末期の数字では、イラクへのイラン人参詣者数は、３万人ほどと見積もられているが、これも時期によって変動し、1800年前後には5,000人から１万人に減少したと言われている［Nieuwenhuis 1981: 49］。これらの数字を鵜呑みにすることはできないまでも、後述する19世紀の状況とはかなり異なっていることが明瞭である。

このような参詣者とは別に、この時代、アタバートへは学問の修得を目指してイランからもまた少なからぬ学生が向かったであろうと考えられる。ナジャフは、16世紀においてはシーア派諸学の中心地のひとつであり、イランから学者や学生がナジャフへと修養に出かけていた。18世紀前半にサファヴィー朝が崩壊し、イランがアフガン部族によって蹂躙されるようになると、より多くのイラン人がナジャフやカルバラーといったイラクの諸聖地へ亡命する[9)]。また、19世紀に入ると、商人や貴族階級がアタバートへ移住したと言われている。先に見たように、政治的には必ずしも良好な関係ではなかったイランとオスマン朝であるが、商人やメッカ巡礼者の往来をはじめ、十二イマーム・シーア派学を修得する学者らの往来が、この時期のイランとイラクの間には細々ながらも絶えずあったと考え得る。しかしながら一方で、この時代の往来は、メッカ巡礼者、商人、ウラマーや学生など、一部の限られた人々によるものであり、一般の人々がこぞってシーア派聖地参詣旅行を行うまでには至らなかった。

ただし本書第6章で見るように、1555年のアマスィヤ協定ではイラン人巡礼者や参詣者の安全がオスマン政府によって保証されており、かつ18世紀のキャルダーン条約では、より明確にメッカ巡礼者の安全確保が謳われ、さらに「アタバート参詣者」という特定の呼称をもって彼らの存在が明記されていることから、時代を経るにつれアタバート参詣者の数は増加し、そして少なくとも18世紀中葉には、イランからのアタバート参詣の流れは、商業や学術交流の面においても、抑制することのできないものであったと推察される。

（2） イランの諸政権とアタバート
――キャラバン・ルート、建造物を中心に

ガージャール朝以前のイランとアタバートとの関係を示すものとして、ケルマーンシャーからバグダードへ至る街道上のキャラバンサライの存在を指摘し得る[10]。イランからイラクに至るルートは、古くから主に、ケルマーンシャーからガスレ・シーリーンまで山岳地帯を行き、その後南下してイラクの平野部をバグダードへ向かうものが利用されていた。ケルマーンシャーからバグダードまでのルートを宿駅（町）ごとに示すと、

Bīsutūn → Kirmānshāh → Māhīdasht → Hārūnābād[11] → Kirind → Miyān-i Ṭāq → Sar-i Pul-i Ẕuhāb → Qaṣr-i Shīrīn → Khānaqīn → Qizil Ribāṭ → Shahravān → Ba‘qūba (Ya‘qūbīya)[12] → Khān Banī Sa‘d (Urta Khān)[13] → Baghdād

となる。これらすべての町や村落にキャラバンサライが建設されているが、その多くはサファヴィー朝期の造営であった。なかには現在「シャー・アッバースのキャラバンサライ」[14]として名を知られているビーソトゥーンのようなものもあるが、ビーソトゥーンのキャラバンサライも含めて大半は、実際にはサファヴィー朝後期のシャー・スライマーン（Shāh Sulaymān, 在位：1666-1694）の時代に、当時の有力な宰相によって建てられたものである[15]。

上述のビーソトゥーンからバクダードまでの行程は、本書で対象としている19世紀にも改変なく利用されているものである。もっとも、19世紀中葉に参詣者が訪れたときには、大半のキャラバンサライが朽ち果て利用に耐えない状態であったとされているが、それでもなお、ガージャール朝期の旅行記作者たちは、これらのキャラバンサライがアタバート参詣者に与える恩恵に対して感謝の意を表しており[16]、イラクへと至るルート上のキャラバンサライが参詣者にとって重要な役割を果たしていたことを示す。このほか、イラク領内のバークーバの橋やムサイイブのキャラバンサライなどもサファヴィー朝期の遺構であるなど[17]、同王朝期には、イラクを支配したわずかな期間を中心に、イラクとの街道を確保し、参詣者や学生や商人の往来を促していたものと考えられる。

また、アタバートの諸聖地に対しても、政治的には継続して支配ができなかったとはいえ、サファヴィー朝は積極的に関わっていた[18]。初代シャー・イスマーイールにはじまり、歴代の君主は、国内にあるレザー廟やファーティマ廟のみならず、アタバートの諸聖地に対しても数々の寄進を行っていた[19]。アタバートのアリー廟やフサイン廟などの建造物の多くは、サファヴィー朝期に建設されたものであり[20]、続くアフシャール朝（1736-1796）のナーディル・シャー（Nādir Shāh，在位：1736-1747）も、ナジャフの墓廟のイーワーンとミナレットに黄金を施し、インド遠征で獲得した宝石などをはじめ様々な寄進をアタバートに対して行っていた。

ところで、シーア派政権成立後間もない16世紀の段階では、イラクのシーア派聖地は、とりわけサファヴィー家そのものにとって重要であったことが窺われる。イスマーイールの没後、オスマン皇帝スレイマン（Sulṭān Sulaymān，在位：1520-1566）の両イラク遠征時（1533～1534年）にイラクを奪還されたタフマースプ（Shāh Ṭahmāsp，在位：1524-1576）は、オスマン君主に対し、次のような書簡を送っている。

> 第一に、以下のことがある。この地（イラン）の大半の人々にとり、アッラーの館の巡礼は義務である。しかし、殺害や略奪を恐れ、行くことができない。同様に、同じ恐怖から、預言者ムハンマド様と、バキー（メディ

ナの墓地名）にある無謬なるイマーム様たちの参詣にも行くことができない。およそ30～40万人がこの王国には暮らし、義務［遂行］の権利が彼らの首にはかかっている。何たることか。偉大なる王（スレイマン）の時代に、このようなムスリムたちが希望を失い、権利を奪われてしまうとは。私たちは、イラク（ʻIrāq-i ʻarab）に眠る自らの父祖にまみえることから遠ざかってしまっている。父祖の［墓の］灯火のためのごく微量の油でさえ、神聖な敷居のためのわずかなものでさえ、送ろうと望んだところで、できないのである。ただ言えることは、私たちは彼らの子孫であり、彼らの下僕たちの下僕なのである。

わたしはこう言うためにこそ存在するのだ。わたしは彼らの子孫だと。いやそれよりも、彼らにとって最も卑しき下僕なのだと。心からそう思っているのだ。［Ṭahmāsb: 295］

タフマースプのこの書簡では、まずメッカ巡礼やメディナのムハンマドの墓参詣のことが書かれているが、彼の本意はそのあとに続くイラクのイマームたちの墓参詣にある。書簡のなかで述べられているように、イマームたちの墓とは、すなわちタフマースプにとっては、自らの父祖の墓なのである。フサイン系のサイイド（預言者ムハンマドの末裔）であることを主張したサファヴィー家にとって、イラクのイマームたちの墓所への参詣は、祖先の墓参りであり、譲ることのできない権利として認識されていた。そうであるからこそ、サファヴィー朝期は、王家が率先してイラクとの関係を保とうと努めた時代であり、街道上に残るサファヴィー朝時代のキャラバンサライや橋といった公共建造物や当時の君主たちによるアタバートの諸イマーム廟への寄進は、そのことを如実に示す遺構なのである。もっとも、この時代には、イランとオスマン朝の良好とは言いがたい関係やイランの国内政治そのものにおける政情不安があり、一般の人々の自由な往来は困難であったかもしれない。しかし、シーア派を標榜したサファヴィー朝は、イラクとのパイプを確保すべく常に尽力していたと言っても過言ではなく、この王朝の支配下で、イマームを重視するシーア派信仰が一般の人々のなかに根付くにつれ、アリーやフサインといったシーア派にとって最も重要なイマームの墓所を擁するアタバートへの参詣という宗教行為が認知されていったと考えられよう。そしてサファヴィー朝の滅亡後に続いた18世紀のイランの政権もまた、アタバートとイランとの関係を断ち切ることはなく、イラクのシーア派聖地を目指すイラン人シーア派ムスリムの存在を常に念頭に置いていたと考えられるのである。

２．19世紀前半のアタバート参詣

（１）　政治状況

1796年にイランにガージャール朝（1796-1925）が成立すると、ガージャール朝とオスマン朝は、半世紀にわたり、イラクやザカフカースの領有を巡って争った[21]。アタバートの諸聖地を含むバグダード州は、オスマン朝のなかでもイランと最も多く国境を接している州であり、北限はクルディスターン地域から、南はペルシア湾岸のシャットルアラブ川まで、イラン側と国境紛争が絶えない地域であった。バグダード州長官からオスマン中央政府に上奏された報告書によると、19世紀全般を通じて、クルドの帰属と湾岸の領有は、両国家の紛争の火種として存在し続けていたことが確認され、両国の国境線は常に両者の係争地であった。

また1750年から1831年にかけて、在地のマムルーク政権が支配する半独立の状態が続いていたイラクでは、政治的にも社会的にも不安定な状況にあったが、そのようななか、1217/1802年４月にアラビア半島からワッハーブ派が侵攻し、カルバラーを襲撃するという大事件が起こった。12,000人の部族民がナジュドから進軍したと言われるワッハーブ派のカルバラー襲撃については専論を見ないが、『ターレビーの道（*Masīr-i ṭālibī*）』という同時代の旅行記に詳しい記述がある。それによると、ワッハーブ派がカルバラーを襲撃した日は、ズー・アルヒッジャ月18日（ガディール・フンムの日）であったために、カルバラーの人々は、ナジャフに参詣に出かけていた。しかし前もって参詣者の服装で町に入り込んでいた一部の成員と、内通していた熱心なスンナ派であった町のハーキム（統治者）のために、上述の日、25,000人のワッハーブ派は最初の突撃で入城し、人々を殺害し、フサイン廟のドームを打ち壊した。死者は5,000人にのぼり、奴隷や奴隷女をはじめ金や銀など使えるものはすべて略奪され、聖廟の中は死者の屍で埋まったとされる。ワッハーブ派が去った後には、今度は周辺のアラブ部族が略奪を行い、町を疲弊させた。同旅行記の著者は、この事件の11ヶ月後にカルバラーを訪れたが、町での話題はもっぱら襲撃事件のことばかりでそれ以外の話題はないと伝えるほど、この事件の影響は大きかった[Ṭālibī: 408-409]。

ワッハーブ派のカルバラー襲撃は、周辺の諸都市にも恐怖を抱かせ、カルバラーやナジャフでは、夜には住民が警護にあたり、アリー廟の宝物はカーズィマインへ移管されるほどであった[22]。このように不穏な状況にもかかわらず、この時期、以下に見るようにイラン人参詣者の往来が途絶えることはなかったようである。

（2） 参詣者への襲撃

ワッハーブ派のカルバラー侵攻に象徴されるように、政治的な混乱期であった19世紀前半は、先の時代同様、イラン人シーア派ムスリムにとってアタバートを参詣することは決して簡単なものではなかった。この時期のいくつかの外交文書は、数百人規模のイラン人参詣者や商人が、イラクで遊牧民から略奪や暴行を受ける様子を報告している。

参詣者が被害に遭った事件を列挙すると、たとえば1221/1806-07年には、ハーナキーン近郊でイランの商人や参詣者が襲撃に遭い、5,000～6,000トマンが略奪、同年ズー・アルヒッジャ月には、カルバラー近郊で1,500人の参詣者が襲われた。また1225/1810年には、イラクでの混乱に乗じてナジャフ近郊で700～800人の参詣者が襲われ、そのなかの150人が殺害、同様にハーナキーンでは56人が襲撃され、バグダード＝カーズィマイン間では6～7人が殺害されている。さらに1228/1813年には、カルバラー＝ナジャフ間でイラン人参詣者と商人のキャラバンが襲われ、500人近くが殺傷され、ハーナキーン＝キジル・リバート間でも同様の事件が起こった。またその翌年にも1,000〜2,000人の参詣者がアラブ部族に襲撃され、死者も出た。1237/1821-22年には、イラクの政治的混乱から、クルド系遊牧民による参詣者への迫害が激しくなったことに対するイラン側からの抗議がある［AMQ: I/72-74, 119-121, 168-170, 185-187, 255］。これらの外交文書に見られる被害は氷山の一角であろう。殺害には至らずとも、略奪や強奪などの事件は、より頻繁に生じていたと推測される。

この時代もまた、史料的制約ゆえにイランからのアタバート参詣の詳細についてはわからない。わずかに確認し得る、上に挙げた襲撃事例からも明らかなように、被害に遭うイラン人やその際に言及される参詣者の数は決して少なくはない。しかしながら、次節で見る19世紀後半の状況と比較すると、総体ではさほど多くはない印象を受ける。先にも挙げたように、1800年前後のイラクへの参詣者数は、年間で5,000〜1万人である。また別の史料では、1807-1809年の段階で、普段はイランから15,000〜2万人、多いときでは3万人がイラクの聖地へ訪れるという数字が挙げられるに過ぎず［Dupré: 178］、それ以前の時代に比べると、19世紀前半は参詣者数の増加が見られはするものの、アタバート参詣の様相はあまり変化していないということが指摘できよう。

3．19世紀後半のアタバート参詣
——最盛期を迎えて

19世紀後半の大きな社会的な変動は、大量輸送が可能な蒸気船時代が到来したことである。大型の蒸気船が登場したことにより、メッカ巡礼路は大幅に変化し、巡礼者は陸路を利用する伝統的なキャラバンではなく、船に乗ってメッカ近郊の港町まで行くようになった［坂本 2000: 66-71］。イランからのメッカ巡礼者もまた、大半がカスピ海やザカフカースを経て、黒海からイスタンブールを目指し、そこからヨーロッパ系の大型船に乗り、ジッダやヤンブーといっ

たメッカ近郊の港町へ向かった。何ヶ月もかけてバグダードやバスラやダマスクスを経由するキャラバンは敬遠され、大幅にその数を減らしたのである。先に見た、イランからのアタバート参詣がメッカ巡礼途上に行われるという行路上の特徴は、大きく後退したと考えられる。しかしそのような社会状況の変化にもかかわらず、この時代は、アタバート参詣がイランで最盛期を迎えた時代となる。

（1） 第二次エルズルム条約締結後のアタバート参詣の活性化

イランからのアタバート参詣の活性化には、1263/1847年に締結された第二次エルズルム条約が大きな役割を果たした。条約の詳細は本書第6章に譲るが、半世紀にわたるオスマン朝とガージャール朝イランとの抗争が和平という形に帰着したことにより、イランからのアタバート参詣者の状況は大きく好転する。もっとも第二次エルズルム条約では、イラン、オスマン両政府の和平が確認されたが、この条約では両国の国境の画定には至らず、条約第3条にあるように、国境問題を以後の測量調査に委ねた[23]。そのため、条約締結後、即座にアタバート参詣が活性化した訳ではないが、この時期は両国の関係も比較的安定裡にあったと考えられる[24]。

またイラクでは、第二次エルズルム条約締結前の1831年に、在地のマムルーク政権の支配が廃され、オスマン政府の直轄支配が打ち立てられた[25]。1839年にはイラクでタンズィマートが始まり、また1869年には改革の旗手である Midḥat Pasha（1884年没）がバグダード州長官に赴任し、イラクの行政改革に手腕を発揮した。ガージャール朝君主ナーセロッディーン・シャー（在位：1848-96）がアタバートを参詣したのは、彼の長官時代である。その点で、19世紀中葉まで自治を行っていたカルバラーやナジャフといったシーア派聖地が、オスマン政府の支配に組み込まれることによって参詣者が増加したのだとすると、シーア派の人々にとっては皮肉な面もあるのかもしれない[26]。

アタバート参詣が活性化するのは、1850年代のことと考えられる。まず、当時の諸史料からアタバート参詣に関する事例を集めてみよう。1268年ラマダーン月27日（1852年7月15日）付の官報には、バグダードの遊牧アラブが参詣者らを襲って狼藉を働いていたために、法学者たちからアタバート参詣禁止令が出されたことを受け、イラン政府もまた、法学者らのファトワーに従って、イラクの安全が回復されるまではアタバート参詣を禁止した、という記事が出されている［RVI: I/444］。翌1269/1853年には国境付近で再度何らかのトラブルが生じていたようで、イラン政府の側は、オスマン政府との協力・協調関係維持のために国境付近の安定を遵守するよう、たびたび国内の州長官らに向けて指示している[27)]。この禁止令が解かれたのは1270/1854年のことであり、「自らの意思に応じて、特別な許可なく、いつでも望んだときにアタバートへ行くことを、すべてのイラン国民に許可する」との解禁令が1270年ズー・アルカーダ月22日（1854年8月16日）付の官報で確認される[28)]。これを受けて、本書第8章で検討する「1854年文書」によると、「近年の参詣を妨げていた原因のひとつは、その当時、イラク地方の状況が秩序と規律のもとになかったことにある」としているが、この文書が出された同年同月には、「参詣者たちがアタバートへ行くことの許可が、概して［オスマン政府の］批准なくして各方面に公示され、人々はキャラバンごとにケルマーンシャー方面に向かっている」［AMQ: III/60］と記されている。さらに翌年には、イラン政府からアタバート参詣再開の要請を受けたバグダード駐在のイラン領事によって、バグダード州の役人によるイラン人参詣者へのこれまでの不当な扱いを今後は止めるように、との書簡が提出されている［BOA.HR.MKT: 99/1］。これらの情報から、イランからのアタバート参詣は、この時期に、少なくともイラン側から解禁されたことは疑いようもないだろう。

アタバート参詣の公式な再開を裏付けるように、『アタバート参詣記』と題される最初のペルシア語旅行記は、1272/1855-56年のものであり、以後19世紀後半を通して多数確認される[29)]。とくに、1272/1855-56年のアタバート参詣記では、この年には著者の同僚でもある政府高官が続々とアタバートにやってきたことを記している［*Rūznāma*: 49-50］。ガージャール朝期の旅行記の著者は大半が高官であるが、国家の要人が参詣を目的としてイラクを訪れることが可能であるということは、すなわち、当該地域の安定および当該国との友好関係が、その背景にあるということである。ゆえに、19世紀後半にアタバートへ参詣し、旅行記を執筆した貴人らの存在は、当時アタバート参詣が安全に行われるようになったことの証左ともなる。

（2） アタバート参詣の政治的制約

しかしながらアタバート参詣に必要不可欠な国境地帯の安全は、常に確保されていたわけでは決してなく、19世紀後半にあってもなお、参詣が中止されることが諸史料からはたびたび確認される。

たとえば1285年ラジャブ月（1868年９月）には、イラン政府の要請に基づき、禁止されていたアタバート参詣道を開くかどうかの報告が、駐イラン・オスマン大使からオスマン政府に向けて出されている［BOA.HR-SYS: 724/２］。また財務歴1291年 Kānūn II 月19日（1875年12月31日）の外交文書では、ゾハーブに駐屯したイラン軍のために、２年間アタバート参詣が禁止されていた、と記されている［BOA.HR-SYS: 726/９］。さらに「カルバラーへの道が開くことは両政府の願いである」［BOA.HR-SYS: 726/43］と言われていた翌年の1296年ムハッラム月（1879年１月）には、アタバート道の開通を感謝するイラン政府の見解が、イラン駐在大使からオスマン政府へ送られている［BOA.Y.A.HUS: 160/44, 160/47］。その翌年にも、アタバート参詣道が開通し、大勢の参詣者が往来していることを感謝する内容の書簡がオスマン政府に向けて発せられている［BOA.Y.A.HUS: 163/64］。この時期には、具体的にどの程度の期間アタバートへの参詣が禁じられていたのかは不明であるが、クルドの Shaykh ʻUbayd Allāh の反乱およびスレイマニエ地方の騒擾が1293/1876年に生じており[30]、オスマン朝もガージャール朝も国境に軍隊を派遣するという緊迫した事態に陥っていたことが［GAIU: III/571-768］、その地域を通過する街道の通行禁止と絡めて、アタバート参詣そのものの禁止へと至っていたのであろう。

このほか、1303/1885年にもアゼルバイジャン地方の国境が不安定となり、両政府が軍を派遣する事態が生じ、同地方からのアタバート参詣が２年間禁止されていたことが明らかとなる［BOA.Y.PRK.ASK: 30/75］。この文書は1303年ラビー・アルアッワル月14日（1885年12月21日）付である。このときは、２年間ホイやタブリーズからのアタバート参詣を禁止していたようであるが、その翌年には、別の政府高官がテヘランからアタバートを参詣している。しかし彼は、国境付近の軍隊の存在に触れており、オスマン政府からも偵察隊が出されている上、イラン側が軍を出せばオスマン側も軍を派遣すると記し［Fakhr: 28-29, 76］、両国の緊張関係は持続していた。

1308/1890年には、ナジャフ事件に対するイラン側の抗議が確認される。ナジャフ事件とは、この年のアーシューラーの日に、アリー廟の中庭でイラン人たちがロウゼ・ハーニー（哀悼詩朗誦）を行ったことに対し、オスマン政府側が発砲して、数人が殺害された事件である［BOA.Y.PRK.A: 6/7］。イラン政府は、この事件を受けて、ユダヤ教徒やキリスト教徒を庇護しておきながら、イスラームの一分派の儀礼を阻止するのはオスマン皇帝としてはいかがなものか、とする内容の抗議を行っているが、1258/1842年のカルバラー事件のように両政府の関係が悪化するという事態にまでは発展していないので、このときは一般の人々のアタバート参詣そのものに問題はなかったものと思われる。

一方、政治的な理由からではなく、コレラやペストといった疫病の発生も、アタバート参詣禁止の原因となっていた。1307/1890年には、バグダード州政府が、コレラが発生していたために、イラン人参詣者の往来を禁止していたにもかかわらず、一部のイラン人が往来していることをバグダードのイラン領事館に抗議したが顧みられていない、という内容の文書が出されている［BOA.Y.PRK.ASK: 60/89］。同様に、1311/1894年には、イランでのコレラの発生を理由に、ハーナキーン経由の参詣者や商人の往来が３年間禁じられていた。同年には、参詣を再開しようとするイラン人の動きに対して、オスマン政府は禁止を継続し、バグダード州長官に検疫を強化するよう求めている［BOA.A.MKT.MHM: 570/9; BOA.Y.PRK.SH: 4/30］。このように、19世紀末には疫病を理由に、数年間にわたって参詣が中止されたこともあったのである。疫病の発生は、メッカ・メディナの両聖地を擁す領域内を、多数の巡礼者や参詣者が通過するオスマン政府にとっては看過し得ない問題であり、この点については本書第８章でも触れるところである。

そのほか政府による参詣禁止令が出なくとも、イラクの情勢不安のために、参詣者やキャラバンの往来が自発的になくなることもあった。そうして道が閉ざされた場合、イラクの諸聖地に暮らすイラン人や商人の糧が失われ、イラクでの生活が困難となり、イランへと帰郷する者も多かったという［I'tiṣām: 70］。

このように、実際のところは、イラクの情勢不安およびとくにイラン＝イラク国境の情勢が悪化した場合には、アタバートへの参詣は、オスマン政府あるいはイラン政府双方によってたびたび禁じられ、あるいは参詣者もまた、その時々の状況によって参詣を思いとどまっていた。すなわち19世紀後半のアタバート参詣もまた、それ以前の時代と同様に、オスマン朝とガージャール朝の政治状況に左右されていたと言える。しかし、第二次エルズルム条約の締結により、イラン人参詣者の安全が一定程度保障されることが再確認されると、アタバート参詣の流れは止めることのできないものとなったと考えられる。条約締結後間もない1265/1849年のイラン大使の報告では、「［イランからイラクへ向かう人々に対し］昨年は20万人に通行証を発行したと言われている」と述べ、おそらくはこの数字は多すぎると思ったのだろう、報告者は「最低でも５万人」という数字を妥当なところとして挙げている［GAIU: I/334］。たとえ誇張とはいえ、「20万人」という数字が挙げられるということに、外交問題の解決により、イラン＝イラク・ルートが活性化し、人々の往来が復活したことが読み取れるのである。

（３） 19世紀後半のアタバート参詣者概数

それでは、最盛期のアタバート参詣者数は如何ほどだったのだろうか。

現在でこそ、巡礼期には200万人が参加するメッカ巡礼であるが、19世紀においては、その数は決して多くない。1876年１月に、ダマスクスからの巡礼キャラバンに加わったオーストリア人ダウティは、その年の巡礼隊は、「彼らの計算で6000人（おそらく過大になっていようが）」であると言い、そのなかの半数以上がはだしの下僕だと記している［ダウティ：168］。実際にキャラバンに加わっていたダウティのこの数字を勘案すると、メッカ巡礼を行い得た者は全体でも数千人であり、そのなかでのイラン人の数は、より少なく見積もられて然るべきである。19世紀末の統計数値では、1897年にナジャフから出発した巡礼隊は、メッカでは8,000～10,000人ほどになっていたが、そのうちイラン人巡礼者は1,500～2,000人であったとされる［Lorimer: I/2351］。また、1316/1898-99年のオスマン朝衛生局の統計によると、その年のメッカ巡礼者は、ジッダへの入港者31,231人中イラン人は2,742人、ヤンブー入港者は5,537人中222人である。すなわち、オスマン政府が公式に数えた全巡礼者36,768人中、イラン人巡礼者は2,946人であり1割にも満たない［MATD: 1316/32/15］。これまでの研究では、19世紀後半のイラン人のメッカ巡礼者の数は、年によって変動はあるものの、おおよそ1,000～8,000人という数字が挙げられている[31]。

他方、アタバート参詣者の数については、陸路のものとして、1264-69/1848-52年のいずれかの時点でのハーナキーンの検疫所を通過した入管者の統計が存在する[32]。この統計は、商人を含むものの、成人男性のみを登録したものであり、その数は1年間で52,969人となっている。このなかには女性や子供の数が含まれていない。女性や子供をすべて含めると、年間10万人以上の人々がハーナキーンを通過すると同史料では述べられている［Hurşîd: 93］。この入管者台帳は、商人の数を含んでいるため、純粋なアタバート参詣者の数は若干少なくなるかも知れない。しかしながら、「年間10万人以上」という数字は、19世紀後半を通じて、他史料でもたびたび言及される数字である。1875年9月30日付の在テヘラン・イギリス大使 Thomson から英外務大臣 Derby への報告書［Issawi 1971: 129］や、アタバートを訪れたイラン政府高官が「10万人」という同様の数字を挙げており［'Ażud: 175］、またこれらの数字とは別に、1316/1898年には、「1日100～200人が通行証を取得する」との報告がバグダードのイラン領事から出されたり［MATD: 1316/35/8/35］、ケルマーンシャーの台帳から「30万人」という数字が挙げられたりしている［Qānūn: 40］。

国境地帯の安全が明らかになったときには、普段にも増して大勢の参詣者がアタバートへ向かった。禁止令の解かれた年のアタバート参詣者は増加傾向にあり、先の1270/1854年には、アゼルバイジャンからのみで貴人たちを含め8,000人の参詣者がアタバートを目指したという［RVI: II/1252-53］。同様に、禁止令の出た1889年には、イラクへの検疫所を通過したイラン人参詣者（成人男性のみ）の数は23,990人である一方、翌1890年には57,567人を数えるなど、禁止令の有無によって、参詣者数は変動している［Cuinet: 16］。

表２－１　19世紀中葉のハーナキーンの月別検疫所通過者、騎乗・荷運用動物数

月	商人・参詣者	ラバ追い	計	動物
Mart 月	1,122	284	1,406	2,190
Nisan 月	1,830	304	2,134	3,087
Mayıs 月	3,060	229	3,289	3,330
Haziran 月	1,267	154	1,421	2,072
Temmuz 月	658	161	819	1,256
Ağustos 月	1,093	88	1,181	1,320
Eylûl 月	17,052	701	17,753	18,700
Teşrîn-i evvel 月	19,614	669	20,283	20,384
Teşrîn-i sânî 月	3,826	64	3,890	4,025
Kânûn-ı evvel 月	2,617	150	2,767	3,857
Kânûn-ı sânî 月	669	254	923	2,429
Şubat 月	161	290	451	1,406
計	52,969	3,348	56,317	64,056

以上見てきたところにより、公的機関を通過する成人男性が数万人であり、その他女性や子供を含めた数字として、オスマン朝、ガージャール朝、イギリス、フランスそれぞれの政府高官から出されている「年間10万人」という数字は、当時のイランからのアタバート参詣者数としては、きわめて信頼に足るものと思われる。

この「年間10万人」という当時のアタバート参詣者数を、イラン国内のマシュハドへの参詣者数と比較してみよう。レザー廟への参詣者の数は、欧米の旅行者の概算によると、19世紀初頭で３万人、19世紀中葉には５～６万人、そして19世紀後半になると、５～10万人であった［Mu'tamin 1348s: 238-239］。欧米の旅行記に依拠しているために一概には言えないが、これらの数字に鑑みるに、19世紀後半にはイラン国内にあるマシュハドへの参詣者の数と、隣国に位置するアタバートへの参詣者の数がほぼ同数だったと考えられるのである。1297/1879-80年に記されたレザー廟参詣者の見積り書によると、アタバートへのルートが閉ざされ、参詣が禁じられた時期には、イラン国内のマシュハ

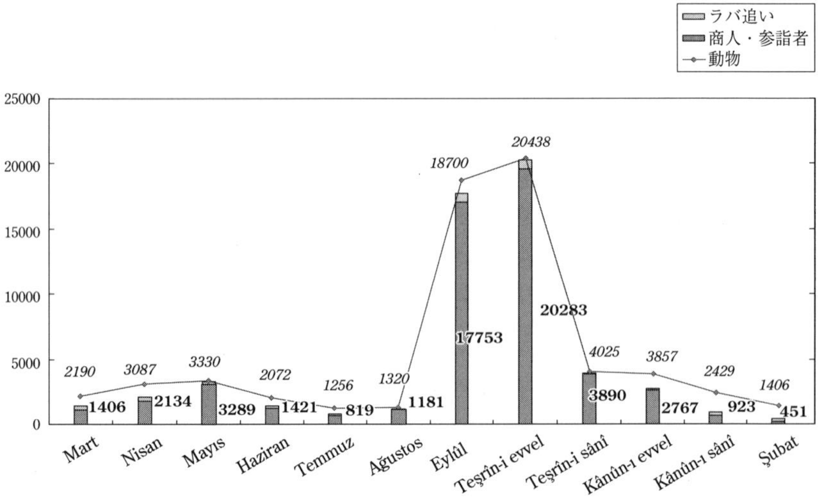

図 2－1　19世紀中葉のハーナキーンの月別検疫所通過者、騎乗・荷運用動物数

グラフ中の棒グラフ横の数字は、商人・参詣者、ラバ追いの人数を足したものであり、折れ線グラフ上の斜体の数字は、動物の総数を表す。また、写本・校訂ともに、Eylûl 月の動物の総数は1,870となっているが、合計数からの逆算および同月の商人・参詣者数から、18,700の誤りとみなした（表 2－1 についても同様）。

ドへの参詣者が増加する傾向にあり、ときにその数は年間10万人に達したという［Mu'tamin 1348s: 238］。時代は遡るが、1267年ジュマーダー・アルウーラー月 3 日（1856年 1 月 6 日）付の官報でも、マシュハドの治安が安定したことにより、カルバラーや他地域へ避難していた人々が続々とマシュハドに帰ってきたという記述が見られる［RVI: I/24］。さらに、アタバート参詣が禁止されていたと考えられる1270年ラマダーン月（1854年5-6月）の段階でのマシュハドへの参詣者は、アゼルバイジャンやエスファハーン、シーラーズなど、およそイラン全土から、3,000人にのぼると見積もられている[33]。

先に見たように、アタバート参詣者数は、メッカ巡礼者と比してもきわめて多い。一方でその数は、ここで見たようにマシュハド参詣者とほぼ同数にあたる。これらのことからも、19世紀後半のイラン人参詣者によるアタバート参詣の盛況ぶりを窺うことができ、この当時イランではアタバート参詣が隆盛を迎えていたと結論づけられるのである。

ところで、19世紀中葉から末期のイランの主要都市の人口は、およそ900万人前後であったと言われる[34)]。この事実と重ね合わせると、19世紀後半には、毎年人口のおよそ1パーセントの人々が、アタバート参詣を行っていたと推察されるのである。

最後に、20世紀のイランからのアタバート参詣について付言しておくと、第一次世界大戦前には、アタバートへの参詣者の9割がイラン人であったが、大戦後はイラン人参詣者の数は減少し、代わってインド人参詣者が増加したとされる［Nakash 1994: 167-168］。20世紀に入ると政治状況は激変し、イランではパフラヴィー朝（1925-79）が成立し、またイラクでは、オスマン朝の支配下からイギリス委任統治を経て1932年に独立が達成された。このような政治変動のなか、1924年には、イラン側からアタバート参詣の禁止令が発布された。これに対し、ナジャフのムジュタヒドたちは経済的打撃を考慮し、レザー・シャー（在位：1925-41）に嘆願した。翌年には禁止令は解かれ、参詣は再開されたが、その後は自動車や飛行機などのさらなる近代交通の発達に伴い、参詣者らは数日間しかイラクに滞在せず、その凋落は甚だしかったという［Nakash *ibid.*］。このように、20世紀に入ってもなお、イラン人のアタバート参詣は政治に左右されており、逆に、レザー・シャーの行ったマシュハドやゴムといった国内聖地への支援策と参詣奨励により、20世紀半ばのレザー廟参詣者の数は30～50万人にのぼった。この増加の背景には、自動車の発展、アタバートへのイラン人参詣者の減少、鉄道の開通、飛行機の普及が挙げられているが［Mu'tamin 1348s: 240-241］、アタバートとマシュハドの参詣者数の増減の間には、20世紀でさえも密接な関係が見られるのである。

いずれにせよ、サファヴィー朝の成立後、シーア派とスンナ派という宗派対立を背景とした政治状況の不安定さは、サファヴィー朝期のアタバート参詣の障壁となっていたと考えられる。現実に、サファヴィー朝期というのは、なかでも16世紀は、未だ人々の間にシーア派信仰が根付き始めたばかりの時代であり、一般の人々によるアタバート参詣は活発とは言いがたい状況にあった。しかし、イランにシーア派信仰が根付き、そしてアタバートを擁するオスマン朝との政治状況が変化するにつれ、イランからのアタバート参詣者の数は徐々にではあるものの増していったと考えられる。

19世紀に入ってからのガージャール朝、オスマン朝、イラクの関係もまた、決して良好なものではなかったが、オスマン朝によるイラクの直轄支配の確立と第二次エルズルム条約の締結による政治状況の好転に伴い、イランからのアタバート参詣者は飛躍的に増大した。もっとも、条約締結後もアタバート参詣はときの政治状況に左右され、あるいは疫病流行といった理由により、禁止されることも少なからずあった。19世紀後半にはさらに、大量輸送を可能とする蒸気船の登場により、メッカ巡礼とアタバート参詣は切り離された。しかしメッカ巡礼と切り離されることによって、アタバート参詣はむしろ最盛期を迎えることになり、バグダードからみてナジャフやカルバラーとは反対方向に位置するサーマッラーを含め、イラクにあるイマーム廟すべてを参詣するというスタイルが確立したものと思われる。同時期のアタバート参詣は、イランの高官や国王にも支持され、可能な場合には年間10万人の参詣者が、イラクのシーア派諸聖地を目指したのである。

本書第6章で見るように、アタバート参詣はときのイラン政府やオスマン政府にとって重要な問題であったが、その背景には膨大な数の参詣者の存在、すなわち「数の論理」の力学が働いていたと言えよう。とくに19世紀後半の「年間10万人」という数字は、同時期にメッカ巡礼を行っていた者が1,000～8,000人、国内のマシュハド参詣を行っていた者が5～10万人であったという事実と比較すると、如何に多くのイラン人が、当時国境を越えてイラクのシーア派聖地の参詣に向かっていたかという指標となろう。1905年当時でさえ、英国インドからイラクへの参詣者は、数百人から数千人程度でしかない［Lorimer: II/879］。加えて、10万人という数は、当時のイランの人口の1パーセントにあたる。アタバート参詣が、19世紀イランの社会現象のひとつであったと推察する所以はここにある。

注――――――――――――――――

1）守川 1997; Momen 1985: 105-123参照。

2）この時代のイランとアタバートとの関係についてはほとんど研究がなされておらず、Matthee 2003で若干触れられている程度である。本書は19世紀のイランとアタバートを対象としているため、この問題については十分な論証ができず、詳細については他日に期す。

3）Faroqhi 1994: 137-139参照。Chardin: VII/185には、イランからのメッカ巡礼者は、通常バグダードを通ると記されている。バグダードから先は、アラビア半島を縦断しなければならない。ペルシア湾からアラビア半島を縦断するルートは、1．Hofūf→Riyāż、2．Kuwait→Qasīm、3．Najaf→Hāilの三つであった。19世紀には、このうち、前二者は改変が多いため利用に堪えず、最もよく利用され重要なのは三番目のナジャフ・ルート（通称「ジャバル・ルート」）であったとされる［Lorimer: I/2351］。ちなみに、17世紀には、イランからのメッカ巡礼者は主に、バグダードからバスラを経由してメッカに向かっていたが、バスラからの場合でも40～50日は要したとされる［Chardin: VII/183］。

4）バグダードからカルバラーやナジャフへの参詣路については、本書第4章参照。

5）本書第6章参照。

6）16世紀中葉のオスマン政府は、形式的にはイラン人がバグダードを訪れることを禁止しており、またイランの巡礼者が、ナジャフやカルバラーを参詣するために、メディナから直接バグダードに向かったことに衝撃を受けたと言われている［Faroqhi 1994: 138］。

7）*EI2*: "Khosrew Pasha" の項参照。

8）サファヴィー朝期のイランでは、政治的な理由により、メッカ巡礼やアタバート参詣が19世紀に見られるほど活発ではなかったと考えられるが、その帰結として以下のことを指摘しておきたい。サファヴィー朝は、イラクやヒジャーズ地方の支配を獲得することができず、これらの地域への巡礼が困難であった。そのためイラン国内のシーア派聖地であるマシュハド（レザー廟）に着目し、この聖地の意義づけを積極的に行った。マシュハドがシーア派の町として発展すべく、16世紀には政府による様々な支援策があったことについては以前検討したが［守川 1997］、その後17世紀にはシャー・アッバースがエスファハーンからマシュハドまで、徒歩で参詣している。君主自らの徒歩による参詣は、まさしくイマーム廟参詣のプロパガンダ以外の何物でもない。また本書第1章でも触れたように、シャイフ・バハーイーやマジュリスィーといった御用学者であったシーア派法学者らは、レザー廟参詣の功徳を詳細に述べることによって、人々のマシュハド参詣を奨励していたと推察される。このように当時のイランでは、政府と法学者の双方によって、レザー廟の位置づけが積極的になされ、メッカ巡礼やカルバラー参詣の「代替」としてマシュハド参詣に重点が置かれたと考えられる。サファヴィー朝期に積極的な位置づけがなされたレザー廟への参詣は、以下に見るように後世においてもアタバート参詣と密接な関連性を持ち続ける。

9）17〜18世紀イランでのシーア派ウラマーの出自やその学問修得のためのアタバートへの移動については、Momen 1985: 122-123を、イラン系が多数を占める18〜19世紀のアタバートのウラマーの出自については、Litvak 1990を参照されたい。

10）17世紀全般を通じて、イラン国内の道中の安全は適度に保たれていたと同時に、この時代はキャラバンサライや橋や貯水槽などの公共建築が盛んに行われた時代だと言われる［Ferrier 1986: 477］。一方イラク地方の交易は、17世紀には、ヨーロッパ勢力のペルシア湾への進出により海上交易が発展したため、むしろ関税の不要な陸路が安価であったにもかかわらず、政情不安からさほど利用されなかったことが明らかにされている［Khoury 1991: 81］。

11）現在のイスラーマーバード（Islāmābād）。かつてはハールーニーエ（Hārūnīya）とも呼ばれた。

12）ペルシア語旅行記では、大抵「Ya'qūbīya」と記されている。「Ba'qūba」とは、最初のアラビア文字の点の数の違いがあるだけだが、なぜ異なる読み方がされていたのかは不明。現在のイラクでは、バークーバと呼ばれている。

13）ペルシア語旅行記では「Urta Khān（あるいはUrta Khwān）」と記されているが、現在の地名では、「Khān Banī Sa'd」である。'Ażud al-Mulkは、「Mushīrīya川の河岸、Urta Khānとして知られているKhān Banī Sa'dの上方半ファルサングのところに、野営を定めた」［'Ażud: 119］と述べているように、当時から両方の名称で呼ばれていたようである。

14）シャー・アッバースの名を冠せられたキャラバンサライは、イラン各地に存在する。

15）ビーソトゥーンのキャラバンサライは、1096/1685年に宰相Shaykh 'Alī Khān Zanganaによって建てられた。このキャラバンサライについては、碑文も残っている。

16）ハールーンアーバードのキャラバンサライは、シャー・スライマーン時代に建設されたものと考えられるが、19世紀中葉には朽ちて、利用を躊躇うほどであった。しかし、ナーセロッディーン・シャー期の1275/1858-59年に修復されたという［Adīb: 62（校訂者注）］が、19世紀最末期の旅行家は、このキャラバンサライが朽ち果てていると記す［Harris: 268］。またケレンドのものは、シャー・スライマーンの宰相Shaykh 'Alī Khān Zanganaによって建設されたものであるが、19世紀中葉の段階では使い物にならない状態であった［Adīb: 67］。ミヤーネ・タークのキャラバンサライのみは、ガージャール朝に入ってから、Muḥammad 'Alī Mīrzā Dawlat Shāhによって建てられたものである。1268/1852年には、ケルマーンシャー長官が私費でこのキャラバンサライを修復するという広報があるが［RVI: I/466］、その数年後には、礎石が崩れ落ちていたとされるため［Adīb: 68］、完全には修復されなかったのかもしれない。シャー・スライマーン時代に建てられたとされるポレ・ゾハーブのキャラバンサライも大きく、

19世紀末においても、ケルマーンシャーからバグダード間では最も良好な状態であった［Adīb: 68; Harris: 278-279］。ガスレ・シーリーンのキャラバンサライは19世紀中葉には比較的良い状態であったが［Ferrier: 12］、その後の描写では、崩れかけていたとされる［Adīb: 71］。しかし19世紀末でもそのバーザールは各地からの品物で溢れ、繁盛していたという［Harris: 281］。ハーナキーンのキャラバンサライは、わずかな金額を管理人に支払うほかは、旅行者に無料で開放されていた［Ferrier: 8］。

17）ムサイイブのキャラバンサライは、5,000人が収容できるほどの大規模なもので、エスファハーン出身の商人によって建てられ、19世紀にはバグダードの商人によって修復された。

18）実際には、16世紀後半には、政治的にもイラクでのサファヴィー朝の影響力は衰えなかったようであり、アタバートでは、代理人としてクルアーンを朗誦するために、サファヴィー朝君主から俸給を得ていた人々がおり、聖地に埋葬するためにイランから遺体が運ばれてくる慣習も継続していた。また、イラクやアナトリアでは、「シーア派である」ということはサファヴィー朝に同調する者であるとみなされたため、1570年代を通じて、たびたび指導的立場にあるシーア派信徒が処刑され、あるいはハンガリーやキプロスに追放されるほどであったことが明らかにされている［Imber 1979］。

19）サファヴィー朝初期の君主によるシーア派諸聖地への寄進に関しては、守川 1997: 7-18参照。しかしながらアッバース二世時代には、これらの「無謬のイマームたち」への寄進は減額されたと伝えられる［Qazvīnī: 223-224］。

20）カーズィマインのイマーム廟の裏手にある大モスクのドームは、サファヴィー朝君主によって黄金にされ、またサーマッラーの聖廟のドームや中庭といった基礎は、サファヴィー朝時代のものであり、その後、個人によって修復がなされている。16世紀初頭のイラクのイマーム廟については、スレイマンの両イラク遠征を主題とした書物にそれぞれの建造物の図がある。たとえばNaṣūḥ: 53a, 60a, 64bなど。

21）1219/1804年には、ガージャール朝はロシアと戦争を開始し、1228/1813年のゴレスターン条約でグルジアやバクーを割譲した。また1241/1826年には第二次イラン・ロシア戦争が勃発し、2年後の1243/1828年にトルコマーン・チャーイ条約を締結し、アラス川を両国の国境と定め、戦争は終結したが、イラン側は北方領土を喪失し、多額の賠償金とロシアの領事裁判権、協定関税、カスピ海航行権などを認めざるを得なかった。また1856年には、ヘラート帰属問題をめぐってイギリスと対立し、翌年のパリ条約でヘラートからの撤退を認めた。

22）ワッハーブ派の存在は、イラン人にとってはアタバート参詣のみならず、メッカ巡礼においても非常な打撃となっていた。1814年のシリア巡礼団は、人間4,000〜5,000人、ラクダ15,000頭からなっていたが、そのなかでもイランの巡礼者は、冷遇されていたという［キールナン：216-217］。

ペルシアの巡礼団は、ワッハーブ教徒によって阻止されていたが、1815年にアブドゥラーとの和平協定が成立した後は巡礼を再開し、バグダードから出発して、ネジドを通ってメッカに向かうが、途中シャンマル族にだけ攻撃された。ペルシア人の巡礼団は、アラブ人のアゲイル部族の護衛を受けた。しかしペルシアの巡礼者の多くは砂漠の旅を避けて海路で到来した。彼らはバスラを出帆して、ジッダないしモハに上陸した。その他にバグダードを出発してから、一旦西に進んで、シリアの巡礼隊に合流する者もあった。ペルシア人は、異端派として名高く、時々巡礼を禁止されることもあったが、彼らの費やす金銭が大きな理由となって、いつも間もなく禁令が解かれた。

23）調査時の状況については、イラン側の代表として終始参加したMushīr al-Dawlaが、地域ごとに地形の状況や住民に関する詳しい報告書『国境調査報告書（*Risāla-yi taḥqīq-i sarḥaddīya*）』を残している。彼の書には、測量的側面のみならず、調査や交渉が難航し辟易している様子や、仲裁国として入ったイギリスやロシアの役人と良好な関係を保ちながら国益を考えようとする、全権を委託された一政府役人としての様もまた描かれている。一方、オスマン側から調査団に参加したDarvīsh Pashaとその配下の書記であったHurshīd Pashaが、国境の村落や住民構成、税収などについて、同様の報告書（Dervîş Paşa著『イラン国境画定調査書（*Tahdîd-i Hudûd İraniye*）』、Hurşîd Paşa著『境域旅行記（*Seyâhatnâme-i Hudûd*）』）を著している。加えて、ロシア代表のTchirikofも、イラン側国境付近の調査旅行の様子を『覚書（Memorandum）』として書き残しており、これらの書は、当時の国境地帯の実態を伝えるきわめて有益な資料である。イギリス代表であったWilliamsもまた何らかの資料を蒐集していたようであるが、1852年の英国帰国中に、テムズ川で不慮の事故に遭い、資料はそのときに散逸したと言われている。

1849年夏にバグダードに集結した国境調査団は、翌年１月に南方のムハンマラから調査を始め、翌1851年１月に、Williamsの提案した国境線を合意するに至る。しかし、その後の調査は、オスマン政府側の強引な反発と不熱心さによって低調を極めた（この間の詳細については、IIB: IIを参照のこと）。ゾハーブ国境はオスマン政府によって拒否され、コトゥールは地理的な調査を行っただけで1852年９月に打ち切りとなった。このため、調査そのものは長期間にわたったものの、山岳地帯の多い国境線であったために、確実に両国の国境として定められたのは、シャットルアラブ川のみであり、その後の紛争の火種を絶やすことはなかった［Lorimer: II/763］。この国境調査についての専論は、管見の限り、オスマン側の史料を利用したNasiri 1991: 11–59のみである。

24）国境調査期間中の1268年シャッワール月18日（1852年８月５日）付の官報によると、同年ラマダーン月18日に、エルズルムからオスマン政府全権大使がイランに来ることに対し、宮廷と地方長官が総力を挙げて大使を歓待することが記されている［RVI:

I/463]。また、ロシアとオスマン朝が戦ったクリミア戦争（1853-56）でも、イランは国境付近の警戒を行いつつも、中立を表明した［RVI: II/910, 915, 988]。

25）ちなみに、バグダード州は、1875年にバグダード州とバスラ州に分割されるが、1880年に合併し、そして1884年6月に再度分割された。

26）1888年から1890年にかけてイラクを訪れたPetersは、50年前のカルバラー事件に触れ、事件後もカルバラーやナジャフでは騒擾が生じていたが、「トルコ［政府］は忍耐強かった。そして今ではひとりの憲兵が両方の町を統治している」との情報提供者の言葉を引用している［Peters: II/331-332]。

27）RVI: I/658, 661-662, 678参照。また、1269年ジュマーダー・アルアーヒラ月20日（1853年3月31日）には、オスマン領からアゼルバイジャンに亡命してきた4人を、第二次エルズルム条約に基づいてオスマン政府側に引き渡す、という事件が載せられている［RVI: I/682]。

28）RVI: II/1192. アタバート参詣が再開された背景には、イラクの情勢が安定したことがあることは言うまでもないが、さらに、この解禁令発布直前には、アナトリア経由のメッカ巡礼者が、クリミア戦争のためにタブリーズで止められて故郷に戻される、という出来事が生じている。おそらくこの北方ルートの制約ゆえであろうが、同年のイランからのメッカ巡礼者は、ケルマーンシャーからイラクを通り、アラビア半島を横切るジャバル・ルートで向かう者が多いと伝えられており、また相対的にシリアからの巡礼者は少なかったという［RVI: II/1124, 1157, 1223]。おそらくは、このような巡礼者の動向に合わせて、アタバート参詣が再開された面もあるのだろう。

29）本書資料編ペルシア語旅行記史料解題参照。ガージャール朝の旅行記史料全般に関しては、守川 2000を参照されたい。

30）この事件に関しては、Nasiri 1991: 135-150が詳しい。

31）Ja'fariyān 1379s: 181参照。Farāhānīの旅行した1302/1885年の場合は、例年より減って3,000人であったとされる［坂本 1992: 195]。

32）Hurşîd: 92,（ms.）134. および本文中の表とグラフ（表2-1と図2-1）を参照。Nasiri 1991: 95にも同様の引用がなされ、1265-66（1849-50）年の統計であると記されているが、同書の執筆年は不明であるため、Nasiri氏が何をもってこの日付を算出されたのかはわからない。

33）RVI: II/1123-24参照。これらの事実は、イラクのアタバートとイランのマシュハドという別々のシーア派聖地が、一般の人々にとって何らかの互換性とも言うべき関係を持っていたことを示唆している。この点については、今後の研究課題としたい。

34）Gilbar 1976: 125-144参照。また別の研究では、19世紀初頭では、イランの主要6都市の人口が50万人、都市に暮らす人々の総計が80万人、イラン全土の人口は500万人と見積もられており、全人口の七分の一が都市に暮らす計算となっていた。この状況は、19世紀前半を通じてほぼ変わらなかったとされ、1867-68年のイギリスの調査報告でもイランの全人口は440万人と見積もられている。一方19世紀後半のイランでは人口の増加が激しく、1880年代で600～765万人、1891年で900万人、1913年では1,000万人にのぼった［Issawi 1971: 26-28, 33］。

第3章

アタバートへの道
——イランからイラクへ

19世紀には、オスマン朝によるイラクの直接統治が約1世紀ぶりに再開し、さらにガージャール朝イランとオスマン朝間で二度にわたってエルズルム条約が締結されたことにより両国の関係が改善し、地域政治の安定化が実現した。なかでも1847年に調印された第二次エルズルム条約では、アタバートへ参詣するイラン人シーア派ムスリムに対して、オスマン朝が保護と安全を保障することが公的に確認された点は重要である[1)]。

地域情勢の安定とシーア派参詣者への配慮が保障された結果、前章で見たように19世紀中葉以降、年間およそ10万人と見積もられるほど多数のイラン人がアタバートへ参詣するようになった。とくに、19世紀後半には貴人や政府高官の参詣が増加したことは、この時代の特徴のひとつである。これらの貴人たちの一部は、自らの参詣旅行についてその記録となる旅行記を書き残している。ここでは、『アタバート参詣記』と題されるそのような旅行記史料をもとに、当時の旅行の実態を明らかにしていきたい。利用するペルシア語旅行記の詳細は、本書資料編のペルシア語旅行記史料解題に譲るが、当人たちの手によるこれらの史料からは、当時のアタバート参詣旅行がどのような形で行われていたのかという点について、具体的に明らかにすることが可能である。本章では、イランからアタバートへの参詣者たちの移動に焦点をあてて検討する。

1．ルート

イランからアタバートに向かう場合、そのルートは必ずしも多くはない。イランからの主要なアタバート参詣路は、大きく分けて陸路と海路の二通りである（図3-1）。

（1）陸　路

陸路の場合、イラン各地の参詣者は、必ずケルマーンシャーを経由する。ケルマーンシャーに至るまでのルートは様々であるが、たとえばテヘランからの場合は、まずゴム方面へと南下し[2]、そこから西進してハマダーンやマラーエル地方を経由し[3]、ケルマーンシャーへと向かう。またタブリーズなど北西部アゼルバイジャン地方からの参詣者は、南下してクルディスターン地方やハマダーンを通ってケルマーンシャーへと向かう[4]。他方、ヤズドやケルマーンといったイラン南東部からは、エスファハーン、ロレスターンを経由してケルマーンシャーへと向かい[5]、北東部ホラーサーン方面からの参詣者は、ニーシャープールやセムナーンを通ってテヘランへ至り、そこからテヘラン発の参詣者らと同様のルートを採る[6]。いずれにせよ、ケルマーンシャーに向かうまでのイラン国内のルートは、途中の町や村落の大きさに関係なく、その最短距離を採るケースが多い[7]。

ところでケルマーンシャーは、アタバート参詣者の集結地点となっているが、これは、ケルマーンシャーからガスレ・シーリーンを通るルートにのみ、オスマン政府の検問所があったためである。アタバートへ向かう参詣者らは、一様にみな、ケルマーンシャーに数日間滞在し、国境越えとアタバート参詣旅行の最終準備を行っている[8]。旅行記には、町の様子が詳細に描かれるが、ケルマーンシャー州長官による、この地域一体の安全確保についても詳しく述べられている場合が多い。すなわち、この地方は参詣者らの旅の準備地としての重

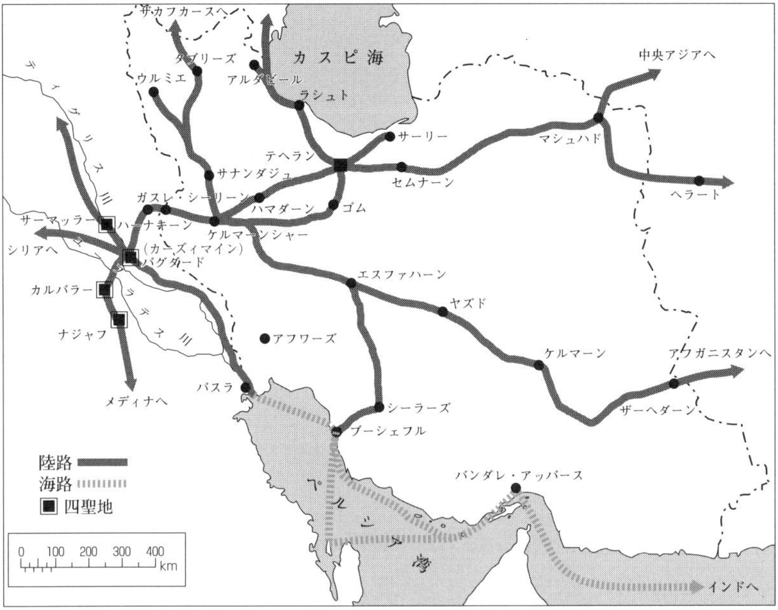

図３－１　アタバート参詣街道

要性のみならず、国境に近いということからくる、参詣者の安全面においてもきわめて重要な意味を持っていたことが理解される。19世紀後半のケルマーンシャー州長官 ʻImād al-Dawla[9] は辣腕家として名高く、参詣者らは安心してこの地域を通過することができた[10]。

ケルマーンシャーで最後の準備を行った参詣者らは、一路、イラク国境へと向かう。ケルマーンシャーから国境までは、前章でも示したとおり、五つの宿場町を通る。イラン側の国境の町であるガスレ・シーリーンからは、一日行程のところにオスマン側の最初の町であるハーナキーンがある。陸路の場合、イランからイラクへの入り口は、この町しかない。当時のハーナキーンは、数百軒の店がある町で、オスマン政府の税関と検疫所が設置されており、イランからの参詣者や商人らは必ずここで一定期間滞在し、検疫を受けて通行証を購入することが義務づけられていた（本書第８章参照）。

アタバート参詣者のおよそ８～９割は、このケルマーンシャー＝ハーナキーン・ルートを利用した。参詣者の出身地となる主要な都市や地域名を挙げると、エスファハーン、ハマダーン、ホラーサーン、タブリーズ、テヘラン、ラシュト、ヤズド、ゴム、シーラーズ、マーザンダラーン、ガズヴィーン、ボルージェルド、バクー、ウルミエ、アルダビール、ケルマーンシャーなど、イランのほぼ全域と、ザカフカースや中央アジアからの参詣者たちが含まれている[11]。

（2）海　路

海路の利用者は、ペルシア湾沿岸部の参詣者が中心となる。参詣者は、バンダレ・アッバースやブーシェフルといった主要な港町から船に乗り、対岸のバーレーンなどを経由しつつイラクへと行く。イラク側の入り口（検問所）はバスラであり、ここで参詣者らは通行証を購入し、シャットルアラブ川を遡ってナジャフやバグダードへと向かった[12]。

船による移動が主体となる海路は、陸路に比べて移動の日数が大幅に短縮される。たとえば、アタバートからの帰路に海路を利用したある参詣者は、バスラからブーシェフルまでわずか1日で、またバンダレ・アッバースまではブーシェフルでの2日間の滞在を入れて、5日間で到着している[13]。ここに見られるように、船旅は時間の短縮という面において、陸路に比してはるかに効率的であったにもかかわらず、イラン人参詣者の場合、船を利用する者は極端に少なかった[14]。これは、内陸ルートを主流とするイランの地形的環境が大きな理由であると考えられることに加え、当時の大型船が、イギリスやオランダ、トルコの船籍となっていたこととも無関係ではないようである[15]。なぜなら、イラン人は、イギリス船籍の一等には「船を汚す」といった理由で乗船を拒否され、貧弱な船の二等席や三等席にすし詰め状態にされると伝えられており［Sadīd: 347; Ṭālibī: 423-424］、そのような乗船時の劣悪な環境が、イラン人参詣者を海路の利用から遠ざけたことは想像に難くないからである。

実際イラン人の側も、「船は不衛生（najāsat）であり、難破の危険がある」［*Tīr*: 110］として船旅を敬遠している[16]。また「イラン人は船が苦手であった」という外国人による指摘もあるように[17]、当時のイラン人のなかでは船旅を行う者は非常に稀であり、アタバート参詣者の場合は、大半が陸路を利用し、海路の利用者はきわめて少なかったと言えるのである[18)]。

（3） その他のルート

イラン人参詣者のなかには、メッカ巡礼を兼ねてアタバートを参詣する者も少なからずおり、その場合の彼らのルートは大きく異なる。メッカ巡礼を兼ねる場合、アタバートを通過するルートはふたつ存在する。ひとつは、ナジャフとメディナを結ぶアラビア半島を縦断するルートであり、もうひとつは、アレッポやダマスクスといったシリアの諸都市からイラクに至るルートである。これらについては本書の主題から外れるため、ここでは扱わない。

2．旅行の時期

全ムスリムにとっての義務として時節の定められているメッカ巡礼と異なり、アタバートへの参詣は年中可能であり、とくに時節の定めはない。しかしながら諸史料を見ていると、参詣の時期にも一定の傾向が見られることが明らかとなる。

まずもって注目されるのは、表３-１に見られるように、旅行記執筆者の多くが、９月や10月といった秋口にイランを出発している点である[19)]。これは、摂氏50度にもなるイラクの夏の暑さを避けるためであると考えるのが自然であろう［BS: 1300/64-65］。これについては、９月にテヘランを出発してアタバート参詣に出かけたAdīb al-Mulk（表３-１：２）の例が参考になる。彼は、1273年ムハッラム月13日（1856年９月14日）にテヘラン郊外の避暑地ニヤーヴァラーンを発つに際し、「［今年は］アーシューラー（ムハッラム月10日）が過ぎれば、気候が穏やか（mu'tadil）になるに違いない」［Adīb: ４］と述べ、そして実際にアーシューラーの３日後に出発しているのである。また、秋は「イラン人参詣者の参詣シーズン［である］」［'Âlî: 68］との言及や、イラク側の統計では、冬季になるとシーア派参詣者の往来で大幅にイラクの人口が増加していることから

表3-1　ペルシア語旅行記史料による19世紀後半のアタバート参詣旅行

	著者名	日付（月/日 / 年）	職	年齢	出／帰	アタバートでの参詣経路（滞在日数）	同行者
1	? *Rūznāma*	10/2-3/10 1855-56	? (廷臣)	?	テヘラン	Kaz(3)-Sam(4)-Kaz(3)-Kar(4)-Naj(22)-Kar(14?)-Naj(3)-Kar(3?)-Kaz	家族 (18人?)
2	Adīb al-Mulk	9/14-2/22 1856-57	廷臣	28	テヘラン	Bag/Kaz(10)-Sam(6)-Kaz(14)-Kar(12)-Naj(12)-Kar(8)-Kaz/Bag(8)	友人 従者 (24人)
3	ʻAżud al-Mulk	3/19-9/8 1867	廷臣	45	テヘラン	Kaz(7)-Kar(3)-Naj(8)-Kar(23)-Kaz(7)-Sam(3)	部下
4	Iʻtiṣām al-Mulk	10?-10 1867?-68	外務 官僚	42	テヘラン	Kaz(10)-Sam(3)-Kar(40)-Naj(40)-Kar	?
5	Nāṣir al-Dīn	9/16-2/21 1870-71	君主	40	テヘラン	Bag(5)-Kaz(1)-Kar(5)-Naj(5)-Kar(4)-Bag(5)-Sam(3)	ハラム 部下
6	Niẓām al-ʻUlamā	12/18-7? 1871-72	詩人	?	タブリーズ	Bag/Kaz-Kar-Naj-Kar-Kaz/Bag-Sam	友人
7	Fakhr al-Mulk	10/13-4/16 1886-87	廷臣	25	テヘラン	Kaz(1)-Kar(20)-Naj(9)-Kar(5)-Kaz(4)-Sam(3)-Kaz(6)	友人 家族 (25人)
8	Sadīd al-Salṭana	6/8-9/11 1898	地方 官僚	25	テヘラン/ バンダル	Kaz(3)-Kar(5)-Naj(20)-Kar(4)-Kaz(18)-Bag(1)	母親 姪
9	Mishkāt al-Sulṭān	9/15-3/31 1899-1900	詩人	28	タブリーズ	Kaz(3)-Kar(31)-Naj(21)-Kar(47)-Kaz(4)-Sam(2)	母親 おば 友人

略号：Bag = Baghdād, Kaz = Kāẓimayn, Kar = Karbalā, Naj = Najaf, Sam = Sāmarrā

[Lorimer: II/967]、アタバート参詣に関しては、秋から冬にかけての旅行が多かったと考えられる。さらに、19世紀末のハーナキーンの検疫官による報告では、イラン人参詣者のイラクへの来訪は4月末から始まり、8月から11月にかけては多く、12月になると少なくなると言われている。なかでも9月と10月には非常に大勢の参詣者がハーナキーン検疫所に結集するが、上述の月以外には、参詣者も商人もほとんど往来がなかった［Saad: 533, 537］。これらのことから、秋がイラン人参詣者の旅行シーズンであると考えることに問題はないだろう[20)]。

大方のアタバート参詣者に見られるように、秋にイランを出発し、春に帰郷するという日程は、帰路、真冬にザグロス山脈を越えねばならない。陸路でのアタバート旅行の厳しさはこの点にある。実際、何人かの旅行記著者は真冬の行軍の困難さを記しており、吹雪のなかで数歩先も見えず、馬の飛節まで雪に埋もれ、目的地への到着も大幅に遅れている。道は隘路で、参詣者のキャラバンが行き交うことも難しく、キャラバンと出くわすたびに通り過ぎるまでに1時間ほどかかり、積荷や輿が何度も落下したという[21]。このように吹雪のなかで立ち往生する事例は多数あるにもかかわらず、秋口のイラン出発がより多く確認されるのは、酷暑となるイラクの暑さよりも、雪中での旅のほうがまだしも容易とみなされたことを印象づける。

もっとも、夏にアタバートへ旅行する例もわずかながら確認される。旅行記の著者のなかでは、ʻAżud al-Mulk（表3-1：3）や Sadīd al-Salṭana（表3-1：8）が真夏にアタバートを訪れている。しかしながら ʻAżud al-Mulk の場合は、国王ナーセロッディーン・シャーがサーマッラーへ寄進するレンガを運搬するという任務を負っての旅行であり、時期に関して不平を述べられるような立場ではない[22]。Sadīd al-Salṭana はペルシア湾岸のブーシェフル出身であり、彼のアタバート参詣は、前年ブーシェフルからテヘラン経由でマシュハドを参詣し、その後一旦テヘランに戻ってから、故郷に帰る前にアタバートへ立ち寄るという形式をとっている。彼自身が湾岸の出身者であることから、もともと暑さに適応力があった可能性や日程上の都合があった側面は否定し得ない。それゆえ、これらの事例は、参詣旅行の時期を検討する際には例外的なものと言える。

夏にイラクを訪れる場合、イラン人参詣者も欧米人旅行者もともに、その暑さに対して閉口しており[23]、真夏の参詣は決して安易ではなかった様子が窺える。加えて、夏の旅行の問題点は、気温の高さや害虫のみならず、日中の暑さを避けて夜間に移動することからくる、道中の危険性であった。すなわち夜間の行軍は、道を見失ったり、盗賊や追剥ぎに襲撃されたりするなど、参詣旅行最大の関門でもあったのである[24]。このような旅行上の危険性や不便さゆえに、イランからの参詣者は、気候の面からも安全性の面からも、旅行に不適切な夏にイラクを訪れるのではなく、秋や冬を選んで行動していたのである。

秋冬のほかにアタバート参詣者が多くなる時期は、アーシューラーなど宗教行事に関連するときである。19世紀中葉にイラン国境付近の状況を査察したオスマン政府役人によると、イランからの参詣者がより多くなる時期は、アリーがムハンマドから後継者に指名されたとする「ガディール・フンムの日」（ズー・アルヒッジャ月18日）や、カルバラーでフサインが殉教した「アーシューラーの日」（ムハッラム月10日）であり、これらのときには、わずか1～2ヶ月の間で5万人もの入国があるという［Hurşîd: 93］。前章で検討した、彼の現地調査に基づく、ハーナキーンを通過したイラン人参詣者や商人の1年間の統計を見てみると、財務暦 Eylûl 月（9月14日～10月13日）には17,052人、また Teşrîn-i evvel 月（10月14日～11月13日）には19,614人と、ほかの月の約10倍、年間総計の7割ものイラン人が一度にイラクに入国していることが明らかとなる（本書第2章表2-1および図2-1参照）。この時期のアーシューラーは、財務暦1265年を例にとると、Teşrîn-i sânî 月14日（1849年11月26日）であり[25]、アーシューラーと秋の旅行シーズンが重なっているため、普段以上に大勢のイラン人がこの時期にイラクを訪れたのであろう。それとは対照的に、その年は秋以外の季節には税関を通過する旅行者の数はきわめて少なく、最も少ない Şubat 月（2月13日～3月12日）では500人にも満たない。そのほか、普段は人口35,000～40,000人のカルバラーは、アーシューラーには外国やイランやインドなどからやって来る参詣者で20万人に膨れ上がると言われており［*Siyâḥat*: 127-128］、アーシューラー時のカルバラー参詣の人気ぶりが窺える。

アーシューラー以外には、フサイン殉教の四十日忌にあたる「アルバイーンの日」（サファル月20日）に参詣者の増加が見込まれる[26]。本書第1章で見たように、シーア派ハディース集や法学手引書によると、フサイン廟参詣は、アーシューラーやアルバイーンに加え、毎木曜日の晩（shab-i jum'a）、ラジャブ月朔日、シャーバーン月15日（Nīma-yi Sha'bān）の夜、ラマダーン月全般、犠牲祭前日および当日（ズー・アルヒッジャ月9日10日）に行うことに功徳があると伝えられている。ナジャフのアリー廟を参詣するのにもまた、同じように年間を通じて適した日がいくつか設定されており、これらを勘案すると、理屈の上ではアタバート参詣は年中可能であり、ほぼいつでも功徳があるとされていたことがわかる。

ところで Hurshīd Pasha の伝える先述のイラク入管者のなかには、アタバートを経由してメッカ巡礼に出かける者もいたと考えられる。メディナとナジャフをつなぐアラビア半島縦断ルートは、メッカ巡礼の主要ルートのひとつであり、イラン人にとってメッカ巡礼とアタバート参詣を同時に行うことのできる好都合なルートであった。このルートを利用する場合、参詣者はメッカ巡礼に合わせて日程を組み、いつナジャフを出発するかということから逆算して、先にアタバートを参詣した。メッカに向けてナジャフを出発する日取りは、ズー・アルカーダ月５日頃に定められている［Najm: 183］。しかしながら実際には、19世紀後半には、アタバート参詣とメッカ巡礼を兼ねる者は、その行路上の危険性および不便さゆえにきわめて少なくなっており、それゆえこの点に関しては、ここではさほど重要なテーマとはならない[27)]。

以上のことから、イラン人のアタバート参詣は、メッカ巡礼とは異なり、理論上は時節の定めがない上、シーア派ハディース集などにおいては、アタバート参詣に功徳のある日がほぼ通年にわたって設定されているという理由から、１年中いつでも参詣が可能であった。一方で、シーア派ムスリムにとって重要なアーシューラーやアルバイーンには、当然普段よりも多くの参詣者の往来があったと考えられる。さらに、旅行記の著者たちは、往路であれ復路であれ、道中で行き交う別のイラン人参詣者たちの存在について頻繁に言及しており、参詣は年中行われていたと考えるほうが妥当である[28)]。にもかかわらず、先に見たように、諸史料から抽出されるデータは、秋冬の旅行（イラク入国）をより多く伝えている。すなわち、当時のアタバート参詣は、ひとえにイラクの気候上の便宜を考えて日程が組まれていたということが可能であり、そのような実態からは、旅行に最適な時節を考えて行動する参詣者の姿が浮かび上がってくるのである。

3．旅行の期間

彼らはどのくらいの時間をかけて、アタバートを参詣しているのであろうか。

史料の制約上、テヘランやタブリーズからの例しか挙げられないが、これらの主要都市からは、おおよそ１ヶ月でイラク国境付近まで到達している[29]。往路と復路を合わせると、移動にはおよそ２ヶ月かかっていることになる。

旅行記史料によると、参詣者の多くは早朝出発し、日没前には次の宿泊地に到着している。１日の移動距離は大体５～７ファルサング（30～40km）であり、５～10時間が移動のために割かれている[30]。もっとも、天候や目的地までの距離、道の状況に合わせて、出発時間の調整が行われるため、１日に移動する距離や時間は一定ではない。

ところで、１日あたりにキャラバンや参詣者集団が進む距離は、ラクダや駄馬など身の回り品や商品を乗せた動物や、徒歩の参詣者らが進むことのできる距離となっているため、後述するように、馬に乗って移動する貴人らは、途中時間にゆとりのあることが多かった。そのため、道中では狩りを行ったり、目的地に早く到着した場合には、観光に出かけたりしている。観光地としては、ビーソトゥーンの磨崖碑文や、ケルマーンシャー郊外のターケ・ボスターン、ガスレ・シーリーンの城砦などがあった。基本的には、１時間ほど進み、その後１時間ほど小休憩を取る、というのを繰り返し、途中日々の定めの礼拝を行いながら、彼らは目的地に向かっていった。

イラクでの滞在について見ると、滞在期間は２ヶ月から３ヶ月と比較的長期にわたっている。表３-１からもわかるように、ペルシア語旅行記の著者たちは、イラクの四聖地を巡り、それぞれの聖地に数日から数週間留まり、イラクでの滞在に２～３ヶ月を要した後にイランへと帰国する例が大半である。さらに長期間にわたってアタバートに滞在する人々も少なからず存在したが[31]、そのような場合を除いても、彼らの旅行は全体的に長期滞在型となっている。このことは後にも触れるように、19世紀のイラン人シーア派ムスリムによるアタバート参詣の重要な特徴のひとつである。

アタバート参詣が長期滞在型であることは、当時のメッカ巡礼と比較しても明らかであろう。メッカ巡礼の場合は、出発から帰国まで６ヶ月から７ヶ月を要するが、その大半は移動に費やされており、メッカやメディナでの滞在は合わせて１ヶ月にも満たず、むしろエルサレムやイスタンブールといった巡礼途次の諸都市での滞在が目立つ[32]。アタバート参詣とメッカ巡礼の間には、イランから目的地までの距離に大きな差があることは言うまでもなく、そのような距離的な差に比して、両者の時間的な差はほとんど見られない。すなわち、アタバートへの参詣者らは聖地に滞在する際に時間を費やすという、聖地滞在型の旅行であったことが、ここで指摘し得るのである。

また参詣旅行全体が長期化するもうひとつの理由として、行路の問題が挙げられる。先にも見たように、海路を利用したアタバート参詣は、数日から２週間程度でペルシア湾岸からバグダードまで移動できるため、日程は大幅に短縮されている。しかしながら、アタバート参詣者の大半が利用する陸路の場合は、出発地に拠るものの、テヘランの場合でイラク国境まで優に１ヶ月はかかり、海路の数倍を移動に要している。陸路において海路以上に時間がかかる背景には、後述する移動手段の問題が大きい。

以上のことをまとめると、イラン国内からのアタバート参詣は、最低でも往復の移動に２ヶ月はかかり、さらに四聖地を巡るというイラクでの滞在に１ヶ月前後を費やさざるを得ないことから、旅行全体では少なくとも３～４ヶ月を要したと思われるが[33]、ペルシア語参詣旅行記の傾向から判断すると、滞在期間はさらに長期化しており、アタバート参詣のために、大方の人々は旅立ちから帰国まで、半年前後をかけていた。

4．参詣者の形態

アタバートへの参詣は、個人で行くものではなく、家族や知人・友人らと連れ立って出かける場合が多かった[34]。上で見たように、旅行期間や行路が長いという特徴が、一人旅を行い難くさせていたもっともな理由として挙げられよう。

さらに重要な点として、家族や知己とともに行動するという形態であるのみならず、メッカ巡礼同様、アタバート参詣の旅路において、参詣者は集団で行動（群参）していたという事実が挙げられる。1854年に一時期禁止されていたアタバート参詣が解禁されたとき、ケルマーンシャー州長官は、イラン国内から集まってきた大勢の参詣者たちに対して、「参詣者たちは、秩序なく散らばって別々に行くことのないように。そうではなく、常に500人程度で一緒になって行くように。絶対に100人以下になってはならない」と命じ、さらに月曜日と木曜日を参詣者たちの出発の日と定め、銃兵を配備し、兵士らに旅行者を警護させながらケルマーンシャーを出発させている［RVI: II/1232, 1246］。また旅行記史料において、多くの著者が道中で行き交う参詣者たちのことを、その出身地域名を冠して「○○からの参詣者たち（zuvvār-i fulān）」と明記している点も、彼らが集団で行動していたという事実を補強する[35]。

興味深いことに、出身地ごとの集団となった参詣者らは、道中で他の地域の参詣者らと合流しながら進んでいった。たとえばある参詣者は、タブリーズを出発し、途中、アゼルバイジャン近郊の町々の参詣者との合流を経て、テヘランやエスファハーンといったイラン中央部からの参詣者と合流していく様子を詳細に記している。彼は、ケルマーンシャーを過ぎて国境へと近づく数日間を、「ここ数日、神のご加護において、ファールスとトルコの参詣者（zuvvār-i Fārs va Turk）が途絶えることなく往来している」と表現している。ここでの「ファールスとトルコ」は、アゼリー系トルコ人であろうと推察される著者の出自を考えると、「ファールス」がペルシア語を母語とするイラン系の人々であり、「トルコ」がアゼリー・トルコ語を母語とするトルコ系の人々を指し示し、この両者によって、おそらくイラン領内の住民全体を表すと考えてよかろう。彼は最終的に、国境付近の町ケレンドにてホラーサーン旅団と合流した上で、国境を越えてアタバートへと向かっている［Mishkāt: 16–51］。すなわち、アタバート参詣者らは、各都市から数十～数百人の集団［Mishkāt: 46］として出発し、その後、他地域の参詣者らと合流し、より大きな旅団となって国境へ向かって進んでいくのである。

とくにケルマーンシャーの一行程手前にあるビーソトゥーンは、アタバートへ向かう参詣者のみならず、帰国途上の参詣者らが行き交うために、往来が非常に激しく、今日はあらゆる種類からなる大勢の参詣者らが至高なるカルバラーから戻ってくるのが見られた。一緒にやってきた参詣者たちのなかにも、エスファハーン、アラーク、シールヴァーンといった他の諸地域からの者たちもある程度含まれていた。今日の道は、まるで金曜日のアブドゥルアズィーム様［の廟へ］の道のようであった[36]。［Fakhr: 21］

と言われている。このように、各地の参詣者を吸収していく参詣者集団は、国境付近では数千人規模にまで達することもあった[37]。

参詣者はイランを出国し、イラクに入国する時点から、今度は集団で行動することが奨励され、ときには義務づけられさえしていたようである。ある参詣者によると、国境から先は、数千人の参詣者集団に対し、道中の護衛のために、オスマン朝の役人から、全員が集団で行動するよう要請されている［*Rūznāma*: 34–35］。この状況は時代を経ても変わらず、別の参詣者はガスレ・シーリーンから長官の騎兵とともに、輿や馬すべて一緒に出発している［Fakhr: 30］。イラクではより厳格に、参詣者らはともに移動するよう求められたようで、タブリーズ出身者はシーラーズやテヘランなどの参詣者らとともに、カルバラーからナジャフに向かっている［Mishkāt: 62］。本書第7章でも検討するが、イラクに入ると、オスマン朝による参詣者らの「安全管理」という側面から、イラン人参詣者は集団で行動せざるを得なかったのだろう。

メッカ巡礼の場合、「amīr al-ḥājj」と呼ばれる巡礼団長が巡礼キャラバンを組織するのが通例であり、最も一般的なシリアからメッカへの行程のみならず、ナジャフからアラビア半島を縦断しメディナへ向かう巡礼者たちにも、彼らを取りまとめる人物がいた［*Tīr*: 91–94］。このような事例から、アタバート参詣においても、イラン人参詣者らをアタバートへと導く道案内（あるいは馬子）が存在していたと推察される。道中のすべてを同じ馬子や馬丁が同行したのかどうかは不明であるが、おそらくテヘラン、ケルマーンシャー、バグダードといった主要都市間には存在したと考えてよかろう[38]。しかしながら、現段階では、参詣者集団を組織する旅行業者の存在や、参詣の呼びかけを行う広報や記事は管見の限り見当たらず、馬子が主要都市間の道案内を兼ねていたということが確認されるにすぎない。

また、女性の参詣について付言しておくと、史料には女性のみの参詣事例はほとんど現れない。この時代、女性が単独で旅行する自由はなく、女性は基本的に、家族に連れられて参詣を行っていた。表３-１に示したように、ペルシア語旅行記の高官たちの参詣実施年齢は若い一方、彼らは妻子や母親といった身内の女性を連れてアタバート参詣を行っているということが、その事実を如実に語っている[39)]。

５．宿　泊

参詣者らの宿泊形態は様々である。高官である旅行記の著者たちは、町では民家を賃貸する例が多く見受けられる。この場合、先に人を遣わし、どの民家が適当か探させ、そして主人である彼らが到着すると、その民家を間借りするという形態をとる。参詣ルート上に位置している町や村では、旅行者が到着すると、自宅に旅行者を泊めようと激しい争奪戦が繰り広げられることもあった［Harris: 269］。

一方で、適当な民家が見つからない村などにおいては、キャラバンサライを利用することもあった。イラン＝イラクの街道上には、一日行程ごとにキャラバンサライが建設されていた。なかでもビーソトゥーンのキャラバンサライは数十の小部屋を備え規模も大きかったため人気があり、いつも参詣者らで溢れかえっていた［*Rūznāma*: 26; Mishkāt: 38］。

旅行記の著者である高官たちは、各地で崩壊の危機に瀕しているキャラバンサライの惨状を憂い、早急に修理が施されることを強く望んでいる[40)]。既述のように、１日あたりに進む距離が大体決まっていたのも、この当時イランとイラクを結ぶ商業・参詣ルートは出来上がっており、キャラバンの進行状況に合わせて、各地にキャラバンサライが設けられていたからである。

キャラバンサライが混雑しているときには、貴族階級である旅行記著者は、野営を好んだようで、野にテントを張って宿営している［Adīb: 254］。ナーセロッディーン・シャーのように、後宮をも帯同した大所帯の場合は野営を常としていたが、一般の人々の場合は、宿を借りたり、野営をしたりしていた[41]。イラン国内ではあまり確認されないが、イラクではモスクに宿泊することが可能な場合もあった[42]。

6．移動の手段

高位高官の場合には、男性は騎乗して移動することが一般的であった[43]。先述のオスマン政府役人の報告によると、年間52,969人の参詣者や商人のうち、大半が馬に騎乗しており、徒歩の者は少ない、とされている［Hurşîd: 93］。一方女性の場合は、輿や担い籠に乗ることが主流であったが[44]、籠や輿に乗れないような悪路の場合は、女性も馬に乗らざるを得ず、さらに道の状況が悪い場合には、男女を問わず徒歩で行動していた［Fakhr: 80, 90; Harris: 273］。

主として陸路を利用していたイラン人参詣者は、イラクにおいてもあまり船や汽車には乗らず、徒歩かあるいは騎乗のままであった。イラク国内には、ティグリス川やユーフラテス川といった大河が発達しており、伝統的な筏（quffa）や近代式の大型船舶による定期航路が開かれていたことから、船の移動も考えられるのであるが、イラン人参詣者の大半はイラクに入っても船を利用していない。ただし、サルマーンの墓はティグリス川沿いのマダーインに位置しているため、ここへはバグダード＝バスラ間を結ぶ蒸気船などを利用して移動しているケースが見られる[45]。船の移動は、陸路よりも時間的に短縮されるように思われるが、イラクの河川での場合は必ずしもそうではなく、風がないために必要以上に時間がかかる例や、浅瀬で立ち往生する事例が散見される[46]。

19世紀末には、バグダードと、カルバラーやサーマッラー、バークーバを結ぶ街道には、乗合の駅馬車があったが[47]、イラン人参詣者が利用している例

図3－2　遺体を積んでカルバラーに向かう19世紀中葉の参詣キャラバンの様子［Sheil: 196］

はほとんど確認されない。また、バグダードとカーズィマインを結ぶ道には、1870年に当時のバグダード州長官であったMidḥat Pashaが路面電車を走らせている。この路面電車についても、その存在に触れているペルシア語旅行記はあるが、実際に利用した事例はほとんど見当たらない[48]。カルバラー方面に行く場合には、「ペルシアの参詣者は馬をカーズィマインに置いていく」［Lorimer: II/968］と言われていることから、またシーア派の参詣手引書においても徒歩による参詣が奨励されていることから［Bahā'ī: 164］、おそらく、とりわけカルバラーへは徒歩で参詣しようという意識があったのだろうと推測される[49]。19世紀中葉にある英国人旅行者が遭遇したバグダードからカルバラーへ向かう5,000人ものキャラバンは、ある者は馬に乗り、ある者はラクダに乗り、女性はラバに運ばれる担い籠や輿に乗っていたが、大半の者は徒歩であったと記されている［Ussher: 460］。

このように、19世紀後半のイラクでは、街道の整備に伴い、近代的な乗り物が普及しつつあったにもかかわらず、これらの乗り物が普及していなかったイランからのアタバート参詣者は、徒歩や騎乗、あるいは輿という、昔ながらの移動手段で旅を行っていたのである（図3－2参照）。

7. 費　用

イラン人参詣者にとっての重要な関心事のひとつに物価の問題がある[50]。彼らにとって、イラクの物価は比較的安かったようであるが、イラクでは、イラン人旅行者に対して商人が不当に高く売りつけたり、欺いたりすることが多かったために、旅行者らはイラク商人の横暴さを様々に訴えている[51]。

以下に、イラクで必要とされた諸経費を旅行記から抽出してみよう[52]。旅の費用は、主に、交通費や宿泊費、食費といった生活費、および通行証や検疫の代金といったオスマン政府領内で必ず支払わなければならない経費からなっている。

1304/1886年当時のカルバラーの物価は、1マン（約3キログラム）あたりのパンが1,500ディーナール、ナジャフからもたらされる米は2,000ディーナール、油は良質のものではなくとも1トマンであった。さらに、周辺には荒野が広がるカルバラーでは、水は貴重な資源となり、200ディーナールで売られていた。しかも泥水一杯で250ディーナール（5シャーヒー）、清水だと1,000ディーナール（1ケラーン）に跳ね上がった。湯沸し用の石炭が高価なため、旅行者は牛馬の糞で代用せざるを得ないこともあった［Fakhr: 12, 39, 43, 45］。ここに挙げた金額は、同時期のイラン国内やイラクの他地域の物価と比較すると必ずしも廉価ではないことから、おそらくは聖地であるがゆえの割高な値段設定になっていたのであろう［Cuinet: 15］。ところで、このように詳細な物価が記されるのは、著者 Fakhr al-Mulk（表3-1：7）が必要なものを現地で調達するという姿勢を取っているためである。しかし現地調達型は少数派で、先にも触れたように、一般的にはケルマーンシャーで必要なものを買い揃え、アタバートに持参する方法がとられていた。現地で物品を調達する場合は、道中の積荷が軽くて済むという利点がある一方、飢饉の情報に一喜一憂したり、必要な物資が不足したり、と不便な面もある。

交通費について見ると、テヘランからイラクまでの交通費は１人あたり、あるいは荷運用のラバ１頭あたりが10トマン強といったところである[53]。イラクでは、19世紀最末期のカーズィマイン＝カルバラー間の駄馬代[54]が9,000ディーナール、カルバラー＝ナジャフ間で4,000ディーナールであった［Sadīd: 322］。一方の海路では、バスラからブーシェフルまでは、一等30ルピー、二等15ルピー、甲板４ルピーであり、またバンダレ・アッバースまでは、一等75ルピー、二等37.5ルピー、甲板17ルピーとなっており、これに１日４ルピーの食事代が船賃には加算された［Cuinet: 248］。

宿泊代について書かれている史料はほとんどない。一般の旅行者が簡単に泊まることのできたキャラバンサライの宿泊費は不明であり、ほとんどが無料であったと思われるが、民家に滞在した場合には数千ディーナールかかっている［Sadīd: 330］。

また、オスマン朝領内で参詣者は、通行証代や検疫代、渡河代を支払わなければならなかった。通行証の携帯や検疫の履行は、オスマン政府によって19世紀中葉以降イラン人旅行者に課せられたものであり、その費用は、大体19世紀中葉で3,200ディーナール、19世紀末で5,000〜15,000ディーナールであった（本書第８章参照）。さらに、川の多いイラクでは、必要に応じて川を渡らなければならず、橋のない場所では渡しがあり、参詣者や積荷はボートや筏で運ばれたが[55]、バークーバやムサイイブなどに設置された主要な橋の関所では、250ディーナールの通行税が必要であった。イラクで必要となるこれらの諸経費は、騎乗の者と徒歩の者で料金体系に差がつけられ、基本的に徒歩の者の場合、通行証代、検疫代とともに通行税は無料と考えられていた。

以上、イラクで必要とされる最小限の支出として、ある参詣者は、「土産や宿泊費、藁や大麦などを除き、［諸税のみで］8,200 ディーナール」かかるとし、別の参詣者は、「アタバートでは１人あたり、25トマン支出する」と述べている[56]。また、1875年のイギリス領事報告書によると、年間10万人を数えるイラン人参詣者は、「富裕層」「中間層」「貧困層」の三階級に分類され、富裕層はイラクで200〜300トマンを支出し、これら三階級の平均は20トマンになる、という見積もりが出されている[57]。19世紀中葉から後半のイランでは、労働者の俸給は1日数ディーナールであり［Issawi 1971: 40-42］、下級官僚の月給でさえも数十トマンであることから、アタバート参詣にかかる費用は、社会的身分に応じはするものの、それぞれ数ヶ月からときには1年分の俸給に相当するものであったと考えられる。

このように、アタバート参詣にかかる諸経費の負担は、参詣者にとって決して軽いものではなかったために、旅中の様子はきわめて質素である。とくに食事は基本的に自炊であり、料理人を連れていたケースも確認される[58)]。旅行中の基本食はパン（nān）であり、果物やチーズなどを集落の雑貨屋から購入する程度で、肉を食すことはほとんどなかった[59)]。一方、貴人の場合には、幹線道路上の町では長官直々の接待や饗応があり、常態ではないにせよ、そのような形で食事を摂っていた場合も多い。また、狩猟を行っている場合もあるが、これは貴人の娯楽という要素だけではなく、食用の鳥類を捕ることで、食の便宜を図っていたと考えられる。また、一般的な参詣者は、荷物を軽くするためにも、きわめて軽装であった[60)]。

8. 動　機

アタバート参詣を行おうとする参詣者自身の動機について、史料はあまり多くを語らない。ここでの主要史料である『アタバート参詣記』の著者は、ほとんどが王侯貴族か宮廷に仕える官僚であるために、アタバートへの参詣理由は、「国王陛下のための祈願（du'ā-gū'ī）を最も重要な奉仕と心得て［いる］」［I'tiṣām: 59］と述べられているものが大半である[61)]。「祈願（du'ā-gū'ī）」は、休暇を願い出るための表向きの理由であり、実際の動機は異なるのであろうが、史料の性格上、なぜ彼らがアタバートへ参詣するのか、具体的に示しているものはない。ナーセロッディーン・シャーの場合は、国王であるという点にさらに留意すべきではあるが、アタバート参詣を切望する理由を、当時の駐オスマン朝イラン大使宛の書簡のなかで次のように記している。

第一に、この体調不良の際に、何度も夢の中で、清浄なるイマームたち——彼らに平安あれ——の墓所を参詣するという栄誉に浴すのを見、このような夢を何度も見たことにより、何としてでも参詣の栄誉に浴そうと誓願（naẕr）した。この誓願と願望が心に残り続けることのないように。もし神が望むならば。第二に、そなたも知ってのとおり、私はヨーロッパへ旅行しようといつも考えている。だが、外国への旅行はまず、イマームたちの墓所の参詣であるべきだと思い至った。内面も外面も、現世も来世も私にとって佳きものとなるように。第三に、参詣の栄誉に浴すれば、私にとって王国（salṭanat）での誇りとなろう。第四に、話が徐々に進んでいるヨーロッパ旅行への布石となろう。［Tīmūrī 1363s: 33］

この書簡から明らかなように、ナーセロッディーン・シャーは、病気の際の夢見をアタバート参詣理由の第一に挙げてはいるものの、同時にヨーロッパ旅行への足がかりとすることや王として自身の体面を保つといった、信仰とは無縁な理由を赤裸々に述べている。

ほかの旅行記史料においても、アタバートから帰国した「友人の参詣を見聞きして」［Adīb: 3］と記されている場合があり、参詣を行った人々に啓発されて出発を思い立つことは多かったようである。それゆえ、アタバート参詣という宗教行為が、それを行う人々にとり、純粋な信仰心から生じたものであったとは必ずしも言うことはできない。むしろ異国を見聞する格好の機会として認識されていたと考えることが可能である[62)]。しかしながら、これまで見てきたように、アタバート参詣は、時間的にも金銭的にも参詣者にとっての負担は重かったため、一朝一夕で出発を決めることは少なく、「長年心に秘めていた」［Adīb: 3］ところに、実際の参詣者の感想が刺激となって、人々は参詣旅行を実践に移していた。オスマン朝との国際関係やイラクの内政が比較的安定した19世紀後半には、参詣を成就させた人々の感想を聞くことによって新たな参詣者が生まれるという循環が、イラン社会のなかでは出来上がっていたものと思われる。

本章では、19世紀のイラン人シーア派ムスリムのアタバート参詣の実態を、「旅」という移動の側面に焦点をあて、主にペルシア語の旅行記史料に基づき検討した。

彼らの旅行は、ケルマーンシャーからガスレ・シーリーン、ハーナキーンを通過する陸路を利用したもので、数百人から数千人規模の参詣者集団（群参）という大所帯で、旅行に最適な季節である秋口にイランを出発し、馬や輿、あるいは徒歩という前近代的なスタイルで行われていた。このため移動には時間がかかり、首都テヘランからイラクまで約千キロメートルの道のりに、片道で１ヶ月、往復では２ヶ月以上を要した。またアタバートでは、次章で詳しく見るように、４ヶ所の聖地を巡るため、最低でも１～２ヶ月は必要であったが、参詣者たちはイマーム廟への参詣を一度でも済ませたなら即座に帰国するという時間に追われるような日程ではなく、比較的ゆっくりと聖地に滞在した。このため、彼らの旅行期間は、出発から帰郷まで半年前後を要しており、時間的にはメッカ巡礼とさほど大差のない旅であったことが明らかとなる。聖地での長期滞在型であるという点は、19世紀のイラン人によるアタバート参詣旅行の特徴である。宿泊は、民家を賃貸したり、キャラバンサライを利用したりと状況に応じて変えているが、長旅であることから基本的に旅装は質素であり、食事や身なりにおいては節約していたものと思われる。アタバート参詣旅行全体の費用は、参詣者の社会的身分に応じ、数ヶ月から１年分の俸給に相当した。その一方で、彼らの参詣の動機づけは弱く、身分の高い者の場合は、近い「異国」への「社会見学」的な要素があったことを指摘し得る。一般の人々の動機は明らかにしがたいが、わずかながらの女性の参詣旅行に見られるように、経済的にまた社会的に困難ななかでも行おうとする点から、宗教的な動機が第一義にあったことは否定されるものではない。

19世紀のアタバート参詣旅行の実態および特徴は、以上のようにまとめられよう。

注

1）同条約第7条［GAIU: I/480-481］。本書第6章参照。

2）テヘランから出発する大半の旅行者は、途中レイやゴムといった聖廟のある町を通過するが、これは、ゴムのファーティマ廟をも参詣の対象と考え、わざわざ足をのばしているためであろう。逆に、アタバート参詣の帰路の場合は、ケルマーンシャーとテヘランをほぼ一直線に最短距離で結ぶ、小さな村落経由のルートを取り、ゴムを通らないことが多い（本書資料編旅程表参照）。

3）この地方の主要都市としてハマダーンが挙げられるが、この地には立ち寄る場合と立ち寄らない場合があるため、参詣街道上の都市としての重要性は低いと思われる。

4）サナンダジュ＝ハマダーン間のゴルヴェ付近は、「これらの村々は夏営地であり、至高なるアタバートを訪れるアゼルバイジャンの参詣者らの道は、大半がこの地を通っている」［Fakhr: 105］と述べられているように、タブリーズからウルミエ湖東岸を南下し、ビージャール、ゴルヴェを経由してビーソトゥーンへ抜ける一直線のルートである。

5）RVI: II/1229; 吉田：482参照。

6）17世紀にエスファハーンがサファヴィー朝の首都であったときには、ホラーサーン方面の参詣者は、エスファハーンを経由していたことが知られる［シャルダン（H）: 144-145］。

7）アタバートからの帰路は、逆にケルマーンシャーで参詣者たちは三々五々に帰路につく［Ferrier: 27］。

8）Fakhr: 23; *Rūznāma*: 28; Adīb: 55-59など。ケルマーンシャーで旅装を調えるために数泊したI'tiṣām al-Mulkは、この町の繁栄は頂点に達しており、バーザールや店舗にはあらゆる種類の品物が溢れていて、売り買いの人々でバーザールの中は歩くのも困難だと述べている［I'tiṣām: 60-61］。

9）Imām Qulī Mīrzā 'Imād al-Dawla: ca.1230-1292 (1814/15-1875). ファトフ・アリー・シャーの息子であるMuḥammad 'Alī Mīrzā Dawlat Shāhの6番目の息子。1268/1851-52年にケルマーンシャー州長官になり、翌年「'Imād al-Dawla（国家の支柱）」の称号を得る。1275/1858-59年にはロレスターン州もあわせて統治し、1280/1863-64年に再度、ケルマーンシャーとネハーヴァンド長官に就任した。1290/1873年のナーセロッディーン・シャーの訪欧に参加。帰国後、司法長官に任じられる。1291/1874年には三度目のケルマーンシャー州とクルディスターン州の長官となる［Sulaymānī 1379s: 112-113］。長きにわたってケルマーンシャーを統治し、町の繁栄に尽力したため、ケルマーンシャーの中心部は、彼の称号にちなみ、「'Imādīya」と呼ばれることもあった。

10）1268年シャッワール月11日（1852年7月29日）付の官報によると、'Imād al-Dawlaのケルマーンシャー赴任後、治安は安定して盗賊が減り、オスマン領へ散らばっていたゾハーブの住民が自発的に戻ってきたと伝えられる［RVI: I/457］。同様に、この時期の官報では、ケルマーンシャーの安全が常に謳われ、商人や旅行者らを守るべく衛兵や屯所が街道上に設けられる事例が数多く見受けられる［RVI: I/426, 434, 446, 562-563, 568, 575, 652, 672, II/1078, 1100, 1109, 1157, 1165, 1198, 1208, 1565, 1576 etc.］。

11）Saad: 545; Cuinet: 16; Lorimer: I/2358-59参照。なお、このルートは、イラン人に限らず、中央アジアやアフガニスタンからの参詣者らも利用していたが［Bellew: 455, 468; Saad: 533］、これらは数の上でも少数であり、かつ本書の主題から外れるので割愛する。ちなみに、表3-1に挙げた9人の参詣者は、Sadīd al-Salṭana（表3-1：8）の帰路の場合を除き、すべて陸路で移動している。

12）ファールス地方の人々は、陸路ではなく海路を利用していたようである［RVI: II/1337; Kāzirūnī: 326-329］。政変によりイランからの亡命を余儀なくされたRiżā Qulī Mīrzāの旅行記は、イラン脱出から以降およそ半年分の記述を欠いているため旅の詳細は不明であるが、彼はシーラーズからフーゼスターン地方に行き、ホッラムシャフルからバスラへと向かっている［Riżā: 164-168］。ただし、先に見たように、シーラーズ出身者の場合は、陸路を利用する者もいる。Pīrzāda: II/402-412も参照のこと。

13）Sadīd: 347-349. しかし、バグダードからバスラまでは、夏場でティグリス川の水量が減っていたために10日間を費やした［Sadīd: 241-245］。このほか、イスタンブールからアナトリア、イラクを経由してインドへ向かった'Âlî Bekは、10月15日にバスラを出発し、ムハンマラ（現ホッラムシャフル）、ファオ、ブーシェフル、バンダレ・レンゲを経由して、18日にはバンダレ・アッバースに到着している。ボンベイに到着したのも同月26日のことである［'Âlî: 99-107］。ちなみに、明治32年（1899年）にペルシア探検旅行に出かけた富永豊吉は、孟買（ムンバイ）から英国印度汽船航海会社の所有する船に乗り、ブシール（ブーシェフル）に上陸した。富永によると、ムンバイとバスラを往復する同社の汽船は5艘あり、毎週木曜日にムンバイを出発し、カラチ、グワードル、マスカット、バンダレ・アッバース、レンゲ、ブーシェフル、ファオ、ムハンマラを経てバスラに至るという。また、船は1,494船室を数えるにもかかわらず、上等船客は富永ひとりであった［富永：26-27］。この客の少なさは、著者も述べているように、7月中旬という、インド洋ではモンスーンの季節に当たっていたことも関係しよう。20世紀初頭には、ボンベイからバグダードまで14日間で到着する場合もあったというので［Lorimer: II/829］、後述のように国境まで1ヶ月を要する陸路に比して、如何に海路は時間的な短縮が可能であったか知れる。

14）19世紀末にイラクを訪れるシーア派参詣者のうち、バスラを経由しているのは、全体の約1割のみである［Cuinet: 16; Lorimer: I/2358-59］。Cuinetの伝えるこの統計は、「pèlerins persans」として対象者がみな一様に扱われているが、なかにはおそらくインド系シーア派ムスリムの参詣者もいると推察されるため、イラン人の数はさらに少なくなるであろう。一方、バスラに上陸した参詣者数として、1904-1905年の冬季の統計が存在し、それによると、10月―579人、11月―352人、12月―1,139人、１月―1,709人、２月―1,204人、３月―1,526人、合計6,509人であり、これ以外の月にはほとんど参詣者はいなかった［Lorimer: I/2359］。

15）1862年にティグリス川では、Lynch 兄弟らイギリス人によってバグダードとバスラを結ぶ定期航路が開かれた。19世紀末のティグリス川を航行する船籍とその船賃については、Sadīd: 340が詳しい。

16）ペルシア湾を航行する巡礼船や貨物船がペルシア湾で難破したことを伝える記事は、19世紀を通じてイラン政府発行の官報に散見され、さらにはイスタンブールからの巡礼船がロードス島で嵐に遭遇し、停泊を余儀なくされたという記事など、船舶に関してはイラン人読者の不安を煽るような記事が多い［RVI: I/300, 683］。

17）Ja'fariyān 1379s: 183. イラン人が船を苦手としていたことは、欧米人の旅行記からも窺われる。19世紀から20世紀初頭にかけてイランを訪れた欧米人らは、イラン人が船旅を極度に恐れる様を描いているが［Inṣāfpūr 1363s: 149-150］、なかでも1806年にイランを訪れたJaubert は、イラン人の交易が不活発な原因のひとつとして、イラン人が海に対して抱いている嫌悪感に言及している。すなわち、「彼らは、一番簡単な手法である航海に比べて、最も乾燥し不毛で、最も危険な砂漠の道を通ることを好むほどまでに［海への嫌悪感を］抱いている。このような嫌気が、非常に古くからあり深く根を下ろした偏見だとは言わぬにしても、海の旅行の話になると、これほど勇敢な人々が物怖じするのを理解することは困難であろう」と［Jaubert: 218］。

18）イラン人のなかで船旅を利用したのは、アタバート参詣よりもむしろ、ペルシア湾岸からジッダを経由してメッカ巡礼に向かう巡礼者であった。さらに前注14のバスラ経由のアタバート参詣者のなかでは、イラン人以上にインドからの参詣者が、ペルシア湾を航行する船をよく利用していたと考えられる。

19）ちなみに、表３-１に挙げた旅行記著者らのヒジュラ暦での出発日はそれぞれ、１. *Rūznāma* の著者―1272年ムハッラム月20日、２. Adīb al-Mulk―1273年ムハッラム月14日、３. 'Aẓud al-Mulk―1283年ズー・アルカーダ月12日、４. I'tiṣām al-Mulk―不明、５. Nāṣir al-Dīn Shāh―1287年ジュマーダー・アルアーヒラ月19日、６. Niẓām al-'Ulamā―1288年シャッワール月５日、７. Fakhr al-Mulk―1304年ムハッラム月15日、８. Sadīd al-Salṭana―1316年ムハッラム月18日、９. Mishkāt al-Sulṭān―1317年ジュマーダー・アルウーラー月10日である。

20）イランからの参詣者がイラクを訪れる時期が集中することに関しては、遺体を運搬しシーア派聖地に移葬するというアタバート参詣のもうひとつの側面において、より顕著に見られる事実である。この点については、本書第５章参照。

21）Adīb: 262-274; Fakhr: 68, 80, 88-98.

22）寄進用の黄金レンガは、1283年初には完成していたようであるが、'Aẓud al-Mulk がアタバートへと出発したのは、同年末のズー・アルカーダ月12日（1867年３月19日）のことであり、真夏をイラクで過ごし、９月に帰京した。

23）６月７日にケルマーンシャーを発ち、バグダードへと向かったHarrisは、「地球上のこの地域での夏とは、すなわち極度の暑さを意味している」とし、「バグダードに近づくにつれて、夜でさえも暑く息苦しい」として、夏の旅行の困難な様子を述べている。また、日中進むキャラバンはいないことをも記し、この時の行軍は、眠気、暑さ、ハエや害虫、食事の問題、すぐに熱くなってしまう水のために、最大の試練だったと言う［Harris: 263, 270, 277］。Petersは、６月の日陰にして華氏114度を越えるイラクの暑さとハエの多さに閉口し［Peters: II/310-312］、４月初旬にバグダードを出発したFerrierは、テントの内部で摂氏35度を越える気温と、ハエや蚊に悩まされている［Ferrier: 4］。夏は暑さだけではなく、害虫の季節でもあったために、休息もままならず、旅行は困難をきわめた［Bellew: 442］。

24）この点については、本書第７章をも参照のこと。

25）ここではNasiri 1991: 95に基づき、「1265年」という年代を挙げておく。財務暦1265年Eylûl月は、ヒジュラ暦1265年シャッワール月25日からズー・アルカーダ月25日、および西暦1849年９月13日から10月12日に相当する。

26）Fakhr al-Mulkは、1304年ムハッラム月15日にテヘランを出発しているが、二日行程を１日で行くなど無理をしながらも、「カルバラーでアルバイーンの参詣に浴す」よう旅をしている［Fakhr: 2, 26］。アルバイーンのカルバラー参詣は、日程設定の利便性から、メッカ巡礼後の帰国途上に行われることが多かった。

27）ナジャフからメッカ巡礼に旅立つ巡礼者の数は正確には把握できないが、1276/1844年ごろの文書では、「ナジャフでイラン人のメッカ巡礼者が集合するのを待っているが、今年の巡礼者は少なく、100人ほどであろう」とされている［GAIU: III/517-518］。また前章で触れたように、19世紀後半のイランからのメッカ巡礼者の数は全体でさえも数千人であり、鉄道や汽船の発達した同時期においては、アタバート経由で陸路メッカ巡礼に向かう者の数はさらに少なく、アタバート参詣者全体のうちのごく一部を占めるに過ぎないと考えられる。一方、サファル月にはカルバラーでメッカ巡礼から帰ってきた人物に会う事例も多く［Fakhr: 41, 43］、巡礼の帰路にアタバートに向かう例は、前者に比べると多かったようである。いずれにせよ、同ルートは危険かつベドウィンによる被害も多かったため（本書第７章も参照のこと）、情報が行き渡り、大量輸送が可能となった19世紀後半には、メッカ巡礼とアタバート参詣をともに行うのではなく、両者は分けて行われることが多かったと推察される。

28）RVI: II/1456; *Rūznāma*: 25参照。

29）本書資料編旅程表参照。古川は、「土耳其バグダッドヨリ第蘭（テヘラン）ニ至る者ハ、バグダッド六日、波土國境ハナキー（ハーナキーン）七日、ケルマンシャハン六日、ハマダン九日、第蘭府—計廿八日」と記す［古川：125-126］。なお、テヘランからバグダードまでは、およそ1,000kmであり、ケルマーンシャーからカルバラーまでは455kmである。

30）１日の移動距離に関しては、ペルシア語旅行記よりも欧米人旅行記の方が詳しい。ナーセロッディーン・シャーのアタバート参詣旅行については旅程表も存在するが［Ra'īs: 219-226］、これは、滞在地間の距離が記されているにとどまり、君主の旅行であると同時に後宮を帯同しての旅行であったという点において、一般の参詣旅行とは一線を画す。当時のバグダード＝テヘラン間の移動距離と所要時間、道の状況を記したものとしては、Ferrier: 2-50が信頼に足る。

31）Fakhr al-Mulkの同行者のひとりは、春までアタバートに滞在する予定だと言い、彼とは帰りの行動を共にしない［Fakhr: 54］。条件は異なるが、イスタンブールからイラクに入り、バグダードからバスラへと向かったAbū Ṭālibの場合は、バグダードを滞在拠点とし、カルバラー、ナジャフ（２日）、サーマッラー（２日）を参詣して、イラク滞在は全体で44日かかっている［Ṭālibī: 422］。

32）同時代にイランからメッカ巡礼を行ったFarāhānīやAmīn al-Żarbは、テヘランやタブリーズを出発してから帰京するまでに７ヶ月かかっている［Farāhānī, Mahdavi 1999: 52］。Ḥusām al-Salṭanaは、メディナからの帰路エルサレムやカイロに立ち寄っているため９ヶ月以上を要し、サドル職罷免後に行われたAmīn al-Dawlaのメッカ巡礼旅行は、政争を避けるため、体調不良を理由にゆったりとしたものであるため、ほぼ９ヶ月を要している［Ḥusām, Amīn］。これらは、カスピ海からロシア領を通って黒海に抜け、そしてイスタンブール、シリアからメッカへと向かう、当時の主要なメッカ巡礼ルートを利用したものである。このほか、イラン人の利用は少数ではあるが、ペルシア湾のブーシェフルやバンダレ・アッバースなどからヒジャーズへと向かうルートもあり、この場合は海路によるアタバート参詣同様、時間は短縮されたものと思われる。19世紀のメッカ巡礼路については、坂本 2000: 66-73を参照されたい。

33）I'tiṣām al-Mulkはアタバート参詣のために、「３～４ヶ月」の休暇を外務大臣に願い出ているが［I'tiṣām: xx］、彼は諸般の事情からすぐに帰国せずに、アタバートに長期逗留した。ほか、Adīb: 220参照。

34）表3-1参照。このほかにも、ある参詣者は、アタバートへの旅の始まりに出会った高官が、自身の妻と母親と兄弟の妻を連れてきたと述べている［*Rūznāma*: 22］。例外は、1910年にアタバートへ旅したKhū'īであり、彼の場合は、ナジャフに馴染みがあったとはいえ、誰にも知らせることなく、アゼルバイジャンのホイから徒歩で２ヵ月半にわたって、ひとりでアタバートへ向かっている。しかし、彼の一人旅に対しては、道中、安全ではない場所として有名なクルディスターンを通過した際に、クルドたちが著者の単独旅行に対して驚きの声をあげたということからも、きわめて珍しい事例であることがわかる［Khū'ī: 492］。また別の参詣者は、知り合いの高官が５人（うち３人は召使）だけでアタバートまでやってきた話を伝えているが［Fakhr: 68］、その人物たちが集団（群参）形態を取っていなかったかどうかは不明である。

35）ペルシア語旅行記中に挙げられる、参詣者集団の出身地である地名（Turk を除く）には、以下のものがある：Turk，Shīrāz，Tihrān，Khurāsān，Kirmān，Iṣfahān，Hamadān，Qum，Kāshān，Tabrīz，Shakī，Shamākhī［以 上 ʻAżud: 114，179，202］。Marand，Qarābāgh，Turk，Tihrān，Astarābād，Qūchān，Khurāsān，Īrivān，Ardabīl，Yazd，Rasht，Qum，ʻIrāq，Iṣfahān，Shīrāz［以上 Mishkāt: 22，25，37，45，47-49，51，53-55，57，62］。

36）アブドゥルアズィーム廟は、テヘラン南郊の旧都市レイにあり、テヘランから数時間で行くことのできるイマーム廟である。19世紀のペルシア語旅行記の著者たちは、ほとんど例外なく、テヘランを出立あるいは入京する直前に、必ずこの地で１泊している。アブドゥルアズィーム廟への参詣もまた、19世紀には盛んになっていたようであり、首都テヘランへの地理的な利便性からも、当時のイラン国内で最も賑わいを見せた参詣地のひとつだと考えられる。

37）Bellew は、マーヒーダシュトで、カルバラーから帰国する大キャラバンに遭遇するが、その数は2,000頭ものラバ、ラクダ、ロバと大勢の男女からなるものであり、目視される数分前から、音によってその到来が予測できたとしている。彼の一行は、この最大規模のキャラバンと行き交うのに、優に30分は要した［Bellew: 441-442］。

38）馬子に対して *mukārī* や *mihtar* という語が使われている例があるが、その用法から判断すると、*mukārī* は長距離移動や道案内を兼ねていたようである［Fakhr: 85，91］。また別の参詣者は、テヘランからケルマーンシャーに向かう際に、彼をマシュハドからテヘランへと連れて行った *mukārī* が、バーレーンの参詣者を連れてケルマーンシャーからテヘランに向かっている途中に遭遇していることから［Sadīd: 305］、この *mukārī* は、マシュハド＝テヘラン＝ケルマーンシャーを往復する馬子であったと推察される。また、サレ・ポルのキャラバンサライで休息していた、アタバートから帰国した300～400人の参詣者集団の内訳は、ほとんどがハマダーンやテヘランやタブリーズのトルコ系の人々であり、彼らのラバ追いは大半がトルコマンであったという例や、ケルマーンシャーからバグダードまでの道のりを、荷運用に借りたラバのアラブ人所有者に案内をさせている例があることから［Harris: 264，280］、おそらくは、馬やラバの持ち主が借り手に同行し、案内役として先導していたのであろう。このほか、道案内をする者が「Mirakhor（＜ *mīr-ākhur*）」と呼ばれている事例も存在する［Bellew: 405-407，415-416］。さらに、19世紀末と20世紀初頭の西洋人の報告書においては、シーア派参詣者集団は、「chāvush（団長）」と呼ばれる先導者と、きらびやかな衣装を身に纏い、道を見失わないよう鈴をつけた馬に先導されていたと言われる［Cuinet: 14; Lorimer: I/2358］。エジプトの死者の街の例では、参詣者集団は、地縁に拠らない「講」を結成していたようであるが［大稔 1999: 161］、イランからのアタバート参詣の場合は、上で見たように地縁である。

39）きわめて例外的な事例として、テヘランからアタバート参詣に訪れた41個の輿（miḥmal）に乗った82人の女性と、馬子（qāṭirchī）や従者（nawkar）である6人ほどの男性からなる、ほぼ女性のみの一団の存在が目撃されている例が挙げられる［Adīb: 79］。それとは別に、バグダードに居住していた後宮女性のひとりは、ナーセロッディーン・シャーがバグダードを訪れた際に、「7年カーズィマインには来ていない」「10年カルバラーに来ていない」［Nāṣir: 103］と言って、王とともにカーズィマインやカルバラーへの参詣を行った。このように、たとえ王族であり、あるいはイラクに居住していたとしても、女性のみで参詣を行う自由は、この当時なかったのである。

40）ある参詣者は、マーヒーダシュトの崩壊しかかっているキャラバンサライについて、「修理が必要である。さもなくば参詣者らの往来は閉ざされてしまうであろう」と懸念を表明している［*Rūznāma*: 28］。

41）ただし、イラクでは貴人の参詣者といえどもキャラバンサライを利用している例が散見される。とくに、ムサイイブのキャラバンサライは規模が大きく、5,000人を収容し得たために、旅行者らに頻繁に利用されている。ムサイイブ以外にも、イラクのキャラバンサライはいずれも200以上の人や馬を収容することができた［Cuinet: 15］。

42）Adīb: 170, 172参照。クーファ・モスクでは、ときに参詣者があまりにも多く、屋根の上で寝ることを余儀なくされる場合もあった［Riżā: 174］。

43）当時の乗り物として、馬は男性用、輿や担い籠は女性用、ラバは荷物用であったと考えられる。たとえば、Harrisは、税関で生じたトラブルのために、自分の馬と荷物用に契約したラバ追いのラバを取替えたが、この行為は周辺の人々の嘲笑を誘った［Harris: 267］。このほか、気候の寒さから一旦は輿（miḥmal）に乗るものの、不慣れさゆえに即座に馬に乗り換えたり［*Rūznāma*: 23］、知人男性が侍女とともにひとつの輿（kujāva）に乗っていたのを嘲笑したりする例が見受けられる［Fakhr: 11］。後者の場合、その嘲笑が、男性が輿に乗っていることに向けられているのか、あるいは侍女（kanīzak）と一緒に乗っていることに向けられているのかは不明ではあるが、当時の一般的な傾向として、貴人は馬に乗り、女性は輿か担い籠、荷物や貧しい者はラバ、そしてさらに貧しい者は徒歩、と移動手段は階級や性差に応じて決まっていたと言えよう。

44）当時の女性の乗り物は、2頭のラバの間に吊り下げられた大きな箱で、一般に「takht-i ravān」と呼ばれるものであった。また、1頭のラバの両脇に据えられたより小さめのものは、「kujāva」と呼ばれていた。これらの乗り物は、中の女性がバランスを崩さぬようじっとしていなければならず、きわめて危険かつ居心地の悪いものであった［Sheil: 98–99; Cuinet: 14–15］。このような女性用の乗り物は、20世紀に入ってからも継続しており、カルバラー参詣は、男性は頑丈な杖を手に徒歩で向かう人々が多く、女性はラバの両脇に据えられた天蓋付の籠に揺られて進んでいったという

[Jebb: 290]。

45) Nāṣir: 99-100; ʻÂlî: 81. 当時、バグダードからバスラまでは、大型船の場合は片道4日間ほどかかり［*Siyâḥat*: 149］、土地の小船の場合は、バスラからバグダードまでが15日から45日、バグダードからバスラまでは、5日ほどで到着する場合もあるものの、大抵10日から30日を要した［Lorimer: II/832］。19世紀初頭のAbū Ṭālibの場合で、バグダードからバスラまで貨物船のようなもので8日間かかっている［Ṭālibī: 423-424］。また、カルバラーからクーファまでを、往復ともに船（ṭarrāda）で移動した例としてAdīb: 167-169, 202, 204、片道の例として*Rūznāma*: 42がある。他の旅行者以上に船での移動が多いのはSadīd al-Salṭanaであるが、彼はペルシア湾岸の出身であり、『船舶用語集（*Iṣṭilāḥāt-i kishtī*）』と題す冊子を執筆していることから［Sadīd: xxvi-xxvii］、船に乗り慣れていたと考えられる。あるいは彼は、サーマッラーには立ち寄らず、全体的に長居をしていないことから、故郷へ戻るにあたって時間的制約があったのかもしれない。

46) 前者については*Rūznāma*: 47; Adīb: 167, 169を、後者についてはNāṣir: 100-102; Jebb: 277-279; Sadīd: 342-344を参照のこと。

47) Sadīd: 320-321, 324, 336; Lorimer: II/827参照。

48) 例外的にこの電車を利用しているのはSadīd al-Salṭanaであり、バグダード＝カーズィマイン間の運賃は2カマリー（イラン通貨では500ディーナール）であった［Sadīd: 340, 341］。19世紀後半のイランでは、列強諸国による鉄道敷設の試みがなされていたが、最初の鉄道は、1888年にベルギーによって敷設されたテヘラン＝アブドゥルアズィーム廟間のものであり［Issawi 1971: 155-156, 177-194］、イラクよりも若干遅れている。

49) 当然、すべての参詣者が徒歩でカルバラーへ向かうわけではなく、ペルシア語旅行記の著者たちは高官であるため、馬で向かっている場合が多い［Adīb: 139; Fakhr: 39-41］。Sadīd al-Salṭanaは、例外的にカルバラーからナジャフまで乗合馬車を貸切りで利用しているため、ほかの旅行者が数日かけるこの行程をわずか1日で移動している［Sadīd: 326］。

50) オスマン朝とガージャール朝の通貨換算については、Sadīd al-Salṭanaが、「オスマン政府の銀貨（maskūk-i safīd）はmajīdīであり、1マジーディーはイランの9ケラーンに相当する。銅貨（maskūk-i siyāh）をqamarīと呼び、4カマリー半がイランの1ケラーンに相当する」と述べるが、実際の換算比率はもう少し悪かったようである［Sadīd: 321, 339-340］。19世紀末のバグダードやバスラでの貨幣相場についてはCuinet: 112-114, 253を、19世紀全般にわたるイランとイギリスの交換比率についてはIssawi 1971: 343-345が参考になる。

51) 19世紀中葉のイランの物価は、6.5ポンド（約3キログラム＝イランの重量単位1マンに相当）で、パン2ペンス、羊肉1シリング、牛肉5ペンス、日当3ペンスとされる［Sheil: 219］。同時期（1851〜1854年）のテヘランの食料などの物価に関しては、RVI: I/143, 196, 236, 652-653, 782-783, II/869などを、また1847年冬のマーザンダラーンの物価についてはAbbott: 28-29を、1900年のイランの主要都市の物価および19世紀中葉から後半にかけての諸都市の物価についてはIssawi 1971: 339-342; Gilbar 1983: 180-195を、19世紀後半のイラン上流家庭の1日の支出（総額13ケラーン900ディーナール）およびその内訳の一例はMahdavi 1999: 195を参照のこと。これらとは別に、19世紀末のイラク（とくにカーズィマイン）の物価についてはSadīd: 329に、穀類・肉・野菜・油・炭などの詳細な記載がある。参考までに一例を挙げると、19世紀後半のイランの物価は、1マンの肉が、1851年—1,200ディーナール、1883年—2,250 ディーナール、1898年—2,500ディーナールである。一方、1895年初夏のイラクのシャフラワーンでの物価として、オレンジ6個、米1/2ポンド、紅茶2杯、タマネギ3個、肉1/2ポンドで、わずか4ペンスとされている［Harris: 289］。Fakhr al-Mulkは、国境付近でアタバートから戻ってきた宝石商と半時間ほど話をし、そのなかで物価について尋ねたところ、「それほど高くはない」との答えを得ている。しかし、彼はアタバートから帰る間際になり、諸々の理由からカーズィマインでもう1泊しなければならない事態に陥ったときには、滞在費用の高さを嘆いている［Fakhr: 33, 71］。

52）初期の参詣旅行記となる19世紀中葉のものからは、旅行の詳細な必要経費やイラクの物価などはわからない。料金が細かく記されるようになるのは、19世紀末の旅行記からである。

53）Mishkāt al-Sulṭānは、タブリーズからカルバラーまでの荷馬代を、1頭あたり11トマンと記し［Mishkāt: 16］、1905-06年にメッカ巡礼の帰路アタバートを経由したVazīr-i Vazā'ifは、カルバラーからテヘランまで、輿23トマン、台座と積荷を11トマン5,000ディーナールで交渉している［Vazīr: 226］。このほか、1909年の段階で、ケルマーンシャーからテヘランまで290マイルの輸送費は、所要20〜25日間で1マンあたり4£であった［Issawi 1971: 195］。また20世紀初頭の別の統計資料に、バグダードからハーナキーン経由ケルマーンシャーまでのラバやラクダの代金が挙げられているが、1914年には1マンあたり2,250ディーナールから時期によってはその2倍の値であった［Issawi 1971: 196, 198, 204］。

54）ちなみに、1905年には、ロバ代は7〜10£であり、1889年統計より20パーセント上昇した。またバグダード＝カルバラー間ではラクダやロバが利用され、バグダード＝ハーナキーン間はラバのみであったという［Lorimer: II/826］。乗合馬車の運賃は、カーズィマイン＝カルバラー間が1人1マジーディー（＝9,000ディーナール）、バグダード＝カルバラー間が18人乗りを貸し切って7トマン2,000ディーナールであるので［Sadīd: 335, 326］、馬車代も運賃もほぼ同程度であるとみなせよう。

55）ナジャフでのボート代として、2,500ディーナールという数字が挙げられている

［*Rūznāma*: ms. 46］。

56）*Rūznāma*: ms. 46; ʻAżud: 175. 20世紀初頭の別の報告では、平均２ヶ月間のイラク滞在中に、シーア派参詣者は、貧しい者で60～100ルピーを費やすとされている［Lorimer: I/2358］。ちなみに、*Rūznāma* 校訂テキストの当該部分は、会計用数字（siyāq）で書かれているため、校訂者はその金額および単位の双方において、すべて間違っている。このため、この箇所は著者の直筆本であると考えられる写本を参照した。*Rūznāma* の著者は、これらの経費を表す数字の横に、「［計］8,200ディーナール」と記しているが、この数字も校訂本には現れない。

57）Issawi 1971: 129. 富裕層に分類されるであろうペルシア語旅行記の著者は、貴人であるがゆえに苦労する場合がある。「参詣者として必要最小限のものを持参した」Adīb al-Mulk は、カーズィマインで父親からもっといろいろなものを持ってくるべきだと責められる。いい加減な格好で来ることは恥ずかしいことであり、宮廷に仕える身としては、恥ずかしくないような携帯品を携えるべきだと言われ、豪奢な品物を借り受けた。彼はもともと３ヶ月間の予定で旅程を組んでいたようであるが、疫病などのために６ヶ月間に延びた。その結果、帰国する間際になって、300トマンの借金をしている［Adīb: 92, 220］。当時イランでの殺人に対する「血の代償」は400トマンであり［ʻAżud: 211］、300トマンはかなりの金額であることがわかる。また、1886–87年に旅をしている Fakhr al-Mulk は、アタバート滞在の最終段階になって、クルディスターンの兄の許から200トマンの送金があったにもかかわらず、その３週間後には、ケルマーンシャーで再び借金をしている［Fakhr: 68, 81］。彼自身の伝えるバグダード＝カーズィマイン間の鉄道の年間収入が5,000トマンであり、多い日の収入が100トマンである［Fakhr: 69］ことを考え合わせると、彼もまた相当な金額を消費していると言えよう。この結果、彼の場合は趣味でもあるのだが、食料調達という側面からも、毎日のように行っている狩猟が重要性を帯びてくるのである。

58）Adīb al-Mulk に同行した24人の友人や使用人のなかには、Ustād Mīrzā という名の料理人（*ṭabbāḥ*）や、水係（*ābdār*）やコーヒー係（*qahvachī*）が存在し［Adīb: 291］、Fakhr al-Mulk も水係や台所用品（*āshpaz-khāna*）を携えて移動している［Fakhr: 5, 92］。各自が自炊していた例として、Ferrier: 6, 10を参照のこと。また、ヨーグルトが有名な場所でそれを食している例や［Fakhr: 40］、周辺住民が狩りをして売りにきた鹿を購入している例がある［Sadīd: 331］。

59）ハーナキーンの検疫医師は、2,000人を数える参詣者たちをもってしても、１頭の羊も食さないと記している［Saad: 538］。またパンは、数日分をまとめて事前に用意し携行した［Fakhr: 21; Harris: 265］。ちなみにこのような質素な食事は、「参詣者の食事（shām-i zuvvārī）」と呼ばれている［ʻAżud: 214］。

60）アラブ人に扮していた Ferrier は、アラブ服や素手での食事の利点を説くと同時に、旅の荷物はわずかに、シチュー鍋とコンロとフェルト製のカーペットであったと記す

［Ferrier：９-10］。参詣者の服装については、Saad: 538-539に描写がある。

61）I'tiṣām al-Mulk が外務大臣に休暇を願い出た嘆願書には、「アタバートへの参詣の栄誉に浴し、参詣の代理人（*nā'ib al-ziyāra*）となることを望んでいる」［I'tiṣām：xx-xxii］とあり、おそらくは国王の「参詣代理（*nā'ib al-ziyāra*）」となることが、官僚がアタバート参詣を口実に休職する術であったと考えられる。

62）この点は、表３-１に挙げた旅行記史料の著者たちの参詣実施年齢が若いこと、および彼らの大半は後にメッカ巡礼を成し遂げ、「ハーッジー」と呼ばれていることなどからも妥当性があると思われる。本書第10章も参照のこと。

第4章

聖地にて

本章では、イラン人参詣者らがアタバートでどのようなことを行っていたのかという点について検討する。参詣者らがアタバートに旅行するのは、歴代イマームの墓廟を参詣し、イマームを通じて神の恩寵を求めることが第一の目的であることは言うまでもないが、実際のところ彼らはイラクで、何処を、どのように参詣していたのだろうか。アタバート参詣者の具体的な参詣地や参詣儀礼を明らかにした研究は存在しないので、本章ではまずこれらの点を明らかにした上で、彼らの聖地での過ごし方について見ていこう。

1．参詣ルート

次頁の図4-1は、旅行記史料に現れるイラン人参詣者のイラクでの移動を簡略化したものである。ガスレ・シーリーンを過ぎ、国境を通過したイラン人参詣者らは、イラク最初の町であるハーナキーンに至る。ハーナキーンでは、通行証の発行と検疫があるため、参詣者は数日間とどまらなければならない。その後、参詣者らはイラクの州都であるバグダードを目指す。ハーナキーンからバグダードまではおよそ5日行程であり、途中、ディヤーラー川沿いに、

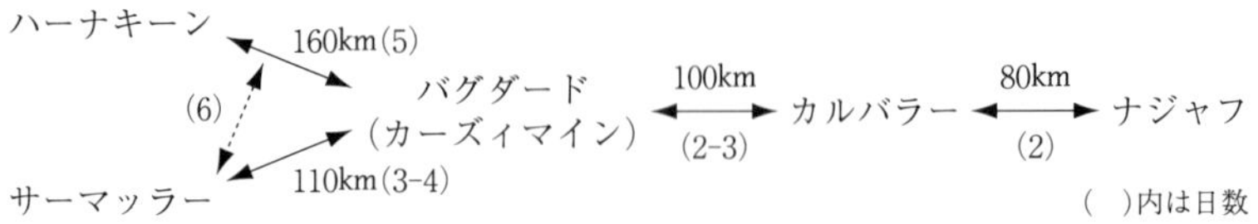

図４－１　イラクでの参詣者の移動行程

キジル・リバート、シャフラワーン、バークーバ（ヤークービーヤ)、ハーン・バニー・サード（オルタ・ハーン）の４ヶ所の宿場を経てバグダードに到着する。もっともバグダード旧市街の西方６キロメートルのところには、シーア派聖地のカーズィマインがあることから、参詣者のなかには、バグダードに寄らずにカーズィマインに直接赴き、後者をそのまま宿泊場所に選ぶ事例が多く見られる（前章表３－１参照)。バグダード（あるいはカーズィマイン）は、南方のカルバラー・ナジャフ方面、あるいは北方のサーマッラー方面へ向かう結節点となっており、バグダード（カーズィマイン）を通らずして、サーマッラー＝カルバラーをつなぐルートはない。

バグダードからの参詣者のルートは二通りである。ひとつは、北西のサーマッラーに向かう北方ルートであり、もうひとつは、南方のカルバラー、ナジャフへと向かう南方ルートである。イラン人参詣者の心情としては、カーズィマインを参詣した後は、即座に、アタバートの最も重要な聖地であるカルバラーを訪れたいという願望があったようであり、多くはカルバラー、ナジャフへと向かっている。しかし、先にサーマッラー参詣を済ませ、それからカルバラー・ナジャフ参詣へと向かう者もいる。これらは、個人の計画によるものとも考えられるが、実際は、前章でも触れたとおり、イラクでの移動の便宜にかかっていた。すなわち、イラクにおいては、参詣者の個人行動は原則禁止されていたために、サーマッラー方面でもカルバラー方面でも、一定数の参詣者が集まらないことには、移動が不可能だったのである[1)]。とくにサーマッラー方面は、カルバラー方面に比して往来の少ない危険なルートと認識されていたために、参詣者が個人行動をとることはなく、キャラバンを募って旅行していた。このため、キャラバンや参詣者集団としての都合がつけば、カルバラーを

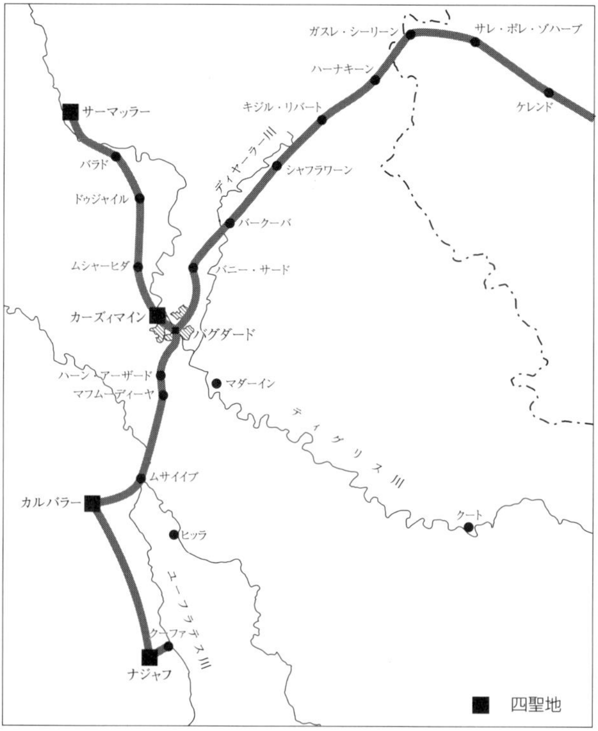

図４－２　四聖地参詣路

参詣する以前にサーマッラーへ出発することもあった。いずれにせよ、実際の旅行者の移動経路から判断すると、アタバートの諸聖地をめぐる際に、どの順序で廻るべきかといった参詣順路はなかったものと思われる。

（１）　カルバラー・ナジャフ方面

さて、バグダード（あるいはカーズィマイン）から南西100キロメートルほどの地点にあるカルバラーへ向かう場合の行程から見ていこう。バグダード＝カルバラー間は２～３日行程である。バグダードを出た最初の宿泊地は、参詣者によって様々であり、バグダード南方のハーン・アーザードとマフムーディーヤを除き、ペルシア語旅行記が記す地名を現在の地図上で確認することはできなかった[2)]。カルバラー入りする直前の宿場は、ムサイイブと呼ばれるユーフラテス河岸の町で、ほとんどの参詣者はここに泊まり、ユーフラテス川を渡ってカルバラーの平野部へと進む。

カルバラーからさらに南方のナジャフに向かう場合にも、途中幾つかの宿駅があるが[3)]、イラン人参詣者らは両都市間の移動にさほど時間を割いておらず、ほとんどが2日で移動している。おそらく平野部であるために移動が楽なことや、途中から船による移動が可能なことも時間の短縮に役立っているのであろう[4)]。

（2）　サーマッラー方面

サーマッラーは、バグダードの北西110キロメートルほどの地点にあるティグリス河畔の町である。バグダードからは、ティグリス川に沿って北上していくことになるが、途中3～4ヶ所の地点で宿泊している。旅行記ではハーン・ガーザーニーヤやハーン・ナッジャールが共通する宿泊地であるが、地図からは確認し得ない。しかし、19世紀末の参詣者2人は、バラドという地名を挙げており、これは現在の地図からも確認できるティグリス川右岸の町である。両者の記すハーン・ムシャーヒダもまた地図上で確認し得る。これらの町は現在、バグダード＝サーマッラー＝ティクリートを結ぶイラクの主幹線道路上に位置している[5)]。

ほとんどの参詣者は、帰路においても往路とほぼ同じ行程を辿り、ルートが変わることはない。しかし、サーマッラーの場合のみは、サーマッラーからバグダードへ戻らずに、ハーン・ナッジャール、ハーン・ガーザーニーヤを通った後、そのまま東進してバークーバへ向かい、そしてハーナキーンからイラン国境に至るルートも存在した（図4－1の破線部分）。しかし、このルートを利用しているのは、ナーセロッディーン・シャーと、公務で訪れた ʻAżud al-Mulk のみであり、主幹線から外れた危険を伴うこのルートを利用する参詣者はほとんどいなかったようである。

2． 参詣場所

イラクを訪れたイラン人参詣者らは、実際に何処を参詣するのだろうか。参詣者の最大の関心事が、カルバラー、ナジャフ、カーズィマイン、サーマッラーの四聖地への参詣であることは言うを俟たない。これら４ヶ所の聖地に赴くことで、十二イマーム派の12人のイマームのうち、６人のイマームの墓廟と、さらには十二代目イマーム・マフディーの「ガイバ（幽隠）の場所」を訪ねることができるのである。

前章で見たように、イラン人参詣者らはイラクにおよそ２～３ヶ月間滞在しているが、アタバートの主要な聖地であるカルバラー、ナジャフ、サーマッラー、カーズィマインにはそれぞれ、１週間から10日ほど泊まっている（前章表3-1参照）。参詣者らの全体的な傾向としては、ナジャフやサーマッラーは、イラクの中心から離れているため滞在期間は短く、一方カルバラーでは長期にわたる傾向にある。また、カーズィマインはバグダードに隣接しているために、陸路からイラクに入った参詣者が真先に訪ねる場所であると同時に、カルバラー・ナジャフ方面とサーマッラー方面への街道をつなぐ中継地でもあるため、参詣者らは最も頻繁にカーズィマインを訪れることになる。

それではイラン人シーア派ムスリムの参詣場所を、以下に詳しく見ていこう[6)]。

（1） 主要四聖地――カルバラー、ナジャフ、カーズィマイン、サーマッラー

①　カルバラー（Karbalā-yi mu‘allā）[7)]

イラクを訪れるシーア派ムスリムにとって最も重要な参詣地であるカルバラーには、預言者ムハンマドの孫のフサイン[8)]と、フサインとともにウマイヤ朝軍と戦って殺害された異母弟アッバース[9)]の墓廟がある。

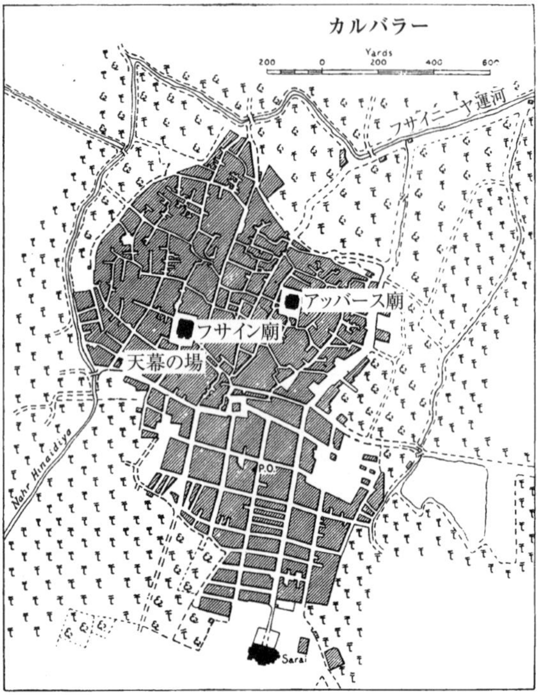

図4－3　20世紀初頭のカルバラー

アタバートのイマーム廟のなかでも豪華絢爛と目されるフサイン廟は、金のドームとミナレットを持ち、タイルや宝石で飾り立てられていた[10]。また廟の中には、40段の階段を降りたところに「殺戮の場（*qatl-gāh*）」と呼ばれる場所があり、フサインとともに戦って殉教した、フサインの長男 ʻAlī Akbar（680年没）や72人の殉教者[11]の墓が廟内の一角を占めていた。フサイン廟は、木曜日の晩（shab-i jumʻa）は朝まで聖所（ḥaram）の門が開いており、夜中の参詣が可能であった［Fakhr: 47］。

フサイン廟の東方の少し離れた場所には、同じくウマイヤ朝との戦いで殉教したアッバースの墓廟がある[12]。アッバースの本来の墓は地下にあり、要人の場合は廟の鍵保管人（*kilīddār*）の好意により、特別に参詣することも可能であった［Nāṣir: 120, 142; Fakhr: 45］。

またカルバラーのキブラ門の外側には、「アッバースの井戸」と伝えられる井戸と、その上にテントを張った「天幕の場（*khīma-gāh*）」[13]と呼ばれる場所があり、ここもまた参詣者が訪れ、フサインらの殉教を偲ぶ場所であった。

② ナジャフ（Najaf-i ashraf）[14]

第四代正統カリフにして、シーア派初代イマーム・アリーの墓廟がある。アリーは、ヒジュラ暦40年ラマダーン月21日に、ハワーリジュ派の刺客イブン・ムルジャムの手によってクーファのモスクで暗殺された。彼の遺体は、息子のハサンとフサインによって隠密裡に運ばれ、ナジャフの地に埋葬されたと伝えられている[15]。

アリー廟は、ドームもミナレットもともに、上から下まですべて金でできている。ナジャフの町は高台に位置していたため、このドームは数キロメートル先からでも目に入り、「沙漠から昇る金の丘」と言われていた[16]。廟の内部に、銀製と銅製の二重になった柵があり、そのなかにアリーの棺がある。預言者ヌーフとアーダムの墓もまた同じ柵の中にあり、アリーはアーダムの胸に抱かれて埋葬されていると伝えられていた［Adīb: 195］。アリー廟は、夕刻5時間を過ぎると扉が閉められるため、夜中の参詣はできなかった［Fakhr: 51］。

アリー廟には「二本指の場所」[17]として知られる場所があり、ミフラーブのように作られ、ダイヤモンドや宝石で飾られた鎧や剣が置かれていた。さらに、廟内の一角には、フサインの首が安置されていると伝えられる場所があった［Ṭālibī: 417］。

墓廟には、大小の金製や銀製のシャンデリアが飾られ、現代にまで伝わる宝物庫が存在し、その宝物庫にはイマーム自身のクルアーン手稿本や参詣者たちが寄進した貴重な品々が多数保管されていた［Adīb: 195; ʻAżud: 154-155; Fakhr: 49］。

③ カーズィマイン／カーズィミーヤ（Kāẓimayn ／ Kāẓimīya）[18]

第七代イマーム、ムーサー・カーズィムと第九代イマーム、ムハンマド・タキーの２人の墓所がある。バグダード旧市街からわずか6キロメートルの距離であり、イランからの参詣者が最初に訪れる聖地である。

カーズィマイン廟もまた、四つの金のミナレットと金のドームからできている。黄金のドームの輝きは四方へと放たれ、バグダードを訪れる人が最初に目にする大建造物として旅行者の目を魅了した[19]。イマーム・ムーサーとイマーム・ムハンマド・タキーの棺は鋼鉄製のひとつの柵の中にともに安置されていた。

④　サーマッラー／アスカライーン（Sāmarrā ／ ‘Askarayīn）[20]

この地には、第十代イマーム、アリー・ハーディーと第十一代イマーム、ハサン・アスカリーの父子が埋葬されている。

アスカライーン廟は、黄金のドームと広大な中庭を持つ。アタバートにあるすべてのイマーム廟のなかで、この廟とドームが最も大きいとされる［Adīb: 100］。ドームは、ナーセロッディーン・シャーの命により、1284/1867年に ‘Ażud al-Mulk が黄金製のレンガを運び、Shaykh ‘Abd al-Ḥusayn Tihrānī という当時の著名なウラマーに委ねられ、貼り付けられた。イラン人参詣者らは、イラン国王の威光が見られるこの黄金ドームの立派さについて称賛を惜しまない（カバー写真参照）。

第十代、第十一代目のイマームの棺は、廟内の鋼鉄製の柵の中に並んで安置されている。アスカライーン廟には、２人のイマームのほかに、その近親者である２人の女性も埋葬されている。ひとりはハサン・アスカリーの妻であり、マフディーの母となった Narjis Khātūn で、もうひとりは Ḥalīma Khātūn[21] である。２人のイマームとナルジスの３人はひとつの地下室に埋葬されており、ハリーマは３人の足元で、別の柵の中に安置されていた。

さらに、アスカライーン廟での重要な参詣場所は、「ガイバの場所」である。874年にハサン・アスカリーが殺害されたとき、その息子であった第十二代イマーム・ムハンマドは、死んだのではなく、一般の人々の目には見えない「ガイバ（幽隠）」の状態に入ったとされる。19世紀にはすでに、「ガイバの場所」と伝えられる井戸には、２人のイマームの墓とは別の建物が設けられていた[22]。ところで、十二イマーム派の最後のイマームに関する当時の参詣者らの認識には、きわめて不確かなところがある。たとえば、

その場（アスカライーン廟）で私は参詣者たちから次のような話を聞いた。

> ［彼は］別の参詣者に、「マフディー（Ṣāḥib al-amr）様の墓はどれか？　そこを参詣することこそ、我々の究極の目的であり望みであるのだから」と尋ねた。幾人かの参詣者は、井戸をその御方の墓だと思っており、またある者は、ナルジス・ハートゥーンの墓の上でその御方の参詣［祈祷文］を詠んでいる。[Adīb: 99-100]

という話からは、「ガイバ」したはずの第十二代イマームの墓を、この時代の人々は探し求めていたという、シーア派のイマーム論と矛盾するような当時の認識が浮かび上がる。

（2）　四聖地以外の参詣地

イラン人参詣者らは、アタバートの四聖地のみを参詣対象としているのではなく、イマーム所縁の人物や所縁の場所、あるいはイスラーム以前の預言者に関係する場所をも訪れている[23]。

①　クーファ（Kūfa）[24]

上述の四聖地以外で最も重要な参詣場所はクーファである。クーファはナジャフに近いという地の利があるため、旅行記の著者たちのなかでクーファに行かない者はいない。クーファには、イマーム・アリーが暗殺されたモスクと、アリーが執務を行っていた家があり、そのほかにも、アリー所縁の人物の墓所がいくつか存在する。

アリーがイブン・ムルジャムによって暗殺されたのは、クーファ・モスク[25]のミフラーブの場所であるが、その場所を含め、同モスク内には合計12ヶ所の立ち処（*maqām*）があり、それぞれの場所で行うべき礼拝や祈祷が定められている[26]。さらに、モスクの東南角に隣接してMuslim b. ʻAqīl[27]の墓があり、別の角にはHānī b. ʻUrva[28]の墓がある。また、ハーニーの墓から少し離れたところに、Mukhtār[29]の墓がある。モスクの裏手には、イマーム・アリーの家があり、ここの一室にあるベッドの上で、暗殺後のアリーは浄められたとされる[30]。

クーファ・モスクからナジャフに至る街道には、Sahlaのモスク[31]、Ṣaʻṣaʻa[32]のモスク、Zayd[33]のモスク、Ḥannānaのモスク[34]がある。ナジャフに近い側には Kumayl b. Ziyād[35] の墓や、アリーの教友として殺害された40人の墓が丘の上にあり、さらにその先には、Maytham Tammār[36] の墓がある。これらのモスクや墓もまた、ナジャフとクーファを結ぶ街道上に位置しているため、イラン人参詣者が必ず訪れる場所となっている[37]。

これらのなかで、サフラ・モスクについて触れておこう。このモスクには、諸預言者にまつわる多くの立ち処があり、四隅はそれぞれ、イドリース、イブラーヒーム、ダーウード、２人のサーリフ（Ṣāliḥayn）に充てられている。また、キブラの方角にも、イマーム・マフディーとイマーム・サッジャードの立ち処がある。これらの立ち処のひとつは祈願成就の場として知られており、参詣者らにとって重要な場所であった[38]。

クーファには、上に述べた以外にもイマーム・アリーの教友が多数眠っている。しかしながら、それらはオスマン語史料には記されるものの[39]、ペルシア語旅行記ではまったく言及がなく、イラン人がそれらの墓を参詣した様子は見られない。

②　マダーイン（Madā'in）

イラン人参詣者にとって、クーファに次いで重要な参詣地となっているのは、ティグリス川左岸のマダーインにある Salmān の墓廟であり[40]、バグダードから若干離れているにもかかわらず、ここへはほとんどの参詣者が足を延ばしている[41]。マダーインまでは川沿いの道を行く場合もあれば、船舶を利用する場合もある。サルマーン廟のほかに、同地には、預言者ムハンマドの教友であった Ḥuẕayfa b. al-Yamān（656/657年没）と 'Abd Allāh b. Yazīd Anṣārī の墓廟があり、この両者の墓もまた参詣場所となっている。

③　その他の参詣地

イラン人参詣者にとって比較的重要な参詣地として挙げられるのは、カルバラーの北西６キロメートルほどのところにある Ḥurr al-Shahīd[42] の墓である。フッルに対する言及はどの旅行記史料にもあるものの、当時の墓廟は街道から逸れ、荒野の中に位置していたため、参詣者があまり訪れない場所であった。とくに19世紀初頭には、周辺のアラブのベドウィンがワッハーブ派の名のもとに狼藉を働いており、十分な装備を施したキャラバンでなければ参詣できなかった［Ṭālibī: 408］。同世紀後半の墓廟は質素ではあるものの、焼きレンガ壁の内側に中庭があり、その中央にブルー・タイルのドームがあった。しかし中庭には、襲撃や略奪を免れようと、常にキャラバンの積荷が置かれており、フッルに対して敬意が払われているとは到底言えない状況であったとされている［Fakhr: 46, 56］。

また、カルバラーとムサイイブを結ぶ幹線道路上には、'Awn b. 'Alī b. Abī Ṭālib[43] の墓があり、立地条件の良さから、この地は参詣者が訪れやすかったようである。

一方ムサイイブには、Muḥammad と Ibrāhīm という名のムスリム・ブン・アキールの息子たち[44] の墓があったが、こちらは「幹線道路から若干離れており、アラブ［のベドウィン］らが参詣者の荷を狙っているために、誰もこの２人の墓に参詣する勇気がなく、ここに行く者は少ない」［Adīb: 141］と言われていた。

また、ナジャフの市街地の外側には、「ワーディー・サラーム」[45] と呼ばれる広大な墓地が広がっている。この墓地の中には、イスラーム以前にさかのぼる２人の預言者フードとサーリフの墓がひとつのドームの下に並んで存在する。これら以外に、イマーム・マフディーやサッジャード、サーディクの立ち処が同墓地の中にあり、それらはすべて参詣対象とみなされ、参詣地となっていた。

参詣場所としては、このほかに、サーマッラー街道途上のバラドにある Sayyid Muḥammad b. 'Alī al-Hādī[46] の墓や、シャフラワーンにある Miqdād[47] の墓が挙げられるが、これらはどれも、四聖地への街道上に位置している参詣地であり、クーファやマダーインを別とすると、幹線道路からの遠近が、参詣者が訪れるかどうかの判断材料となっていたようである。

（3） 参詣しない場所

イラクを訪れるイラン人参詣者たちは、上で見たように、カルバラー、ナジャフ、カーズィマイン、サーマッラーにあるイマームの墓廟を参詣し、さらに四聖地の周辺や移動の途中で、イマーム所縁の場所やイマームの教友・支持者たちの墓所を参詣していた。しかしその一方で、イラン人参詣者があまり訪れない場所もまた、オスマン語史料とペルシア語史料を付き合せることで浮かび上がってくる。19世紀後半のオスマン側の史料では、「この地（バグダード）には、非常に多くの聖者や偉人の立ち処や墓が存在しており、一部は参詣に相応しい」［*Siyâḥat*: 121］と言われているように、当時有名で、盛んに参詣された墓所がイラクには多数存在した（本書資料編聖人の墓一覧参照）。

オスマン政府が推奨するバグダード州内の参詣地は、Abū Ḥanīfa、Jīlānī、Suhravardīの３人の墓廟を筆頭とする。以下それぞれについて見ていこう。

①　Abū Ḥanīfa[48] 廟

バグダードからカーズィマイン方面に30分ほど行った場所に、墓と付設のモスクがある。廟とモスクを中心に「A‘ẓamīya 街区」として知られ、「貴賤の参詣場所」［*Siyâḥat*: 121］として賑わっていた。イスタンブールから訪れた‘Âlî Bekは、バグダード到着後、真っ先にこの墓廟を訪れている［‘Âlî: 61］。

しかしながら、イラン人参詣者のなかにはこの地を参詣する者はほとんどいない。彼らのうちでは、ナーセロッディーン・シャーがバグダードに到着し、カーズィマインを参詣した初日の午後にアブー・ハニーファの墓を訪れているが、彼自身の表現によると、「この地の住民はすべて狂信的なスンナ派（sunnī-yi muta‘aṣṣib）」であった。そしてモスクの導師であり墓のワクフ管財人（*mutavallī*）であるMuṣṭafā Efendiなる人物の服装や顔かたちを記した上で、「明らかなことに、彼は非常に狂信的で不義の輩（muta‘aṣṣib va pidar-sūkhta）である」と寸評している。このような状態にあって、オスマン政府の役人たちに案内されてアブー・ハニーファのモスクを見学したナーセロッディーン・シャーは、

> 何を言うべきかわからなかった。［同行した］パシャ自身や管財人たちも恥らっていた。一体我々は何のためにここにやって来たのだろうか？
> ［Nāṣir: 97］

とスンナ派の偉人の墓を訪れた理由を自問した挙句に、即座に引き返した。またFakhr al-Mulkは、見物のつもりで訪れたところ、モスクの鍵保管人に茶を振舞われ、墓の内部を案内されたために、いやいやながらにファーティハ章の朗詠とタワーフをし、夕刻の礼拝の時間でもあったために、モスクで二度のラ

クアを行っている［Fakhr: 59-60］。その様子は、「強制的（ijbārī）」や「やむを得ず（nā-chār）」という言葉に表されているように、彼自身の自発的行為ではなく、モスク内での祈祷の内容もアブー・ハニーファのためではなく、イマーム・アリーに対するものであるなど、実に消極的な姿勢となっている。

② Shaykh ‘Abd al-Qādir Jīlānī[49] 廟

バグダードの西方に位置し、墓に隣接してモスクがあり、数千人のムリードが居住していた［*Siyâḥat*: 121］。この墓廟は、バグダード市内でとくに美しく、「非常に多くのワクフと私有地を持っており、そのほかにもインドやブハーラーの参詣者が金品を贈る」［‘Âlî: 73］と言われているように、インドやアフガニスタンからのムスリムが多く参詣し、19世紀後半にはきわめて繁栄した墓廟であった[50]。しかしながらここでもまた、「オスマン朝の男女からなる多くの人々が中庭や屋上にいた」［Nāṣir: 104］というナーセロッディーン・シャーの言葉に表されるように、イラン人参詣者の存在はまったく確認されず、ペルシア語史料では、「最も邪悪な墓（akhbath maqābir）」［*Rūznāma*: 48］との表現さえも見受けられる。

③ Shaykh Shihāb al-Dīn ‘Umar Suhravardī[51] 廟

この人物の墓廟もまたバグダードにあり、オスマン朝の人々は名高い参詣地だと認識していたが、ナーセロッディーン・シャーの旅行記以外にはこの廟についての記述は見当たらない。

上に挙げた3人の墓廟は、オスマン朝の人々にとり、バグダード州内で最も重要な参詣地だとみなされているが、イランからのシーア派参詣者がこれらの地を参詣している事例はきわめて稀である。

④ その他の参詣しない場所

バグダード州全体に目を向けてみると、さらに幾つかの主要な参詣地が挙げられる[52]。それらのなかでも、ペルシア語旅行記にも言及のあるズル・キフルとイマーム・ムーサーの2人の息子の墓、およびヒッラについて紹介しよう。

ズル・キフル（Ẕī al-Kifl）は、クーファとヒッラの中間に位置するユダヤ教徒の聖地である。ズル・キフル[53]の墓と預言者ユーヌス（あるいはヒズル）の立ち処があり、年に一度、数千人のユダヤ教徒が集まる巡礼地となっている[54]。この地にはまた、第十二代イマームの立ち処として有名な場所があったようであるが［Ṭālibī: 416］、ほとんどのイラン人参詣者はこの地を訪れない。例外的にAdīb al-Mulkが同地を訪れてはいるものの、「どうやってもこの［地の］参詣は、ユダヤ教徒たちの汚らわしさゆえに、気持ちにしっくりとはこなかったし、心が満足しなかった」［Adīb: 201］と述べているほどである。

一方、オスマン語史料では、IbrāhīmとIsmā'īlというイマーム・ムーサーの２人の子供の墓所が、カーズィマイン廟の父親の側に存在すると記されている［BS: 1300/266］。しかし、ペルシア語旅行記の著者たちが、彼ら２人の墓所を参詣したという記述はまったく見当たらない。２人の墓はカーズィマイン廟の中庭にあるため、参詣にはむしろ適した場所だと考えられるが、それにもかかわらずイラン人シーア派ムスリムが参詣しない理由として、この息子たちが第八代イマーム・レザーに敵対したことが挙げられる[55]。すなわち、シーア派イマームの息子であっても、十二イマーム派が重視する第八代イマーム、アリー・レザーに敵対した場合、その人物は参詣対象から外されてしまうのである。加えて、毎土曜日には数千人の男女がバグダードからこの地に参詣に訪れていることから[56]、この地の参詣は、十二イマーム・シーア派とスンナ派で完全に異なった解釈がなされていたと考えられる。

最後に、ヒッラ（Ḥilla）について挙げておく。バグダードの95キロメートル南方にあるヒッラには、第七代イマームの息子たちの墓があり、有名である、とオスマン語史料には記されているが［BS: 1300/266］、ペルシア語旅行記からは参詣の事例は確認されない[57]。ヒッラへのルートはバグダードから南下した場合、カルバラー方面とは逆方向であるという地理的要因に加えて、ユダヤ人が多いというこの町の特徴が、イラン人参詣者が足を伸ばさない理由として考えられる[58]。

以上、イラン人参詣者が参詣しない場所を検討してみると、ふたつの点が浮かび上がる。ひとつは、参詣対象がスンナ派やユダヤ教と関わりがあり、シーア派ではない人物の場合であり、この場合、イラン人参詣者は、それらの場所を意図的に参詣対象から外している。アブー・ハニーファら上述の３人の墓のほかにも、カーズィマインにあるAbū Yūsuf[59]の墓や、アブー・ハニーファの弟子である Dā'ud al-Ṭā'ī の墓など、オスマン語史料では、有名な参詣地であると認識されている墓が、イラン人参詣者の側からはまったく言及されていない[60]。これらの人物は、大半がスンナ派四法学派に属す学者や著名なスーフィーであるが、イラン人参詣者が、それらの墓所を参詣する事例はまったくと言ってよいほど見られないのである[61]。

もっとも、ペルシア語旅行記の著者たちは高位高官であるために、オスマン側の役人との関係上、参詣せざるを得ない場合があったが、その場合にしても、決して自らの意思で進んで参詣してはいなかった。このような彼らの対応から、「アタバート参詣」という旅において、彼らは実に「シーア派的」であったと言うことが可能であろう。加えて、カーズィマイン廟内のイマーム・ムーサーの子供の墓を参詣しない理由が、第八代イマーム・レザーに対立したためだと語られるなど、シーア派のなかでも十二イマーム派を信奉するイラン特有の形態を有していると考えられる。

またもう一点の特徴は、参詣場所が既存の参詣ルートから大幅に外れている場合である。バグダード西方のユーシャア、ヒズル、イリヤースの立ち処［*Siyâḥat*: 120–121］や、バスラのイマーム・アリーが建設したモスク［BS: 1300/202］など、イラクにはシーア派イマーム所縁の地や諸預言者の立ち処が数多く存在したが、ペルシア語旅行記史料からイラン人の参詣が確認されるのは、先に見た場所のみであり、今挙げたこれらの地への参詣事例を確認することはできなかった[62]。

このように、たとえシーア派イマーム所縁の場所であったり、イマームの近親者の墓所であったりしても、参詣ルートから大幅に外れている場合には、ペルシア語旅行記史料では、それらの地を訪れている様子は窺えない。しかし、逆に参詣ルート上にある場合は、彼らはそれが誰の墓所かを厳密に理解しないままに、参詣を行っている事例も見受けられる。たとえば Fakhr al-Mulk は、Ibrāhīm b. Mālik al-Ajdar、Sayyid Muḥammad b. 'Alī Naqī、Miqdād といったそれぞれの墓所を参詣しているが［Fakhr: 63, 64, 75］、彼らがどのような人物であったのかについてはまったく触れておらず、単にイマームの子孫の墓廟である「イマームザーデ」として参詣している節がある[63]。

以上のことをまとめると、当時、アタバートでは参詣すべき場所がほぼ決められており、「参詣ルート」なるものが出来上がっていたと考えてよいであろう。ナジャフ、カルバラー、カーズィマイン、サーマッラーといったシーア派歴代イマームの聖廟４ヶ所は、当然参詣すべき場所であると同時に、それらの近郊にあるイマーム所縁の地もまた、イラン人シーア派ムスリムらの参詣の対象となっていた。一方、ここで注意すべきは、シーア派に関連するすべての墓所を巡るわけではなく、参詣ルート上に位置しているか、比較的容易に訪れることの可能な場所が、彼らの参詣対象地として考えられていた、という点である。おそらくこの背景としては、商業キャラバンの移動ルートも考慮せねばならない。キャラバン・ルートと参詣道は表裏一体のものであるため、街道から外れた場所や遠方の参詣地は、行路上の安全が確実に保障されない状況においては敬遠されたと考えられる。本書第７章で見るように、多額の金品を持ち歩くと見なされていたイラン人参詣者の安全は、当時のイラクでは様々な形で脅かされていたこととも、当然無関係ではない。

さらに、イラン人の参詣対象からは、かなり明確にスンナ派やスーフィズム関連の偉人や聖人の墓が排除された点もまた、重要な特徴である。とくに、バグダード市内にあるアブー・ハニーファ廟は、オスマン政府による多大な支援があり、当時最も立派な建物であったと推察されるのであるが、イラン人参詣者らは、その地を訪れるに際しては物見遊山で出かけており、スンナ派のこの大学者に対して敬意を払ったとはみなし難い態度をとっている。彼らの意識においては、スンナ派とシーア派の区別は明瞭であり、彼ら自身はシーア派的心情に頑ななまでに固執していた様子が、このイラクでの参詣場所から窺えるのである。

３．参詣儀礼

本節では、イマーム廟ではどのような作法でもって参詣するのか、また参詣時にはどのようなことをするのか、といったイマーム廟内で行うことに焦点をあてて検討する。

（1） 旅行記史料から

旅行記史料に見られる、イマーム廟での参詣作法は以下のとおりである。

まず参詣者は、墓廟に入る前に、身体を浄める「沐浴（*ghusl*）」を行う。そして廟に入るときには、入り口で廟内に入るための「許可（*iẕn*）」を得る祈祷句を詠まなければならない[64]。ある参詣者は廟に入るときの様子を以下のように表現している。

> ［アスカライーン廟の］定められた場所で靴を脱ぎ、イーワーンの下に立ち、入廟の許可を求め、祈祷を詠み、2～3の敷居を通りすぎて、世界の避難所たる宮に入った。［*Rūznāma*: 39］

建物の中に入った参詣者は、ここで参詣の主眼である「参詣祈祷文（*ziyārat-nāma*）」の朗詠をする。「参詣祈祷文」は、参詣の手順に沿って、各墓廟や立ち処などで詠むべきアラビア語の祈祷句であり、シーア派の聖地・聖廟では必ず朗詠されている[65]。

参詣祈祷文の朗詠が済むと、「参詣の礼拝（*namāz-i ziyārat*）」を行う。これは、場所によって二度か四度など異なってはいるが、基本的には偶数の「跪拝（*rak'a*）」を行い、クルアーンの章句を詠むことである[66]。そして、墓石を囲む柵（*żarīḥ*）の周囲を「タワーフ」し[67]、柵に「口付け（*būsa*）」、参詣は終了する。

参詣者は聖廟のある町に入る前には、墓廟のドームが見えた時点で必ず「参詣（*ziyārat*）」を行っているが、廟を出るときや町から離れる際にもまた、「別れの参詣（*ziyārat-i vidā'*）」を行ってから聖廟を離れ、帰路に着く[68]。

ここで、19世紀後半のイラン人大旅行家の記述から、イマーム廟参詣の手順について書かれている部分をまとめとして挙げよう。

> 日が昇る2時間か1時間前に家を出、沐浴をした上で神聖なる中庭に行き、清浄なるハラムに入る。［墓の主に］挨拶をした後、尊敬と敬意を払

い、神聖なる柵をタワーフし、祝福されたる御頭のうしろに座り、参詣祈祷文（ziyārat）の朗詠、ズィクル、祈祷（avrād）に勤しみ、日の出を待つ。日が昇ると、朝の礼拝を行い、礼拝後、朝の祈りを朗誦し、イマーム様から退出の許可を得て、清浄なるハラムから出る。［Pīrzāda: II/330-331］

（2）　手引書による参詣の作法

以上のような、旅行記史料から確認される参詣方法は、法学手引書からもある程度裏付けることが可能である。ここで、本書第1章でも用いた『アッバース大全』第7章中の第2節「参詣の作法（ādāb-i ziyārat）について」から、シーア派のイマーム廟参詣の手順を抽出してみよう。そこでは、21の行為が参詣に関係していると述べられる［Bahā'ī: 166-167］。

参詣の作法について

1．廟（rawża）に入る前に、沐浴（ghusl）をすること。
2．［廟内に］入るまで、清浄な状態であること。それゆえ、もし途中で問題が生じたら、再度沐浴しなければならない。
3．新しく清潔な衣服を身につけ、殉教地の扉に立ち、伝えられている祈祷（du'ā-yi manqūl）を詠み、入廟の許可（iẕn-i dakhūl）を求めること。その後、もしその状態で、［イマームへの］憐憫（riqqat）が生じれば、中に入ること。さもなくば待機せよ。いつでも憐憫が生じれば、入廟せよ。
4．入廟は、謙遜と卑下でもって行うこと。入る際には、右足を先に出し、出るときには左足を出す。
5．自らを柵（żarīḥ）にくっつけよ。一部の者は、離れて立つのが良〔く、そのほうが礼節（adab）が多〕いと考えているが、それは誤りである。なぜならハディースには、「柵にもたれかからねばならない」と記されているからである。柵に口付けることは許されている（jāyiz ast）。敷居に口付けることについては、ハディースには現れないが、一部の十二イマーム派（imāmīya）のムジュタヒドたちは、許されると考えている。

6．顔をキブラに向けるのではなく、顔を柵に向け、背をキブラに向けることが、参詣の際には良い。
7．伝えられている方法での参詣〔祈祷文（ziyārat-nāma）〕は、次章で述べられる。〔たとえば、［その文言は］『大きな燈火』などの祈祷の書に引用されている。〕「汝に平安あれ（al-salām alay-ka）」という言葉で十分である。一部のムジュタヒドは、そこにいることで十分だと見なしている。
8．自身の顔の右側を柵に当て、参詣を終えるときには祈祷を行うこと。
9．自身の顔の左側を柵に当て、至高なる神に、彼と墓の主について、墓の主の仲介によって彼を天国の住人とするよう求めること。祈祷を大声で詠み、強調すること。
10. 枕元に行き、顔をキブラに向け、祈祷を行うこと。
11. 参詣［祈祷文の朗詠］後、参詣用の礼拝（namāz-i ziyārat）の二度のラクアを行うこと。もし使徒様——神が彼とその一族を嘉されますように——の参詣であれば、その御方のミンバルと墓の間で参詣の礼拝を行うことが慣例である。もしイマーム様たち——彼らに平安あれ——の参詣であれば、枕元で行わなければならない。この礼拝で、イマーム様たち——彼らに平安あれ——からの許しを得、顔を墓に向けることができる。たとえキブラに背を向けなければならないとしても。しかし、顔を柵に向けたとしても、背をキブラに向けないようにする方が良い。
12. 参詣の礼拝を終えた後、伝えられている祈祷を詠むこと。信仰や世俗のことで、心に生じたことを求めること。全被造物のために祈祷することはより良い。なぜならそれはより聞き届けられやすいからである。
13. その場所でクルアーンの朗誦を行うこと。その功徳を柵の主に贈ること。なぜなら、そのご利益は再度自らに達し、墓の主への畏敬の因となるからである。
14. 能力に応じ、すべての状況下で心の統一（iḥżār-i qalb）をし、すべての罪を改悛（tawba）すること。

15. その地の奉仕人（ハーディム）や番人たちやそこの困窮者たちに喜捨をすること。なぜなら彼の地での喜捨の功徳は２倍になるからである。
16. 彼らへ敬意を払うこと。なぜなら、事実、彼らに敬意を払うことは、すなわち墓の主に敬意を払うことだからである。
17. 参詣から戻っても、その町にいる間は、再び参詣に行くこと。
18. 出発が近づいてきた場合は、伝えられている祈祷でもって別れ（vidā‘）を告げること。
19. 至高なる神にその場所への再訪を乞うこと。
20. その場所から外へ出るときには、顔を柵に向け、後ろ向きに外へ出ること。
21. すばやくその場所から外へ出ること。なぜなら、そのほうが尊崇と敬意が多く、再訪の熱望がより早く叶えられるからである。

シャイフ・バハーイーの伝える参詣手順は、先の旅行記史料中に断片的に見られる実際の事例とほとんど変わらない。現代の参詣手引書においても、①沐浴、②入廟の許可を求める、③墓に面して立つ、④口付け・頬付け、⑤ハーディムに喜捨、⑥貧者に喜捨、⑦参詣祈祷文の朗詠、⑧参詣の礼拝、⑨憐憫の情の表明、⑩別れの参詣の朗詠、⑪祈願、⑫罪の赦しを求める、といった項目や順番はほぼ変化がない[69]。法学書や手引書に述べられるこれらの参詣作法の項目の中でも、沐浴し、入廟許可[70]の祈祷を詠み、入廟し、墓の柵に口付け、礼拝を行い、祈願する、といった諸点は、旅行記史料とも完全に一致する作法であり、理論面と実践面の双方において、当時、実際にそのようなやり方でイマーム廟参詣が行われていたという点は疑いがなかろう。

一方で、墓を囲っている柵の周囲をまわる「タワーフ」については、旅行記史料では参詣作法の一手順として述べられているが、逆に参詣手引書には記されていない。タワーフをすることは、メッカ巡礼時にカーバの周囲を左回りに７回まわる儀礼を模していると考えられる。旅行記史料からは、イマーム廟参詣時のその回数までは明らかにならず、また手引書の裏付けが得られないものの、タワーフでもって参詣の完成であるかのように旅行記史料に記されていることが多く、実際の参詣時においては、このタワーフという行為が重視され実践されていたことが窺われる。

もっとも、シャイフ・バハーイーの記述では、沐浴時の状態や入廟の際の心の有り様、右足から入り、左足から後ろ向きのまま出ることなど、法学者の立場からのより詳細で専門的な参詣作法を記している。一方、旅行記の記述は断片的であり、参詣者がシャイフ・バハーイーの伝える法学的に正しい参詣作法をすべて遵守していたとは考えがたいが、おおよその手順などは、後述する参詣祈祷文の詠唱者の指示に従いつつ行っていたのではなかろうか。サファヴィー朝期の法学手引書と、19世紀のペルシア語旅行記の参詣に関する手順などの記述はかなり似通っており、両者ともに、シーア派ムスリムのイマーム廟参詣の姿を知らしめているとみなし得よう[71]。

（3） 参詣者と「参詣祈祷文」詠唱者（*ziyārat-nāma-khwān*）

ここで、参詣者を手引きする存在である「参詣祈祷文（*ziyārat-nāma*）」の詠唱者に触れておきたい。アタバートの各イマーム廟には、それぞれ「参詣祈祷文」の詠唱者（*ziyārat-nāma-khwān*）がいた。「参詣祈祷文」は、先のシャイフ・バハーイーの記述（7番目や12番目など）にある「伝えられている祈祷」にあたり、本来は参詣者自身が詠むべきものであると考えられる。しかしながら、この「参詣祈祷文」はアラビア語で書かれているため、アラビア語を解さない多くのイラン人は、参詣祈祷文を詠んでもらう代理人を立てていた。この詠み手は、イランから連れて行く場合もあったようであるが、大抵は現地で調達している[72]。たとえばAdīb al-Mulkは、カルバラーでふたりのサイイドを自らの参詣祈祷文詠唱者としているが、ひとりはフサイン廟の鍵保管人が定めた者で、非常に美声で物静かであったが、もうひとりは自薦によって無理やり彼の詠唱者となった。後者の詠み方はあまりにひどく、Adīb al-Mulkは「私自身が参詣祈祷文を詠む」と言ってその人物を断ろうとしたが、朝晩関係なく、そのサイイドは靴脱ぎ場で待ち構え、祈祷文を詠んだという。また彼は、ナジャフでは知り合いの息子の12歳の少年の声がすばらしかったとして、その少年を自らの詠唱者としている［Adīb: 147–148, 179］。Fakhr al-Mulkもまた、フサイン廟の鍵保管人の孫を自身の詠唱者としているが、その少年は、詠み手としてFakhr al-Mulkに仕えるのみならず、一行の出立の際には見送りも行っている［Fakhr: 56］。

詠唱者の技量に巧拙があるとはいえ、旅行者に代わって参詣祈祷文を詠むことは、現地に住む人々にとっての臨時の職となっていたのであろう。そのため、彼ら参詣祈祷文の詠唱者は、依頼者の意に沿うべく出迎えや見送りを行い、また、自身をその立場に据えてもらおうと参詣者が訪れるのを待ち構える。とくに富裕なイラン人参詣者が相手の場合、その見返りは現地に暮らす人々にとって、きわめて有用な糧となっていたのである。

一方、アラビア語を解さずに、イラクに向かうイラン人参詣者にとっては、彼らの指導によって初めて参詣が可能となったものと思われる。というのも「参詣祈祷文」は、その内容からして、イマーム廟に入るときや廟内での立ち位置に応じて、あるいは祈祷を行うときなど、参詣作法上のおおよその手順に則って、それぞれ異なった内容の祈祷文として朗詠すべきものであるが、初めて参詣する者にとっては、参詣祈祷文に基づく参詣作法は煩雑で、彼らがそれらをすべて暗記して理解していたとは考えがたい。シャイフ・バハーイーは、先の参詣作法の7番目で、「『汝に平安あれ』という言葉で十分である」と述べているほどである。現代のように参詣手引書の刊本が発達していなかった時代には、手順や作法については同行する詠唱者がその都度指導したと考えるのが自然であり、「ハーディムのひとりである参詣祈祷文詠唱者（略）の導きで（ba-dalālat-i … ziyārat-nāma-khwān）聖廟の中に入った」［Adīb: 144］という表現は、詠唱者が不慣れな参詣者の案内役をも務めていたことを示している。

（4）　バラカを授かるための行動

さて、墓廟での参詣が終了すると、参詣者らは墓の主（被葬者）の執り成しによって祈願が成就するよう、バラカ（神の恩寵）を授かることを行っている。国王や高官の場合は、聖廟の鍵保管人の計らいで、特別に囲い柵の中や地下にある実際の埋葬地まで入ることができたため、自分たちの持ち物に直接バラカを宿すことも可能であったが[73]、それらは特殊な事例である。一般の参詣者たちに可能であったことは、「聖なる土」の持ち帰りである［*Rūznāma*: 29; Adīb: 164;

Nāṣir: 120-121; Fakhr: 46]。とくに、病に効能があると考えられていたカルバラーのフサイン廟やアッバース廟の土は、バラカを宿すためのものとして人気があった。カルバラーの土[74]は、19世紀前半には未だ自由に持ち帰ることができたようであるが、同世紀中葉には、フサインの墓からの遠近に応じて区別されており、参詣者らは墓廟関係者から土を分けてもらうようになっていた[75]。この土の人気ぶりは、普通は1マン（約3キログラム）ほどを持ち帰るところを、ときには10マンもの土を持ち帰る者もいたほどであったという［Adīb: 209-210］。参詣者が直接地下に入ることのできたサーマッラーでは、

> ［第十二代イマームの］井戸は、もともと井戸ではなかったが、ガイバの場所であることから、吉兆と天恵を授かるために、多くの土が持ち出されたことにより［井戸となった］。［現在では］およそ2メートル（du ẕarʻ）ほどの穴になっている。［Adīb: 102］

と記されているように、井戸ができあがるほど、参詣者らによって土の持ち帰りは頻繁に行われていたのである。最も功徳があるとされるアタバートの聖なる土は、イラン人参詣者にとっては、カルバラー参詣を行った証でもあり、土産にするための重要な品であった。

4．参詣以外の行動

長期滞在の傾向のあるアタバート参詣において、参詣者らは到着当初は、日に一度か二度、すなわち礼拝の時刻に合わせた朝晩2回（あるいは3回）の参詣を欠かすことはない。しかし、滞在2日目、3日目ともなってくると、彼らは参詣以外の行動をも行うようになる。そもそも墓廟の参詣には、定めの礼拝を行ったとしても、一連の手順は1時間ほどしかかからず、日がな1日墓廟内で過ごすことはほとんどあり得ないため[76]、日中は時間的なゆとりがある。たとえば、ある参詣者の聖地での基本的な1日の過ごし方は、早朝のアザーンの

前に墓廟へ行き、早朝の礼拝を集団で行い、その後家に戻り、日中は自由に過ごし、夕刻再び墓廟で参詣と礼拝を行う、というものである［Fakhr: 44］。また、ムハッラム月やサファル月には、墓廟で哀悼詩の朗誦（*rawża-khānī*）があるので、それに参加することもある。しかし、基本的に墓廟の門は夜になると閉ざされ、特別な月日でない限り、催し物もなかったために[77]、参詣者らは朝夕の礼拝時刻以外には、墓廟の中で過ごすことは少なかった。

それでは、参詣者らは、朝晩の礼拝と参詣以外には、聖地でどのようなことを行っているのであろうか。旅行記史料などから読み取れる範囲で抽出してみたい。

（1）　面会・会合

参詣者の大半は、滞在期間のほとんどを土地の有力者や知人との面会や会合に費やしている。旅行記史料の著者たちは、政府関係の高官である場合が多いため、面会者は、バグダード州長官をはじめとするオスマン政府役人、聖廟の鍵保管人、イラン領事など、錚々たるメンバーである[78]。また、大商人やインド出身の富豪と面会し、歓待される事例もある［Adīb: 127-131, 146］。さらに当時の著名なウラマーと面会することもある。ナジャフでShaykh Murtażā Anṣārī（1281/1864年没）と面会したある参詣者は、この大学者の質素な生活と、ファトワーを求めて彼の家にやって来る人々の質問に丁寧に答える様子を伝えている［*Rūznāma*: 43-44］。別の参詣者も翌年、きわめて短時間ではあるが、このウラマーとの面会を果たした上で、ほかにも何人かのウラマーと面会している［Adīb: 184-189］。このような要人らとの面会は、旅行記の著者たちの身分に負うところが大きいが、そのほかにも、知人や親戚といった身近な人物を訪ねる事例は数多く見られる。とくに、クルド系やトルコ系、あるいは湾岸など、出身地方の人々と面会し歓談する事例が散見され、知人・親戚・同郷人・友人との面会はより一般的であったと言えよう[79]。

イランからの参詣者がアタバート在住の知己や親戚らと面会するという状況は、アタバートとイランとの密接な関係を髣髴させる。19世紀のイラン人参詣者にとって、イランから移住や亡命を果たした大勢のイラン系住民が暮らしているアタバートは、情報交換の場として有用であったのみならず、彼らを迎え入れてくれる人々がいるという旅先での利便性を含め、言語や文化の面でも親近感を持ちやすい環境にあったと考えられる[80)]。

（2） 観光・散策

観光や散策もまた、聖地での余暇の楽しみ方のひとつとして頻繁に行われていた。

サーマッラーには、アッバース朝の遺構が幾つか残っている。なかでも有名なものは、高さ55メートルの威容を誇る「ムタワッキル（在位：847-861）の塔（ミナレット）」であり、参詣者らのなかには外側の螺旋階段を登る人々もいた[81)]。同地の、かつてアッバース朝の首都として栄えた場所には、ムータミド（在位：870-892）の時代に建設された「恋人の城（qaṣr-i ʻāshiq）」と呼ばれる旧城があり、19世紀後半には面影をとどめていなかったものの、ここもまた観光地となっていた［Adīb: 110-112］。

さらに、マダーインにある「ホスロウのイーワーン（Ṭāq-i Kisrā）」と呼ばれるサーサーン朝期の遺構は、サルマーン廟からわずか数百歩の距離にあることから、サルマーン廟を訪れた参詣者が必ず見物する大遺跡であった。

このほか、ティグリス川西岸に位置するバグダード旧市街の散策は、参詣者らがわざわざ出かけていく場所として挙げられ、またナジャフやカルバラーでの滞在中には、市内やその近郊の散策を行っている［*Rūznāma*: 45; Fakhr: 44, 51］。イラクは河川や湖沼が多いため、川辺を散策し、ボートに乗ることも、イラン人参詣者にとっては楽しみのひとつだったようである[82)]。カスピ海やペルシア湾岸を除き、内陸部の多いイランに暮らす参詣者にとっては、水辺が珍しかったのだろう。このほか、一例だけであるが、ムサイイブでベクターシュのテッケ（修道場）を見学している事例がある［Adīb: 141］。

（3） 狩 猟

シャコ、水鳥、キツネ、ジャッカル、カラス、サギ、ペリカン、ガチョウ、ウサギ、シカなど、狩りの対象は多岐にわたる[83)]。騎馬で移動する富裕層は、主に道中で、輿や積荷などのペースと異なるために、先に行き狩りをする場合が多い。19世紀後半の彼らの狩猟は、銃を使用したもので、散弾銃やチャハールパーレ（chahār-pāra）銃、ベルギー製の銃などを所持していた。また、猟犬も連れており、本格的なジャッカル狩りの様子なども旅行記中に描かれている[84)]。

狩猟は、基本的には貴人の娯楽であるが、一方で、とくにシャコや水鳥などの場合は、食事の調達という面と贈り物にするという側面を併せ持っていたと考えられる[85)]。というのも、狩猟好きなある参詣者は水鳥の狩りの際に、「ḥalāl（合法）」と「ḥarām（禁忌）」という表現を用いており［Fakhr: 25］、この表現から、獲物は食用にすることを前提としていたと推察されるのである。そのため、道中で水鳥などの狩りに成功しなかった場合は、鳥や羊を購入するか、肉を食べずに済ますか、どちらかの選択を旅行者は迫られたのであろう。

（４）　女遊び・買春（*ṣīgha/mut'a*）

シーア派では、「一時婚（*ṣīgha*）」の制度が認められている。一時婚は、１日でも１週間でも１年でも構わないが、期間と婚資をウラマーの前で定めるしきたりとなっており、事実上の売買春であった。この制度は、通常の生活のなかでよりも、巡礼や参詣といった旅行の際にきわめて顕著に見られるものであり、この点については、「巡礼ルート沿いに蔓延している緩んだ道徳」として19世紀末にイラクを訪れたアメリカ人旅行者によっても指摘されている[86)]。

イラン人の旅行記史料においては、最初から買春目的の記述は見当たらないが、病気の治療法の一環として一時婚が推奨されている事例が、一例だけではあるものの確認される。それによると、カーズィマインで気分がすぐれなかった同行者は、医者の見立てにより１時間の一時婚を勧められ、処方箋を書いてもらった。バグダード市内に行くと、そこには斡旋を専門とする男が立っており、難なく相手を紹介してもらい、5,000ディーナールで契約し、病は快復した［Fakhr: 70–71］。

19世紀中葉のバグダードでは、12,000人の娼婦が税金を納めており、カーズィマインにも数え切れないほどの娼婦がいたとされる［Adīb: 88, 93］。20世紀初頭のカーズィマインは「悪習の温床」と呼ばれており、性病が蔓延していたようであるが［Lorimer: II/967］、これは、参詣者を対象とした一時婚目当ての人々が多数存在したためであることは言うまでもなかろう。

また、娼婦を相手にしたものではないが、旅行中のイラン人男性は、頻繁に現地の少女に接近しようとしている[87]。彼らの場合は年齢的にも若く（前章表3-1参照）、旅中であるために羽を伸ばすといったところであろうか。このようなイラン人参詣者の行動は、宗教的参詣の場には付き物である[88]。しかしながら、イラン人男性とイラクの女性との婚姻となると、将来子供の国籍問題を惹起し、徴兵の際の障壁となることから、このようなイラン人参詣者の行動は、オスマン政府にとっては好ましからざるものであった[89]。

（5） 墓廟の清掃（*jārū-kashī*）

イマーム廟の清掃（*jārū-kashī*）もまた、イラン人参詣者が聖地で特別に行っていた行動のひとつである。これは、廟内を立入禁止にした上で、聖廟のハーディムらとともに箒で中を掃除するというものである。『アッバース大全』には、ムーサー・カーズィムの伝承として、木曜日とその晩にモスクの掃除をすることには功徳があると伝えられている［Bahā'ī: 36-37］。19世紀の参詣者たちの間でも、廟内を清浄に保つことは善行のひとつと考えられていたようで[90]、Adīb al-Mulk はサーマッラーで部下に掃除させているが、Fakhr al-Mulk は自ら率先してアッバース廟の清掃を行った［Adīb: 114; Fakhr: 45］。

（6） 親戚の墓参り

父も祖父もアリー廟の黄金のイーワーン内に埋葬されていた Fakhr al-Mulk の場合は、イマーム廟に参詣すると簡単に父祖の墓参りができたのだが［Fakhr: 50］、一般の人々の場合は、ナジャフ近郊のワーディー・サラーム墓地に近親者が埋葬されている場合が多かった［Niẓām: 46; Nāṣir: 139-140; Fakhr: 51］。ナジャフに限らず、次章で見るように、アタバートのイマーム廟内や周辺の一般墓地には大勢のイラン人が埋葬されていたことから、アタバート参詣旅行の目的のひとつには、これら近親者の墓参が最初から含まれていたのかもしれない。

（７）　商売・買い物

旅行記史料からは、イラン人参詣者が商売をしていたという記述はまったく見当たらない。しかし、19世紀末のイギリス領事の報告では、「[アタバートへの］参詣者の多くはきわめて貧しいにもかかわらず、彼らはバーザールで多くの日用品を購入し、その結果、靴屋など下層階級の商いをかなり活性化させている」と述べられている[91)]。また本書第８章で見るように、国境やバグダードの税関では参詣者らの手荷物検査について、頻繁に手荷物をめぐるトラブルが生じていたことから、彼らは何がしかの商品を持っていたと考えられる[92)]。

アタバートでは、参詣者相手の商いは活発に行われていた。ナジャフは、数珠や「ナジャフ石（najaf ṭâşları）」が特産であり、外套（'abā）や経帷子（kafan）といった織物なども土産物として扱われ、ほかにも宝石商によって多くの魔除けや護符が作られていた[93)]。またフサイン廟の中庭では、琥珀やオパールやナジャフ石の売り手や数珠売りのゴザがあり、大勢のアラブ人女性がナツメヤシの葉で作った団扇を売っていた[94)]。

オスマン朝の旅行者によると、カルバラーやナジャフのバーザールや通りの店は夕刻まで開いており、商売による裕福な人々が多いと伝えられているが［*Siyâḥat*: 133-134, 144］、そこからはシーア派聖地での商いの活況振りが偲ばれる。一方イラン人参詣者によると、カルバラーではあらゆる種類の品物が売られているが、商品はすべてイラン製（'ajam）だとされる［*Rūznāma*: 48］。19世紀中葉にイラクを訪れた英国人旅行者は、バグダードのバーザールでは、アラブ人のみならず、ペルシア人やキリスト教徒など様々な人が商いを行い、午前中は歩くのも困難なほど活気に溢れている、と伝えている[95)]。またバーザールでは、しばしばクルド人やペルシア人が上着や身につけているものを売って、別の品物を買う足しにしようとしている姿が見られたという［Ussher: 444］。ここに見られる後者の人々は、イラクに定住しているのではなく、参詣者としてやってきた人々ではなかろうか。アタバートで扱われている商品がイラン産であることや、旅行者もまた売買を行っていたという事実からは、参詣者がアタバートでの流通に大きな役割を果たしていたことが想像できよう。もっとも、参詣者が商品を携えるということは、長期間にわたる旅の費用の工面という側面があることを見過ごしてはならない。イランからの参詣者らは、富裕な者は宝石や絹のショールなど小さく軽いものを、また貧しい者は用済みになった衣服などを売り捌きつつ、旅費を工面し、土産物などを購入していたのであろう[96]。「参詣も、商売も（*ham ziyārat, ham tijārat*）」という古くからの諺[97]が、参詣者と商売の結びつきを象徴している。

以上、アタバートでの余暇の過ごし方を諸史料から抽出できる範囲で見てきたが、聖廟の清掃や墓参など、信仰と結びつくものもある一方、面会や観光など、その多くは世俗的な内容である。とくに、買春や商売は世俗の極みとも言うべきものであろうが、ペルシア語史料は、これらの行為についてはほとんど触れていない。このことは、これらの行為が行われていなかったという証左ではなく、イラン人参詣者の関心が「イマーム廟への参詣」、すなわち、信仰心を発露するための行為という目的に向けられていたためと考えられる[98]。旅行記の著者にとって、余暇の過ごし方以上に重要なのは、あくまでも「イマーム廟参詣」なのである。聖地にいる限りにおいては、彼らは毎日墓廟に参詣している。たとえばある参詣者は、20日間のカルバラー滞在中にフサイン廟に参詣できなかったのは、大雨が降ったときだけであると言うほどである［Fakhr: 70］。

一方で、わずかながら確認される参詣以外の活動は、メッカ巡礼とは異なり、多くの決まりごとを持たないアタバート参詣旅行の特徴を現している。イラクの諸聖地での滞在は、メッカ巡礼と比べると長期滞在型であることは先述したが、長期滞在は今見てきたような様々な娯楽的要素があって初めて成立したという側面を忘れてはならないだろう。

本章では、聖地での参詣者の活動を検討した。その結果、イラン人参詣者はイラクに到着すると、カルバラー（フサイン廟とアッバース廟）、ナジャフ（アリー廟）、カーズィマイン（カーズィマイン廟）、サーマッラー（アスカライーン廟）の四聖地を必ず参詣し、さらにアリーの暗殺されたクーファやサルマーン廟のあるマダーインにも足を延ばしていた。加えて、参詣ルート上に位置する場合は、シーア派関連の人物やイスラーム以前の預言者の墓や立ち処を訪れることはあったが、他方、たとえ近接した場所にあったとしても、スンナ派、ユダヤ教徒、スーフィー聖者の墓やそれらの関連施設には足を運ばなかった。このことからは、当時のイラン人参詣者は、頑ななまでにシーア派信仰にこだわり、それを固持していたことを指摘し得る。すなわち、シーア派ムスリムが「タキーヤ（信仰隠匿）」を必要としなかったアタバート参詣は、全ムスリムが行うべきメッカ巡礼とは異なる価値観や世界観を有していたのであり、19世紀には、同じイスラーム社会のなかにあっても、メッカ巡礼者とは異なり、アタバート参詣者においてはとくに、シーア派としてのアイデンティティが強調される傾向にあったと言えよう。

イマーム廟の参詣儀礼という観点からは、19世紀後半の参詣においても、サファヴィー朝期に記された法学手引書とほぼ同様の参詣作法が採られていたことが明らかとなった。その手順は、沐浴、入廟の許可、墓の囲い柵への口付けや頬付け、アラビア語の参詣祈祷文（*ziyārat-nāma*）の朗詠、参詣の礼拝、祈願、別れの参詣となっており、手引書には現れないものの「タワーフ」もまた重要な参詣行為のひとつとして組み込まれていた。このように煩雑な参詣作法は、イランから初めて訪れる参詣者にとっては未知の部分が多いため、聖地に暮らす参詣祈祷文の詠唱者が参詣者の導き手の役割をも務めていた。参詣が終了すると、参詣者らはバラカを得るために、聖地の土を持ち帰るなどの行動をとっていた。

一方、聖地では長期にわたって滞在するために、信仰儀礼のみならず、道中では困難であった行楽や娯楽の要素が生じた。１日に何度もイマーム廟を参詣する合間の余暇においては、墓廟の清掃や父祖の墓参といった信仰に直結するものと、買春や商売といった俗的な行為の双方が確認された。このことからは、イラン人シーア派ムスリムにとって、アタバート参詣は、信仰と娯楽のほどよいバランスの上に成立していたことが明らかとなろう。

このような聖地での行動の背景には、アラビア語、ペルシア語、トルコ語、クルド語といった諸言語が飛び交い、歴史的にもイランと密接な関係があり、さらにはカルバラーやナジャフなど、シーア派聖地にイラン人が多く暮らしていたという、当時のイラクの特徴を指摘することができる。この文化的な共通性は、イラン人参詣者にとって、アタバートを心理的により身近なものとしたことであろう。メッカ巡礼と比較すると、地理的にも経済的にも時間的にも、アタバートへの参詣はイラン人にとって負担が軽い。そして、オスマン朝という異国の支配下にありつつも、歴史的にまた文化的にアタバートはイランと密接に関係していた。このようなアタバートの特徴が、19世紀後半に、人口の1パーセントを占める10万人ものイラン人を毎年イラクへと向かわせた最大の理由であろうと思われる。19世紀のイラン人にとっては、聖地に長逗留することで、シーア派イマームの墓廟参詣という信仰儀礼と、異国の雰囲気のなかで味わう種々の遊興の双方を体験することができたのであり、様々な面においてイランに近いというアタバートの環境は、イラン人としての居心地の良さとシーア派としてのアイデンティティを発揮できる場を彼らに提供したということが可能である。

注

1）この点については本書第７章も参照のこと。

2）バグダードからカルバラーへは、Kharāba Khān – Khān Āzād – Maḥmūdīya – Shūr Khān – Iskandarīya – Musayyib – Ātashī Khān という村落やキャラバンサライを経由する［BS: 1325/280; Lorimer: II/813-816］。

3）カルバラー＝ナジャフ間には、まずカルバラーから10マイルの地点に Khān Nukhaylah という宿駅（400頭の馬と300人収容可能）があり、続いて14マイルの地点に Khān Ḥammād（500頭と1,000人）、さらに12マイルの地点に Khān Muṣallā（あるいは Khān Mīrzā、800頭と600人）があり、そして11マイルでナジャフに達する［Lorimer: II/822-823; BS: 1325/281］。カルバラー＝ナジャフ間の所要時間は19世紀後半で12時間であった［*Siyâḥat*: 137］。

4）Lorimer: II/822; *Siyâḥat*: 137; Adīb: 167-169. ペルシア語旅行記の記す宿駅は現代の地図では確認されなかった。

5）19世紀初頭の旅行家は、バグダード出立後２日目の宿泊地として Dujayl という地名を挙げ、ここが参詣者たちの第一の宿泊地であるとしているが、この地は現在の地図でも確認される。また、第二の宿泊地は Mazraqchī であると言うが、こちらは確認できず、この地名はバグダード＝ムサイイブ間にも存在するため、著者の記憶違いの可能性もある。なお、この著者は、バグダード＝サーマッラー間は、通常6日間、ときには4日間で参詣者は往復するという［Ṭālibī: 404–406］。

6）Pistor-Hatam 2006もまた、イラクにある主要な聖地について簡単に紹介している。

7）「気高きカルバラー（Karbalā-yi mu'allā）」と呼ばれる。バグダードの南南西55マイル（約90キロメートル）、フサイニーヤ運河の左岸に位置する［Lorimer: II/975］。気候は暑く、周辺はナツメヤシしか生育しない荒野にあり、主な輸出品もまた、このナツメヤシである。19世紀のオスマン朝行政下では、バグダード州の一管区（サンジャク）を形成し、その中心地となっている。19世紀後半には、およそ6,000軒の家があり、数万人の人口を擁した［Adīb: 158; Peters: II/331; *Siyâḥat*: 127; BS: 1300/165; Lorimer: II/837, 934］。フサインとアッバースのふたつの聖廟の周辺は「'Abbāsīya」と呼ばれ、旧市街を形成する。またその南方には、1870年代に造られた新市街が広がっており、旧市街に比べ整然とした町並みであったとされる［BS: 1325/278; Lorimer: II/976; Fakhr: 44］。カルバラーの古代史については、Khalīlī 1987: VIII/9–39が、他の同時代史料に基づいたフサイン殉教後の歴史については、*ibid.*: 77–390が参考になる。

8）預言者ムハンマドの孫で、初代イマーム・アリーの次男。十二イマーム派第三代イマーム。ヒジュラ暦61年（西暦680年）にウマイヤ朝軍と戦って殺害される。

9）Abū al-Fażl 'Abbās b. Abī Ṭālib. アリーの息子であり、フサインの異母弟にあたる。カルバラーでのウマイヤ朝軍との戦いでは、自軍の女性や子供のためにユーフラテス川に水を汲みに行くが、その途上ウマイヤ朝軍に包囲され、殺害される。

10）旅行記著者のなかでは、Adīb: 159–165やMishkāt: 75–80が最も詳しく19世紀後半の墓廟の内部構造やその建物、回廊のイラン人埋葬者について述べている。聖廟の平側面図やその歴史については、Nöldeke 1909が詳しくかつ有用である。

11）72人の殉教者の名前については、Shams al-Dīn 1996: 156–158参照。

12）アッバース廟については、Mishkāt: 80–82が詳しい。アッバース廟はナーディル・シャーによってドームに金が施されたが、19世紀後半には、そのドームの修理が必要なほど寂れていたとされる［Fakhr: 43］。

13）フサイン軍の陣地があった場所。小高い丘の上にあり、ザイナブをはじめとする女性陣が戦いの様子をここから見守った。Nöldekeに平面図がある［Nöldeke 1909: Taf VII］。アーシューラーの日のフサインの戦陣、およびフサイン、アッバース、長男アリー・アクバルの具体的な殉教場所についてはArdakānī 1381s: 110の図が参考になる。

14）「至聖のナジャフ（Najaf-i ashraf）」と呼ばれる。バグダードの南西170キロメートルのところに位置する。気候はカルバラーよりも良好。周辺には葦の生育する湿地帯が広がる。オスマン朝の行政下では、カルバラー管区の中にあり、一郡（カザー）を構成する。規模としてはアタバート第二の町である。ナジャフの前史についてはKhalīlī 1987: VI/9–25を、またハディースや詩、東西の旅行記などにも依拠した通時代的なナジャフの情報については *ibid.*: VI/66-328参照。

15) もともとアリーの墓の位置は隠匿されており、アリーの一族やごく少数の者にしか知られていなかった。墓が「発見」されたのは、ヒジュラ暦２世紀のことである。また、アリーの墓「発見」の逸話として、アッバース朝第五代カリフ、ハールーン・ラシード（在位：786-809）の狩りの話が伝えられている［Ardakānī 1381s: 16-18］。

16) ドームと２本のミナレットは、ナーディル・シャーによって黄金を施された。19世紀中葉のアリー廟の内部構造については、Adīb: 194-198が詳しい。19世紀末の状況は、Mishkāt: 63-70を、現代のアリー廟に関しては、Ardakānī 1381s: 18-31を参照されたい。黄金のドームの輝きについては、Fakhr: 49; BS: 1325/289; Ussher: 465; Lorimer: II/1310などに記されている。

17) Murra b. Qaysという人物が、アリー廟を攻撃しようと廟内に踏み込んだが、そのとき墓のなかからアリーの指が突き出て、Murra b. Qaysを真っ二つにしたという伝説がある［Nāṣir: 128］。

18) バグダードの北西１ファルサングのティグリス川右岸にある。19世紀には、未だバグダードとは別の街として認識されていたが、現在ではバグダード市に組み込まれている。19世紀のオスマン朝行政下では、バグダード管区内の一郡を構成する。獄中で没したムーサーのラカブであった「カーズィム（Kāẓim）」にちなみ、「カーズィマイン（二人のカーズィム）」あるいは「カーズィミーヤ」と呼ばれる。19世紀後半には数千人の人口を擁した。カーズィマインの歴史については、Khalīlī 1987: IX/９-34があるがあまり詳しくはない。*Ibid.*: 77-317に、古今東西の諸史料からの引用があるが、こちらは比較的有用である。

19) カーズィマイン廟の壮麗さは、イラン人、欧米人を問わず、あらゆる旅行者が口にしている。カーズィマイン廟内部の構造については、Mishkāt: 87-90を参照のこと。

20) バグダードの北方125キロメートルのティグリス川東岸に位置している。サーマッラーは、アッバース朝カリフ、ムータスィムによって、バグダードに代わる新たな都として836年に造られた町であり、「Surra man rā'（見る者の喜び）」と名づけられた。ペルシア語旅行記では、Surra man rā'と呼ばれることも、Sāmarrāと呼ばれることもあり、さらには第十一代イマームのラカブである「アスカリー（'Askarī）」にちなんで「アスカライーン（二人のアスカリー）」と呼ばれることもあった。19世紀後半には、数百軒の家と数千人の人口を擁したが、アタバートの諸聖地のなかでは最も小さい町であった。サーマッラーの前史についてはKhalīlī 1987: XII/７-110を参照のこと。アスカライーン廟については、Mishkāt: 93-95が詳しい。

20世紀初頭の報告では、イラクへのシーア派参詣者のうち、サーマッラーを参詣する者はおよそ四分の一であるとされているが［Lorimer: I/2358］、この推計には、７人のイマームしか認めず、サーマッラーを重視しない七イマーム派（イスマーイール派）が多数を占めたインド・パキスタン系の参詣者も含まれることを考慮しなければなるまい。ペルシア語旅行記の著者のなかではSadīd al-Salṭanaのみがサーマッラーを訪れていない。

21）イマーム・アリー・ハーディーの娘。ムハンマド・タキーの娘と言われることもある。また、マフディーの伯母と言われることや［Adīb: 99, 100］、イマーム・アリー・ハーディーの乳兄弟と言われる場合があり［'Âlî: 57］、当時の人々にとって、彼女に関する情報はきわめてあやふやなものだったと知れる。

22）ガイバの場所に関しては、*Rūznāma*: 38が詳しい。ナーセロッディーン・シャーによると、漆喰で塗られたガイバの建物のなかは、人々の刻んだ落書きで埋め尽くされており、彼自身も地下室で自分の名を刻んでいる［Nāṣir: 165, 167］。

23）イマームやイスラーム以前の預言者所縁の場所とは、「立ち処（*maqām*）」のことである。「立ち処」は仏足跡のようなもので、イマームらが訪れた場所に多く残されている。イスラーム世界における「立ち処（*maqām*）」の最も有名なものは、メッカのカーバの中にある「イブラーヒームの立ち処」であろう。

24）ナジャフの東北東10キロメートル。馬で3時間ほどのところにある［*Siyâḥat*: 142］。イスラーム征服活動時に、マダーインに代わる軍営地（ミスル）として、サルマーンとフザイファが土地を選び、設立された。20世紀初頭の人口は、200軒［BS: 1325/291］。

25）クーファ・モスクについてはAdīb: 170–171が最も詳しい記述を残す。現代の状況に関しては、Ardakānī 1381s: 57–841を参照のこと。

26）Adīb: 171–172; Nāṣir: 134; Ardakānī 1381s: 74. それぞれの立ち処で詠むべき参詣祈祷句は、Qummī: 459–475に載せられている。

27）Muslim b. 'Aqīl b. Abī Ṭālib. イマーム・アリーの甥。フサインの蜂起に先立ち、クーファ市民の賛同を得るべく、メディナからクーファに派遣されたが、ウマイヤ朝は、新たにクーファ総督として'Ubayd Allāh b. Ziyādを任命した。ムスリムは、Ibn Ziyādによって捕らえられ、60年ズー・アルヒッジャ月（680年9月）にクーファで処刑された［*EI2*: "Muslim b. 'Aḳīl b. Abī Ṭālib"］。

28）クーファ市民であったが、フサインによって派遣されたムスリムを匿い、そのために総督イブン・ズィヤードによって捕らえられ、処刑された［*EI2*: "Hāni' b. Urwa al-Murādī"］。

29）Mukhtār b. Abī 'Ubayd Thaqafī. ヒジュラ暦61年ムハッラム月にフサインの援軍として参戦しようとしたが、イブン・ズィヤードによって捕らえられ投獄された。その後釈放され、クーファで生活していたが、66年にウマイヤ朝に対して反旗を翻した。一時期クーファを占領するが、その支配は長くは続かず、翌年、バスラから進軍したMuṣ'ab b. Zubayr（Ibn Zubayrの弟）との戦いで戦死する。

30）もともとはアリーの姉妹であるUmm al-Hānīの家であったが、クーファの城砦（qaṣr dār al-imāra）で政務を司ることをよしとしなかったアリーが、城砦やモスクに隣接していた彼女の家で執務を行うようになったと言われている［Ardakānī

1381s: 83-84]。また、19世紀後半のオスマン語史料では、暗殺後のアリーが清められた部屋のほかにも、アリーの家には、ファーティマが料理をした竈と、ハサンとフサインが学問した図書室などがあったとされるが［'Âlî: 85]、ペルシア語旅行記ではこのようなことはまったく記されていない。イラン人シーア派ムスリムにとっては、アリーの家庭生活よりも、暗殺されたという悲劇が重要で、この地はあくまでも「参詣地」であり、「観光地」ではないからであろう。

31）イドリースとイブラーヒームの家の場所に建てられたと伝えられるモスク。

32）Ṣa'ṣa'a b. Ṣūhān. アリーの教友であった［Ardakānī 1381s: 93]。

33）Zayd b. Ṣūhān. アリーの教友であり、「ラクダの戦い」で戦死した［Ardakānī 1381s: 93]。

34）Ḥannāna はアラビア語で「非常に嘆く」の意（語源にはお辞儀をする、同情する、の意もある）で、アリーの遺体がクーファを出発し、この場所を通りかかったとき、モスクの壁やそばの木々が、遺体に敬意を表してお辞儀をしたと伝えられる［Ṭālibī: 420; Ardakānī 1381s: 96]。カルバラーで殉死したフサインの首が通ったときも同様の逸話が伝えられている［Ardakānī 1381s: 96]。

35）アリーの教友としてハディースを多く伝える人物。アリーが手ほどきしたと伝えられる「ヒズルの祈祷（du'ā-yi ḥiẕr）」が有名であり、この祈祷はシャーバーン月15日の夜や金曜日の夜に詠むものとされている［Qummī: 115-120]。83年に総督になったḤajjāj b. Yūsuf によって、90歳にして殺害される［Ardakānī 1381s: 94]。

36）アリーの教友であり、イブン・ズィヤードの手によって殺害された［Ardakānī 1381s: 93]。

37）これらの参詣地の配置は、ナジャフに近い順から、Kumayl – Ḥannāna – Sahla – Zayd – Ṣa'ṣa'a – Maytham – Kūfa となる。

38）Adīb: 199. 現代の参詣手引書では、祈願成就の場はイマーム・サーディクの立ち処と呼ばれており、水曜の夜に参詣するのが最良だと伝えられる［Ardakānī 1381s: 87]。祈願成就の場所としてアタバートのなかで名高いのは、フサイン廟のドーム下である。本書第1章も参照のこと。

39）1300/1882-83年版の『バグダード州年報』には、バドルの戦いにも参加したムハンマドの教友やアリーの教友ら30人前後の名前が挙げられているが［BS: 1300/258-264]、その後の『バグダード州年報』には取り上げられていないことからも、これらの教友の墓は有名ではなかったと考えられる。

40）ティグリス川東岸のマダーイン（旧名はクテスィフォン）にある。バグダードから6～7ファルサング（40キロメートル）。およそ6時間の行程である。Salmān b. Fārs（あるいは Salmān-i Fārsī）は、「清浄なるサルマーン（Salmān-i pāk）」とも呼ばれ、預言者ムハンマドの教友であった。19世紀後半のマダーインは、墓廟の敷地に数軒の家がある以外は人が住んでおらず、住民は参詣者に大麦・藁・パンを用意していた［Adīb: 134］。オスマン側史料によると、19世紀にはサルマーン廟にワクフが設定されている。総理府オスマン文書館には、年毎のバグダード州のワクフ収支台帳があるが、そのなかに小規模ではあるもののサルマーン廟のワクフも記載されている［BS: 1300/258; BOA. EV: 12581, 13799 etc.］。

41）Adīb al-Mulk は、「かの御方の参詣はイマームの命により必要なことである」と述べており［Adīb: 134］、参詣を奨励する何らかのハディースがあるものと思われるが、確認し得なかった。

42）フッルは、はじめウマイヤ朝軍の先遣隊としてフサインに対峙すべく派遣されるが、途中でフサイン側に寝返り、フサインとともに戦いアーシューラーの日に戦死する［*EI2*: "Al-Ḥurr b. Yazīd"］。諸史料からは、年に一度カルバラーの住民が集団で行う「フッル廟参詣の日」というものが散見される。'Ażud al-Mulk は、サファル月末日を挙げ、また 'Âlî Bek は、サファル月24日に相当する財務暦1301年 Teşrin-i sânî 月20日のことを参詣の日として伝える［'Ażud: 165; 'Âlî: 77］。

43）'Awn b. 'Abd Allāh b. Ja'far. アリーの里子（rabīb）という説や［Ra'īs: 222–223］、フサインの姉妹の息子という説がある。

44）フサインの殉教後、クーファに投獄されていたが、1年後に脱獄したところを見つかり、Ḥārith b. Ziyād によって殺害された［Ardakānī 1381s: 101–103］。19世紀後半には、墓廟は墓と小さな柵を備えただけの建物であり、ふたつのドームがあるが修理中でタイルを貼り付けている最中であった［Fakhr: 40］。現在ではふたつのドームは寄り添うように建っている。

45）本書第6章参照。

46）イマーム・ハサン・アスカリーの兄。842–843年にメディナで生まれ、第十代イマームである父とともに857–858年にサーマッラーへ移住した後、866年に24歳で亡くなった［Ardakānī 1381s: 205–206］。このイマームザーデはその地方では有名で、そこでの偽誓はあり得ないという［Ṭālibī: 404］。Bell は、この墓廟はバラド近郊の Wâneh にあるとしており、その写真も載せている［Bell: 203, Fig. 118］。

47）預言者ムハンマドの教友であり、クルアーンの暗誦に長けていた［*EI2*: "Al-Miḳdād b. 'Amr"］。アリーを支持していたとも言われ、ペルシア語史料によると、ナフラワーンの戦いで戦死した武将である［Ra'īs: 222］。

48）スンナ派の四法学派のひとつであるハナフィー派の祖（767年没）。

49）神秘主義教団のひとつ、カーディリーヤの名祖（1166年没）。

50）ジーラーニー廟は、その子孫である Naqīb al-Ashraf 家の影響が強く、インドとのコネクションも堅固であった［Çetinsaya 1994: 53–55］。19世紀最末期のこの廟は、インドやアフガニスタンからの多大な援助によって、バグダードのなかでもきわめて壮麗な建物となっており、参詣者も多く訪れていた。ジーラーニー廟の壮麗さを称えている例として、Harris: 313–315を挙げておく。

51）著名なスーフィーであり、スフラワルディー教団の名祖とされる（1234年没）。

52）バグダード州内に存在する聖人の墓については、オスマン語史料に基づく一覧表を本書資料編に挙げたので参照されたい。

53）クルアーン中に二度言及があり（21章85節と38章48節）、旧約聖書の預言者 Ḥizqīl（エゼキエル）に対応するとされる［*EI2*: "Dhu al-Kifl"］。現在は、キフル村として知られる。

54）19世紀中葉のエゼキエル廟については、Ussher: 463-465; Adīb: 201が詳しい。

55）Ṭālibī: 401; Adīb: 93. Khalīlī 1987: X(2)/18-20にも、イブラーヒームに関する記述はあるが、イスマーイールについては触れられていない。

56）バグダードからの参詣者の目的は、おそらくこの２人の息子の師であり同地に埋葬されたアブー・ユースフであろう。

57）管見の限り、ペルシア語旅行記のなかでヒッラを訪れたことが確認できるのは、Abū Ṭālib であり、彼はカルバラー参詣を終えた後、ヒッラを経由してナジャフへと向かった。彼は、アリーの首塚（Mināra-yi sar-i 'Alī）やアリーの兄弟 'Aqīl b. Abī Ṭālib の墓などヒッラにある参詣地を数ヶ所挙げているが、どれも他史料からは確認し得なかった［Ṭālibī: 412, 416, 420］。このほか、Sayf al-Dawla もヒッラを訪れているが、この人物はメッカ巡礼を終えたのちにシリアからイラクへ入っている［Sayf: 247］。旅行記の性質からして、メッカ巡礼を行った者のアタバート参詣の描写はきわめて淡白となり、またメッカ巡礼者は各地に寄港し、より国際的な視野を身につけているケースが多いため、この人物の動向をもってして、アタバート参詣者がヒッラを訪れることを普遍化することはできないと考える。

58）Loftus は19世紀中葉のヒッラについて、「訪れた人を何よりも驚かすのは、居住しているユダヤ人の多さである」［Loftus: 26］と記す。20世紀初頭の報告書では、この町は「オスマン領イラクのなかでも最も重要な町のひとつ」とされている［Lorimer: II/712］。この理由は明白ではないが、おそらくユーフラテス川沿いに位置するという交通の要衝たることと無関係ではなかろう。19世紀末のヒッラの町そのものには、シーア派よりもスンナ派が多く居住し、かつ500人のユダヤ教徒が暮らしており、ユダヤ教の基礎やヘブライ語を教える彼らの学校も存在した。この数字は、州内のユダヤ教徒の大半が居住しているバグダード市に次いで多く、当時のヒッラがユダヤ教徒の中心地であったことを示唆する［Cuinet: 89, 90, 150-153, 160-161］。また、これらのユダヤ教徒は両替商を営んでおり、ヨーロッパへの送金も可能であるなど、交易の中心を担っていたことが窺われる［Peters: 313, 322, 329］。

59）ハナフィー派の著名な法学者。798年没。

60）BS: 1300/264-265. このほかにも、オスマン側の旅行記では、バグダード市内の Shaykh Karkhī、Imām Aḥmad Junbalī、Shaykh Shablī、Sarī-yi Saqṭī、Sayyid Abū al-Ḥasan 'Alī らの墓が挙げられている［'Âlî: 72-73］。さらにバグダード市内には、ハールー

ン・ラシードの妻であるZubaydaの墓もあり、円錐形をしたそのドームの形状から、欧米人旅行者の興味を喚起するものであったが、ペルシア語旅行記からは確認されない。また、イマームでない人々の墓も、ほとんど参詣している形跡がない。イラクには、歴史的著名人で、シーア派であったNaṣīr al-Dīn Ṭūsīの墓や、イスラーム初期の著名なスーフィーであったShaykh Junaydの墓が存在したが、これらはペルシア語旅行記史料では言及されていない。

61)「スンナの人々は、シャイフ［・ジーラーニー］を非常に信仰している［が、我々はそうではない］」［Nāṣir: 105］という言葉が、シーア派とスンナ派の心理的な隔たりを端的に示していよう。

62) バスラには、ほかにもムハンマドの教友であったṬalḥaとZubayrの墓がある。Abū Ṭālibは、1803年のイラク旅行で帰路バスラに立ち寄った際に、距離的には離れていなかったにもかかわらず、アラブ部族による略奪やワッハーブ派の襲撃を恐れて、この両者の墓に参詣することができなかった［Ṭālibī: 435］。19世紀初頭にインドからヨーロッパまで旅行したこの大旅行家は、イラクでもシーア派、スンナ派を問わず各地を参詣している。父親はエスファハーン出身であり、イラン系の家系ではあるものの、彼自身の宗派は不明である。しかしアリーの敵対者たちの墓参詣をしようとしていることから、スンナ派であった可能性がきわめて高い。

63) 参詣旅行記の著者たちは、全体的に、その旅行の性格上、「イマームザーデ」には敏感に反応し、イマームザーデと名のつく場所があった場合には必ずや参詣していることを指摘し得る［Adīb: 265, 270, 275］。ガージャール朝末期には、エスファハーンからマシュハドに至るまでのイマームザーデを列挙した書物も書かれており［守川 2001: 54］、イランでは、イマームザーデ詣がこの時代にはすでにひとつの潮流となっていた［Momen 1985: 182］。

64) これは、旅行記中では「*du'ā-yi iẕn*（許可の祈祷句）」、あるいは「*iẕn-i dukhūl*（入廟の許可）」と呼ばれているものであるが、後述の参詣祈祷文の中で最初に詠むべき祈祷句である［*Rūznāma*: 41; Adīb: 144, 146, 180 etc.］。

65) 参詣祈祷文（*ziyārat-nāma*）は、ジーラーニー廟にはなかったと言われていることから［Nāṣir: 105］、19世紀の段階では、これはシーア派特有のものであったと考えられる。現代でも、アタバートやマシュハドなど、各聖地の参詣祈祷文が参詣者の便宜のために出版されているが、アラビア語そのものはさほど難しくはない。参詣祈祷文の集大成と目される『楽園の鍵（*Mafātīḥ al-jinān*）』には、各イマームに対して、それぞれの日時に応じた参詣時の祈祷句が記されている［Qummī: 383–645］。イマームや日によってラクアの回数やクルアーンの章句、祈祷句の内容も異なっており、一般のイラン人がこれらをすべて暗誦して参詣することは不可能と思われる。

66) 旅行記史料からは詳細についてはわからないが、参詣手引書では、ラクアの回数は最低が2回であり、一度目のラクアのときにヤー・スィーンの章を詠み、二度目のラクアのときにラフマーンの章を詠むと定められている［Qummī: 381］。

67）Adīb: 99; Fakhr: 46.

68）Adīb: 213, 221; Fakhr: 72. 町に入る前に、聖廟が目に入ったところで行う「*ziyārat*」とは、何らかの祈祷句を詠み、跪拝をすることであろうと推察されるが、旅行記史料からは詳細は不明である。以下に挙げるシャイフ・バハーイーやクンミーらの参詣手引書においても、「別れの参詣」については記載があるものの、町に入る前の時点で行う「参詣」については説明がない。

69）この12分類は現代の手引書による［Kajūrī 1382s: 11］。ほかにも、クンミーはより詳細な形で28点の参詣作法を挙げており［Qummī: 378-383］、また Ḥā'irī は、1.参詣旅行時の沐浴、2.道中は愚かな発言を慎む、3.参詣の沐浴、4.体や服を清潔に保つ、5.威厳と落ち着きをもって歩を進める、6.入廟の許可、7.敷居への口付け、8.参詣の祈祷句の朗詠、9.キブラに背を、墓に顔を向ける、10.他人の邪魔にならないように柵に近づく、11.参詣の礼拝、12.祈願、を挙げている［Ḥā'irī 1988-2001: 565］。墓に触れたり、接吻したりすることや、墓地での礼拝が禁じられていたエジプトの死者の街での参詣慣行と比較してみると［大稔 1993: 12-20］、時代や地域の差が見えて興味深い。

70）入廟に際し、シャイフ・ハバーイーは別の箇所で、先人のウラマーの言を引用している。それによると、許可を求める理由は、「許可なくして他人の家に入ることはできないから」［Bahā'ī: 190］であり、墓と家を同一視していることが窺える。

71）同時代の異教徒から見た、イマーム廟の参詣作法については、Peters: II/322-323が参考になる。また20世紀初頭の報告では、「参詣者たちによって行われる礼法」として、シーア派の墓廟に到着した参詣者は、まず体を浄め、続いて付添人の導きのもと、聖域に入り、敷居のところで聖者（墓の主）に入廟の許可を求め、入っていくと何らかの祈祷句を唱え、墓の周りを3回廻り、囲いに口付けをして祈祷句を繰り返す。最後に、墓の前で二度平伏する。裕福な参詣者は、モッラーにクルアーンやフサインの殉教物語などを詠んでもらい、貧者に施しや食事を与え、墓廟には金銭や宝石を寄進する。参詣を終えた参詣者は、「カルバラーイー」という称号を与えられる、とある［Lorimer: I/2359］。このような参詣作法は、現代のイマーム廟やイマームザーデでの参詣作法に通じる。

72）ある参詣者集団にはひとりのモッラーがおり、種々の参詣祈祷文を暗記していたために、道中でも朗誦していた［*Rūznāma*: 23］。詠唱者の現地調達の事例は、Adīb: 147-148; Nāṣir: 115, 155; Sadīd: 320, 324など。

73）ナーセロッディーン・シャーはナジャフのアリー廟で柵の中に入り、アリーの姿絵や剣を「バラカを授かるように（tabarruk ba-shavad）」置いておき、帰る前日に持ち帰った［Nāṣir: 128, 137］。Fakhr al-Mulk は指輪にバラカを授かるようにしている［Fakhr: 45］。

74）カルバラーの土は、水で薄め（「āb-i turbat」と呼ばれる）、それを病人や瀕死の人間、妊婦などに飲ませた［Massé 1938: 38, 96］。カルバラーの土の特性や効用、使用法については、Bahā'ī: 23, 51, 55, 106, 336; Ardabīlī: 503, 511を参照のこと。

75）19世紀初頭のAbū Ṭālibはカルバラーの土を自ら持ち帰っているため、この時期には規制はなく、自由に持ち帰ることができたと考えられるが、19世紀中葉ではすでに、墓廟関係者が「カルバラーの土」だとして渡す土に対して、何年にもわたって大勢の人間に渡している以上減り続けているはずで、本物ではないのではないか、という疑念がナジャフのウラマーの間でさえも生じていたという。この意地の悪いナジャフのウラマーの疑念に対しては、カルバラーの土は、神がシーア派の民を癒すために下されたものであり、復活の日まで減ることはなく、フサインの奇跡であるとの答えが返されている［Ṭālibī: 408; Adīb: 208-210］。

76）カルバラーのアッバース廟の中庭では、信者たちが１日中たむろしていたという記述も存在するが［Ussher: 460］、基本的にペルシア語旅行記の著者たちは、墓廟で丸１日を過ごすことはない。Sadīd al-Salṭanaは、カルバラーに滞在中のある日、10回フサイン廟を参詣したと記しているが、そのほかの日は２回ほどであり、10回は例外的に多い参詣回数である［Sadīd: 325］。

77）マシュハドのレザー廟の場合、木曜日の晩と、ラマダーン月、ムハッラム月、サファル月、宗教的大祭の夜やイマームらの命日の夜のみ、墓廟の扉は一晩中開けられていたが、普段は日没後数時間から日照２時間前の間は、閉ざされていた［Mu'tamin 1348s: 248-249］。

78）帰国直前に、Adīb al-MulkがバグダードUrl州長官Rashīd Pashaと行った会話は、彼のアタバート滞在中にイギリスがブーシェフルに攻め入るという事件が起こっていたために、イランとイギリスとの戦争の話から、イギリスと比較した場合のイランの医療事情、オスマン朝との係争地であるムハンマラ問題、ロシア国境となるアゼルバイジャンからの撤兵、イギリスのペルシア湾での展開や戦略などきわめて多岐にわたり、当時のガージャール朝やオスマン朝がイギリスやロシアと如何に対処していくか、ということを両政府の高官らが模索していたことが窺われる、非常に興味深いものである［Adīb: 227-241］。

79）おばに会っている例や［Ṭālibī: 407］、同郷の者に会っている例がある［Sadīd: 325, 326, 327, 329, 336, 342］。ほか、Pīrzāda: II/331参照。

80）イラクのアタバートには、大勢のイラン人が暮らしていた。本書は「参詣（あるいは参詣者）」に焦点をあてているため、この問題については詳述できないが、定住者となった彼らの存在は、一時的に滞在する参詣者以上に、当時のオスマン政府にとっては重要な問題を孕み、かつその後のイラク社会に多大な影響を与えたと考えられる。本書第９章も参照されたい。

81）Adīb: 107-109; Nāṣir: 167-168; Fakhr: 65, 67など。

82）Adīb: 94-95, 103; Fakhr: 60, 62, 71.

83）ほかにも、ガゼル、野うさぎ、イノシシ、キツネなど、イラクの動物の種類は豊富である［BS: 1300/67-73, 1309/207］。イラン人参詣者が、その姿形や大きさから最も興味を引かれたのは、ティグリスやユーフラテスに飛来するペリカン（murgh-i saqqā）であった。

84）狩りに関して最も詳しい記述を載せるのが Fakhr al-Mulk である。彼は道中、時間があれば狩りを行っていた。上述の狩猟の方法はすべて、彼の旅行記に現れる［Fakhr: 57, 58, 72, 73, 82, 92］。ナーセロッディーン・シャーも、もっぱら猟銃で狩りを行っており、その数は枚挙に暇がない［Nāṣir: 163 etc.］。また、別の参詣者が道中で行き交ったイランの高官は、鷹や猟犬など、「あらゆる種類の狩猟道具」を持ってカルバラーから帰ってきている［'Ażud: 83］。このほかガージャール王家の亡命王子は、バグダード近郊は驚くほどの狩場であり、とくにシャコ（durrāj）が限りなく獲れると記す［Riżā: 181］。

85）Fakhr: 31, 57, 69, 75.

86）1888-90年にかけて二度イラクを訪れたアメリカ人考古学者は、シーア派に特有の一時婚について紹介しているが、スンナ派では行われない一時婚は、女性のメッカ巡礼者に限ってスンナ派でも見られることを記している。それによると、夫同伴ではない女性の一人旅は禁じられていたために、敬虔な未亡人は一時的に男性を「雇う」形で婚姻関係を結び、メッカ巡礼に参加するという。また、イラクの住民の最大の欠点として、性的な放埒に次いで、買収を挙げ、すべてを金で買ったり、女性の名誉まで売ってしまったりすることを伝え、彼らにとっては、結婚でさえも買い物でしかないことを述べている［Peters: II/316, 337-338］。

87）Adīb al-Mulk は、イラクで何度も少女の美しさを称え、実際に一目惚れも数多くしている。そのなかの一度は、結婚してイランに連れ帰ろうとまでしたが、少女に断られた［Adīb: 75-76, 103-104, 203-204］。また、同行者が地元の少女と懇意になる様を覗き見ていた例もある［Adīb: 106-108］。一方で、イラン人の間では、400人ほどのイランの女性をイラン各地の町々から連れ出し、カルバラーに連れてきて、カルバラーに住むオスマン朝の役人の家で、毎晩姦通行為をしているとの話が流布していた［Adīb: 213］。この話の真偽は定かではないが、アタバートにはイラクの女性だけではなく、イランの女性もまた、「出稼ぎ」に来ていたのかもしれない。Sayf al-Dawla は、バグダードの人々の特徴として、まず「放蕩（'ayyāsh）」という言葉を挙げ、「とくに女性は心を奪う」と記す［Sayf: 221］。ちなみに、1922年のナジャフでの買春の料金は、１時間２ルピー、１日10ルピー、１ヶ月50ルピーであった［Nakash 1994: 166］。ナーセロッディーン・シャーも、バグダードには、売春宿（jinda-khāna）、稚児屋（bachcha-khāna）、酒屋（maykhāna）が多いと記しており［Nāṣir: 110］、それらの存在は有名だったのであろう。

88）日本の伊勢参りにおいてもまた、参宮までは精進を重ねる参拝者は、終わると派手に精進落しを行った。伊勢の門前町にあたる古市には、70～80軒の遊郭があり、1,000人以上の遊女がいた。イラン革命以前のマシュハドやゴムには売春宿が多数存在し、聖地に暮らすウラマーの主な収入源は、一時婚契約の際の手数料であったとも言われている。

89）本書第9章も参照のこと。

90）同時期のレザー廟では、毎年ノウルーズ前には、廟内の絨毯が外に出され、埃払いをされたという記事がある［RVI: II/1392］。現代のレザー廟では、墓廟の清掃は特別な行事となっており、年に数回行われる。清掃の日、一般の参詣者らは立入りを禁じられ、宗教指導者らの立会いのもと、許可を得た一部の人々が入廟する。白い服に身を包んだ彼らは、鍵保管人が墓石を囲む柵の鍵を開けると、柵の中に入って掃除を行い、奉納（naẕr）された金銭や貴金属製品などを拾い集める［ʻUṭāridī 1371s: 345–346; Mu'tamin 1348s: 308–309］。19世紀のアタバートで行われていた清掃の様子とは異なるかもしれないが、「清掃」という行為は、墓の主に対する奉仕活動のひとつであると同時に、寄進される品々の管理行為でもあるために、19世紀の時点でも、有力者らが率先して行う活動であったと推察される。墓廟関係者との密接な関係なくして墓廟の清掃に携わることは不可能であり、ペルシア語旅行記の著者らが記す墓廟の清掃は、一種の権力の誇示でもあるのだろう。

91）Litvak 2000: 60.

92）ハーナキーン税関では参詣者のみならず商人も通過しているために一概には言えないが、オスマン政府役人の報告では「売買用」の羊が数えられている。1年間のうち5ヶ月分の統計がないが、年間の頭数は25,000頭近くに及ぶ［Hurşîd: 92–93］。ペルシア語旅行記史料からは、わずかにFakhr al-Mulkによる「バグダードで土産物などを購入した」［Fakhr: 69］という記述があるのみであり、商売や買い物の実態はわからない。

93）ʻÂlî: 86; *Siyâḥat*: 135; BS: 1309/231–232, 1325/290; Ussher: 461.

94）ʻÂlî: 76; Peters: II/326; BS: 1325/280.

95）総じてバグダードのバーザールは「狭く、暗く、臭い」として、旅行者たちの評判はよくなかった［Ṭālibī: 399］。一方Ussherによると、カルバラーのバーザールはペルシア人が支配的であるために、他のトルコ系の町に比べて汚れており、貧しく、小さな店ばかりであるとされている［Ussher: 461］。

96）19世紀のイラクでは、インドからはルビー、エメラルド、オパールといった宝石や綿が輸入され、イランからはショールが輸入されていた［*Siyâḥat*: 134, 144］。このほか、マシュハドからアタバートへ参詣を行おうとしていた人物が、途中で旅費が底をつき、大小のトルコ石を担保に同行者から借金をしている事例がある［RVI: I/42］。別の参詣者も帰りの船賃が工面できず出発を遅らせたときに、手持ちの煙草入れなどを換金しようと努めた［Sadīd: 337］。また、20世紀初頭のオスマン政府文書では、イラン人参詣者が禁止されている武器を携えてアタバート参詣にやってくることが議論されているが、この武器は、売り物としてもたらされていたようである［BOA. MV: 113/75, 114/32］。

97）この諺は、当時のロシア領下のトルコ系参詣者らについて、Saadが紹介しているものである。原文では、「*Hem ziaret hem tidjaret* (C'est en même temps pèlerinage et commerce)」となっている［Saad: 546］。現代のペルシア語ことわざ集にも見られる言葉である。

98）加えて、旅行記という人目に触れる媒体に、信仰以外の行動を赤裸々に記すことには抵抗があろう。

第5章

死者たちの聖地参詣
――シーア派イスラームの「移葬」の文化

シーア派ムスリムによるイマーム廟参詣は、生きている人々だけのものではない。これまで見てきたように、イマーム廟参詣には数々の功徳がある。生ける者は生前にイマーム廟を参詣してその栄誉に浴すことができたが、生前その願いが果たせなかったか、あるいは死後、聖者であるイマームの側で最後の審判を待つことを願う人々は、聖地に運ばれ、そして彼らが思慕するイマームの傍らに埋葬された。聖者であるイマームの側にいることによって、最後の審判の日、死者の魂はイマームによって守られ、楽園へと導かれ、そして楽園で幸福のうちに過ごすことができると信じられていたのである。シーア・ハディースには、フサインの殉教地であるカルバラーの土は、「その土の中にいるすべてのものとともに、復活の日にその土は持ち上げられ、そして楽園に入れられる」［Ardabīlī: 503］とある。19世紀のイラン人の心性を、英国大使夫人は以下のように伝える。「［カルバラーの聖なる土壌に埋葬されることは］すべてのペルシア人の熱烈な願望である。というのも、たとえ罪を犯していたとしても、そうすることによって、永遠の安らぎを約束してくれる擁護者を確信することができるのである」［Sheil: 197］と。

死者を別の場所に埋葬することは社会学の用語では「移葬」と呼ばれ、葬送儀礼の一形態として認識されている。アラビア語においても、聖地への遺体の埋葬について、「*naql al-janā'iz*（遺体の運搬）」という用語が存在し、訳語として「移葬」をあてることに字義上の問題はない。ただし、社会学で意図される移葬とは、死者を「仮埋葬」し、その後一定の期間が過ぎれば再度場所を移し変えて埋葬するという儀礼を指す。一方、本章で見る「移葬」は、すべてのムスリムが行う（あるいはコミュニティ全体で行われる）葬送儀礼ではなく、むしろ一部の死者の遺言に基づくものであり、またその方法も、生きている人間とほぼ同じようにイマーム廟を参詣したのち、廟の周辺に埋葬される、というものである。「生涯に一度カルバラーを参詣することは敬虔なペルシア人すべての熱心な願いであり、さらには死後もう一度それを実行することを望みさえする。すなわちそれは、フサインの墓への近さによって浄められた地面に、彼の肉体が横たわることである」［Bell: 166］との言葉がそれを端的に示していよう。そのため本書では、シーア派社会で見られる「移葬」を、聖地参詣の一形態と考え、他の社会で見られる葬送儀礼と同列には扱わない。

いずれにせよ、死者による聖地参詣という事例は他の社会ではあまり見られないものの、シーア派イスラーム社会においては聖地巡礼の一端を担うきわめて重要な信仰儀礼となっている[1)]。とくに19世紀には、イランから国境を越えて、安息の地を求める大勢の死者がアタバートまで運ばれた。この章では、これまであまり注目されることのなかったイスラーム社会における「移葬」という問題に着目し、その実態を明らかにする。

1．越境する遺体

アタバートへ遺体を運搬し、シーア派の諸聖地で埋葬するという行為は、サファヴィー朝時代にすでに見られていた。16世紀中葉には、サファヴィー朝領内から50体の遺体が運ばれたことが、オスマン側の史料において言及されており［Imber 1979: 246］、また17世紀のシャルダンの記述では、エスファハーンの墓地のひとつでは、イラクやホラーサーンにあるイマームの墓所に埋葬するために運ばれる遺体の柩を安置しておくための四つの建物が存在したとされる

［シャルダン（H）: 137］。ただし、前近代にどのような形や規模でアタバートへの「移葬」が行われていたかについては史料が乏しく、現段階では詳細はうかがい知れない。

19世紀に入ると、政治上の安定に伴う参詣者の増加に呼応して、死者がアタバートへと運ばれていった。もっとも、19世紀初頭には未だその数は多くはなく、わずかに５体の遺体を運搬しているところに出くわしたという記述があるに過ぎない［Dupré: I/223-224］。その後1270/1854年にアタバート参詣が解禁されたときには、大勢の参詣者がイラン全土からアタバートに向かったが、アゼルバイジャン州からは、数年間保管されていた遺体もまた、アタバートへ運ばれたとの報告が官報に見られる［RVI: II/1252-53］。19世紀中葉に運搬された遺体の数は、次頁のグラフ（図５－１）を見ても明らかなように、年間3,000体以上に及ぶ［Hurşîd: 92］。同様に、19世紀中葉には、イランやその他の地域から、年間5,000体から8,000体がアリー廟への埋葬のためにナジャフに運ばれたと言われている［Loftus: 54］。19世紀末になると、遺体の数はさらに増加し、1885年にハーナキーンの検疫医師をしていたSaadによると、彼が赴任した最初の年には、１万体以上もの遺体がイランからイラクへの国境を通過したとされる［Saad: 534］。またイラン政府によってアタバート参詣禁止令の出された1889年で5,620体、禁止令の解かれた翌1890年には9,754体もの遺体がイラクへと持ち込まれた。このうち、ハーナキーン経由のものは、1889年が4,495体、1890年は8,436体であり、バスラ経由は、それぞれ814体と819体である[2)]。これら遺体の数について述べられている諸史料から判断するに、19世紀前半にはその数は未だ多くはないものの、19世紀後半には、毎年およそ数千体、多いときで１万体の死者がイランから運ばれていたとみなせよう。

（1）　運　搬

死者たちは、参詣者集団と行程をともにして、アタバートへと運ばれていく。遺体は死後間もなくして運ばれるものもあれば、数年を経てから運ばれるものもあった。運ばれるまでの遺体は、先のシャルダンや官報の記述によると、一旦安置所に保管されていたと考えられる。

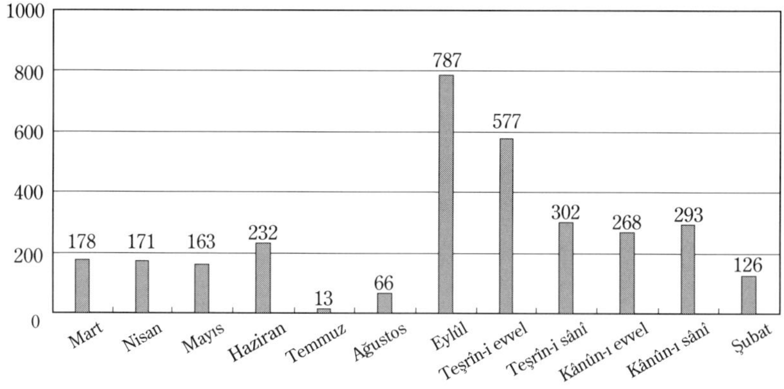

図5-1　アタバートに運搬される遺体
19世紀中葉のハーナキーンの検疫所での月別統計。単位は体。総数3,176体。

図5-1のグラフと本書第2章の図2-1のグラフとを重ね合わせてみると、参詣者の多くなる季節（秋から冬）には、アタバートへの「移葬」もまた増加していることが明らかとなる（Eylûl 月～ Kânûn-ı sânî 月）。しかしながら、イラン人参詣者は、自分たちとともに運ばれていく遺体について述べることはほとんどなく、同時代のペルシア語旅行記史料から確認される事例としては、高官の妻の移葬の事例［*Rūznāma*: 25］と、50体の遺体が運ばれるのを目撃した事例［Fakhr: 17］など、ごくわずかである。そのため、ペルシア語史料からは移葬の実態はわからない。移葬について詳細な情報を提供するのは、19世紀の欧米人旅行者らの記録である。アタバートへ運ばれる死者の参列を目撃した欧米人にとっては、その光景は驚嘆すべきと同時に奇異に映っていたようであり、彼らはその様子を克明に描写している。

たとえば、1849年にバグダードを訪れ、バビロンやナジャフ、カルバラーを旅し、その後イランへの考古学調査に向かったLoftusは、バグダード＝バビロン間のルートに触れ、「長い夏の間、これらの隊商宿は聖廟へ向かうペルシアからの巡礼者によってしばしば込み合う。どのキャラバンも、聖なる墓地に埋葬されるために送られた死体を載せ、フェルトで覆われた多くの棺を運んで

図５－２　カルバラーに向かうキャラバンの図［左―Ussher: 481　右―Dieulafoy: n.p.］

いる」と記す［Loftus: 14］。同様に、1860年代にティグリス川を南下してバグダード入りしたUssherが最初に目にしたものが、カルバラーへ向かうキャラバンに同行する数多くの遺体であった。

［ティグリス川を渡るボートは、］ペルシアからカルバラー、すなわちメシェド・ホセイン（フサインの殉教地）に埋葬するための死体を積んだ数多くのラバを載せていた。ラバは、それぞれ二つ、ときには六つもの棺を運んでいた。それらは、薄い木材でできた単なる細長い箱で、フェルトで覆われており、その中に、１年か２年の埋葬を経た後、再び掘り起こされた遺体が置かれている。富裕なペルシア人は、死後即座に埋葬のために死者を運ぶが、貧しい階級の人々は、長旅用のラバ１頭の費用を払うために共同で金を出し合わざるを得ず、必要な資金を調達してからやっと遺体を埋葬するのである。そして、埋葬するころには、骨しか残っておらず、彼らはそれを細長い箱に入れて、ときには１頭のラバに六つもの箱を載せて、彼らの最後の安息地である殉教したイマームの墓の側へと送り出すのである。［Ussher: 439］

棺に入れられ、フェルトで覆われた遺体は、ラバの両脇に括り付けられ、そして参詣者集団とともに一路アタバートに向かった。遺体を運ぶラバの一群を先頭に、5,000人ほどの人々からなるキャラバンが数百ヤードにわたって延び、曲がりくねって進んでいく様相を、Ussherは、「まるで葬列のようである」と評している［Ussher: 481-482］。

アタバート参詣は生きている人間にとってさえ、時間的・金銭的に決して簡単なことではなかったが、運ばれざるを得ない死者にとってみれば、その難しさは尚更である。そのため、Ussher が記すように、貧しい階級の人々は共同で資金を出し合って遺体をアタバートへと運んだのであろう。遺体は各地で集められ、一度に纏めて運ばれたようである。Saad は、イランでは「遺体運搬人（*na'ash-kish*）」と呼ばれる人物が、20体やときには40体もの遺骨をカルバラーへ運ぶ、と伝えている［Saad: 541］。

図５－３　棺を運ぶラバ追い［Loftus: 55］

一方、運ぶ側にしてみれば、遺体はあくまでも生活の糧であり、欧米人旅行者のような驚きはなかったものと考えられる。棺を載せたラバ追いは、水タバコを吸いつつ陽気に歌いながら進み、遺体を運び終えると、素直に謝金に喜んだ[3]。20世紀初頭の相場ではあるものの、ケルマーンシャーからカルバラーまでの運搬費用は、オスマン政府への税金も含めて、35～70トマン（６～14ポンド）である［Lorimer: I/2361］。図５－１のグラフでも明らかなように、夏場に運搬される遺体の数はごくわずかだが、秋から冬にかけては、数百体もの遺体が国境を通過していく。遺体の多くなる冬になると、バグダードと聖地を結ぶ街道では、小麦や米をバグダードへ運ぶラクダやロバのキャラバンと、イラン人の死体を運ぶラバとが行き交う奇妙な光景が見られたとされる［Lorimer: II/818］。

（2）埋　葬

本書第４章で見たように、イマーム廟を参詣する際の作法はおおよそ定められている。その作法とは、沐浴、入廟の許可を得ること、口付け、参詣祈祷文の朗詠、参詣の礼拝、祈願というものである。手引書には現れないが、現実の参詣者たちは、イマームの墓の周囲をまわるタワーフを行っていた点も忘れてはなるまい。

オスマン朝の旅行者の描写によると、イラクに運ばれた遺体はまず、フサインやアリーといったイマームの聖廟の内部に運び込まれ、イマームの墓の周囲をまわり（*ṭavâf*）、そして墓穴に安置された［'Âlî: 77, 86］。すなわち、死者もまた、生きている人間同様のアタバート参詣者の参詣作法、ひいてはメッカ巡礼作法に則った儀礼を施された後に、安息の場所に埋葬されたのである。死者が口付けや祈祷文朗詠といった、先に挙げたすべての参詣儀礼を行えるわけでは到底ないので、儀礼作法の中でも最も重要なタワーフを墓の周囲で行うことによって、イマーム廟参詣という生前の願いを成就させているということが、この埋葬前の儀式から読みとれる[4)]。

次に埋葬地について見ていこう。19世紀のシーア派ムスリムにとっての埋葬地としては、ナジャフが最も優位であり、次いで、カルバラー、カーズィマインの順となっている。すなわち、アリー廟、フサイン廟、カーズィマイン廟の順である。聖廟内は現実問題として墓所としての空間が限られるために、死者の多くは、それぞれの聖廟の外に広がる一般墓地に埋葬された。アタバートの各聖地には一般墓地が存在し、ナジャフは「平安の谷（Vādī al-salām）」、カルバラーは「信仰の谷（Vādī al-īmān）」、カーズィマインは「クライシュ墓地（Maqābir al-quraysh）」、サーマッラーは「円蓋（Ṭārma）」と呼ばれている[5)]。なかでもナジャフの市門の北側に広がるワーディー・サラーム（平安の谷）墓地は広大で、フードやサーリフといったイスラーム以前に遡る数人の預言者の墓があり、現在においてもイスラーム世界有数の墓地となっている。ワーディー・サラーム墓地が拡大した時期は定かではなく、かつてはナジャフの市壁の中に自由に埋葬していたようであるが、19世紀にはすでに、市壁の外の同墓地に埋葬されるようになっていたとされる[6)]。

埋葬にかかる費用は、イマームの墓からの遠近に応じて定められており、墓に近いほど高額であった。イスタンブール出身の著者不明のオスマン語旅行記によると、墓地の埋葬費用は「埋葬税（dafîna）」と呼ばれる税金だとされており、町の外の墓地の場合は15クルシュ、墓廟の中庭では125クルシュ、墓廟内の場合は、聖墓への近さに応じて、250～2,500クルシュという開きがあった

表5－1　アタバートの墓所の値段

Cuinet: 13-14			Lorimer: II/2362-63	
	ナジャフ		ナジャフ	
一等	el-Kadra（聖域の中）	5,000 piastres	Ruwāq	5,000
二等	el-Hudjra（脇の堂の中）	750 piastres	Īwān Dhahab	2,500
三等	el-Tarma（側廊の中）	500 piastres	Hijrat-as-Sahn	250
四等	Iouan el-Zahab（モスクの中庭の中）	250 piastres	Ardh-as-Sahn	200
五等	Ouadi el-Sélam（町の外）	31.5 piastres	Wādi-as-Salām	50
	カルバラー		カルバラー	
一等	el-Kadra（聖域の中）	5,000 piastres	Ruwāq	500
二等	Iouan el-Zahab（モスクの中）	500 piastres	Īwān Dhahab	150
三等	el-Hudjra（脇の堂の中）	200 piastres	Hijrat-as-Sahn	100
四等	el-Tarma（側廊の地下室の中）	150 piastres	Wādi-al-Aiman	30
五等	Ouadi el-Sélam（聖なる丘、町の外）	31.5 piastres		
	カーズィマイン		カーズィマイン	
一等	el-Rouak	2,000 piastres	Ruwāq	200
二等	Iouan el-Zahab	200 piastres	Īwān Dhahab	100
三等	el-Hudjra	150 piastres	Hijrat-as-Sahn	21
四等	el-Djénet（el-Tarma）	100 piastres	Ardh-as-Sahn	21
五等	Ouadi el-Sélam	31.5 piastres	（Maqābir al-Quraysh	--）
			サーマッラー	
			Ruwāq	70
			Hijrat-as-Sahn	40
			Ardh-as-Sahn	40
			Tārma	40

Lorimer 原註：Ruwāq = portico, Īwān Dhahab = golden vestibule, Hijrat-as-Sahn = chamber in the courtyard, Ardh-as-Sahn = ground of the courtyard

[*Siyâḥat*: 135-136]。19世紀末および20世紀初頭の諸聖地における墓所の値段は、表5－1のとおりである[7)]。

表を見ると、聖廟の中のイマームの墓に最も近い場所と、市壁外の一般墓地の間では、実に100倍以上の値段の差があったことが明らかとなろう。諸史料が伝えるこの最も高い金額でさえも、聖廟内に埋葬する場合には、多くが墓廟関係者らの指先一つにかかっており、裕福なイラン人は、墓廟関係者らによって、ときに強請のような方法で、相場以上の法外な値段を吹っかけられることがあった[8)]。イランからのアタバート参詣者に関するイラン＝オスマン両政府間で交わされた「1854年文書」の第3項の中で、4,000〜6,000ディーナールという定額の墓地の代金に対し、イラン人の場合は、不当に過度の徴収がなされているのではないか、という苦情が出されているが［AMQ: III/61］、このような苦情が当時のバグダード総領事からオスマン政府に対して出されているということ自体、イラン人からは相場以上に徴収するという行為が、アタバートでは日常茶飯事に行われていた証だと考えてよかろう[9)]。実際のところ、同時期のカルバラーの埋葬費は、市壁内で7,000ディーナール、廟の中庭で15,000ディーナールであるとされており、さらにナジャフでは、裕福な場合、埋葬費は10トマン（10万ディーナール）を下らなかった［*Rūznāma*: 57-58］。当時のオスマン政府宛に出された別の文書では、「墓地税（ḥaqq al-arż）」と称する新税が課され、イランの高官らからは400〜500トマンが徴収されるにもかかわらず、白日のもと遺体が晒されているという訴えがなされ、現実にそのような扱いを受けた外務大臣らの名前を挙げている［AMQ: III/43-44］。

ここで、19世紀の遺言書の一例を取り上げたい。Werner が紹介している遺言書は、1275年サファル月2日（1858年11月11日）付のものである。遺言者はタブリーズ出身の商人であり、フムス（五分の一税）などの諸税を定めたのち、以下のように葬儀費用や遺産の運用について記している［Werner 2000: 363-367］。

- 葬儀・埋葬費、3日間の服喪および四十日忌の費用：60トマン
- ナジャフへの遺体運搬、墓石の採掘、墓の設置、遺言者の息子たちからなる運搬者の諸経費、遺体による聖なる墓のタワーフ、ナジャフまでの行路上、毎日朗誦者によるクルアーンの一部の詠唱、ナジャフでの寄付：100トマン
- 1回分のメッカ巡礼費：100トマン
- 67年分の断食・礼拝費、毎年2トマンずつ：134トマン
- タブリーズからマシュハドのレザー廟までの参詣代理費、マースーメ廟（ゴム）参詣費を含む：25トマン
- 至高なるアタバート——カーズィマイン、サーマッラー、カルバラー、ナジャフ——への参詣代理費、それぞれの場所で、遺言者のために1ヶ月

間朝晩２回ずつ参詣する：25トマン
・　地震、日蝕、月蝕時の礼拝費：６トマン

このタブリーズ商人は裕福な人物であり、総額で450トマンを死後の信仰儀礼に定めている。そのうち、ナジャフへの「移葬」にかかわる諸経費には、100トマン（約２割）が設定されている。その内容を見ると、「移葬」には、運搬費用のみならず、墓石の準備や旅費など、すべての項目が計上されており、当時の「移葬」に何が必要であったかを知らしめてくれる。

2．病原として、収入源として

アタバートへ運搬される遺体は、死後間もないものである場合、およそ１ヶ月から２ヶ月に及ぶ長旅の間に、各地で疫病を流行させるきわめて厄介な代物であった。一方で、埋葬地費用に見られるように、遺体はオスマン政府にとって重要な収入源でもあった。この点において、アタバートの諸聖地へのイランからの「移葬」は、オスマン政府にとってはプラスとマイナスの両面を併せ持っていたと考えられる。

（１）　疫病の発生源

先にも見たように、ラバの両脇に据えられて運ばれる遺体は、不十分な方法で鋲打ちされたにすぎない簡素な棺に納められ、周囲に強烈な悪臭を放ちながら参詣者とともに聖地を目指した。葬列のようなキャラバンを目撃した外国人たちは、その光景の異様さに衝撃を受けると同時に、「死屍の悪臭のために嘔吐を催すほど」であると、嗅覚上の問題点をも指摘している［Sheil: 197; 福島：216］。19世紀後半のワーディー・サラーム墓地では、「参詣者のキャラバンはひっきりなしに到着し、多くはペルシアからであるが、腐敗のあらゆる段階の遺体を運び込む」［Peters: II/324］と言われているが、ここに述べられてい

るように、「移葬」される遺体は、死後間もなく腐敗が進行中のものから、数年を経て骨となったものまで、さまざまな段階があった。なかでも死後即座に運び込まれる遺体は少なくはなく、それゆえ埋葬地となるカルバラーやナジャフでは、腐敗途上の遺体が疫病を発生させる要因となっていたことは想像に難くない。

> 又行く所の巡禮隊中間ゝ屍體を運搬する者あり。何れも寢棺にして甚だ粗造、悪臭の常に漏出するものあるも、他の荷物食物等と共に馬背に駄して意に介する事無く、殊に悪疫傳染病等に罹つて死せるものも、老病死に至るものも彼等の眼中固より差別有るなく、突然種々の悪疫を發する事少なからず。克爾伯拉（ケルベラ）は之等死屍の輻輳する所で、世此地を以て悪疫の發生場と爲すこと、決して怪むに足らざる所である。［福島：223］

カルバラーやナジャフのみならず、遺体の通過する場所はどこであれ、疫病蔓延の危険に晒された。「此の［ハーナキーンを経由する］巡禮者等は屍體を靈地に轉葬するを死者無上の冥福と盲信する所から、毎隊數個の屍體を携へざるはなく、克爾伯拉（ケルベラ）は之が爲に傳染病の製造地となり、附近の巴克達德（バグダード）先づ其の毒氣を受け、次に八方に蔓延して、毎年數萬の人民を掃ひ去る」［福島：216］など、その影響は聖地の中に限らなかったのである。

また遺体は、埋葬される前に洗い清められることを常としていたが、アタバートの諸聖地では、遺体の浄めは、参詣者らで混雑する町中で行われていたという［Lorimer: I/2361］。同様に20世紀初頭のカーズィマインもまた、イランからカルバラーやナジャフへと埋葬されるほぼすべての遺体の通過する場所として、「悪習の温床」と言われていたことが明らかとなっている［Lorimer: II/967］。

加えて、聖地へ運ばれても、遺体はすぐに埋葬されなかった。イランからの遺体は、図５-１のグラフにもあるように、大半が秋から冬にかけてイラクへと運ばれてくる。比較的寒冷なそれらの季節的には腐敗の進行を多少なりとも食い止められるかもしれないが、限られた時期に、限られた土地へ、何百という多くの死者を埋葬することには困難が伴う。事実、一度に多くの遺体の埋葬を許可すると、町中に疫病が流行するかもしれないという恐れから、聖地へと運ばれた遺体は、一旦市壁の外に放置されていた［Loftus: 55-57］。

しかしながら、多くの遺体が運び込まれるにもかかわらず、ナジャフやカルバラーでは、1889年のコレラの影響がなかったとされ、その原因として、住民が汚染された空気の中で暮らすことに慣れきってしまっていたのだとする医師の報告が載せられてさえいる［Peters: II/324］。外部の人々が想像する以上に、聖地そのものは病原に馴染んでしまっていたということであろうか。

（2） オスマン政府側の措置

死者の参詣を初めて目の当たりにした旅行者でさえ、埋葬のために遠隔地に遺体を運ぶことが衛生上きわめて問題のある行為だということを強調しているのであるから、それを受け入れなければならない政府としては、何らかの対策を講じなければならなかった。遺体を受け入れる側のオスマン朝は、疫病を拡散する最大の要因である「移葬」に対して、無関心でいた訳ではない。とくにイランからは、陸路によって毎年数千体という、膨大な数の遺体がアタバートへ埋葬されることを求めて運ばれてきていたのである。そのなかには、疫病で死んだ者や、長旅の間に腐敗が進み傷んだものもあっただろう。

オスマン政府の移葬対策は、まず国境のハーナキーンから始まる。本書第8章で見るように、イランとの国境に位置するハーナキーンには、他の行政区とは異なり、検疫所を設置すると同時に、5人の検疫官を配しているが、その5人のなかには、1人の検屍官（jenâze mu‘âyene me’mûru）が存在している。検屍官はその名のとおり、生きている人間を対象とするのではく、遺体を検分する役目を負うが、19世紀後半のハーナキーン検疫所での検屍方法は、きわめて徹底していた。同じく第8章で検討する「1877年文書」では、検疫官による遺体への冒瀆に参詣者たちの苦情の焦点があてられている。イラン側からの苦情を2点引用しよう。

＜第2項＞

二つ目は、検疫の役人や医師たちの抑圧のことである。彼らは共同して次のように言う、「イランの死者の遺体の棺を、彼ら自身の利益のために、必ずやユダヤ人何某が作らねばならない」と。そしてその製作をたった1人に限定しており、他の者には許可しない。困難を引き起こす行動がなされている。

＜第3項＞

上述の医者たちの大半はユダヤ人で、ムスリムではなかったために、ムスリムの2～3年経った遺体を、女性であれ男性であれ、暴き出して検査し、遺体の各部を鉄串で突き刺すなど、侮蔑的な行為を行っている。

ユダヤ人による棺製作の独占はさておき、この訴えによると、「ムスリムではない検疫医師たちが、［アタバートへ運ばれるイラン人］ムスリムの遺体を、男女を問わず暴き出して検査し、遺体の各部を鉄串で突き刺す」という、暴虐的な行為がなされていたことが明らかとなる。この苦情に対するオスマン政府側の回答は、「一部が違法な行為を少し行っていた」と若干の譲歩を踏まえつつ、上述のような検査方法が検疫所で採られていたことを認めている。国境の検屍官がこのように手荒な検査方法を採る背景には、後述する参詣者たちによる密輸の問題がからんでいる。いずれにせよ、国境での遺体検分の実態は、きわめて厳格なものだったのである。

遺体が頻繁に運び込まれるようになった19世紀後半には、おそらくはカルバラーやナジャフの墓地は容量を超過していたであろう。さらに、何よりも、腐臭を漂わせて運ばれる遺体は疫病を蔓延させる危険性を孕んでいる。このため、この時期のオスマン政府はたびたび、イランからの遺体運搬を禁止する法令を出している[10)]。とくに1287/1871年には、オスマン政府は一法を発布し、イランから運ばれる遺体は死後3年を経過したものに限り、また法令の通達後3ヶ月間は、遺体の運搬を全面的に禁止した[11)]。この通達は、オスマン語・ペルシア語双方が残されており、1287年シャッワール月16日（1871年1月9日）付である。通達によると、オスマン政府は、イラン人の遺体は一旦墓場に埋葬し、そして3年を経てから掘り起こし、医師によってその証明書が添付されるべきだとして、証明書のない遺体は通過させないと表明している。イラン政府もまたこの通達を受けて、以後、アタバートへ遺体を運搬することを禁じた[SAM: 1RA5A611]。オスマン政府はさらに、不正な運搬を遮るため、ケルマーンシャーで遺体に関する証明書を交付させる措置も採っている［Cuinet: 15]。

しかしながら、これらの措置が厳密に守られていたかどうかはきわめて疑わしく、政府高官の場合などは、埋葬のため、死後即座にイラクへと運び込まれており、また検疫所の常として、賄賂が横行していたことも確認される[12)]。さらに、20世紀に入ってからでさえ、死後３年以内の遺体の運搬は禁止されるという法令は有効であったにもかかわらず、イランから搬送されてきた遺体から臭気が漂っていたために調査したところ、数ヶ月前にコレラで病死したものと判明した事件があったほどである[13)]。

結局、19世紀末にいたり、イランからのアタバートへの「移葬」を制限するための最も効果的な方法は税金の値上げであると、オスマン政府は認識したようである。福島安正は、

> 昨年（1896年）以來土耳古政府は一法を設けて、國境通過の屍體一個に付波貨五十克蘭[14)]の巨額を拂はしめることゝしたが、昨年は尙ほ此の新規則を知らず頻に携へ來つて、之より徴集したる金額、五十餘萬克蘭に達する有様であつたが、本年に及んでは非常に其數を減じて、屍體を運ぶ巡禮者は甚だ稀なるに至つたといふ。［福島：216]

と伝えている。19世紀のイラン人のアタバートへの「移葬」は、金銭的な罰則を伴わない政府の禁止措置程度では不十分なほど、盛況をきわめていたのであろう。

（3） 収入源としての遺体

イランから運ばれてくる膨大な数の遺体は、上で見たように疫病を引き起こす厄介な側面もあった一方、オスマン政府にとっては、きわめて重要な収入源ともなっていた。イラン政府の高官であったと推察される一参詣者は、カルバラーでの政治談議の中で、オスマン政府の経済的な脆弱さを皮肉り、「オスマン政府は、［イラン］政府からイラン人の遺体や死人を通過させて（guzarān）

いるほどである。もし一時でもイラン人の遺体が来なければ、彼らの生計（guẕarān）は一瞬にして断たれてしまうであろう」と話し、聴衆の笑いを誘っている［*Rūznāma*: 51-52］。この話は、当時のオスマン政府にとって、あながち誇張ではない。イマームの墓からの遠近に応じて異なる埋葬費に関しては先に見たが、アタバートに運ばれる遺体にはさらに、１体あたりにつき50クルシュの税金が国境で徴収されていた[15)]。

当時、イランからイラクへ向かう一般の参詣者の通行証の認証費が10クルシュであったとすると（本書第８章参照）、遺体１体につき50クルシュの税金は非常に重い。次項で見るように、19世紀後半の国境では遺体運搬にまつわる様々な不正が蔓延していたが、そこにはこのような高額の税金徴収が背景にあったことは言うまでもなかろう。19世紀の事情はわからないが、20世紀初頭には、イランからアタバートに運ばれる遺体１体につき、ケルマーンシャーのオスマン領事館で、半リラ（９シリング）が、また、ハーナキーンなどの検疫所でさらに半リラが課せられていたとされる［Lorimer: I/2362］。一方、オスマン臣民であるシーア派ムスリムの場合は、20ピアストルの埋葬税で済んでいる［Cuinet: 13］。同様に、オスマン政府の内務文書においても、イラン人の遺体には、ハーナキーンで50クルシュが検疫代として課せられているが、オスマン領内のシーア派ムスリムの場合は、２マジーディー（うち１マジーディーは証明書発行手数料）が課せられたのみである、とされている［BOA.DH-MUİ: 48/58］。すなわち、あくまでも課税の対象は、主としてイランからの遺体にあり、オスマン領内の人々や、ロシアおよびイギリス国籍の人々の場合は、対象から外されていたのである。

19世紀末の聖地での埋葬税収入について、参考までに、諸史料から確認できる範囲で数字を挙げてみよう。1889年には、カルバラーとナジャフのみで、9,000トルコ・リラ（およそ205,000フラン）、一方、遺体を送り出す側のケルマーンシャーでは、葬列や埋葬の値段は、同年末の時点で5,000トルコ・リラ（115,000フラン）にのぼっている［Cuinet: 13-14］。さらに同時期のオスマン政府文書（1308年ムハッラム月10日／1890年８月26日付）では、アタバートに埋葬される遺体からの年間収入は数十万クルシュ、また、その翌年のバグダード州長官からの文書（1309年ラジャブ月19日／1892年２月18日付）では、埋葬税は、335,757クルシュと算定されている［BOA.Y.MTV: 45/24, 59/41］。先の福島の記述でも、1896年の徴収額は50万ケラーン以上となっている。これら巨額の埋葬税は、アタバートの役人・ハーディムらの俸給や建物の修理費を工面するに十分な額であり、さらにはイラクのシーア派拡大を阻止すべく、スンナ派を遇する対策費用に充てるよう求められているものである。すなわち、移葬にかかる諸税は、オスマン政府そのものやあるいはバグダード州政府にとって、非常に貴重な収入源となっていたのであり、同時に州政府側は、その使途について中央政府に打診・報告するなど、イランからの遺体収入の重要性について十分に理解していたと言うことが可能である。

一方のイラン側は、1257/1841年という比較的早い段階から、イラン人の遺体に対してバグダード州の至るところでなされる金銭の徴収は不当なものであるとして、その廃止を要請している[16]。そして、本書第９章で見るように、生きている参詣者のもたらす経済効果同様、アタバートへの遺体運搬は、オスマン政府を利することはあってもイラン政府を利することはなかったため、イラン政府はたびたび、アタバートではなくマシュハドやゴムへと参詣者の流れを変えようと試みたが、19世紀全般を通して、この試みは成功しなかった[17]。

（４） 密　輸

先に見たように、鉄串で遺体を突き刺すという厳しい取締りが行われる背景には、遺体の死亡原因が疫病死であったかどうかという検屍の基本的な問題以上に、イラン人参詣者が頻繁に密輸をしていたという事実が挙げられる。密輸には２種類あり、ひとつは棺のなかに商品を隠し持つものであり、もうひとつは遺体や遺骨を過少申告するものである。ハーナキーンは国境の町であるために、検疫所に加えて税関もまた設置され、参詣者らが関税の対象となるような商品を持っていないかどうか、厳格な検査が行われていた。そのような検問所での取調べに対し、本書第８章でも検討するが、検疫と税関を兼ね備えていたハーナキーンでは、死者の棺のなかに、絹製品や果物などを隠すことがまかり通っていたとされている［Hurşîd: 93］。

ハーナキーンの検疫医師は、とくに女性がゆったりとした服の中の胸や足のところに、一つずつ頭蓋骨を持ち、検疫官の目を誤魔化そうとしている実情について語っている。彼はまた、イラン人参詣者が税金逃れのために、両親の骨に粉をまぶして袋などの中に隠し持っていることに触れ、ある参詣者は、ハーナキーンで買い物をしている間に連れが料理を作り、それを食べ終わってみると、袋の中に小麦粉をまぶして隠しておいた母親の骨がなくなっていることに気づき、大騒ぎした事件が過去にあったと記す［Saad: 541］。

検疫所が、棺を開封し、男性であれ女性であれ、参詣者の身体検査を徹底的に行わざるを得なかったほど、当時のイラン人参詣者は、女性にわざと遺骨を隠し持たせ、あるいはひとつの棺に複数の遺体を入れて数を偽るという遺体や遺骨の密輸を行ったり、さらには棺という隠れ蓑を利用して商品や関税対象品を持ち運ぼうとするなど、あらゆる不正がアタバート参詣時には横行していたのである。税関での参詣者と役人の攻防は、いつの時代においても激しいものがある。

年間数千体の規模で運び込まれる遺体は、疫病を発生させるという負の面だけではなく、一方で莫大な収入をもたらす面も持ち合わせていただけに、オスマン政府にとってもその存在は大問題であった。参詣者の増加は、すなわち遺体の増加でもあり、それはひいては疫病流布の危険性の増大と、主要な税収の増大という二面性を有した事態をひき起こし、オスマン政府の取り組まなくてはならない重要事項として立ちはだかったのである[18)]。

３．生者の参詣と死者の参詣

（１）　イラン人参詣者にとっての移葬

悪臭や腐敗といった負の面が強調されがちな遺体の運搬であるが、遺体と同道していたイラン人参詣者は、そのような移葬の負の面についてはまったく触れていない。また、カルバラーやナジャフといった、埋葬費が収入の根幹をなす聖地に対しても、彼らの発言はきわめて控え目である。たとえば、ナジャフに滞在していたある参詣者は、カルバラーで疫病が流行し、フサイン廟の鍵保管人さえも病死し、さらに毎日150人が死ぬ事態に陥ってさえ、人々が哀悼の儀を行いイマーム・フサインに嘆願する様を記している程度であり、疫病の発生と墓地である聖地の性格を関連づけることはない［*Rūznāma*: 45-46］。

そうではなく、彼らは実際の死者の扱われ方に注目する。当然のことながら、オスマン政府の役人がイラン人の遺体を手荒に扱う現実は、イラン人参詣者にとっては許されざる行為であり、ペルシア語旅行記中にも、そのような侮蔑的な対応への非難が散見される。

とくに、自分たちで遺体を運搬できないような下層階級の人々の遺骨は、ひとつの墓の中にまとめて埋められたり、他人の墓の中に乱雑に投げ込まれたりしていた［Peters: II/325］。そして墓地の現実は、年間数千体の遺体がイラクへと運ばれ、墓の上に墓を立てる状況でまったく追いつかず、骨が見えることが多々あった［Lorimer: II/1312］。また、町の外に広がる一般墓地は広大とはいえ、毎年あまりにも多くの遺体が運ばれるために、3～5年で一度墓を移転させざるを得ず、掘り出された骨は、不幸にも風呂の炉で燃やされるために、風呂屋が購入するという始末であった［ʻÂlî: 77］。アタバートの聖地で一般の人々の墓がすぐに暴かれること[19]に関しては、別の参詣者も、「数日間で墓を暴き、（中略）レンガや石など墓の目印となっているものを別の場所で売るために持っていく」［Najm: 169］と記している。このほか、遺体を運搬するラバ追いが埋葬費を着服し、川に死体を投げ込むということもたびたび言われていたのである［Lorimer: I/2361］。

このような現実に対し、イラン人参詣者の評価はきわめて手厳しい。たとえば、カルバラーの聖廟内の中庭で墓を掘り起こして古い骨を取り出し、新しい遺体を埋葬している現場に立ち合わせたイラン人参詣者は、このような行為に嫌悪感を隠さない［*Rūznāma*: 49］。また、カルバラーに到着した別の参詣者は、門のところですべての参詣者は死体置場（jināza-khāna）に連れて行かれ、死体を運んでいるかどうか、またその死体は新しいものかどうか、入念な取調べが行われたと記しているが、その口調には怒りが満ち溢れている［Mishkāt: 60］。さらに、「［サーマッラーの住民は］参詣者のなかから死者が出たときには、彼の所持品や動物をすべて押収し、1ディーナールたりとも死者の相続人に渡さない。内外から遺体をその地に埋葬しようとした場合には、取れる限りのものを取り、容赦はしない」［Adīb: 119］とあるように、政府の役人のみならず、死者の財産を強奪しようとする聖地の住民に対してもまた、彼らの批判の矛先は向けられる。実際、1265/1849年には、埋葬費を徴収しておきながら、オスマン政府が埋葬の許可を出さないという事例もあったほどである［BOA. HR.MKT: 26/44］。

イラン人参詣者がイラクで目の当たりにするオスマン政府役人や葬送に携わる人々の遺体への対応は、彼らのオスマン政府やイラクの人々に対する嫌悪感を高める役割を果たした。その結果イラン人参詣者は、むしろ遺体のおかげでイラクやオスマン政府には十分な収入があり、彼らは遺体収入に依存している状態だ、ということを強調する存在となり、そしてまた、冒瀆的な対応をするオスマン政府がシーア派ムスリム、なかでもイラン人の遺体から法外な料金を徴収するという不当さを強く訴える存在となっていたのである。

（2）　死者とともに

毎年イランから死者を運ぶ数え切れないほどのキャラバンについて、Bellは、生きている人間はイラクの諸都市の隊商宿が不衛生であることを心に留めておくべきだと言う［Bell: 166］。彼女の言はもっともであり、死体とともに一つ屋根の下で宿泊する状況が衛生上好ましくないことは言うまでもない。ハーナキーンに滞在した福島の言にも、「隊商館内余の得たる一室は、其窓の庭に向つて開き、庭上には數百の人畜群集し居る事とて、馬騾の頸に掛けられた大小無數の鈴の音殊に喧しく、終夜一睡するを得ず、且つ夜半の冷風死屍の悪臭を送つて屢々嘔吐を催さしめた」［福島：216］とある。しかし、イラン人参詣者にとっては、このようなことは問題となっていない。イマーム廟参詣という彼らの願望は、まったく異なる次元で展開され、何週間にもおよぶ道中をともにする死者の存在は、むしろ彼らの宗教的な情熱を高めこそすれ、穢らわしい存在では決してない。アタバートへと運ばれていく死者のために、毎日クルアーンの一句が詠まれるよう、遺言で定められている場合もあったのである［Werner 2000: 363］。イマーム・フサインの死を悼む旅路にあって、同道する死者の存在は、そこに棺があり死者がいるという現実のみで、より一層の悲哀感を増す役割を果たしていた［Saad: 537］。このあたりにも、宗教的情熱を多分に備えたイラン人参詣者と、そうではない外から見た人々の認識の差があり、イラン人参詣者のアタバート参詣にかける情熱が鮮明に浮かび上がる[20)]。

アタバートやマシュハド、あるいはゴムへと、「イラン中を死者が移動」［Sheil: 197］する状況のなかで、19世紀末にコレラの流行が終結した後、ゴムのマースーメ廟に参詣したタージ・アッサルタネの感想は、以下のようなものである。

> この旅行は、人を非常に謙虚にさせる経験でした。死体——私たちすべてがいずれはそうなる——を見ることは大きな教訓になりました。そして私の若さゆえの思い上がりと、陽気さ、自己本位なところを抑えこんだのです。（中略）
>
> これらの死体は、棺に横たえられフェルトで包んで、騾馬の背で遠方からコムへ運ばれてきます。騾馬を休ませるとか、飼料を与えるとかで止まるたびに縛った綱を緩めると、二本の棺はおそろしい音をたてて地面に落下し、死体はさんざんな損傷を蒙るわけです。マァスーメ廟に辿りつくころには棺は砕け、屍衣はきれぎれに裂け、死体は頭も手足もつぶれてしまっています。それから遺体は聖廟を巡回したうえ、墓域に運ばれてきますが、どの墓穴も多数の死体が上へ上へと積み重なり、新しく入れる余地がありません。やむをえずほかの墓を開き、新しい遺骸を古いものの上に横たえ、全体にわずかな土をかぶせることになります。墓を開くと、腐乱の進行状態がさまざまな死体がいくつも現れます。あるものは肉が腐って真っ黒になっており、ほかのあるものは肉の一部が骨から分離し、残りがぼろぼろと付着しているといった有様です。なんというおそろしい姿、いまわしい顔！　神よ、かかる光景から、われらすべてを護り給わんこと

を！　［タージ：344-345］

残酷なまでの遺体の扱いは、カルバラーやナジャフでも同様であったことはすでに述べた。「聖」でありつつも「死」と隣り合わせであるという聖地の現実を、タージ・アッサルタネは目の当たりにすることで、「死」を否応なしに認識せざるを得なかったのである。

アタバート参詣は、生きている人間にとっても困難を伴うものであったが、19世紀後半の死者たちの聖地参詣もまた、その行路上の問題、オスマン政府下のイラクという異国の地に眠ること、運搬・埋葬費用など、いずれをとっても過酷なものであった。しかしながら、イランに暮らすシーア派ムスリムの安息の地は、メッカやメディナではなく、カルバラーやナジャフであった。そのため彼らは死してなお、異国にある聖地を目指した。

死後イマームの傍らに眠るというのは、シーア派ムスリムに特有の願望であり、スンナ派のみならず、他宗教でさえもあまり見られないことから、この「移葬」という行為は、彼らの特異にして頑強な信仰心を如実に体現しているものとみなされよう。毎年数千の死者がイランからアタバートの諸聖地に向けて運ばれ、埋葬されていたという事実にこそ、イマームの庇護や執り成しを求める、当時のシーア派信徒の心髄や、その熱烈な願望が見られるのである。

一方、何週間にもわたり、国境を越えて目指す「アタバート参詣」という行為の過程では、生ける者と死した者とが共存しており、参詣者たちは、死者がともにいるという現実から目を背けることはできない。生きて参詣する者は、この死者とともに行う参詣によって、より一層死を間近に感じ、同時に、殉教したイマームへの憐れみというシーア派特有の信仰心をますます高めることになる。19世紀のアタバート参詣は、常に死と隣り合わせの、きわめて非日常的な状況のなかで行われていたのである。

注

1）ナジャフのアリー廟に最初に埋葬された人物は、ブワイフ朝の ‘Ażud al-Dawla（在位：949-983）である。シーア派社会の「移葬」については、Nakash 1994: 184-201が専論としては最も詳細である。

2）Cuinet: 16. Cuinet はすべて、「イラン臣民（sujet persans）」としているが、本書第３章で検討したように、19世紀のイラン人参詣者の大半は陸路でイラクに入っており、海路はきわめて少数であった。このため、上述の Cuinet の数字に関し、陸路はほぼイラン人とみなされるが、バスラ経由のなかにはインド系のシーア派ムスリムが多数含まれていると考えられる。

3）Loftus: 54; Ussher: 453; Dupré: 224.

4）以下に挙げる遺言書も参照のこと。

5）ナジャフやカルバラーの墓地は、イマーム廟が建設されて以降、その周辺に発展したものであるが、カーズィマインのクライシュ墓地は、もともとバグダードの墓地として存在し、その後第七代と第九代のイマームが埋葬されたため、この墓地にもシーア派が多く埋葬され、シーア派地区としての性格を強めていったものである。ナジャフ、カルバラーと同じく、イランのマシュハドにもかつては廟の周辺に発展した一般の人々のための墓地があり、「暗殺の場（Qatl-gāh: 本来は浄めの場（Ghusl-gāh）と呼ばれ、イマーム・レザーの遺体を洗った場所とされる）」と呼ばれていたが、レザー廟の拡張工事により、現在は消滅した［‘Uṭāridī 1371s: 360］。

6）20世紀初頭には、この墓地は、オスマン側の史料では「シーア派の墓地（maqâbir ja‘farîleri）」と言われており［BS: 1325/289］、シーア派ムスリムしか埋葬されなかった可能性がある。20平方キロメートルにわたるこの墓地の埋葬費は、現代でもナジャフの収入の根幹を為すと言われており［Ardakānī 1381s: 35］、被葬者の数は数百万人にのぼるとも言われている。イスラーム世界最大の墓地のひとつである。

7）場所の名称および金額に関して疑問が残るため、原文のまま二つの史料から引用した。ちなみに、シャー・アッバースが1011/1602-03年に定めたレザー廟の埋葬費は以下のとおりである［*Rażavīya*: 135］。

サファヴィー家（ワクフ設定者）——無料

レザー廟関係者（ハーディム、清掃人など）

——建物内：１トマン以下／敷地内：5000ディーナール以下

その他の人々

——建物内：５トマン以上／敷地内：３トマン以上／その他：２トマン以上

8）*Rūznāma*: 58; Ussher: 459; Cuinet: 14. 19世紀中葉には、ナジャフでの埋葬費としてナジャフ長官から500トマンという法外な値段を要求されている例がある［GAIU: I/334-335］。このほか Loftus は、カルバラーやナジャフでの悪質な墓地料金交渉について紹介した後、イランの大宰相であった Ḥājjī Mīrzā Āghāsī が死の床で、カルバラーの埋葬費用を問い合わせたところ、元大宰相としての懐具合を見込まれ2,000トマンはくだらないと言われたため、1,000ディーナールしかかからない郊外の墓地に埋葬されることを望み、一般墓地に埋葬された、という逸話を伝えている［Loftus: 56］。しかし実際は、この大宰相の墓はフサイン廟の回廊内にある［ʻAżud: 158; Nāṣir: 116］。

9）この点については、Litvak 2000: 58–59も参照のこと。

10）1897年には、インドで流行した腺ペストのために、オスマン政府はインドからの遺体の流入を禁止した［Lorimer: I/2362］。しかし、19世紀初頭のまだ検疫制度が普及していなかった頃は、様相がまったく異なっている。Abū Ṭālib が伝えるところによると、ベンガルで殺害されたイラン人使節の遺体が駐ベンガル英国領事の計らいでバスラに運ばれてきたため、バスラの英国領事は、遺体をバグダードに運び、カーズィマイン、サーマッラーを参詣させ、再度バグダードからカルバラー、そして最後にナジャフで埋葬しようとした。領事に依頼された英国人部下は、カーズィマインまで遺体に同行したが、疫病発生の嫌疑をかけられて行き場を失った。同行した部下はバスラ帰還を命じられたが、依頼者である当の領事からは建物内に入ることさえ禁じられてしまった［Ṭālibī: 424–425］。この話は、イラン人高官の遺体にイラクのシーア派諸聖地を参詣させるという粋な計らいではあったものの、遺体が疫病の発生源であるという側面を、現地のイギリス高官らも認識していなかった一例として、きわめて興味深いものである。もっとも、19世紀中葉のオスマン朝での検疫制度の確立後は、このような事例はまったく見受けられない。

11）GAIU: III/436; MUM: 15.

12）イラン政府高官の場合に、イラン国王に遺体を運搬する許可を求める文書が散見される［SAM: 1RA3A724］。一方のオスマン朝衛生局では、イランからの遺体の密輸が相次いでいたことから、1317/1899年や1327/1909年には、検疫の強化と密輸を禁じる厳命を下している［BOA.A.MKT.MHM: 578/34; BOA.DH-MUİ: 28/1］。賄賂については、Ussher: 459参照。

13）1323/1905年付の一連の文書を参照のこと［BOA.A.MKT.MHM: 557/13］。この出来事は、検疫官の規則違反でもあったために、オスマン政府衛生局や大宰相府をも巻き込んだ事態となった。

14）50ケラーンは、5万ディーナール、あるいは5トマンに相当する。

15）Saad: 540; Cuinet: 13.

16）BOA.A.DVN.DVE(20): 11/27. この文書は、1257年ジュマーダー・アルアーヒラ月23日（1841年8月12日）付で、イラン全権大使としてオスマン朝との国境交渉に挑んでいた Mīrzā Jaʻfar Khān から出されたものである。このほか、財務暦1294年 Nisan 月（1878年5月）にも同様の要請がなされている［BOA.HR-SYS: 726/43］。

17）Sheil: 198. 本書第2・9章参照。

18）「移葬（*naql al-janā'iz*）」に関しては、ウラマーの間でも論争があった。20世紀に入ると、遺体を聖地に運び込んで埋葬することに対する反対が、イラクのウラマーから出されている。彼によると、遺体の運搬は、死者への冒瀆と環境への害であるとされる［Nakash 1994: 192-197］。

1921年に成立したイラク王国は、1924年に「遺体運搬法（The Corpse Traffic Law）」というものを制定している。同法では、遺体を「乾燥したもの（Dried Copses）」と「湿ったもの（Moist Corpses）」に分類し、イラクに運ばれる外国人の遺体は、国境で検査されることや税金や証明書が必要なこと、金属製の棺で固く封印されること、未乾燥の遺体は11月1日から3月31日までのみ運搬が認められることなどが定められている［Pistor-Hatam 1991: 243-245］。20世紀に成立したイラク王国においても、アタバートへ運ばれる遺体は様々な問題を孕んでいたことが知られるのである。

19）墓廟内での埋葬能力の限界については、すでにサファヴィー朝期のレザー廟でその徴候が見られる。容量が超過したために墓を暴き、新たな遺体を埋葬するという状況に関するたび重なる苦情ゆえに、シャー・アッバースは、1602-03年のワクフ文書の中で、40年以内に墓を暴くことを禁じている［*Rażavīya*: 135; ʻUṭāridī 1371s: 355-356］。

20）Nakashは、死者の守護者としてのイマーム・アリーと、アリーの傍らでの遺体の埋葬が、イラクのベドウィンに来世に対する意識の変革を迫ったとするが［Nakash 1994: 188-189］、このような「死」と「来世」への再認識は、イラン人参詣者にとっても同様であろう。

第６章

外交問題としてのアタバート参詣

イランの人々にとってシーア派聖地アタバートがそれまで以上の意味を持つようになるのは、16世紀にサファヴィー朝が成立し、その支配領域内にシーア派信仰が強要されてからであることについては、本書第２章で述べた。しかし、十二イマーム・シーア派にとって重要なイマーム廟の大半はイラクにあり、他方イラク地方は、16世紀以降ほぼ一貫して、スンナ派政権であるオスマン朝の支配下にあった。シーア派の人々にとっての聖地がスンナ派領内に存在するという構造は、本書で対象としている19世紀のイラン人シーア派ムスリムにとっては、政治的にきわめて大きな意味を有する。

サファヴィー朝以降のイランとオスマン朝の歴史は、400年にわたる抗争の歴史でもあった。Ja'farī の言を借りると、「スルタン・セリムがイランに侵攻し、チャルディラーンの戦いを始めた920（西暦1514）年から、25回の戦争がイランと西隣の国では生じた。そのうち24回はイランとオスマン朝の間で生じ、１回はイランとイラクの間で生じたのである。もっとも、これらは両国家の間でたびたび発生した小規模な戦争や地域紛争を別とした数である」[Ja'farī: 4]。このようなイラクをめぐる両者の抗争は、しばしば言及されている[1)]。そこで、ここでは、イラン人シーア派ムスリムのアタバート参詣が、イラン（サファヴィー朝からガージャール朝）とオスマン朝の間での政治外交問題であったことを明らかにするために、数度にわたって締結された両国家の協定や条約を中心に検討を進めたい。

サファヴィー朝以降、イランの諸政権とオスマン朝の間では、条約は五度にわたって締結されている。すなわち、アマスィヤ協定（969/1555年）、ゾハーブ協定（1049/1639年）、キャルダーン条約（1159/1746年）、第一次エルズルム条約（1238/1823年）、第二次エルズルム条約（1263/1847年）である[2)]。これらの条約は、対立関係にあった両者の間で和解が成立したときに結ばれたものであり、最大の係争課題である領土問題が中心に扱われているが、条約文全体を検討すると、そのなかに、イラン人参詣者の問題が含まれていることを指摘し得る。イラン人参詣者の問題がときどきの和平協定のなかに含まれているという点にこそ、サファヴィー朝をはじめとする、前近代から近代にかけてのイランの諸政権とオスマン朝にとって、参詣者問題が重要な外交上の案件であったことを示唆しているのである。

本章では両国家間の条約文の検討を中心に、時代ごとのイラン＝オスマン関係およびイラクの地域情勢といった政治史上の背景を確認しながら、イラン人シーア派ムスリムのアタバート参詣を考えていこう。

1．アマスィヤ協定（969/1555年）とアタバート参詣者

1501年にシーア派信仰を国教とするサファヴィー朝がイランで成立すると、アタバートを擁するイラクは、シーア派イランとスンナ派オスマン朝の争奪戦の舞台となった。

（1）　サファヴィー朝の成立とイラクをめぐる攻防

907/1501年にタブリーズで即位したシャー・イスマーイール（Shāh Ismā‘īl，在位：1501-1524）は、イラン中央部や東部ホラーサーンへの遠征を行い、これらの地域の支配を確立すると、続いて西方に目を向け、914/1508年にはバグダードを征服する。さらにモースルを支配下に入れたイスマーイールは、遠征途上

でカーズィマインやカルバラーを参詣し、荒廃しかかっていたこれらの聖地を復活させるべく、新たな建造を命じている[3]。その後、イスマーイールの死とサファヴィー朝の弱体化に乗じ、バグダードでは親オスマン政府の統治者が出現した。そのため936/1530年にはシャー・タフマースプ（Shāh Ṭahmāsp，在位：1524–1576）がイラク遠征を行い、この統治者を殺害する。しかし、サファヴィー朝のイラク支配もこのときまでであり、940/1533年から翌941/1534年にかけて行われた、オスマン朝のスルタン・スレイマン（Sulṭān Sulaymān，在位：1520–1566）による両イラク遠征の際にバグダードは陥落し、1534年をもって、イラク一帯はオスマン朝の支配下に組み込まれた[4]。

サファヴィー朝とオスマン朝は、その後も対立を続けるが、スレイマンが957/1550年に三度目のイラン遠征から撤退すると、その数年後の969/1555年に、サファヴィー朝イランとオスマン朝の間では初の和平に向けての協議が行われた。これが「アマスィヤの和議」である。スレイマンとタフマースプの間で交わされた国書において両国家の国境線が定められ、この国境線は以後、20世紀に至るまで、イランとトルコの国境概念の基本をなしたとされる。

（2）　アマスィヤ協定にみる参詣者問題

アマスィヤ協定は、タフマースプとスレイマンの間で行われた和平に関する国書の交換という形式をとっているため、両政府の協議による個別の条項というものは存在していない。以下では、取り交わされた書簡の写しから協定の内容と考えられるものを抽出する。和平を協議した書簡にはいずれも日付が記載されていないが、そのなかのひとつである、タフマースプの側から出された和平嘆願書の最終部に、次のような要求が記載されている。

> 両者の関係の改善という真実が、すべての弱者やムスリムたちに明らかとなり、静穏と安寧のうちに、信仰の諸事（marāsim-i darvīshī）や現世や来世の糧の獲得に励むことができるように。また、心の集一（jam'īyat）と解放（farāgh-bāl）のために、神聖なる神の館（bayt Allāh al-ḥarām）や栄誉あり高貴なるメディナ（madīna-yi musharrafa-yi mukarrama）やその他の神聖な殉

教地（sā'ir mashāhid-i muqaddasa）へのタワーフと参詣（ṭavāf va ziyārat）という幸運に浴し、祈願が成就する場であるそれらの祝福された地にて、永遠に続く国家のための絶えることなき祈念に従事することができるように。［Ferîdûn: I/623］

ここで求められているのは、言うまでもなく、人々の安寧のためのオスマン朝とサファヴィー朝の和解であり、両国家の関係の改善である。だがそのあとに続けて述べられているのは、サファヴィー朝下の人々が、メッカ、メディナ、および「その他の殉教地」に参詣する権利である。シーア派信仰に固執していた初期のサファヴィー朝君主は、イスラームの両聖地やシーア派の諸聖地に巡礼する権利を明瞭に主張しているのである[5)]。和平提案と巡礼要求に対するオスマン朝側のオスマン語の返答は、以下のようなものである。

和平と救済の求めに応じた上で、貴殿の書簡で記されている案件、すなわち「神聖なる神の館への巡礼者たち（ḥüjjâj-ı beyt Allāh al-ḥarâm）や人類の長（ムハンマド）の聖墓への参詣者たち（züvvâr-ı marqad-ı muṭahhar-ı ḥażret-i seyyid al-anâm）が、完全なる安心と信頼でもってその幸運に浴すことができるように」という案件に関してもまた、皇帝陛下の至高なる認可が下された。また諸聖地（amâkin-i müşerrefe）や聖なるキブラの方角へ、タワーフと参詣を目指す全ムスリムや唯一神の信徒たちに対し、境域を守る者たちは妨害や阻止を行わず、［全ムスリムや唯一神の信徒たちが］安心して目的を遂げることができるようにせよ。［Ferîdûn: I/625］

この返書は注意して検討したい。ここでは、「神の館（メッカ）への巡礼者たち」とならぶ語は、先のサファヴィー朝からの書簡で使われている「その他の神聖な殉教地」という言葉ではなく、「人類の長の聖墓への参詣者たち」という表現である。オスマン朝側は、シーア派イマームの墓を連想させる「殉教地」という言葉を使わず、メッカ巡礼者とは別に、「メディナの預言者ムハンマドの墓を訪ねる者」として「参詣者（züvvâr）」のことを規定している。スレイマンとタフマースプの和平交渉は、最初からオスマン朝が主導権を握る形で進んでいる。この力関係から優位に立つオスマン朝は、スンナ派、シーア派を問わず、「全ムスリム」の安全を保障し、そしてそれは「両聖地の守護者」たるオスマン皇帝として当然のことである、という姿勢をとるのである。それゆえ、サファヴィー朝君主が求めるシーア派聖地への参詣を、おそらくは意図的に、文面上は無視し、「参詣者」というのは「預言者ムハンマドの墓を訪れる者」であるという規定を行うことで、宗派の相違を浮き立たせないよう努めたと考えられる。文言の改変がなされていようとも、本書第2章でも触れたように、この時代のイランからのメッカ巡礼路はバグダードを経由するルートであったため、メッカ巡礼やムハンマドの聖墓参詣が可能であれば、イラクのシーア派聖地参詣も可能となる。スレイマンからの返書は、サファヴィー朝下の住民のイラクへの聖地参詣を暗に容認していると理解し得るのである。

タフマースプの時代には、アタバートを含むイラクのみならず、メッカ・メディナの両聖地もオスマン朝に征服された。ムスリムであり、なおかつ十二イマーム・シーア派を標榜するサファヴィー朝にとり、これらの聖地がオスマン朝の支配下に入ったことは、たとえ軍事的には和議を実現し、政治的安定を現出したといえども、宗教的には、シーア派としての精神的支柱を失う大きな損害を受けたと考えられる。このようなオスマン朝との関係が、タフマースプをして、イラン国内の聖地マシュハドを重視する方向性を与えたことは、以前にも指摘した[6)]。しかしながら、オスマン朝との間に交わされた最初の和平交渉において、サファヴィー朝下の住民がメッカ・メディナの両聖地と、文言は変えられているものの「その他の殉教地」へ参詣する権利が求められていることは、注目に値する。ほぼ最後尾に記されたこの文言は、以後のイランの諸政権とオスマン朝の間で締結される条約のたびに、連綿と受け継がれる。それと同時に、両者のこのやりとりからは、とりわけオスマン朝が外交的態度を維持し、スンナやシーアといった宗派にとらわれずに、メッカ巡礼という宗教的義務行為の遂行のために、ムスリムのオスマン領内での移動を保障しようとしていたことが確認されるのである[7)]。

一方イラン側から見ると、シーア派ムスリムの聖地参詣問題は、イランにシーア派政権が誕生し、その数年後にはアタバートという最重要なシーア派聖地の支配権を失った最初期から、それらのシーア派聖地を抱えるスンナ派国家オスマン朝との関係において、重要な政治・外交問題であったと言えるのである。

2．ゾハーブ協定（1049/1639年）とアタバート参詣者

（1）17世紀のイラクをめぐる攻防と二度目の和平協定

1534年以降1917年に至るまで、基本的にはオスマン朝がイラクを支配した。しかし17世紀に入りイラクで反乱が生じると、その混乱に乗じてサファヴィー朝のシャー・アッバース（Shāh ʻAbbās，在位：1587-1629）がバグダードを包囲する。アッバースは、バグダード征服に成功した1033/1624年に、カーズィマインからナジャフ、カルバラー、サーマッラーの諸聖地を参詣し、半年後にエスファハーンに帰還した[8)]。サファヴィー朝によるイラク支配は、しかしながら短期間で終わりを告げる。オスマン朝のスルタン・ムラト・ハーン四世（Sulṭān Murād Khān IV，在位：1623-1640）は、1045/1635年のエリヴァン遠征ののちイラクに親征し、サファヴィー朝側がその防衛を試みる間もなく、1048/1638年末にバグダードはスルタンの手に落ちた。ムラト四世はバグダードを征服した際、イラン人のみの虐殺を命じ、その被害者の数は3万人にのぼったと言われている［Longrigg 1925: 73-74］。

バグダード陥落の報を受け、サファヴィー朝君主シャー・サフィー（Shāh Ṣafī，在位：1629-1642）は、使節を派遣して和平の提案を行った。オスマン側もまたこの提案を了承し、ここに協定が結ばれることとなった。このイランとオスマン朝間の二度目の和平交渉は、ガスレ・シーリーンの近郊にあるゾハーブで行われた。1049/1639年のことである。同協定の最終的な締結は、ムラト四世の死後即位したスルタン・イブラヒム（Sulṭān Ibrāhīm，在位：1640-1648）へのイラン側からの使節の派遣をもってなされている［Qazvīnī: 54］。ゾハーブ協定[9)]

によって、サファヴィー朝はバグダードのみならず、メソポタミア全域を喪失し、イラクの帰属はオスマン朝に確定する結果となったが、この和平協定以降、オスマン朝とサファヴィー朝は 1 世紀近くにわたって戦火を交えることはなかった。

（2）　ゾハーブ協定にみる参詣者問題

ゾハーブ協定に関しては、原本が現存しておらず、写しのみが残っている状況であると言われており［Mushīr: 74］、この協定に関する研究はほとんど見受けられない。しかしながら、サファヴィー朝期のアッバース二世（Shāh ʻAbbās II，在位：1642–1666）時代の事績を扱った年代記に、サファヴィー朝側からの書簡とオスマン朝の使節がもたらした書簡が採録されている［Qazvīnī: 50–54; *Khuld*: 273–281］。それによると、オスマン側の書簡の名称は「国境画定書（sunūr-nāma）」であり、協定が交わされた目的は、「両国の和平と国境の確認のため」とされている[10)]。このタイトルや目的から明らかなように、本協定の内容は、イランとオスマン朝の国境線の画定が主眼となっている。

結論から先に述べると、このゾハーブ協定には参詣者に関する案件はまったく見られない。サファヴィー朝側からの書簡では、両国家の和平が一般の民のためであることが述べられ、使節の協議の結果、バグダードからアゼルバイジャンにいたる国境上に位置する村落の名称とその帰属が記載され、君主の同意がなされたこと、および両国家の繁栄のため、協定に違わないことが確認されるのみである［*Khuld*: 273–277］。これに対するオスマン側からの書簡もまた、和平の重要性、国境線となるすべての村落の名称、国境不可侵の確認がオスマン語でなされるにすぎない。ただし、イラン側の書簡とは異なり、最後の部分に、「両国家の商人や旅行者が往来し、友好的であり続けるために（ṭarafeyndan tüjjâr ve ebnâ-yı al-sebîl kelüp kidip dûstlıq olmağıçin）」［Qazvīnī: 53］、この証書が作成されたと述べられている。両者の書簡を検討してみたところで、ゾハーブ協定においては、「商人や旅行者（tüjjâr ve ebnâ-yı al-sebîl）」以外の表現は何ら見当たらないのである。両者の協定書を見る限り、少なくともサファヴィー朝の側からは、宗教的諸事に関する案件はまったく出されておらず、むしろオスマン側が商人や旅行者の往来の安全確保に言及している。この時代は、オスマン政府がシーア派ムスリムやイラン人に対して苛酷に接した時代であるために[11]、先のアマスィヤ交渉で見られたイラン側の要請に対するオスマン側の「寛容」な承諾とは異なり、双方ともに、メッカ巡礼やアタバート参詣という信仰や宗派にかかわる文言を意図的に省いたのだろうか。

ところが同協定の交渉過程をより詳しく検討すると、ペルシア語年代記には記載されていない書簡が存在することが明らかとなる。問題の書簡は、バグダード陥落後即座に、シャー・サフィーによってスルタン・ムラト四世に宛てて出された、和平と領域画定を打診した書簡であり、オスマン側の文書集にのみ収録されているものである。バグダード陥落後、領域侵犯の大いなる危機感を抱いたサファヴィー朝側から最初に出された書簡には、その最後尾に次のような一文がある。

> 神聖なる神の館の巡礼者たちや、人類の長様や偉大なるイマームたち――彼と彼らに祝福と平安あれ――の神聖なる殉教地への参詣者たちは、安心して安らかに、タワーフと参詣（ziyārat）の幸運に浴し、祈願が成就するであろうそれらの聖なる場所で、永遠に続く国家の祈念に従事することを望んでいる。［Ferîdûn: II/298］

この文面は、先のアマスィヤ協定時にシャー・タフマースプから出された書簡の文面とほとんど変わらない。ただし、ここでは巡礼や参詣を望んでいるのは巡礼者や参詣者自身となっており、そのような偉大な志の功徳は、平和の確立者たる両国家の君主に届くだろうと続けられている。ここから明らかなように、実際は、シャー・サフィーはオスマン朝スルタンに対して、巡礼者や参詣者の安全確保を求めていたのである。しかしながら、この書簡に対するスルタン・ムラト四世の返書は、これ以上イランの地に踏み込まず、イラクやザカフカースを獲得しただけで帰還するという「寛大な処置」を感謝せよ、というものであり、「過去のことは過去のこと（mażā mā mażā）」として、シャー・アッバースが獲得した時点の国境線ではなく、スレイマンとタフマースプの間で定められた国境線に従って早急に協定を結ぶべし、というものであった［Ferîdûn:

II/298-299]。すなわち、オスマン側は、サファヴィー朝の要望を退けたどころか、完全に無視したのである。

その結果、先に見たように、以後に交わされた国境線を定める協定において、サファヴィー側はもはや巡礼者や参詣者の案件を提示せず、オスマン側もまた、そのような宗教的案件に触れることなく、両者は国境問題に限って粛々と協定を締結したのである。

ゾハーブ協定は、両国家の国境の位置を初めて明文化したものとみなされており、19世紀の国境画定作業時において常に参照されるきわめて重要な協定となっている。しかし、後世に重要視されるこのゾハーブ協定においては、その交渉段階では提示されていたメッカ巡礼者やメディナ・アタバート参詣者らに関する案件が、オスマン朝が圧倒的優位にあった当時の力学を背景に、実際の協定においてはどちらの側からも触れられることなく完全に抹殺された。国境画定の最終版たる同協定においては、アタバート参詣者のみならず、メッカ巡礼者についてさえも、両者ともに何ら触れていないという点をここで再確認しておこう。

3．キャルダーン条約（1159/1746年）とアタバート参詣者

1722年のサファヴィー朝の崩壊とともに、イランは混乱する[12)]。この混乱を終息させたのはナーディルであり、彼は1736年にサファヴィー朝の末裔を退位させ、自らが君主ナーディル・シャー（Nādir Shāh，在位：1736–47）として即位した。以後わずか約10年間ではあるもののナーディル・シャーの時代が訪れる[13)]。一方18世紀のイラクは、バグダードやバスラを中心に、半独立のマムルーク政権が支配しており、イスタンブールのオスマン中央政府の統制は効かない時代であった[14)]。

（1） ナーディル・シャーのイラク侵攻とオスマン朝

ナーディルが擁立していた、サファヴィー朝最後の君主シャー・スルターン・フサイン（Shāh Sulṭān Ḥusayn，在位：1694-1722）の息子タフマースプ二世（Ṭahmāsp II，在位：1722-1732）は、クルディスターン地方にまで勢力を拡大していたオスマン朝と対峙していた[15)]。しかし、オスマン朝との妥協的和平案により領土奪還問題が無に帰したため、タフマースプ二世は廃された。ナーディルはオスマン朝に侵食されていた西方領土を取り戻すべく、1146/1733年にバグダード包囲を行い、キルクークまで侵攻した[16)]。これに対しオスマン政府は大軍を派遣して、即座にバグダードを取り戻した。その後、ナーディルによるアゼルバイジャン地方の奪還と1148/1736年の彼の即位、およびシーア派をスンナ派の第五学派（*maẕhab-i ja'farī*）とすることの提案を受け、オスマン政府もまた和平へと傾き、ナーディルと和平交渉を行ったが、シーア派問題が足枷となり、一度目の交渉は決裂する[17)]。

即位後インド遠征を成功させたナーディルは、再び西方領土へ目を向け、1156/1743年には、モースルを包囲した[18)]。この包囲は失敗に終わり、仇敵のバグダード長官の勧めによってナーディルはオスマン側と停戦した。しかし、さらなる交渉を拒否したオスマン朝に対し、ナーディルは再度アゼルバイジャン方面に進軍し、1158/1745年にこの地方で勝利を収めた。ここに、ナーディル・シャーとオスマン朝の戦争はようやく終わりを告げ、和平交渉が再開された。

（2） キャルダーン[19)]条約にみる参詣者問題

オスマン朝は、翌1159/1746年に、バグダード州長官であるAḥmad Pashaを和平交渉のためにイランに派遣した。イラン側からはḤasan 'Alī Khānが全権大使として選ばれ、ナーディル・シャーとスルタン・マフムト（Sulṭān Maḥmūd，在位：1730-1754）の間で、新たな条約が正式に結ばれた。この条約は、序章と１～３条、および付則からなる。序章では、両国の国境線が1049/1639年の調停（すなわち先のゾハーブ協定）に違わないことが明記され、続いて、両国家ともに戦争状態を終結させ、以後は和平を遵守することが述べられている。そして、第1条において、メッカ巡礼を行うイラン人巡礼者に関して、以下のように定められた[20]。

> バグダードやダマスクス（shām）を通って神聖なる神の館（bayt Allāh al-ḥarām）へ向かうイランの巡礼者（ḥujjāj-i Īrān）に関しては、その行路上にいる長官（vulāt）や統治者（ḥukkām）や巡礼団長（mīr al-ḥājj）らは、上述の者たちを各行程ごとに、安全かつ健全に送り届け、その者たちを保護し、［彼らの］状況に配慮することを必要とみなす。

条約の第1条で、オスマン領内を通行するイラン人巡礼者の安全確保が明記されている点は重要である。アマスィヤ協定では言及されていたものの、ゾハーブ協定では政治的な理由からまったく触れられていなかったイラン人巡礼者の条項がここで正式に復活しているのである[21]。さらに、両国家の大使の設置を定めた第2条、捕虜の解放について定めた第3条に続き、「付則」とされる部分があり、このなかでは明確にアタバートへのイラン人参詣者についての言及がなされている。

> スルタン・ムラト・ハーンの時代にあった国境（ḥudūd va sunūrī）が確立され、国境の統治者らは、両国家の友好に反する行為を回避せよ。加えて、イランの民は、サファヴィー朝時代に生じていた不適切な状況を放棄し、［今や］信仰の原則においてはスンナの民の宗派（maẕhab）に則っているので、ゆえに、正統なカリフたちを祝福の言葉で言及せよ。今後、高貴なるカーバや光溢れるメディナやイスラームの他の諸都市を往来するイランの民に対しては、ルームや他のイスラーム諸都市の巡礼者や参詣者ら（ḥujjāj va zuvvār）に対するのと同様の扱いがなされる。ドゥルマ税（dūrma）[22]の名目や、シャリーアや法律に違反する他の名目の下に、彼らからは何ら取り上げてはならない。同様に、至高なるアタバート（ʻatabāt-i ʻāliyāt）に向かう参詣者が商品（māl al-tijāra）を持っていない場合に限り、バグダードの統治者や監査官らは貢税（bāj）を徴収してはならない。また、商品を

持っている者は、規則や従来の慣習に応じた税額（vajh-i gumrukī）を支払い、それ以上には徴収されないようにせよ。

この「付則」の部分の中で、「イランの民は、サファヴィー朝時代に生じていた不適切な状況を放棄し」、「スンナの民の宗派に則っ」たとあるように、オスマン朝は、シーア派をスンナ派の第五の法学派とみなし、スンナ派との融合を図ったナーディル・シャーの政策を尊重した。その結果、オスマン朝としても、異端としてのシーア派ではなく、スンナ派の一派に「回帰」したイランの臣民を他のムスリムらと区別することは困難となり、イランの民がオスマン領内を旅行することやその際の安全を保障せざるを得なくなった。紆余曲折を経た両者の交渉は、ナーディル・シャーの軍事的優位のもと、和平条約という形に結実したが、そのなかでイランの巡礼者や参詣者の安全保障を条項として明確に定め、彼らの尊重を謳ったことは、当時のイランの人々にとっては朗報であろう。その後、この条約そのものがイランとオスマン朝間の基本条約となって19世紀のガージャール朝へと受け継がれていくが、次節以降で見るように、イランからのメッカ巡礼者やアタバート参詣者の安全確保といった個別の条項もまた、基本的事項として後世の条約において常に確認されることになる。その意味で、このナーディル・シャーの結んだ条約こそがアタバート参詣者らに道を開いたと言っても過言ではない[23]。

またこの条文からはもうひとつの点も明らかになる。それは参詣者と商品との関係である。当時の参詣者は、参詣者であるという特権を利用して、多額の現金を扱う存在であったことはすでに指摘されている[24]。現金を持参していたということは、商品を持っている可能性もまた高かったことを示唆する。参詣者が免税対象であったかどうかという点については、現段階では確かなことは不明である。しかし、イラクのマムルーク政権がイランからの巡礼者に関税を課したことに対する抗議がザンド朝（1751-94）のキャリーム・ハーン（Karīm Khān，在位：1751-79）からオスマン政府とバグダードのパシャに対して出されていることから［Perry 1987: 63］、イラン政府や参詣者側の当時の意識としては、参詣者や巡礼者が免税対象であったことが窺える。キャルダーン条約中のアタバート参詣者と携行する商品の問題は、ガージャール朝期には、さらに主要な問題となってくるのであるが、ここにその萌芽が見られることは興味深い。

4．第一次エルズルム条約（1238/1823年）にみるアタバート参詣者問題

（1） 19世紀初頭のイラク

18世紀の中葉以降1831年に至るまで、イラクでは在地のマムルークが支配する半独立の状態が続いており、オスマン朝中央政府の権限は、この時期イラクには及んでいなかったとされる。とくに19世紀前半のイラク社会は部族対立が多く、飢饉や疫病が頻発していた[25)]。社会的に不安定であったこのような時期を象徴する事件として、1216/1802年の春に生じたワッハーブ派のカルバラー襲撃事件が挙げられよう。本書第2章でも触れたワッハーブ派によるカルバラー襲撃に対して、対ロシア戦争中であったイラン政府は実質的な行動は起こさなかったが、しかしこの事件はイラン政府をして、その懲罰をイラクのマムルーク長官らに求めるに十分であり、かつこの当時のアラブ系やクルド系遊牧民によるイラン人参詣者への迫害は、イラン政府がオスマン朝との国境線に兵を派遣するに十分な理由となった[26)]。

（2） ガージャール朝とオスマン朝の対立[27)]

ヒジュラ暦1220年代（西暦1805-14年）には、イランとオスマン朝の国境では不穏な状態が続いていたが[28)]、1236/1821年についにガージャール朝とオスマン朝は戦争を開始する。

ガージャール朝はグルジアをめぐってロシアと二度戦い、アラス川以北の領土を大幅に失ったが、この二度のロシアとの対戦中に、ファトフ・アリー・シャーは自らの息子二人を二方面から攻撃させようとオスマン国境へ派遣する。この進軍の表向きの名目は、国境地域の長官たちを懲罰するためであり、

四男の ʻAbbās Mīrzā はアゼルバイジャンへ、また長男の Muḥammad ʻAlī Mīrzā Dawlat Shāh はバグダードへと向かった。イランの進軍を受けて、オスマン政府もまた防戦のために軍を派遣した。両者が全面戦争へといたる矢先、イラクに向けて派遣されていた Dawlat Shāh が遠征途上で疫病のため亡くなってしまう。この時点で、引き続く戦争に厭いたガージャール朝とオスマン朝は、イギリスとロシアの仲介のもと、和平へと傾いた[29)]。

（3） 条文の検討

和平交渉はエルズルムでもたれ、オスマン朝からはエルズルム軍総司令官 Muḥammad Amīn Raʼūf Pasha が出席し、またイランからは Mīrzā Muḥammad ʻAlī Mustawfī Āshtiyānī が全権大使として派遣された。そして、1238年ズー・アルカーダ月19日（1823年７月28日）に条約の全文が完成し、その後両宮廷で認証された。これが第一次エルズルム条約である。

この時期、両政府間に生じていた対立の最大および直接の原因は、条約第１条および第３条に記されているとおり、両政府の国境地帯に居住していたクルド遊牧民の帰属問題であり、これが最も重要な案件であった。だが先にも触れたように、19世紀初頭には、多くのイラン人参詣者がアラブ遊牧民の被害に遭うという事件が頻発していたために、シーア派ムスリムの安全確保もまた、両政府間における外交問題となっていたことが条項から明らかとなる[30)]。

第一次エルズルム条約を検討すると、序文に記されているように、ガージャール朝とオスマン朝は同じイスラームの国家として、友好関係を確立しようと努めたことが明らかとなる[31)]。しかし一方で、巡礼者や商人や旅行者について言及された条文を検討すると、スンナとシーアという宗派の相違が、両政府の不和を創出していたこともまた読み取れる[32)]。この不和は、イランでのオスマン臣民に対する迫害という形ではなく、オスマン領内におけるイラン臣民に対する迫害を背景としていた。そのため、第一次エルズルム条約においては、オスマン領内を旅するイラン人に対する迫害が払拭されるよう、イラン側から強く求められ、そして両者の合意事項として定められたのである。それを象徴するのが、条文第２条である。

イランの民のうち、高貴なるカーバ（ka'ba-yi mukarrama）や光溢れるメディナ（madīna-yi munavvara）や他のイスラーム諸都市を往来する者に対しては、イスラーム諸都市やルーム（rūmīya）の諸都市の巡礼者（ḥujjāj）や参詣者（zuvvār）や旅行者に対すると同様に、応対する。彼らからは、ドゥルマ税やシャリーア法に反するその他の税目は、決して取り立てられない。同様に、至高なるアタバート（'atabāt-i 'ālīyāt）の参詣者のうち、商品を持たない者に限り、彼らからは貢税などは徴収されない。もし、商品を持っているならば、関税額に応じて徴収され、それ以上には請求されない。イラン政府の側においても、オスマン政府側の商人やその民に対して、同様の対応がなされる。また、以前の規約に基づき、今後、至高なるイラン政府の巡礼者や商人に関して、旧来の諸規定の〔確認と〕実施は、至高なるオスマン政府の偉大なワズィール（vuzarā-yi a'ẓam）や巡礼団長（amīr-i ḥājj）や気高きミール・ミーラーン（mīr-i mīrān）やその他の憲兵（żābiṭān）や統治者（ḥukkām）によって、完全に配慮され遵守される。ダマスクス（shām-i sharīf）から両聖地（ḥaramayn-i muḥtaramayn）へ、あるいは両聖地からダマスクスへ、吉兆なる聖地基金管財人（amīn-i ṣurra）によってもまた、彼ら（巡礼者や商人）の状況は留意され、諸規定に反することは生ぜしめず、彼らの保護に尽力がなされる。もし、彼らの間で騒動が生じたならば、聖地基金管財人は、彼らの中にいる信頼にたる人物を通じて、彼らの管理に当たる。〔光輝くイラン政府の〕国王の後宮や偉大なる王子たちの後宮の淑女たちやイラン政府の高官らが、偉大なるメッカ〔巡礼〕や至高なるアタバート〔参詣〕に行く場合には、彼らの地位に相応しい敬意や尊敬を表す。さらに、光輝くイラン政府の商人や民の関税に関しては、至高なるオスマン政府〔の臣民のうち、イスラームの民である商人に対するのと同様の〕扱いがなされる。彼らの商品からは、100クルシュに対し4クルシュの関税を一度徴収し、彼らに証書（taẕkira）を渡す。彼らの手から別人の手に引渡されるまでは、彼らからは再度関税は徴収されない。イランの商人がイスタンブールや他のルームの諸都市に運ぶ水タバコ用のパイプ木は、その売買において〔オスマン政府内で禁じられている〕専売とならぬようにし、望む者に販売する。また、至高なる両政府の商人や臣民や民が相手国へ往来する場合には、イスラーム社会の統一に従い、友好的に対処し、あらゆる迫害や危害から護られる。

この条文を見ると、先のキャルダーン条約とほぼ同じ内容が記されていることが明らかであろう。すなわち、旧条約の「第１条」と「付則」を合わせたものが、第一次エルズルム条約では第２条にまとめて記されているのである。

条文第２条の主要な点は、参詣者の保護、商品を持たない参詣者の免税、イラン人差別の撤廃、王家の成員や高官らへの特別待遇、４パーセントの関税と徴収後の証書の発行、関税徴収は一度限り、という諸問題について定められていることである。キャルダーン条約の内容をほぼ踏襲しているため、エルズルム条約の同条文に目新しさはないが、ナーディル・シャー没後、イランに再度成立したシーア派政権であるガージャール朝が、オスマン朝と締結した初めての条約において、シーア派ムスリムであるイラン人差別が廃され、参詣者の安全保障が認められていることは看過すべきではない。

さらに、第一次エルズルム条約で特筆すべきは、同条約第７条に定められた「常任大使の駐在」である。この大使の駐在という事項もまた、キャルダーン条約中の第２条に現れる項目である。第一次エルズルム条約ではそれが踏襲されたにすぎず、またこの時点での大使はあくまでも両政府の首都のみに駐留し、３年ごとに新任される立場であったが、第一次エルズルム条約締結以降、とくにイスタンブールに滞在するイラン大使は、オスマン政府領内のイラン人の利益を追求あるいは代弁する立場となり、オスマン政府との交渉に欠かせない人物として発言力を増していく[33]。その点において、ガージャール朝とオスマン朝の間で常任大使の設置が認められたことは、アタバート参詣という宗教的行為にとっても、またそれを行うシーア派ムスリムたちにとっても密接にかかわる意義のあることとして捉えなおさねばなるまい。

5．第二次エルズルム条約（1263/1847年）にみるアタバート参詣者問題

（1）19世紀中葉の政治状況

第一次エルズルム条約が締結されたとはいえ、その後もオスマン朝とガージャール朝の政治状況が改善したとは言い難く、バグダード州長官の反イラン的対応を疎ましく思っていたイラン側はオスマン領内にしばしば派兵を行っていた[34)]。だが、1241/1827年の第二次ロシア戦争の勃発は、イランをして西方領土から北方へと目を向けることを余儀なくさせた。そして1243/1828年のトルコマーン・チャーイ条約で、イランが多くの北方領土をロシアに割譲すると、ロシアは続いてオスマン朝と対峙した。この露土戦争が終わると、オスマン朝とガージャール朝は、再び国境を巡って不穏な状態に陥った。イランでは1250/1834年にファトフ・アリー・シャーが死去し、国内情勢が不安定な中でモハンマド・シャー（在位：1834-1848）が即位したことにより、イラン＝オスマン関係はまた新たな局面を迎えることになる。

一方イラクは、1246/1830年に始まった疫病の流行と翌年春のティグリス川の増水という自然災害に相次いで見舞われ、諸都市が壊滅してしまうのではないかと恐れられるほどの混乱に陥った。バグダード政権の弱体化を見て取ったオスマン朝は、即座にイスタンブールから新長官を派遣し、マムルーク長官Dāud Pasha（在任：1816-1831）を廃した。そして、以後中央政府の意向に沿ったトルコ系の長官を任命し、イラクの領有を確固たるものとする[35)]。

オスマン政府のイラク支配の強化に伴い、この時期には、イラクを中心としてオスマン朝とガージャール朝の間で二つの重要な事件が生じている。すなわち、オスマン側によって引き起こされたムハンマラ占領とカルバラー事件である。

（2） ムハンマラ（ホッラムシャフル）占領

イラン政府が東方でヘラート包囲に従事している間隙をつき、1253/1837年に、バグダード州長官の ʻAlī Riżā Pasha がムハンマラに侵攻し、同地を占領した[36)]。このことは、イラン側の猛反発を招き、当時の在イスタンブール大使であった Mushīr al-Dawla は、オスマン政府に対して厳重な抗議を行い、侵攻の損害賠償を請求する［Mushīr: 22］。このムハンマラ占領を契機として両国の関係は悪化し、1256年ジュマーダー・アルウーラー月（1840年7月）にオスマン政府からイラン情勢の偵察のために派遣された Ṣārim Efendi は、イラン側が3,000人の兵をケルマーンシャーへ派遣しようとしていることを報告し、イラン国境が危機的状況にあることを伝えている[37)]。一方のガージャール朝は、ムハンマラ占領に対する報復のためにスレイマニエを占領したが、スレイマニエはオスマン政府が即刻奪還した。

その後、1258/1842年には、スレイマニエ長官がイラン寄りであることを理由にオスマン政府に罷免されたことに自ら異議を唱え、イランに亡命するという事件が生じ、イランとオスマン朝の国境は、広範囲にわたって一触即発のきわめて危険な状態に陥った。そして、先のムハンマラ占領を主題に、イギリスとロシアを交えた四者協議を行おうという矢先に、今度はカルバラーで事件が生じるのである。

（3） カルバラー事件

カルバラー事件とは、1258/1842年に、同年初秋に赴任したばかりのバグダード州長官 Muḥammad Najīb Pasha がカルバラーに侵攻し、ズー・アルヒッジャ月13日（1843年1月15日）に、住民9,000～20,000人を殺害し、町を征服した事件である。この事件の経緯については、イギリス公文書館文書を利用した Cole & Momen 1986に詳しく、それによると、それ以前のカルバラーでは金曜礼拝のフトバでオスマン朝スルタンの名が詠まれず、オスマン政府の支配がきわめて弱く、悪党（mafia）がはびこる一方、「避難所」として多くのイラン人が居住しており、イラン政府の影響が強かった[38)]。このような半自治の姿勢を貫いてきたカルバラー住民に対し、バグダード州新長官は確固たる姿勢で攻撃を挑み[39]、2週間の包囲の末、カルバラーを陥落させた[40]。

ところで、カルバラー事件の意義は、この事件がイラン側に与えた衝撃の大きさと、それによってガージャール政府とオスマン政府間に和平交渉の動きが本格的にかつ加速度的に生じたことにある。事件の影響は一過性のものではなく、ガージャール政府に、カルバラーというシーア派ムスリムにとっての聖地の重要性と、そこに暮らし、参詣を行うイラン人シーア派ムスリムの安全保障という問題を改めて認識させた[41]。イラン政府は、事件後本格化した条約交渉の過程において種々の主張を行うが、その主張の順序は、たとえば1263/1847年の文書［BOA.İ-MSM: 848］によると、①イラン人の安全保障、②遊牧民の帰属問題、③1261年ジュマーダー・アルウーラー月（1845年5/6月）以降の国境での損害調査、④カルバラー住民の損害賠償、⑤イラン大使のイスタンブール滞在となっているように、領土問題や賠償請求ではなく、イラン人参詣者や居住者の安全を第一に要求しているのである。

（4）　第二次エルズルム条約と条文第7条

第一次エルズルム条約以後も続いたガージャール朝とオスマン朝の対立は、カルバラー事件を契機として、さらに悪化の一途をたどるかに見えたが、ここで両国家対立という事態を重く見たイギリスとロシアの仲介によって、1258/1842年秋、再びエルズルムにて交渉の場がもたれることとなった。翌春から始まった会合には、イギリスからは全権大使として Fenwick Williams が、ロシアからは同じく Dainese が出席し、オスマン朝からは Anvarī Efendi が参加した。またイランからは Mushīr al-Dawla が全権委任大使として出発したが、途中タブリーズで病に倒れ、急遽、Mīrzā Taqī Khān[42] が交渉の席に臨んだ。4ヶ国の大使によるこの協議は、4年の間に、計18回の会合と草案作成会議が持たれ、1263年ジュマーダー・アルアーヒラ月16日（1847年5月31日）に、全9条の条文すべてにおいて最終的な合意に達した[43]。これが第二次エルズルム条約である。

第二次エルズルム条約もまた、最大の案件はイラン＝オスマン国境を中心とした領土問題であり、ムハンマラやスレイマニエの帰属が交渉を長引かせる要因であった。領土に関しては、ほぼ両者の痛みわけおよびその後の国境画定調査に委ねることにより決着が図られた（条約第２・３条）。条約交渉にかかるもうひとつの案件は、カルバラー事件に象徴される、シーア派への攻撃や略奪といった被害への損害賠償である。イラン側は交渉過程では常に、シーア派住民が多数殺害されたカルバラー事件を外交的に利用し、オスマン朝との交渉に挑んでいたことは先述したとおりである[44]。賠償問題に関するイラン側の要求は退けられたが、オスマン領内のイラン人あるいはシーア派ムスリムの問題は、新たな条約の第７条に反映されることとなった。同条文を以下に挙げる[45]。

> オスマン政府は、〔旧来の条約に従い〕イランの参詣者（zuvvār-i Īrān）に関し、如何なる迫害からも守られ、完全なる安全性のうちにオスマン領内に存在している諸聖地（maḥāll-i mubāraka）を参詣できるよう、必要な特権（imtiyāzāt）を附与することを約束する。また同様に、両イスラーム政府および双方の臣民にとって必要なところの友好的・協力的関係の堅持と強化のために、イランの参詣者がオスマン領土内であらゆる特権を享受するが如く、他のイランの臣民もまた、上述の特権を享け、商業においてであれ他のことにおいてであれ、あらゆる種類の圧制や迫害や侮辱から護られるように、オスマン政府は最適の方法を実践することを承諾する。加えて、高貴なるメッカ（makka-yi mukarrama）と光溢れるメディナ（madīna-yi munavvara）を除くオスマン政府の全域で、イランの臣民や商人の利潤や保護のために領事（qūnsūl）が必要となり、〔イラン政府によって〕任命された場合は、オスマン政府は上述の者を承認し、彼らの職務上必要かつ他の友好諸国の領事たちに関して行われている諸特権を、上述の者についても与えることを保証する。イラン政府もまた、必要とされ任命されたイラン領内のあらゆる場所のオスマン政府の領事について、およびイランに行き来するオスマン政府の臣民や商人について、相応しい対応を全うに実施することを了承する。

先の第一次エルズルム条約に比べ、文面は簡潔になっている印象を受けるが、内容としては、イランからの参詣者の安全が第一に謳われている。ここでは、先の条約にあったように、キャルダーン条約を踏襲するのではなく、「イランの参詣者」が「オスマン領内に存在している諸聖地を参詣できるよう」配慮がなされることが約束されており、「メッカ・メディナとその他の諸聖地」といった枠組みは取り払われている。そして、キャルダーン条約や第一次エルズルム条約では「ダマスクスから両聖地へ」というように具体的に場所が示されていたが、新条約では細かな場所の設定はなく、オスマン領内全域が対象となっている。また同条約では、参詣者のみならず、商人や居住者を含めたあらゆるイラン臣民が権利保護の対象とされている点も重要である。

アタバートへ参詣するイラン人にとり、第二次エルズルム条約の意義は2点ある。ひとつは、前回同様、参詣者全体の安全の確保が明記されたことであり、もうひとつは、メッカ・メディナを除く地域での領事の駐在が承認されたことである。オスマン朝に駐在する常任大使は、先の第一次エルズルム条約でも定められており、この時点ではすでに、イスタンブールにイラン政府の大使が駐在していた。新たに設置された領事については、次章でやや詳しく触れるが、バグダードやカルバラー、ナジャフといったアタバート参詣者にとって関係の深い場所に領事が設置されることが認められた点は大きい。

第二次エルズルム条約は、イランとオスマン政府の友好関係維持の最も重要な条約であり[46]、本来の目的である両国家間の国境画定という政治問題解決を目指したものであると同時に、この条約のなかには、イラン人参詣者に関する条項が含まれている。政府間交渉のなかに参詣者問題が含まれているという事実は、取りも直さず、19世紀当時、イランからオスマン領内を訪れるイラン人参詣者の存在が重要であったことを示しており、国境線画定やクルド人帰属問題と並んで、アタバート参詣者問題が無視することのできない案件であったことを物語っている。

本章では、シーア派聖地アタバートが、隣国ではあるもののスンナ派であるオスマン朝の支配下にあることから、アタバート参詣者の保護を目指すイラン政府にとっても、またアタバートを擁するオスマン政府にとっても、イラン人によるアタバート参詣が、イランのシーア派諸政権とオスマン朝との国際関係のなかできわめて重要な意味を持っていたことを明らかにしてきた。とくに、両政府間で締結された五度の和平協定や条約を検討すると、参詣者問題は、サファヴィー朝が成立した当初から争点になっていたことが明らかとなり、またこの問題は、オスマン側の承認を受けなかったゾハーブ協定を含め、イラン＝オスマン朝間の和平交渉において連綿と受け継がれたことが指摘される。

サファヴィー朝を継いだナーディル・シャーの時代には、オスマン朝との間でキャルダーン条約が結ばれたとはいえ、イランは政治的な混乱期にあり、またイラクではオスマン政府の支配に与しない地元のマムルーク政権が誕生したこともあり、イランからのアタバート参詣は途絶えることはなかったものの、参詣者らの立場は不安定であった。この状況は19世紀前半まで続き、イランに新たに誕生したガージャール朝とオスマン朝間で結ばれた第一次エルズルム条約では、参詣者問題が条項のひとつとして確認されたものの、両国家の緊張関係が持続したために、十分な成果を挙げたとは言い難い状況であった。このような状況のなか、1831年にイラクでの支配を再度確立したオスマン朝は、シーア派住民が半自治を行っていたカルバラーに侵攻するが、逆にこの事件を契機として、イラクに居住するイラン系シーア派住民の問題と絡めて、本格的にシーア派参詣者の問題が議論された。その結果1847年に締結された第二次エルズルム条約では、宗派や国籍の相違にかかわらず、イランの民全般の権利が保障されることが確認され、また、メッカやメディナは除くとはいえ、領事の駐在が認められたことで、彼らの権利保護に一層の注意が払われるようになった。これらの参詣者への待遇の保証により、19世紀後半にはアタバート参詣がイランで隆盛を迎えたと考えられるのである。

本書第2章で見たように、メッカ巡礼、アタバート参詣、マシュハド参詣のいずれをとっても、イラン人の巡礼者やイマーム廟への参詣者は、サファヴィー朝以降年々増加する傾向にあり、ガージャール朝期にもその傾向は見られていた。とくに19世紀後半は、鉄道や船舶といった近代交通の発達による大量輸送時代に入るために、遠方への旅行が次第に簡略化される時代でもあった。しかし、対象地域の安全や政治的動向によって、巡礼者や参詣者数の増減があったという事実は、結局、政治的な状況が参詣者にとっては最も重要であったことを示唆している。異国にあるアタバートへの参詣者が増加する背景には、本章で見たように、イラン・オスマン両国家の協力と、政府による安全保障が必要不可欠だったのである。ペルシア語参詣旅行記において、ガージャール政府の高官である著者たちが、頻繁に「両国家の協調（ittiḥād-i dawlatayn）」を主張していることも、このような政治的安定があって初めて参詣旅行が可能となることを、彼ら自身が切実に理解していたことの表れであろう。

注

1）イラクの歴史については、16世紀初頭から19世紀末までを扱ったLongrigg 1925が古典的名著として残されており、またLorimer: I/1179-1624は、書物の性格上イラク南部に情報が偏りがちではあるものの、17世紀初頭から20世紀初頭までのイラク史を、オスマン朝スルタンの治世ごとに、イギリスをはじめとする諸外国との関係史をも含めて記す詳細な概説となっている。このほか、16世紀から20世紀初頭にかけてのバグダード史を、第一期（オスマン朝がイラクを直接支配した1534-1704年）、第二期（在地のマムルーク政権が支配権を握っていた1704-1831年）、第三期（オスマン朝が再度イラクを直接支配する1831-1917年）と三分割して紹介するMantran 1962がある。ただし、マムルーク支配期は、最近では1723-1831年［Perry 1987: 59-61］や1750-1831年［Nieuwenhuis 1981: 9］と考えられている。

2）これらのほかに、998/1590年の第一次イスタンブール協定、1021/1613年の第二次イスタンブール協定、1027/1618年のエリヴァン協定を入れる数え方もあるが［Erzurum: xv］、これらは国境紛争を解決するほどの大規模な協定ではないために、ここでは除外する。

3）Longrigg 1925: 17-19. また、イスマーイールは、カルバラー近郊のフッルの墓を暴くよう命じるが、このときフッルの遺体が殺害された当時のまま残されていたのを発見し、一転して彼を丁重に葬り、廟を建てたと言われている［Ardakānī 1381s: 149-150］。しかし、イスマーイールは、アブー・ハニーファらスンナ派の墓を徹底的に打ち壊したため、オスマン政府の反感を買い、これが後のスルタン・セリム（Sulṭān Salīm, 在位：1512-1520）によるイラン遠征への遠因ともなった。

4）Longrigg 1925: 21-26. スレイマン自身はこのときアブー・ハニーファの墓廟の修理を命じるのみならず、カルバラーやナジャフを参詣し、水不足に悩まされていたカルバラーに、ユーフラテス川から運河を引いた［BS: 1300/250］。

5）タフマースプは、スレイマンに対する別の書簡のなかで、メッカ巡礼者およびムハンマドやイマームらの墓参詣者たちが、殺人や略奪の恐れから、容易に行き来することができないということを切に訴えている［Ṭahmāsb: 295］。

6）ヒジャーズ地方とイラクを喪失したタフマースプが、イラン国内のシーア派聖地マシュハドに目を向け、メッカやアタバートの代替としてこの聖地を繁栄させようと企図したことについては、守川 1997: 7-18参照。

7）オスマン朝は実際には宗派にとらわれており、イランのシーア派を「キジルバーシュ」と呼び、異端として常に差別していたという説もある［Masters 1991］。

8）*TAAA*: 1004-1005, 1011-1012. サファヴィー朝の二度目のバグダード包囲とその後の攻防については、Longrigg 1925: 56-74参照。

9）ガスレ・シーリーン協定とも呼ばれるが、サファヴィー朝とオスマン朝の使節が相対峙したのはゾハーブであるため、本書では「ゾハーブ協定」の名をとる。

10）*Khuld*: 273, 277; Qazvīnī: 52. だが実際は両国家ともに、相手を侮蔑し、互いに「戦争の家」と認識していたという［IIB: I/xvi］。

11）Longrigg 1925: 73-74; Cole 2002.

12）この時代のイランについては、Lockhart 1958が詳しい。

13）ナーディル・シャーの事績については、Avery 1991を参照のこと。

14）18世紀中葉から後半にかけてのイラクでのマムルーク政権とイランとの関係についてはPerry 1987が、またバスラ政権の交易活動を中心に論じたものとしてAbdullah 2001がある。

15）サファヴィー朝の崩壊とアゼルバイジャンからザカフカース地方を巡るイランとオスマン朝の抗争については、オスマン側の文書を利用したShaw 2000が詳しい。

16）ナーディルの第１回目のバグダード包囲については、Longrigg 1925: 134-146参照。

17）Tuckerは、1736年に行われたナーディル・シャーとオスマン朝の和平交渉において、シーア派を第五の法学派として認めるよう求められたオスマン政府は、シーア派国家であるイランを同じムスリムであり、「イスラームの家（dār al-Islām）」の一員であると認め、さらにこのときの和平交渉の提案事項がすべてキャルダーン条約に受け継がれたことを論じている［Tucker 1996］。しかし、ナーディルからのこの提案はすぐには受け入れられず、拒否されたことが、1155/1743年の再度の対オスマン遠征へと繋がったとされる［*EI2*: "Nādir Shāh Afshār"］。

18）ナーディルのモースル包囲については、Olson 1975を参照されたい。

19）KRDANの読みは、IIBではKerdanと表記し、またイラン側ではGardānと表記されている。このほかにもKurdanという読みがある［IIB: I/xvi; Eruzurm: xv; Tucker 1996: 33; Masters 1991: 6］。ここでは「キャルダーン」の読みを便宜上あてておく。

20）条約全文の翻訳は、本書資料編を参照のこと。

21）MastersやNakashは、イラン人参詣者に関する項目は、この条約が初出のように記しているが［Masters 1991: 5-6; Nakash 1994: 167］、先に見たように、サファヴィー朝のタフマースプの時代にすでに現れている。

22）臨時税の一種。滞在税のようなものと考えられる［Mushīr: 19］。

23）ただし、このイラン人巡礼者を保護するという条文は十分に守られず、1188/1775年にキャリーム・ハーンがバスラに侵攻したのは、オスマン政府側のこの条約違反への懲罰が一因であったとされる［Avery 1991: 91; Masters 1991: 6］。条約の締結と現実のイラン人への対応とは乖離していたようである。

24）ナジャフやカルバラーへの資金援助や交易という観点からのイラン人参詣者の重要性、および18世紀末のインドとイラクを結び大金を運搬するイラン商人の存在については、Cole 1986: 465を参照のこと。

25）19世紀前半のイラクでのマムルーク政権については、Nieuwenhuis 1981参照。また、オスマン政府のイラクの人々への無視や無関心が、16世紀から19世紀にかけてはとくに、この地方での飢饉や疫病の多発を招いたとされるが、Murphy は、同時期に六度にわたって行われたイラクでの灌漑事業から、当時のイラクへのオスマン政府の関心が存在したことを跡付けている［Murphy 1987］。

26）カルバラー襲撃事件や19世紀初頭のイラン人参詣者や巡礼者への迫害については、本書第2章も参照のこと。

27）ザンド朝滅亡後、1210/1795年に Āqā Muḥammad Khān（在位：1796-1797）はグルジア遠征を行い、ティフリスを占領するが、この事件とその後のアーガー・モハンマド・ハーンの即位はオスマン朝に衝撃をもたらし、オスマン朝はエルズルムに軍を集結させることを余儀なくされた。しかし、アーガー・モハンマド・ハーンがオスマン領内に侵攻しない限り、オスマン政府は先のキャルダーン条約を遵守し、イランに対し友好を表明する方向に落ち着き、さらに露仏戦争中のフランスが、イランとオスマン朝の争いを望まず、ムスリムの国である両者が一致して共通の敵ロシアと戦うべきだと仲介に乗り出したために、この時点では両者は直接戦火を交えず、不穏ながらに小康状態は Fatḥ ʻAlī Shāh（在位：1797-1834）治世初めまで続いた。この間の過程は、ペルシア語・オスマン語史料を利用した AMQ: I/xv-xx に詳しい。

28）1220/1805-06年以降、クルディスターン地域ではオスマン側イラン側ともに反乱が相次ぎ、さらに1225/1810年にはバグダードを支配していたマムルークの Sulaymān Pasha が暗殺されるという事件が生じた。Sulaymān Pasha の没後は、バグダード長官職を巡って、イランとオスマン朝が相互に影響力を行使し、そのことがまたイラクの政情を悪化させ、この地域への両政府の介入を招いた［AMQ: I/xxi-xxvii］。

29）AMQ: I/xviii-xxx 参照。

30）イラン政府は、イラクで略奪にあったイラン人参詣者らの損害賠償を、条約交渉過程でオスマン政府に要求している［AMQ: I/192］。条約の全文は本書資料編参照。

31）友好関係を確立しようとした背景には、第一次イラン・ロシア戦争中に、オスマン政府もイランと相前後してロシアと戦っており（1806-12年）、両政府が「共通の敵ロシア」への対策として協調を模索した歴史があるのだろう［AMQ: I/43, 49-50, 68-71, 75-77, 93-99, 128-141, 143-146, 151-154, 159-163, 171-174 etc.］。

32）ガージャール朝期には、ナーディル・シャー時代のようなシーア派をスンナ派の第五学派とする見解は存在せず、イランはシーア派国家として自他ともに認識されていた。第一次エルズルム条約において、オスマン朝とガージャール朝が同じイスラームの国家として、和解と平和を強調する一方、両国家の宗派の相違に起因する迫害が行われていたことを、Pārsādūst も指摘している［Pārsādūst 1364s: 61］。

33）オスマン朝との交渉に最も尽力したのは、Mīrzā Ja'far Khān Mushīr al-Dawla であろう。彼のイスタンブール駐在期（1252-59/1836-43）は、以下で見るように、オスマン政府のイラク再支配確立期にあたるため、領土侵犯やイラクのシーア派ムスリムに対する迫害など、多くの事件が生じた。彼からは、現状を訴える多数の書簡がイラン政府やオスマン政府に宛てて提出されており、彼がイラン人の権利のために奔走した様子がしのばれる。その後も彼はオスマン政府との国境交渉官やロンドン特任大使などを歴任し、諸外国との折衝に活躍した。

34）第一次エルズルム条約そのものに対しても、ファトフ・アリー・シャーは満足せず、訂正版をオスマン政府に送付したが、オスマン政府はこれを受け入れなかった［AMQ: I/xxx-xxxi, II/7-8］。この事実から、第一次エルズルム条約はその最初期からとくにイラン政府にとっては納得のいく内容ではなかったことが明らかである。第一次エルズルム条約締結から第二次エルズルム条約締結に至るまでの、ロシアを交えた両政府の関係については、AMQ: II/7-28参照。

35）バグダードのマムルーク政権の弱体化とオスマン政府によるイラク支配の再確立については、Longrigg 1925: 262-276を参照のこと。

36）Sipihr: II/74. ペルシア湾の海港都市ムハンマラ（現ホッラムシャフル）は当時税関がなく、このため対岸のバスラの税収が減少したことが、バグダード州長官による侵攻・占領の理由であったという［Mushīr: 34］。

37）BOA.İ-MSM: 1047. この時期、イランとオスマン朝が深刻な事態に直面していたことは、イラク調査旅行中であった考古学者も触れている［Luftus: 2］。

38）19世紀初頭のカルバラーやナジャフといったシーア派都市は、オスマン政府や在地のマムルークの支配に与せず、地元のシーア派が半自治の形式で統治権を握っていたとされている。とくにカルバラーではその傾向が強く、イラクの支配を徐々に掌握しつつあったオスマン政府は、カルバラーに対して圧力をかけ続けていた。Najīb Pasha による攻撃以前にも、1824年にバグダード州長官の Dāud Pasha がカルバラーを包囲している。この包囲は11ヶ月に及んだが、住民はカーズィマインへと逃亡したため成功せず、Dāud Pasha はバグダードへ兵を還さざるを得なかった［Cole & Momen 1986: 112-124］。

39）実際には、攻撃の１ヶ月前には、Najīb Pasha は攻撃の意図をイギリス、フランス、イランの各大使館に知らしめ、攻撃の対象はカルバラーの敵対者のみであり、中立の市民は即座に町から逃げるよう警告を発していた。また、町の有力者の１人は、イランのシャーに包囲がなされないよう援軍を要請したが、イラン側は何ら対策を講じなかったとされる［Cole & Momen 1986: 126-127, 139］。

40）殺害された人々の数は、史料によって異なる。イラン側の史料では、10,000～12,000人という数字が挙げられる。オスマン側では2,000人という数字が挙げられるが［BOA.İ-MSM: 1836/11］、一方で、6,000人が殺害され、カルバラーから略奪品や15,000～16,000人がバグダードに連行されたという情報も見受けられる［BOA.İ-MSM: 1836/2］。イギリス側の史料では、市内で3,000人、市外で2,000人、住民のおよそ15%が殺害されたという［Cole & Momen 1986: 137］。また、イランへの亡命者も数千人にのぼったとされる。

41）この点については、Nakash 1994: 22-23でも指摘されている。これとは別に、キャルダーン条約から第二次エルズルム条約まで、オスマン＝イラン間で結ばれた条約の検討から、オスマン領内でのイラン人の地位の変遷を追ったものとして、Masters 1991がある。

42）ナーセロッディーン・シャーの初代宰相として、上からの改革や近代化に取り組んだが、失脚し殺害された Amīr Kabīr のこと。

43）しかし、国境問題、とくに両国の国境地帯に暮らし、国境を越えて季節移動を行うクルドの存在は、常に両国家の火種となり、イラン側のクルドはスンナ派としてオスマン政府に親近感を持ち、一方オスマン側のクルドは逆にシーア派としてイラン側に親近感を持つという交差した現象が生じていた。その結果、クルドの居住する地域の国境線を曖昧にするという政策が続けられ、クルドはシャーやスルタンから独立した存在として、イラン＝イラク・ルートの安全を脅かす存在であり続けた。

　第二次エルズルム条約は、途中、オスマン政府によるコトゥール侵攻、クリミア戦争（1854-56年）の勃発、イギリス＝イラン戦争（1856-57年）により中断も生じたが、1869年に議定書調印が行われ、1878年のベルリン会議の席上で、再度確認がなされた。

44）条約交渉中には、イラン側からの問題提起は常にカルバラー事件が筆頭とされていることからも、イラン側にとっての、この事件の影響の大きさが窺い知られる［Erzurum: 28-29, 31-33; BOA.İ-MSM: 1055-1103, 1831-1840］。

45）本書資料編の訳文もまた参照のこと。

46）イランがオスマン朝と結んだ諸条約の中で、第二次エルズルム条約が最も重要であることについては、様々な角度から述べられているが、主要な理由としては、以下の諸点が挙げられている。１．数世紀にわたってイランとオスマン朝が繰り広げてきたすべての抗争の歴史が結晶した条約であり、抗争を解決に導くための努力がなされている。２．両政府の国境が陸も海もこれまでの条約以上に詳細に定められた。３．初めて河川利用権について触れられた。４．イランとイラクの国境は、若干の変更はあるものの、この条約を基本として定められた。5．イランとイラクの領土問題は、この条約に端を発している。6．後世の諸条約の基本条項となっている［Erzurum: xvi］。条約そのものは、オスマン朝の補足事項のために歪められたと Mushīr al-Dawla は言うが［Mushīr: 43］、それでもなお、この条約は、両政府の抗争に終止符を打ったものとして、西アジア近代史において非常に重要な条約である。第二次エルズルム条約以降にイランとオスマン政府の間で結ばれた条約は、1329/1911年のテヘラン議定書、トルコ側が全国境を承認した1331/1913年のイスタンブール議定書、そしてイランとイラクの国境が確定された1937年のテヘラン（サーダーバード）条約である。

第二次エルズルム条約が締結される過程については、締結に関わったガージャール朝、オスマン朝、イギリス、ロシアの４ヶ国ともに、それぞれの思惑を記したきわめて貴重かつ豊富な資料が残されている。今後、それらを利用した第二次エルズルム条約の包括的な研究を期待したい。

第７章

参詣者と安全保障
——生命と財産を賭けて

アタバートを訪れるイラン人参詣者らにとって、最大の関心は、行路上の安全保障の有無である。道中の安全はアタバート参詣旅行に限らずとも、メッカ巡礼をはじめ、あらゆる旅行の場合に見られる普遍的な問題であることは言うまでもない。そうではあるが、徒歩で行うアタバート参詣旅行の場合、そのルートがオスマン朝とイランの国境を跨ぎ、また両国家の緩衝地帯ともいうべきクルド人居住区を通っていること、およびイラクには政府の支配が行き届かない遊牧アラブ部族（ベドウィン）が多数居住していたことなどから、一般の参詣者や旅行者にとって、大きな危険を孕む旅であった。このため、ペルシア語旅行記文献中には、街道の危険性について触れている場合が数多く見受けられる。

前章で見たように、オスマン政府がアタバート参詣者の安全確保に努めることは、1823年の第一次エルズルム条約では第２条で、また1847年の第二次エルズルム条約では第７条で、それぞれ明言されているのだが、実際はどうであったのだろうか。本章では、イラクでのイラン人参詣者は、常に略奪の対象とされていたこと、参詣者は生命と財産を賭して危険と隣り合わせのなかで旅していたことを見ていこう。これは、アタバート参詣の影の側面でもある。

1．イラン国内の治安

実のところ、参詣者の安全確保は、オスマン領内に限った話ではない。陸路を利用する参詣者の通るおよそ半分の道のりはイラン国内であり、年間10万人を数えるアタバート参詣者らのため、イラン政府もまた、参詣道中の安全確保に努めていた。1272/1855年にアタバートへ参詣した著者不明の旅行記は、現在確認されるガージャール朝期の旅行記のなかでは最も古い『アタバート参詣記』であるが、そのなかで著者は、

> テヘラン（dār al-khilāfa）からアサダーバードまで、昼も夜もかけてやって来た。参詣者やキャラバンや旅行者らが行き交い、1分たりとも道中［その往来が］途絶えることはなかった。女性や子供は手に手を取って進んでいき、国王（ナーセロッディーン・シャー）陛下へ祈願と賞讃を送っていた。狼が羊の群れに対し、危害を加えようとは思わないほど、広大な土地がこれほどまでの安全と安寧のうちにあることは、かつてなかったことである。［*Rūznāma*: 25］

と、イラン国内の安全性を賞讃している。しかし、実際には、イラン国内でも不穏な場所は存在した。イラン国内でとくに問題となるのは、ケルマーンシャー州の治安であった。ケルマーンシャー州は、イラン西部に位置し、イラクと国境を接している。参詣者の利用するルートは、ケルマーンシャー州の州都であるケルマーンシャーから、山岳地帯を抜ける一本道の隘路であることは、先にも触れた。国境を接しているわけではないが、ケルマーンシャー州の隣のハマダーン州もまた、当時治安が悪かったようである。これらの州は、首都のテヘランから地理的に遠く、クルドやロルといった遊牧民の居住地でもあったため、中央政府の統制が効きにくい場所であった[1)]。上に挙げた参詣記の記述に見られるように、19世紀中葉になると、ケルマーンシャーまでは比較的治安

が安定していたようであるが、ケルマーンシャーから先、国境のハーナキーンまでの街道はしばしば盗賊が出没し、参詣者らを襲っては金品を強奪していた。そのため国境越えの数日間の行程においては、参詣者らも緊張した雰囲気の中で通過している[2)]。

国境付近で盗賊が頻発するのは、イランとイラクの山岳地帯には、先述のように遊牧生活を送るクルド人が暮らしていたことが関係している。1847年の第二次エルズルム条約により、彼らの帰属が一旦は定まるものの、この地のクルドはスンナ派とシーア派が入り乱れ、かつガージャール朝とオスマン朝のどちらの政府に対しても、その忠誠心は希薄であり、きわめて曖昧であった[3)]。

もっともイラン国内の治安状況について述べているイラン人旅行者は、Fakhr al-Mulk に代表されるように、「かつては盗賊の地（duzd-gāh）であったが、今は国王（ナーセロッディーン・シャー）陛下のおかげで安全である」というイラン国王への追従を含んだものであるため、現実をどの程度反映しているのかはわからない。しかしその Fakhr al-Mulk 自らが、イラン国内の多くの場所で「盗賊の地」という表現を用いており[4)]、国内といえども盗賊が跋扈する、参詣者たちにとっての難所が多々存在したことを窺わせる。

他方、19世紀中葉以降のケルマーンシャー方面は、ケルマーンシャー州長官であった ʻImād al-Dawla[5)] がロルの鎮圧に尽力したため、一定の治安は保たれていたと考えられる。この ʻImād al-Dawla は、参詣者や旅行者を守るにあたり、ケルマーンシャーからハーナキーンまで数人の銃を装備した騎兵を配し、宿場町から町ごとに旅人のピストン輸送を行わせていた[6)]。このように国境の役人が旅行者に護衛をつける習慣は、20世紀に入ってからも確認される。1920年代にバグダードから自ら車を運転してイラン入りした英国諜報員に対して、イラン側の税関は2人のみすぼらしい護衛をつけたが、この配慮は、彼らの通る数日前にクルド人によって車が放火され金品が奪われたり、旅行者の一団が待ち伏せされて数人が殺されたりする事件が起こっていたからであった［シンクレア：76］。

19世紀中葉の別の参詣記著者は、ガスレ・シーリーンからハーナキーンに至る街道について、かつては5,000人の参詣者でさえも、この道を通る力を持っていなかった。恐怖と不安なくして、誰ひとりこの道を通ることはなかった。しかし今は、至高なる［イラン］政府の配慮のもと、3～4人でも安心してこの道を通っている。騎兵や兵士が、参詣者を安全に送り届けているのである。
［Adīb: 72］

と述べている。同様に、19世紀中葉の官報においては、国境線を挟むガスレ・シーリーンとハーナキーン間は危険で盗賊が頻繁に出没する場所として知られていたのが、'Imād al-Dawla の州長官赴任後はまったく問題がなく、ジャーフ（Jāf）やアフマドヴァンド（Aḥmadvand）といった部族も手が出せず、旅行者は1人や2人でも安心して通ることができると報告されるなど、ケルマーンシャー州長官による道中の安全性を謳う情報が、頻繁に掲載されている[7)]。

19世紀中葉以降は、イラン国内は「国王陛下のおかげで」安全・安心であったと、ペルシア語史料では縷々述べられるのである。

2．イラクの治安

アタバートへ参詣するイラン人にとって旅のルートのおよそ半分はイラン国内が占めるとはいえ、やはり問題は、イラクの治安と安全性であった。参詣者らが襲われやすいのは、山の谷間や周辺に村落のない荒野である。先述のように、ガスレ・シーリーンからハーナキーンへの国境地帯は危険に満ちており、盗賊による混乱がしばしば生じていた。参詣者にとり、国境を越える一帯は最初の関門であり、さらにその先のイラクは異国という不慣れな土地であるために、ケルマーンシャーを過ぎてからは常に危険と隣合わせのまま旅をしなければならない。ペルシア語旅行記では、イラン国内と比較すると、イラクの街道の安全性について殊のほか頻繁に記されているが、このことは、参詣者らの関心や不安がもっぱらその点に向けられていたことを物語っている。

彼らの不安を裏付けるように、イスタンブールの総理府オスマン文書館には１通の被害届が残されている［BOA.A.DVN.DVE(20): 70/7］。バグダードのイラン領事館（Kārpardāz-khāna）からオスマン政府に対して出された1282年シャーバーン月２日（1865年12月21日）付のこの文書には、イラクで生じたイラン人への強盗や殺人に関する事件が、大判６ページにわたって記されている。その内訳は、被害状況が詳細に記されているもの21件、箇条書きのもの17件、簡単な被害状況が羅列されたもの113件の、総計151件もの事件からなっている[8)]。この被害リストの中から、居住者や店舗への強盗事件を除外すると、イラン人キャラバンを襲う盗賊による被害は、ハーナキーン、シャフラワーン、キジル・リバート、バークーバ、バニー・サード（オルタ・ハーン）、マフムーディーヤ、ムサイイブなど、イラン人の利用する参詣ルート上に位置する街道で多数発生している点が特徴として挙げられる。キャラバンで襲われているのは馬子や商人などの場合もわずかながらあるが、大半は明確に「参詣者」と記されている。すなわち、イラクで事件が生じやすいのは、イラン人参詣者ときわめて関係の深い場所であり、強奪の対象となっているのも参詣者自身なのである[9)]。このような具体的な事例からも、参詣街道上の治安は、イラン人参詣者にとっては何よりも重要な問題であったと言える。

ペルシア語旅行記では、上述のハーナキーンからバグダードに至る街道に次いで強調されているのは、バグダードからサーマッラーへ向かうサーマッラー街道の危険性である。1266/1849年には、サーマッラーで200人の参詣者が襲われ、そのなかの100人が殺されるという一大事件が起こっている［BOA.HR.MKT: 29/14］。同街道の危険性ゆえに、イラン人参詣者はサーマッラーへの参詣をためらったり、サーマッラーでの滞在を短くしたりする傾向にある[10)]。たとえば1272/1855年に訪れた参詣者は、

> １時間進み、ハーン・ナッジャールに到着した。外で宿営し、夜はそこに泊まった。恐ろしく、不穏な場所である。参詣者の誰ひとりとして、恐怖ゆえに眠ることができなかった。朝になるまで見張りに勤めた。私はその晩、とても気分が悪くなった。朝、その状態のまま［サーマッラーへ向け

て］出発した。［*Rūznāma*: 38］

サーマッラー街道のハーン・ナッジャールに至る道が危険であることは、翌年訪れた別の参詣者も述べている。彼は途中のキャラバンサライに到着してから、宿の者２人を夜間見廻らせるほどであったにもかかわらず、２人の盗賊がやって来て、キャラバンサライの屋上で寝ていた彼の従者の頭の下から、糧食や金子や薬などの入った袋を盗み出した。結局、宿の者は何の働きもしなかったために、盗賊の手下であったのだろうと彼は考えたが、その５日後に訪れた参詣者の一行は、盗賊に襲われ身包みを剥がれた［Adīb: 96–98］。40年後の1316/1899年には、サーマッラーへの一部ルートの通行禁止令がイラン政府によって出されている［MATD: 1316/32/17］。

このほか、イラク内で危険な場所として認識されていたのは、ナジャフ＝クーファ間の街道である。19世紀中葉のクーファは、

> クーファ・モスクからナジャフまでは１ファルサング半（約10キロメートル）である。しかし道は沙漠に暮らすアラブのせいで恐怖に満ちている。500歩ごとに［見張り］塔が建てられ、アラブが人々の荷を強奪にやって来たなら、銃兵を塔に送って盗賊を追い払うのである。［Adīb: 174］

という状況であった。これと同様の状況を、19世紀後半にイラクを旅行したオスマン政府役人も伝えており、「クーファとナジャフの間にある沙漠では、かつてアラブたちが参詣者を襲っていたために、10分ごとに［見張り］塔が建てられ、兵士が配備されていた。しかし今は完全に安全であるため、兵は撤収し、塔が朽ちかけている」［ʻÂlî: 85］と述べている。これを安全になったと見るか、オスマン語とペルシア語という史料の性格の違いによるものと見るか、意見が分かれるところかもしれない。

ナジャフから10キロメートルほどしか離れておらず、参詣者が必ず訪れようとするクーファでさえも、遊牧民による襲撃の危険性があったのであるから、より小規模な参詣地は、たとえ幹線道路の近くにあったにせよ、安全が確信し得ない限りは、イラン人参詣者にとってそこへの参詣は困難であった。た

とえば、本書第4章で述べたように、バグダード＝カルバラー間にあるムサイイブ近郊には、ムスリム・ブン・アキールの息子であるムハンマドとイブラーヒームの墓がある。しかし、この墓は三分の一ファルサングほど（約2キロメートル）街道から離れており、周辺に暮らすアラブの襲撃を恐れたために、参詣者たちはこの墓を参詣することができなかった［Adīb: 141］。同様に、カルバラー近郊のフッル廟へも遊牧アラブの襲撃を恐れ、参詣者たちはほとんど訪れず、訪れたとしても積荷を墓廟の中庭に置いて安全を確保している有様であった［Nāṣir: 118; Fakhr: 56］。このように、街道の危険性は、イラン人参詣者をして参詣に行くのを躊躇わせることもあるほどであり、参詣を目的にイラクまで来ている参詣者にとっての弊害は実に大きい[11]。

このようなイラクでの街道上の危険の最大の原因は、周辺のアラブ部族である。オスマン政府がイラクを掌握したとされる19世紀後半に入ってもなお、遊牧アラブの脅威はなくならない。19世紀には、イラクの全人口の中で遊牧民は60パーセントを占めると推測されていたが［Çetinsaya 1994: 38］、そのなかでもアニーザ（ʻAnīza）部族[12]は悪名高く、イラク全域に広がるこの部族を掌握することは、オスマン政府にとって非常に困難であったようである。アニーザ部族のことは、イラン人のみならず、欧米人旅行者も恐れを抱いている［Ussher: 472］。この部族は、バグダードの南方や西方に居住していた大部族で、秋になるとカルバラー近郊へ出没し、参詣者らを襲っていた。加えてこの時代のバグダード以南の遊牧アラブは、ペルシア湾岸に近くなるほど重装備になり、マスカットやクウェートからの密輸銃で武装していたとされ、同様に、バグダード＝カルバラー間の在地のアラブは、二連式の前装銃で武装していたと言われている［Lorimer: II/791, 818, 977］。法律では厳格な銃規制が設けられているにもかかわらず、イラクでは部族民の間に銃が蔓延していたのであり、政府の統制が行き届いていなかったことが明瞭である。

ところで、アラブやクルドの遊牧民にとって、イラン人参詣者は格好の略奪対象であった。聖地参詣をなし得るイラン人参詣者のなかには貧しい者もいるが、それさえも長旅のために現金か何らかの金目の物品を所持しており、また国王の親族や政府高官といった富裕層は、大金を準備してイラクに向かっていた。また、本書第5章で見たように、参詣者キャラバンのなかで遺体を運んでいる場合、滞在費のほかに聖地での埋葬費など多額の現金を所持している可能性が高く、遊牧アラブ部族にとって、このような「悪意のないイラン人参詣者キャラバン」[Peters: II/321] は、うってつけの襲撃対象だったのである。ある英国人旅行者は、イランからバークーバへ向かう途上で襲われたが、夕闇のなかで盗賊団に対し、イラン人参詣者ではなくイギリス人の集団だと通告して、その瞬間は事なきを得たと言うほど、イラクではむしろイラン人参詣者のほうが餌食となりやすかった [Bellew: 466]。

また、遊牧民による襲撃は、参詣者や商人の積荷を奪うという強盗に終わらず、先述のように銃で武装しているため、ときにキャラバンとの間で銃撃戦が生じ、その結果参詣者が殺害されたり、あるいは女子供が連れ去られたりすることもしばしばあった。1273/1856年の文書によると、ここ数年間で300人のイラン人が、イスタンブールやバグダード州、トラブゾン＝エルズルム街道などのオスマン領内で殺害されたり襲われたりしているという [BOA.HR-SYS: 722/10]。先に挙げた被害リストにおいても、大方は金品や駄馬の略奪といった事件であるが、殺害された参詣者も少なからず存在している。ある参詣者は、カルバラー滞在中の新たな情報として、別の参詣者たちから聞いたイラン人参詣者襲撃の話を記している。

> キジル・リバートとシャフラワーンの間で、不実で不義の子（valad al-zinā-yi pidar-sūkhta）である盗賊どもが、200ほどの馬で参詣者たちに襲いかかった。17人ほどであった参詣者らはみな、裸にされてしまった。[Fakhr: 44]

このときの被害者のなかには、ムジュタヒドの息子もおり、身包みを剥がれたまま裸で妻子の手を引いてキジル・リバートまで戻った。また、参詣者のなかには銃で応戦しようとした者もいたが、死には至らなかったものの、逆に被弾したという。

参詣者は襲われやすいというイラクでの現状から、参詣者自身の盗賊への恐怖は、旅行記中に散見される。たとえば、カルバラーからカーズィマインへ戻る途中で数人の騎兵を遠目に見たある参詣者は、盗賊ではないかと恐れ、後れをとっていた輿や積荷の一行が来るのを待ち、それらを先に遣ってから自分たちは武装して銃を装填した。結局、その者たちは盗賊ではなかったのであるが、その晩の会話は昼間の恐怖についてばかりだったと述べており［Fakhr: 57］、イラン人参詣者のイラクの盗賊に対する恐怖心や旅中の緊張感を窺い知ることができよう。

ハーナキーンとキジル・リバート間を通過した参詣者の一行は、その周辺にはアフマドヴァンド部族がおり、在地の郡長（qā'im-maqām）さえも彼らを恐れるほどであったために、昼食もとらずにその地を駆け抜けた。彼はそのときの感想を以下のように述べている。

> 今日の道は５ファルサングであった。しかし、二つの城砦［都市］の間の５ファルサングは、あまりにも恐ろしかった。一体全体何なのか。もしオスマン政府がアフマドヴァンドを懲罰する力がないのであれば、丘や谷間の続くこの道の半ファルサングの場所に二つの衛所（qarāvul-khāna）を建て、それぞれに50人の駐屯兵を常時配備すれば、必ずや道の規律は保たれ、旅行者が安心できるであろう。［Fakhr: 33］

このように、実害のあった遊牧アラブ部族による襲撃に備えることこそが、オスマン政府に求められていることであり、参詣者の切実な願いだったのである。

3．オスマン政府による参詣者保護策

オスマン政府は、イラン人参詣者への遊牧部族による襲撃に対して無関心であったわけではない。前章で述べたように第二次エルズルム条約では、オスマン領内でのイラン人参詣者の安全確保が明確に記されているが、オスマン政府はイランからの参詣者の安全を護るべく配慮し、少なくとも参詣者は個々に行動するのではなく、集団で行動することを奨励していた。また、次章で検討する外交文書においても、

> 殊に、参詣者の安全や安心の源を完成させるためにも、今後、如何なる場所や宿泊地にも十分な兵士を任命し、あるいは参詣者キャラバンとともに充分な騎兵隊を同伴させるという処置が取られるであろう。[AMQ: III/60]

として、兵士の任命と参詣者キャラバンへの同行を保証している。オスマン政府による参詣者集団への護衛配備は旅行記文献からも確認され、ケルマーンシャーからハーナキーンまでイラン政府が採っていたのと同様のピストン輸送方式で、オスマン政府はキャラバンに衛兵を配備し、町から町へと参詣者らを護衛していた[13)]。盗賊の多発地帯であったハーナキーン＝バグダード間のみならず、バグダード以南のムサイイブでもまた、常時300人のオスマン兵士がおり、カルバラーへ向かう参詣者とともに派遣され、またムサイイブに帰ってくるという措置が採られていた［*Rūznāma*: 40］。一方1266/1849年には、前年の犠牲祭に向けてアタバートへ行っていたイラン人参詣者2万人がいたところでムサイイブの橋が壊れ、参詣者らに遅延が生じるという事件が生じた。このときオスマン政府は、周辺はアニーザ部族による被害が多かったので、2万人の参詣者を6,000人の兵士と6台の大砲で護衛しながらバグダードに帰らせるという措置を採った［BOA.HR.MKT: 29/14］。このほか、ナジャフからカルバラーへ向かう場合や、とくに危険地帯とみなされたサーマッラーへ行く場合には、参詣者らは必ず集団で行動し、銃を携行したオスマン政府の衛兵が、参詣者集団には配されていた。

ただし、イラクでの憲兵（żābiṭīya/jandarmarie）の実数は3,500人であり、その多くはクルドからなり、30～50人で各地を巡回しているため町中には少ない、というきわめてお粗末な実態であったことも事実である[14)]。さらに、イラク地方（バグダード、バスラ、モースル）では、州政府の支出の三分の二が、同地方を防衛する第六師団と憲兵に費やされているが、これらは対イラン防衛のためであり、参詣者の安全を守るためではなかったと言われている［Çetinsaya 1994: 47］。参詣者の安全を保障するための衛兵は不十分であったというのが当時のイラクの実情であろう。このように、オスマン政府による公的な護衛が十分には期待できないなかにあって Adīb al-Mulk や Fakhr al-Mulk など、イラン国王の廷臣でもあり、バグダード駐在のイラン領事とも懇意であった有力者らは、特別な便宜を図ってもらい、帰路のイラク内においては常に数人から20人ほどの騎馬の護衛兵とともに行動している。もっとも、この護衛兵らには報酬を支払っており、イラクでの安全は参詣者自身が買うものであった[15)]。

さらに、夜間の移動は襲撃を受ける危険性が大きかったために、参詣者が多く通行するハーナキーンからカルバラーまでは、夜間移動が原則禁止されていた[16)]。とくに夏場は、暑さゆえに日中の移動が困難であるにもかかわらず、治安対策の観点から、イラクにおいては一般の参詣者が夜に移動することは禁じられていたのである。

また後述のように、ときに銃を装備して訪れる参詣者らは、都市の内部では銃器を預けなければならなかった。カルバラーでは、南方のナジャフ門で銃や火器を預け、領収書（qabż）をもらう決まりになっており、ナジャフでも同様に銃を預けている事実が確認される[17)]。銃の届け出をめぐっては、参詣者から預かった武器が損傷される事例があったことや、イランからの高官でさえも街中での武器の携帯を認められず、住民をも巻き込んだトラブルが発生していたことなどが確認されるが[18)]、市内での銃の携帯禁止は、少なくとも市街での治安が保たれていたことの傍証となろう。

第二次エルズルム条約締結後の1265/1849年付のバグダード州長官 Najīb Pasha の書簡では、イラン人参詣者らの安全を考慮して、国境からアタバートまで騎兵を配備するにもかかわらず、参詣者らは3～5人という少人数でやって来ては襲われ、かつ被害額が10クルシュ程度のものを100,000クルシュだと申告するのが現状であるとして、彼らの苦情を聞く必要はない、と中央政府に上奏している［BOA.HR.MKT: 23/82］。一方でこの時期には、バグダードからケルマーンシャーの間でイラン人が襲われない日はないにもかかわらず、バグダード州長官は何ら対策を講じないのみならず、被害者がイラン臣民ではなくロシア臣民であれば、即刻対処するという差別的な処遇が行われていたことを、駐イスタンブール・イラン大使はイラン政府に報告している［GAIU: I/332-333］。両者の言い分は、立場の相違に基づくため正反対ではあるものの、それぞれに当時の現状を伝えていると考えられる。

以上のように、憲兵の効力に疑問がないわけではないが、オスマン政府は、集団行動の推奨、衛兵の配備、夜間移動の禁止、市内での銃器の携行禁止など、参詣者の安全確保に努めていた。1284/1867-68年に旅行した参詣者は、国境付近の安全性のなさに触れつつも、Nāmiq Pasha がバグダード州長官となってからの2～3年は道中が安全になったと伝えている［I'tiṣām: 61-62］。また1295年シャッワール月18日（1878年10月15日）付で、バグダード州長官自身が「［バグダード州内の］各地で参詣者の安全確保に尽力している」との電報を中央政府に送電していることからも［BOA.HR-SYS: 726/54］、バグダード州では、州長官によって参詣者の安全を考慮した措置が採られていたと考えられよう。

4．イラン政府による参詣者保護策

一方、イラクでのイラン人参詣者の安全確保のために、イラン政府はどのような対策を行ったのであろうか。

（1） 領事（*kārpardāz/shahbandar*）の任命

本書第6章で見たように、オスマン政府と対峙するにあたり、領事館の設置はイラン側にとって長年の懸案事項であった[19)]。オスマン領内のなかでもとくにバグダード州の場合は、イラン人居住者が多いことに加えて、毎年多くの旅行者が参詣のために往来するという点は重要であった。大勢のイラン人がイラクへと向かう状況のなか、1258/1842年に生じたカルバラー事件は、イラン政府に、アタバートに詣でるイラン人参詣者や当地に滞在するイラン人の庇護や保護（ḥüsnü-ḥimâyet ve ṣaḥâbet）の必要性を再認識させる結果となったと考えられる。和平条約交渉中の1260年ムハッラム4日（1844年1月25日）の書簡において、イラン政府は、アタバートを参詣するイラン人参詣者や居住者の安全を確保するために、各地にイラン人の領事（*shahbandar*）や代理人（*vakīl*）を任命するよう求めている［BOA.İ-MSM: 1081/9］。このイラン政府の要求は、1847年の第二次エルズルム条約で結実し、オスマン政府にとっての「友好国」とされるヨーロッパ諸国同様の特権（imtiyāzāt）が認められた（同条約第７条)。条約締結後、常にその第７条をもとに、イラン側からはオスマン領内各地への領事の任命がなされた[20]。

キャルダーン条約から第一次エルズルム条約に引き継がれた、首都（イスタンブール）における常任大使の存在は別として、イラン側がオスマン領内の地方都市に領事を任命した時期や場所は、現段階ではほとんど明らかにされていない[21]。当初はさほど多くはなかったと推測されるが[22]、しかし、1265/1849年にはMushīr al-Dawlaがバグダード領事の存在に触れており、さらに1268年ズー・アルカーダ月（1852年９月）には、Mīrzā Ibrāhīm Khānという人物がバグダード駐在領事に任命され赴任するという記事が官報に見られることから[23]、バグダードでは第二次エルズルム条約締結後、かなり早い時点でイラン領事が駐在したと考えられる。その後、1288年ラジャブ月６日（1871年８月18日）付で、ナジャフ・カルバラー領事Mīrzā Javād Khānの交代に伴い、ナジャフとカルバラーそれぞれに、新しい領事を任命したとの文書があることから［BOA.A.DVN.DVE(20): 70/58, 70/59］、この時点まではナジャフとカルバラーは１人の領事が兼任していたものが、この年から別々の領事が派遣されることになったのだろう。

ガージャール朝期の最初の『イラン年報』(1290/1873-74年版）によると、大使館や領事館が設置されている都市として挙げられているのは、大使館（sifārat-khāna）がイスタンブール、ペテルブルク、ロンドン、パリの４都市であり、領事館（kārpardāz-khāna）がバグダード、カルバラー（領事部)、カイロ、エルズルム、トラブゾン、ティフリス、ハッジー・タルハン、ボンベイとなっている［SI: 1290/20-21］。その２年後の1292/1875-77年版になると、ナジャフとカルバラーには別々の領事や書記官らが任命されており、さらにカーズィマイン、サーマッラー、ハーナキーン、ムサイイブ、バークーバ、アマーラ、バスラ、ヒッラ、マンダリーの各地において代理領事（*nā'ib*）の名が確認される［SI: 1292/n.p.］。この年新たに増設された領事館は、ほかにダマスクスの領事館のみであり、イラン政府が急速にイラクに領事を派遣している事実が浮かび上がる[24]。すなわち、州府であるバグダードやバスラは当然のこととしても、そのほかにもアタバートの主要四聖地には必ずイラン領事が任命されており、加えてイラン国境の町であるハーナキーンや参詣街道上の主要宿駅にも代理領事が配置されていたのである。これら領事の駐在場所から判断するに、イラン政府が持っていたイラクに対する認識、すなわちシーア派イマーム廟を抱える聖地および、イラン人参詣者の大半が通過する国境のハーナキーンをはじめとしたアタバート参詣街道の重要性を物語っていよう。メッカ巡礼行路や世界の各地に散らばるイラン商人以上に、イラン政府にとってはイラクが重要なのであり、そしてそのイラクの重要性とは、あくまでもシーア派聖地の存在とそこを訪れる参詣者を保護しなければならない土地であるということに拠っていたのである。オスマン政府が、カルバラーやナジャフへのイラン領事館の設置は、シーア派を助長するとして難色を示していたにもかかわらず、である［BOA.HR-SYS: 725/14］。

さて領事の仕事は、イラクに暮らすウラマーやイラン人の不満をオスマン政府に伝える仲介者・代弁者としての役目に加え、アタバート参詣を行うイラン人の安全や利便を図ることが主要な任務であった[25]。実際、第二次エルズルム条約以降、イラクに駐在したイラン領事からは、多くの報告書がイラン外務省や在イスタンブール大使館に送付されている。イラン外務省へ送られる書簡の多くは日々の勤務状況を綴ったものであるが、そのなかには、イラクの治安状況や在留イラン人の状況などが記されることもあり、あるいは次章に見るオスマン政府に対する要望も散見される。

一般に、初期の領事はイランからの送金が不確定であり、かつ俸給も少なかったために、生活は非常に苦しかったようである[26]。しかしその後は領事の豪奢な生活が指摘されることもあり［Fakhr: 61］、経済的な状況は改善されたようで、領事の権限の強化や存在意義の認識の広まりが推察される。旅行記史料においては、バグダードなどに駐留するイラン領事についての記述が多々ある。しかし、領事に対する言及はどれも辛辣な批評となっており、参詣者の安全が脅かされ、かつ次章で見るように参詣者に多大な弊害やトラブルが生じるイラクの状況を目の当たりにした旅行者らは、領事に対して常に批判のまなざしを向け、イラン政府の代表者たる領事が十分にその役割を果たしていないと感じていたようである[27)]。

（２）　その他の対策

アタバートへ向かう参詣者を護る具体的な策が、領事の任命以外にイラン政府にあったかどうかは不明である。メッカ巡礼に関して言うと、イラン政府は事前に在地のシャイフらに金品の贈り物をすることで、巡礼者らの安全の保障を得ていた[28)]。さらに、19世紀後半においては、メッカ巡礼の時節になると、イラン大使からオスマン政府に向けて、イラン人巡礼者の安全を要請する文書が毎年提出されている[29)]。また、街道上に危険がある場合には、政府によって通行禁止例が出る場合もあり、1300/1889年には、ナジャフからナジュド砂漠を通ってメディナへ向かうジャバル・ルートが禁止されており、同年末にも再度同ルートの通行禁止が通達されている[30)]。

このように、メッカ巡礼とそのルート上のアラブ諸部族に対しては、イラン政府がオスマン朝への要請や在地シャイフへの心づけといった尽力を行い、イラン国内に向けては危険ルートの通行を禁止する措置を採るなどしていたことが明らかであるが、一方のイラクに関しては、現在までのところ、イラン政府が直接アラブの遊牧部族に対して何らかの懐柔策を行っていたという事実は見つかっていない。領事の任命以外には、本書第２章でも触れたように、イラクの情勢不安や疫病流行を理由に、アタバート参詣の禁止を通達する施策がたびたび行われていたということが確認されるのみである。1272年サファル月13日（1855年10月25日）付の官報によると、ハーナキーンからナジャフまでの街道にアラブが跋扈し、旅行者たちの安全はまったくなく、バグダード近郊のキャラバンサライでは、マーザンダラーンやラシュトの参詣者ら400人以上が襲撃されたという情報が入る［RVI: II/1556］。この時期は、秋の旅行シーズンであると同時に、１年前にアタバート参詣が解禁されたばかりであったので、ケルマーンシャーでは続々と集まる参詣者たちの安全を確保するために、100人の歩騎兵を配備している。しかしこのような衛兵も、イラク国境のハーナキーンまでしか警護はできず、イラン当局としては、旅行者のイラクでの安全確保はオスマン政府に委ねるしかなかった。このため、危険や問題が生じた際には、「通知」や「禁令」という形で情報提供を行い、参詣旅行そのものを思いとどまらせることが最も効率的であり、それ以上の手立てはとれなかったというのが実情であろう。

具体的な策は採れなかったかもしれないが、イスタンブールやイラクに駐在するイラン政府の大使や領事は常に、アタバートへの参詣者の安全が保障されるようオスマン政府に要請しており、それゆえこのような領事らの存在意義を過小評価するべきではない。というのも、参詣者問題を政府間交渉の題材とすることもまた、オスマン政府側の注意を喚起するために重要なことであり、領事や大使といった政府を代表する代弁者の存在なく、一般の参詣者が異国にあるシーア派聖地を参詣するという目的を達成することは、この時代きわめて困難だったからである[31)]。

5．自衛の手段

参詣者らの側もまた、ベドウィンからの襲撃に対して手をこまねいてはいなかった。先にも述べたように、彼らは大集団になって行動することで被害を減らすよう努めた。集団で行動（群参）することは、オスマン政府によって奨励されていたことでもあり、オスマン側にしてみれば、イラン人参詣者が個々人で行動すると、襲撃に備えるべくそれぞれのキャラバンに対応することは困難であり、兵力の面でも、またその兵力を養う経済的な面でも負担が大きい。実際、参詣者のなかには、個別行動をとったために追剥ぎに遭遇したり道に迷ったりする事例が確認される［*Rūznāma*: 56］。そのため、19世紀末のあるイラン人参詣者はイラク入りした直後に、バークーバからバグダードへ行かずに、ガーザーニーエ経由でサーマッラーへ行こうとしたが、

アニーザ族の追剥ぎや強盗がガーザーニーエにはいて、参詣者らの生命や

> 財産に危害を加えている、と知らされた。我々のキャラバンからは、誰ひとりとして恐怖ゆえに行こうとはしなかった。私もまた、キャラバンなしで行くことは理性からかけ離れていると考え、それゆえオルタ・ハーンへと向かった。カーズィマインに到着後、もし神が望み給うならば、サーマッラーへ参ろう。［Mishkāt: 55］

と述べているように、大勢からなるキャラバンなしでの単独行動は、非常に危険な行為であったことを参詣者自身も理解していたのである。本書第３章で検討した、参詣者が集団で行動するというアタバート参詣旅行の様態は、ひとえに道中の安全を考えた行為であったと言える[32]。

一方、「一瞬でも武装せずに進むことや、あるいは荷物から目を離すということは恥知らずなことである」［Ferrier: 9］と言われているように、19世紀においてはすでに、旅行者が銃などで武装せずにイラクで旅することは不可能であり、とくに高官の場合は、自ら銃を携えて参詣に向かった[33]。オスマン政府側としては、オスマン領内に入国するイラン人参詣者の武器の携帯は禁止していたようであるが[34]、それにもかかわらず、彼らが銃を携えてアタバートへ向かっていた背景には、本書第３章で触れたような食料調達や余暇の狩猟という側面だけではなく、これまで見てきたように、道中の安全面での問題が何にも増して重要だったことは容易に考えられる。

さらに、見知った道を行く場合は良いとしても、知らない道を行く場合は案内人を雇うのが常であった［ʻAżud: 138; Fakhr: 72］。盗賊である部族の人間を同行させ、道中の食事を供し、数行程案内させて帰らせる、という自衛策を採っている例も見受けられる。

> 彼らの決まりでは、どのような集団であっても、そのなかに彼らの人間がひとりでもいれば危害を加えないらしい。［*Rūznāma*: 40］

このような自衛策がどれほどの効果をもたらしたのかはわからないが、サーマッラーからカーズィマインまで盗賊団に属するアラブ人１名を同行させた参詣記著者は、道中ひとりのアラブを見ることもなく、無事に到着したと記している。

以上見てきたように、第二次エルズルム条約締結後は、以前にも増して参詣者問題に敏感となったイラン政府の働きかけと、被害に対しては素早い対応や厳格な処罰が取られるというオスマン政府の尽力でもって、1297/1880年には、「参詣者の状況はかつてよりも良くなった」という報告が出されている[35)]。

確かに、19世紀のみならず20世紀初頭に至るまで、イラクでは非常に多くの参詣者への襲撃例が見られた。参詣者にとっては、イマーム廟への参詣のためとはいえ、イラクでの旅は、心理的にもまた現実にも、生命や財産を喪失するかもしれないという不安が大きな障壁として立ち塞がっていたと考えられる。その結果、イラン国内での旅行も決して安全なものではなく、同時代の欧米や日本からの旅行者が口々にイラン国内での旅行の危険性を述べているのとは対照的に、イラン人旅行者にとっては、イラン国内は安全であり、イラクという「外国」は危険で不穏な地域である、という認識が行き渡っていたように思われる。アタバート参詣の最大の障壁が街道上の治安であったことは、旅行記史料からも外交文書史料からも明瞭に読み取れる事実なのである。

本章で見たように、イラン国内の治安は国王陛下のおかげで良好になったという一方で、イラクの治安の悪さを口々に述べるイラン人参詣者の表現は、旅行記史料特有の追従と誇張が混じるため、全面的に信用し得ない面もあろう。しかし、彼らが一様にイラクの安全面での不備を述べるのは、彼らが内面に抱える異国への不安が原因と考えられる。この点において、オスマン朝下のイラクは、イラン人参詣者にとってあくまでも「外国」であり、イラン領事を媒体とした訴えやイラン政府による働きかけ、あるいは参詣者自身の自衛策をもってしても、不案内な彼らの安全は、最終的にはオスマン政府に委ねるしか方法はなかった。彼らは生命や財産を脅かされるという心理的な圧迫のもとに参詣旅行を行っていたのであり、そして実際に、参詣者は略奪の対象とされることが、当時のイラクでは頻繁に見られたのである。

現状がどれほど安定していたかは疑問が残るものの、媒介となる領事の存在やオスマン政府による治安の維持、および情報の伝達と自衛策を背景として、参詣者数の増加という現象が19世紀後半に生じたものと見られる。条約締結も重要であるが、実際に生命や財産の安全が確保されてこそ、イラン人はアタバートに向かうことが可能となったのである。この点が、伝統的に巡礼団長の指揮下に統率されて移動するメッカ巡礼とは大きく異なる点であり、シーア派聖地への参詣という、個別の宗派に限定され、その宗派を擁する政府にとっては主権の範囲外の地域での話であり、一方当該地域を支配する政府にとっては宗派上の相違ゆえに政府の威信をかけるほどでもない、すなわちどちらの政府からも後ろ盾を得がたかった、当時のアタバート参詣の限界がある。

注

1）ハマダーンとアサダーバード間では銃を携えた15人の街道警備兵（*qarāsūrān*）が配され、ハマダーン州の別の小都市間では、街道警備兵が道の警備を行っていたと伝えられる［*Rūznāma*: 25; ʻAżud: 47］。国王の伯父にあたるʻAżud al-Mulkは、クルドやロレスターンの地は反抗的であり、キャンガーヴァルでは市内は非常に危険で、「［人語を］話さない狼よりも、話す狼の方が参詣者や旅行者に害を与える」とまで述べている。全体的にクルドやロルに対する彼の表現は辛辣であり、その背景にはおそらく、中央政府に恭順しないこれらの遊牧民に対する著者の嫌悪感があるのだろう［ʻAżud: 50, 63］。一方、1267年ズー・アルヒッジャ月20日（1851年10月16日）の官報では、以前は盗賊が横行していたアサダーバードやキャンガーヴァルでは、新長官の赴任したこの年には、3,000～4,000人の参詣者がホラーサーンやアゼルバイジャン、イラーケ・アジャム、マーザンダラーンからやって来ているが、彼らの安全は、何ら問題なく守られていると伝えられる［RVI: I/192］。

2）ハールーンアーバードからケレンドへの道は1本しかない隘路であり、その隘路を盗賊が跋扈し、メッカ巡礼から陸路で戻ってきた母后のキャラバンが襲われるケースや、ケレンドでの盗賊が実はガスレ・シーリーンのハーキムであったという話もある［Fakhr: 19, 26, 80］。ハールーンアーバードとケレンドの間は、「盗賊と冬の寒さと夏の暑さ」による難所であった［ʻAżud: 78］。

3）第二次エルズルム条約締結前夜の1845年には、国境付近に居住するジャーフ部族数百人が参詣者キャラバンを襲撃しようとした事件が生じている［Ferrier: 10–11, 14–16］。参詣者らは、イランの宗主権を認めて、街道の安全にも配慮していたこの部族の肩を持った、と記されていることから、ジャーフ部族は親イラン派であったと考えられる。しかしながらこの部族は、第二次エルズルム条約でオスマン朝の支配下に組み込まれようとしており、そのことが引き金となって腹いせに参詣者を襲撃したようである。本書第２章でも見たように、イランとオスマン朝の国境線が定められて間もない時期には、政治上の取引に翻弄されたクルドたちによって、上記のような問題が多発したであろう。その後も1271年ラマダーン月（1855年５月）には、アタバートから帰る途中の参詣者たちをジャーフ部族が襲撃し、参詣者１人が殺される事件が生じている［RVI: II/1422］。ジャーフ部族のほかにも、19世紀中葉には、ケルマーンシャーの西方に暮らしていたカルホル（Kalhur）部族が狼藉を働き、街道の安全も損なわれがちであった［I'tiṣām: 61］。またケレンドの住民は、元々クルド系であったが、すでにペルシア化しており、アリーは神の化身であるとする「Ali Illahis」というシーア派の一派である特異な集団を形成していた［Ferrier: 18-19; Harris: 270-271］。1842年のケレンド付近に暮らすレク（Lek）部族による反乱については、Ferrier: 19-22が詳しい。18世紀から19世紀のカルホル部族など、イラン＝トルコ国境周辺の部族については、Tapper 1991が参考になる。

1872年には、サレ・ポレ・ゾハーブ地域では、バグダード周辺から移住させられたハーレヴァ（Khaleva）部族が、イラン国王に対して反旗を翻し、このため街道もきわめて不穏であり、頻繁にキャラバンや周辺の村落が襲われていた。ハーレヴァ部族は、アフマドヴァンドの一支族だとされており、Bellew らのキャラバンが通過した後に、その首領は捕らえられ、バグダードへ処刑のために送検された［Bellew: 443－456, 462］。

４）Fakhr: 8, 19, 26, 105, 108, 113などを参照のこと。

５）この人物については、本書第３章注９を参照されたい。

６）*Rūznāma*: 29-30; Adīb: 58. 護衛がつくのは、何もイラン人に限らない。欧米人旅行者にも、ガスレ・シーリーンから４人の護衛（Harris の場合は２人）が同行し、イラクに入るとオスマン政府の憲兵（zapthiehs ＜ żaptīya）に引き渡され、その後バグダードまで、常に１人か２人の憲兵が交代しながら旅行者に付き従った［Harris: 283-288］。Bellew もまた、ケルマーンシャーから４人の護衛がつけられたことを記し、ちょうど行き交った参詣者キャラバンにも同様の先遣隊となる護衛がいたが、このような措置は、クルドの盗賊から身を守るために、この街道上では必要不可欠な措置である、と述べている［Bellew: 440, 441］。

７）RVI: II/1100. 1270年ラジャブ月（1854年４月）には、ガスレ・シーリーンからハーナキーンへ向かうタバコ商が、積荷を１箱落とし、気づかないままハーナキーンに向かったが、その積荷は持ち主が現れるまで、哨兵（*qarāvul*）たちが警備していたという［RVI: II/1078］。本書第３章注10も参照のこと。

８）この被害リストからは、イラン人の商人・参詣者としては、ケルマーンシャー地方の出身者が多いもののタブリーズやカーシャーンの出身者も見られ、またイラクに居住しているイラン人としては、両替商（*ṣarrāf*）がいたということも明らかとなる。

またムジュタヒドが１人、泥棒に入られているが、これは、ムジュタヒドも裕福な家庭とみなされていたためだろうか。

9）19世紀前半の参詣者の被害状況は、本書第２章参照。

10）サーマッラー街道の安全性のなさと街道上での暴利については、Ṭālibī: 403-405を参照のこと。

11）アタバート参詣道からは逸れるが、街道の危険性の具体例として、ナジャフからメディナへ抜けるジャバル・ルートについて触れておきたい。ジャバル・ルートは、イランからメッカ巡礼を行う際の最短ルートであると同時に、カルバラー参詣とメッカ巡礼が一度に行えることから、イラン人にとっても好都合な行程であったと思われるが、しかしこの行程はナジュド砂漠を越えるため、ベドウィンの襲撃が多く、きわめて危険かつ過酷なルートであった。このルートの数々の弊害に関しては、著者不明の『ジャバル街道の艱難に関する致命傷たる矢（*Tīr-i ajal dar ṣadamāt-i rāh-i jabal*）』という書物があり、在地のシャイフによる不当な取立てや人夫らの横暴が何通りにもわたって紹介されている［*Tīr*: 88-109］。さらに、1279年ジュマーダー・アルウーラー月７日（1862年10月31日）付の駐バグダード・イラン総領事からイラン外務省宛の文書では、ナジャフ経由で帰還するイラン人メッカ巡礼者の安否が不明という報告があり、そのなかで、巡礼者らはメディナでアラブによって包囲されたとの情報も伝えられており、情報が錯綜しているなかでの総領事の焦燥が伝わる［GAIU: III/520-521］。このため、イラン人巡礼者がこのルートを利用することに関しては、たびたび禁止令が出されている（1279/1863年の政府による禁止［GAIU: III/549］など）。以上のような理由から、ジャバル・ルートはイラン人に人気がなく、ある年は、ナジャフに集まった巡礼者の数は、わずか80人ほどであったという［GAIU: III/527］。『ジャバル街道』においても、イラン政府がナジャフ＝メディナ・ルートでのイラン人巡礼者に対する苛斂誅求について無知であることが非難されているが［*Tīr*: 95］、著者の掲げる種々の代替案とは別に、イラン政府が、ナジャフからメディナまでイラン人巡礼者を引率する在地の巡礼団長（amīr al-ḥājj）と６ヶ条の取り決めを行い、イラン人巡礼者の安全と庇護を確認するようになるのはさらに数年先のことである［GAIU: III/565-566］。

12）この部族に関しては、Lorimer: II/83-88が詳しい。

13）*Rūznāma*: 34-35. 19世紀中葉には、ハーナキーンには騎兵50人、参詣者を警備する歩兵300人、キジル・リバートには騎兵20人、シャフラワーンには17人の騎兵がいた［*Rūznāma*: 36］。

14）Lorimer: II/844. *Rūznāma* の著者もまた、ムサイイブにいる300人の兵は月4,000ディーナールの俸給が与えられているが、軍隊のような威厳はなく、服も古くて汚らしいと述べる［*Rūznāma*: 40］。

15）*Rūznāma*: 55-57; Adīb: 245-246; ʻAżud: 197; Fakhr: 35, 73-76などを参照のこと。

16）Sadīd: 324. ʻAżud al-Mulk などイラン政府の高官であり公務によるアタバート参詣

の場合は、夏に旅行していても上述の衛兵を配備され、夜間の移動が認められていた。

17）Adīb: 143-144, 198; BOA.C-HR: 8581.

18）AMQ: III/61; ‘Ażud: 155-156.

19）領事の設置は、本来は旅行者にとって以上に、イラクに居住するイラン人にとって重要であった。ガージャール朝がオスマン朝と結んだ協定のなかでは、オスマン領内のイラン人に問題が生じたときには、常にイラン領事館が対応するよう求められている［MUM: 15-29, 32-37; GAIU: III/432-434］。しかしながら、条約締結にあたって、イラン政府はアタバートのイラン人居住者のみならず、イラン人参詣者の安全や保護を頻繁に訴えていたことから、年間10万人規模でイラクを訪れるイラン人参詣者の存在も、二国間外交において非常に重要な問題であったと言うことができる。イラン政府や領事の尽力により、19世紀後半のイラクではイラン人移住者が特権を享受していたことについては、Nakash 1994: 17-18が簡単に触れている。

20）19世紀後半には、領事の交代に際しては、必ず第二次エルズルム条約の第7条が引用されている［BOA.A.DVN.DVE(20): 70/5, 70/58, 70/59, 71/6, 71/7］。

21）Masters は、条約締結後数ヶ月も経たないうちに、アレッポからイラン領事として任命された人物の存在を明らかにし、さらにイラン商人が活躍したであろう地域での領事の存在を確認しているが、そのなかではバスラを除き、バグダードなどイラクの領事は一切挙げられていない［Masters 1991: 14］。

22）メッカ巡礼時の入り口となるジッダの領事については、Ja‘fariyān が旅行記史料を基に纏めている［Ja‘fariyān 1379s: 217-222］。

23）それぞれ、GAIU: I/334, 337-338と RVI: I/491を参照のこと。19世紀末期のバグダード総領事は、1290/1873-74年: Mīrzā Isḥāq Khān［SI: 1290/21］、1309/1891-92年: Mīrzā Maḥmūd Khān［BS: 1309/149］、1312/1894-95年: Ḥusayn Qulī Khān［BS: 1312/176］、1313-14/1895-97年: Mīrzā Maḥmūd Khān［BS: 1309/230］、1316/1898-99年: Mīrzā ‘Alī Naqī Khān［BS: 1316/171］、1317/1899-1900年: Nāẓim al-Mulk Jahāngīr Khān［BS: 1317/175］となっている。

24）このほか、ペルシア語旅行記からは、シャフラワーンやバークーバにも代理領事（*nā’ib-i kārpardāzī*）がいたことが明らかとなる。1905年の時点では、バグダードとバスラの総領事以下、カルバラーに領事（*kārpardāz*）、ハーナキーンに無給の領事、ナジャフとサーマッラーに代理領事、バドラ、ヒッラ、カーズィマイン、クート・アル＝アマーラ、マンダリーに無給の代理領事が駐在していたとされる［Lorimer: I/2698, II/881］。

25）Fakhr: 56, 61. 実際には領事の最大の役目は、アタバート参詣を行うイランの高官らの接待であったと思われる［Adīb: 84, 222-225; ‘Ażud: 72］。

26）*Rūznāma*: 54-55; Adīb: 92, 222-223; ‘Ażud: 164, 178.

27）‘Ażud al-Mulk は、ハーナキーン、キジル・リバート、バークーバ、カーズィマイン、ムサイイブ、カルバラーなどの領事を挙げつつ、ハーナキーンの２人の代理領事を除き、「みな役立たずである」と述べる［ʻAżud: 85, 119, 129, 136, 137, 178, 182, 185］。とくにカルバラーの代理領事に関しては、オスマン朝に心酔しており、その役人に恐れをなして言われるままに行動している、として痛烈に批判している［ʻAżud: 177］。また、バグダードのイラン総領事がカルバラーの領事を罷免し、新たに領事となった人物がウラマーと揉めたことから、Shaykh ʻAbd al-Ḥusayn Tihrānī からも、領事に関する苦情がガージャール宮廷に提出されるという事態も生じている［Iʻtiṣām: 70］。

28）GAIU: III/523. 1280年ラジャブ月18日（1863年12月19日）付の在イスタンブール・イラン大使からイラン外務省宛に出されたこの文書は、「ここ２年、イラン政府からメッカやメディナへのシャイフやハーディムらに対して贈り物がなされていたが」、今年もまたその時期が近づいており、もし贈り物が今年中止されるようであれば、彼らが再度イラン人巡礼者に危害を加える可能性が高い、という半ば脅迫めいた文面となっている。

29）BOA.A.DVN.DVE(20): 11/40, 20/86, 70/12, 70/28, 70/44, 70/55, 70/66, 70/82 etc.

30）GAIU: III/553, 559. 1903年にも、同様の禁止令がイランの高位聖職者から出されそうになっている［Lorimer: I/2351］。

31）参詣者問題を外交問題として扱った文書として、次章で扱う諸文書に加え、BOA.HR-SYS: 722/10; MATD: 1316/35/8/6などを参照のこと。

32）欧米人旅行者も、イラクではほぼイラン人参詣者のキャラバンとともに行動している［Bell, Bellew, Jebb などを参照のこと］。

33）Fakhr al-Mulk が代表例（本書第４章注84参照）。そのほかにも、トルコ系の参詣者は銃や剣を装備していたと言われている［Saad: 542］。

34）BOA.MV: 113/75, 114/32（1324年ラビー・アルアッワル月15日／1906年５月９日）付）の文書に、「禁止されている武器を携えるイラン人参詣者」との表現が見られる。また Ferrier は、ケレンド周辺に暮らす部族の衣服の粗末さと対照させて、その地の特産である銃について賞讃を惜しまない［Ferrier: 8-9］。19世紀末でも、ケレンドの銃製品は有名であり、手作業で西洋式の銃が製造されていた［Sadīd: 315］。上述のオスマン政府文書から判断するに、これらを売買のために持参する参詣者もいたようである。

35）GAIU: III/549-550. また、珍しいことではあるとされているが、サーマッラーへの途上で盗まれた積荷はバグダード州長官の尽力で取り戻され、２ヶ月後に本人の手に返された［Adīb: 220］。

第8章

「近代化」の狭間で

イランの人々がアタバートを参詣する際に直面するもうひとつの重要な問題は、アタバートがオスマン朝領内に存在するということ、すなわち、彼らにとって、アタバートがイランという自国領内ではなく、外国領にあるということに起因している。自国と他国という概念が、近代以前にどれほどの重要性を持っていたのか、さほど明らかではない。しかし近代に入り、ヨーロッパや西アジアにおいて、国境概念の確立とともに「自国民」「他国民」という「国民概念」が生まれたことは注意せねばならない。というのも「国民概念」は、国家にとっては「自国民」と「他国民」を区別することから来る「国民の管理」という問題を生ぜしめ、他方、国民にとっては、「国籍」という一種のアイデンティティを生ぜしめるからである。とくに、第二次エルズルム条約が締結された19世紀中葉以降は、国境線によって画される「国家」の枠組みのなかに、その領域内に暮らすすべての人々が「国民」として把握され、管理されつつあったのである。ここで対象としているアタバート参詣というひとつの宗教儀礼を見ても、このような「国民概念」の創出が、当時のイランあるいはオスマン朝双方の人々に影響を与えていたことが読み取れる。

以下に検討するのは、アタバートがオスマン朝の領土内にあるということから生じる問題であり、たとえば、通行証制度や検疫制度、関税徴収といった近代国家の道を歩むオスマン政府の新制度が、イラン人参詣者に投げかける諸問題である。これらは、イランとオスマン朝という国家の問題であると同時に、両国家の近代化への取り組みの温度差が招く問題でもある。本章では、実際にどのような問題がイラン人参詣者にとって生じていたのか、オスマン政府の導入した新制度という観点から具体的に検討していこう。

イラン人参詣者らの抱える具体的な問題については、オスマン政府とイラン政府間でやり取りされた数点の外交文書から明らかにし得る。ここではそのなかでもとくに、イラン人参詣者に関する問題を取り扱っている２点の文書を中心に考察するため、まずそれらの概略を提示する。

１点目は、1270年ズー・アルカーダ月29日（1854年８月23日）付の文書であり、現在確認されるなかで最も古いアタバート参詣者に関する両政府の交渉記録である（以下、「1854年文書」と略記。訳文は本書資料編参照）。この文書が出された年代は、第二次エルズルム条約が締結され、４ヶ国の代表が国境線の実態調査を終えたばかりのときのことである。文書の冒頭には、「参詣者たちがアタバートへ行くことの許可が、概して［オスマン政府の］批准なくして各方面に公示され、人々はキャラバンごとにケルマーンシャー方面に向かっている」と記されている。これは、国境調査が終了したものの、国境付近およびイラクの情勢が安定していなかった状況において、イラン人参詣者がなし崩し的にアタバートへ向かい始めた現状を語っている。19世紀後半に、オスマン政府がイラン人のアタバート参詣を許可する背景には、この文書の序文に当たる部分に記されているように、未承認にもかかわらず参詣者らがなし崩し的に流入していること、およびイラクがタンズィマートに入り、安定し始めたことの２点が挙げられる。そのような現状のなかで、同文書では、イラン側からの苦情への対応という形で、８項目がアタバート参詣者をめぐる争点として挙げられている。８項目の内容は、①通行税、②イラン人の訴訟、③墓地の賃貸料、④イラン人の遺産、⑤高値売り、⑥私有地所有、⑦武器の預託、⑧関税、である。

２点目の文書は、先の文書から20年以上を経た1293年ズー・アルヒッジャ月24日（1877年１月10日）付のものであるが、これもまた、イラン人参詣者が訴えた苦情に対し、バグダードのイラン領事の協力を仰いで、イラン大使館が現状を調査したものである（以下、「1877年文書」と略記。訳文は本書資料編参照）。この文書は、イラン側の問題提起と、それに対するオスマン側の回答という形式になっており、その内容は、①通行証、②検疫官の対応、③遺体損傷、④殺人・強盗、⑤検疫時の待遇、⑥検疫、⑦検疫官の不正、⑧通行税、⑨税関、⑩関税、⑪イラン人への侮蔑、⑫哀悼行事、⑬不当な対応、という13項目に及ぶ。

以上２通の文書に現れる諸問題のうち、私有地所有や訴訟といったアタバートに滞在するイラン人に関わる問題を除外し、参詣者に関連することに焦点を絞ると、１）通行証、２）検疫、３）関税、４）通行税、の４点が、アタバート参詣者らが抱えていた問題として挙げられよう。これら４点の問題は、旅行記史料中でも頻繁に言及されていることである。たとえば、「オスマン朝の役人たちの態度は、攻撃の理由があるような場所では常に、［すなわち］ハーナキーン国境での通行証の発行や、ヤークービーエやムサイイブやバグダードの橋を渡るときなど、至高なる［イラン］政府の臣民に対してきわめて悪く、まったく配慮もなければ高慢なものである」［Iʻtiṣām: 62］と言われている。

一方のオスマン政府側は、1292年ズー・アルカーダ月21日（1875年12月19日）付のイラン政府との協約書第５条で、「正式な役人ではなく、［オスマン］領内を往来したり、領内で旅行したりするイラン臣民は、他の外国籍の臣民に関して実施されているパスポートや通行証や検疫制度に則っている限り、外国人であることに関して何ら損害を蒙らない」［BOA.HR.SYS: 726/4; GAIU: III/439］と定めているように、パスポート、通行証、検疫といった事柄をとくに重視し、領内を訪れるイラン人に対し、これらの規則が遵守されるよう徹底してその管理に当たっていた。これらの措置は必要不可欠な原則であるという態度を貫くオスマン政府と、それらを不当なものとして訴えるイラン人参詣者の間には、明らかに齟齬が生じている。以下、それぞれについて検討する。

1．通行証

前近代のイスラーム社会では、国境の概念は明確ではなく、また国家による国民管理の概念も発達していなかった。17世紀のシャルダンは、「オリエントでは臣民が国外脱出するのを防ぐ手だては見つかっていず、誰もが好きなところへ行くがままである。自由に国外へ行くのにパスポートの必要はない」と記している［シャルダン(O): 24］。しかし、19世紀に入ると、ヨーロッパから自他国民の概念を取り入れたオスマン政府は、他国民がオスマン領内を通過する際には、身分証を兼ねた正式な通行証の携帯を要求するようになる。

（1）　名称および効力

通行証は、イラン側の史料では「*taẕkira*（証書）」とのみ記されている場合が多いが、本来の正式な名称は、「*taẕkira-yi murūr/taẕkirat al-murūr/mürûr tezkeresi*（通行証）」である。オスマン政府は、1256/1845年に16条からなる法案を制定し［BOA.İ-MVL: 203］、オスマン領内の人々が移動する際には、「通行証（*mürûr tezkeresi*）」を持つことを義務づけた[1)]。それに伴い、第二次エルズルム条約以降友好国となったガージャール朝下のイラン臣民にも、通行証携帯が要請された。この通行証には所持者の名前や身体的特徴の記載と認証が押されたものと思われ[2)]、国境のみならず、バグダードなど主要な都市に入る際にその提示が求められた[3)]。このように「*taẕkira*」は一種の身分証明書であり、19世紀中葉の段階では、パスポートと通行証は一体のものとして理解されていた。さらに、1263年ズー・アルヒッジャ月29日（1847年12月８日）付の行政文書に、「イランの *teẕkere* には、*nüfûs*（身分証）と *qarantîna*（検疫）が記載される」［BOA.A.DVN.DVE(20): 11/40］と記されていることから、19世紀中葉から後半にかけて、通行証と、次節に挙げる検疫証明書の区別はなされていなかったと思われる[4)]。

初期の通行証はオスマン政府が発行していたが、19世紀中葉には、イラン政府の発行する通行証に対して、その認証が国境で行われた[5)]。したがって、アタバートに向かうイラン人参詣者の場合、陸路の場合はハーナキーンで、また海路の場合はバスラで、彼らは通行証への認証が必要となった。購入費や認証費は時代ごとに変化し、1272/1855年には3,200ディーナールであったのが、1304/1886年には8,500ディーナール、1317/1899年には15,000ディーナールと、半世紀近くで５倍に跳ね上がっている[6)]。1309年ジュマーダー・アルアーヒラ月1日（1892年1月2日）付のオスマン政府からイラン領事に向けての指南書では、滞在許可証（*taẕkira-yi iqāmat*）および通行許可証（*taẕkira-yi murūr*）の料金の一覧が掲げられているが、そこでは、「メッカや諸聖地に参詣する王子、宰相、近侍、一部のサイイド、ウラマーは無料」とした上で、各証書と認証の金額が以下のように記されている[7]。

表8－1　滞在証・通行証の費用

一等滞在証	100クルシュ
二等滞在証	50クルシュ
三等滞在証	20クルシュ
フランス語通行証	50クルシュ
ペルシア語通行証	50クルシュ

表8－2　認証費

修学用通行証と認証費	10クルシュ
エルズルムおよびトラブゾン	5クルシュ
アレクサンドリア	10クルシュ
ジッダ	15クルシュ
ダマスクスおよびアレッポ	10クルシュ
ハーナキーン	10クルシュ
バグダード	5クルシュ

（2）「通行証」をめぐって

「1854年文書」の序文には、以下のようにある。

> ［イラン］政府当局側の尽力として、以下のことが望まれる。参詣者が規則に従って、法の遵守と公正のうちに行動し、道中では民衆の所有品を侵害しないよう、憲兵や役人らに対し、厳格なる指令書が発布されるように。とりわけ、通行証（taẕkira-yi murūr）の原則の実施においては、厳しく注意が払われるように。また、彼らの通行証に、至高なる政府の領事館による署名がなされていない場合や、自身［の身元］を照会していない場合は、如何なる人物にも絶対に通行は許されない。

不法入国を阻止するためには、個人の証明を行う査証にあたる通行証が必要なことは言うまでもない。「1854年文書」では、オスマン政府がイラン人参詣者の安全確保や諸問題に尽力する対価として、イラン政府に、「とりわけ、通行証の原則の実施においては、厳しく注意が払われるように」と要請している[8]。さらに同文書の第4項で、イラン政府発行の通行証を所持する者と所持しない者について、死亡時のオスマン領内での処遇の違いが述べられているが、通行証の携帯如何によって、オスマン領内での外国人としての待遇は明らかに異なっていた。通行証の携帯義務化を導入して間もないオスマン政府にとって、その携帯履行はそれほどまでに重要だったのである。

さて50年代にオスマン政府がイラン人参詣者らに対して通行証を携行するよう強く要請したにもかかわらず、そのおよそ20年後の「1877年文書」第１項において、通行証が再び問題の筆頭に挙げられている。イラン側は、「イランの参詣者らは、（中略）通行証代が免除されている」と明言しているように、彼らの認識としては、イラン人参詣者は通行証が必要ない、あるいは少なくとも料金を支払う必要がない、というものであった。これに対し、オスマン側は断固たる異議を唱え、「通行証をすべての国家の臣民に与え、（中略）取り調べることは規則である」と、まず警告を発している。

この齟齬の背景には、通行証に対する不慣れさからくるイラン人側の理解不足がある。というのも、イラン国内で「通行証」の携帯が義務づけられるようになったのは、1267/1851年のことであり、オスマン政府に遅れること６年である。この年イランで発行された官報では、「他の国々で普及しているが、この国では省みられていなかった新制度」として、全都市での通行証の発行を通達し、通行証なしでの都市や地方への移動を禁じている［RVI: I/7, 45］。しかし、通行証の携帯が根づくにはさらに時間を要しており、金銭を徴収されることに対する疑念とともに、人々への普及は進まなかった[9)]。導入後15年以上を経た1285/1868-69年前後に執筆されたと考えられる一帽子商からイラン国王への進言書では、各都市の城門を再建し、その場で「パスポート（bāshburd）」を検査し、不審者や盗賊の往来を制限するよう強く述べられている［Qānūn: 37, 99-100］。この事実は、イランにおける通行証制度の導入と普及、ひいては自国の個々人の確認という作業が、オスマン政府と比べはるかに遅れていることを如実に示している。そして、この「遅れ」が通行証への無理解を生み、この新制度に不慣れな一般の人々の不満の原因となったのである。

さらにもうひとつの原因は、通行証を購入しなければならない参詣者側の拒否感である。イラン側は、「1877年文書」内で、「証明書の取調べという口実のもとに、参詣者を拘束し、多かれ少なかれ金を徴収して解放している」行為が、「迫害に満ちた行為」として訴えているのに対し、オスマン側は、「料金の徴収は原則である」と回答している。加えてオスマン側の言い分によると、証明書の値段は、「富者も貧者も徒歩も騎乗も一律に８クルシュ」であるとされているが、ペルシア語旅行記史料などから明らかなように、当時のイラン人参詣者の認識は、「貧者や徒歩の者は無料」というものであった[10)]。

先に挙げた1309/1892年の指南書（表８-１・２）によると、ペルシア語通行証（*taẕkira-yi murūr-i fārsī*）は50クルシュ[11)]とあり、二等滞在証やフランス語での通行証と同額である。また、認証費の面では、メッカ巡礼の窓口となるジッダが15クルシュと他の都市よりも高額であるものの、アタバート参詣者が最も多く利用するハーナキーンは、アレクサンドリアやシリアの各都市と同じ10クルシュの料金設定となっている。すなわち、アタバートへ向かう参詣者は、50クルシュの通行証代と10クルシュの認証費を支払わなければならなかったのである。この金額は、当時のイラン人参詣者にとって決して廉価なものではなかったであろうと思われ、その結果、オスマン領内に入国するハーナキーンで、高額の通行証を要求されるイラン人参詣者の不満が、まずこの点に集中したのである。

通行証の無料化をめぐっては、イラン政府の側からたびたび要請がなされている[12)]。たとえば、通行証が導入されて間もない1263/1847年末には、「以前は無料であった」とする非難がイラン大使から提出されており［BOA.A.DVN.DVE (20): 11/40］、さらにその10年後には、同様に、イラン人参詣者の２割は貧しい者であり、彼らは徒歩や金がない状態で、何千もの困難でもってアタバートへ参詣するため、彼らの通行証代は免除してもらいたいという要請が出されている［BOA.HR.SYS: 722/10］。また、旅行記史料では、ガージャール政府高官が無料化を求めて尽力する様子が少なからず描かれている。これらのことからは、イラン人参詣者およびイラン政府にとっては、通行証とは「不当な徴収」の口実であるとの認識が強かったと考えられる。このような認識は、とくに19世紀中葉にイラクへ旅行した人々に顕著であり、先にも述べたように、イランでは未だパスポートや通行証といった制度が確立していなかった事実と連動していよう。しかしながら19世紀末においても、一部の例外を除けば、イラン人参詣者はこの規則に従おうとせず、彼らは同制度が勝手気ままにオスマン側の利益を生み出すために作られたのだろうと考えており、そのため、検問時には常に混乱が生じていたと、国境勤務のオスマン政府役人は記す［Saad: 540］。同様に、1899年の参詣者は、通行証を持たずにハーナキーンを通過する場合には、２倍の罰金が科せられると述べていることから［Mishkāt: 42］、19世紀最末期においても通行証の携帯は、懲罰を課さなければ遵守されない傾向にあったことを窺わせる。一方20世紀に入ると、取調べの簡便化とともに、オスマン領内でのイラン人旅行者による通行証をめぐるトラブルは目に見えて減っており[13)]、同制度がイラン人の間でも普遍的になったことを感じさせる。

以上見てきたように、イラン人参詣者の不満は実際には、「証明書（*taẕkira*）」と称して金銭を徴収されることにあり、徒歩の者や貧者は免除という慣行を悪用し、証明書購入逃れのために、貧者を装う参詣者が多かったことは容易に想像される。一方でオスマン政府側も、「1877年文書」では、「何度も彼らの証明書が調査され、参詣者らの遅延が生じていた」ことを認めている。イラクに入った参詣者は、単独で行動するわけではなかったので、数百人やときには数千人規模で、証明書の取調べのために、いたるところで待機させられる参詣者らの不満にもまた一理ある。

２．検　疫

（１） 検疫制度（qarantīna/karantîna）

19世紀は伝染病の時代である[14)]。政府にとって、コレラやペストといった伝染病の発生は、非常に警戒すべきことである。とくに巡礼者や参詣者は、集団となって広範囲に移動・行動するために、疫病流行のきわめて大きな要因となる[15)]。メッカ巡礼に限らず、年間10万人が往来するアタバート参詣においても、伝染病発生の抑止は政府の関心事の対象外ではない。その上イラクでは、秋のマラリア熱が主要な風土病であるなど疫病に無縁の土地ではなく[16]、「大方、疫病がこの地方の荒廃と破滅の原因となっている」[Riżā: 185]と言われるほど、イラクの疫病はよく知られていた[17]。

このような疫病蔓延への対策として、オスマン朝では1254/1838年に検疫制度を導入することが定められた[18]。検疫は、メッカ巡礼者が主たる対象者であるものの、オスマン領内では、黒海からペルシア湾岸の国境に、1840年代の比較的早い時期に検疫所が設置された。オスマン朝衛生局の文書によると、1264/1848年の段階で、バグダード州では、バグダード、バスラ、スレイマニエ、ハーナキーン、マンダリーの5ヶ所に検疫所が設けられていたことが確認できる[19]。また、バグダード州内に配置された検疫官の数を見てみると、1300/1882-83年版の『バグダード州年報』では、バグダードに5人、ハーナキーンに5人、カーズィマイン、カルバラー、ナジャフ、アマーラにそれぞれ1人ずつ、バスラに3人が配されている。このうち複数人を擁している場合の筆頭の検疫官は、名前から判断して欧米系の外国人であり、オスマン政府においては、検疫は外国人医師の指導のもとに行われていたことが明らかとなる[20]。

では、当時の検疫とはいかなるものであったのだろうか[21]。1267/1850年にオスマン朝で発布された「検疫官心得」によると、旅行者には必ず、氏名とどこから来てどこへ行くのかを尋ね、もし感染地域から来た者であれば、10人をひと部屋に入れ、1人の警備員を配すよう定められている[BOA.C-SH: 331]。一方、オスマン政府の検疫に関するイラン側の最初の記述は、1270年サファル月15日(1853年11月17日)付の官報の記事である。この記事によると、オスマン政府によってハーナキーンに設置された検疫所では、旅行者を5日間留め置き、煙で燻し、燻し終わった後に、1人につき3,000ディーナールを徴収する、とある[RVI: II/923]。オスマン朝の制度下にあった検疫所に関しては、とくに、イラン人旅行者が最初に目にするハーナキーンの検疫所を中心に、旅行記史料のなかでたびたび触れられている。

ハーナキーンの町の外のイラン側には、大きな川があり、1ヶ所を除き、渡る場所はほかにはない。参詣者はその場所を通って進むしかない。その川を渡ると、大きな壁があり、２メートル強（du ẕarʻ）ほどの高さがある。［ここが］哀れな参詣者たちの滞在地である。3,000もの人や家畜がそのなかに場所を取り、誰ひとりとしてほかの参詣者に場所を譲ろうとはしない。そして一隊一団ごとにそのなかで場所が与えられ、書面が徴収される。５日間のうち、参詣者の一団から誰も疫病で死ななかった場合には、５日目に徒歩の者であれ騎馬であれ、3,200［ディーナール］を徴収し、証明書（*taẕkira*）を渡し、出発させる。［Adīb: 73］

ここからは、19世紀中葉の検疫所とは壁で囲まれた空間にすぎず、また10人ひと部屋ではなく、数千の人間や家畜が所狭しと一緒に待機させられる場所であったことがわかる。煙で燻されたかどうかは記されておらず、詳細は不明であるが、おそらく疫病流行時以外は消毒措置などはなく、人々は単に数日間の滞在が義務づけられていたのだろう。

（２） 検疫所でのトラブルと検疫の実態

オスマン政府の導入した検疫制度を巡るトラブルはきわめて多く、イラン人参詣者の側からは様々な苦情が出されている。制度導入後10年余りを経たときの「1854年文書」においては、検疫に対する苦情はまったく出されていないが、「1877年文書」では、13項目のうち、第２、第３、第５、第６、第７の、実に５項目が検疫に関する問題として提出されている。

それらの内容を仔細に検討すると、まず、検疫に携わる外国人医師（ここではユダヤ教徒）に対する苦情がある。同文書第２、第３項からは、イラン人参詣者の目には、ユダヤ教徒の医師はアタバートに運ばれるイラン人の遺体に対して侮蔑的な検査を行い、遺体を冒瀆している、と映っていたことが明らかとなる。上述のように、国境最初の町であるハーナキーンの検疫所には、州都であるバグダードと同じく、例外的とも言える５人の検疫官が配されているが、その内訳は、外国人医師を筆頭に、３人の書記官と、１人の検屍官となっている［BS: 1300/124］。批判の対象となっているユダヤ人が、雇われ医師として赴任していた外国人のことか、あるいは在地のユダヤ教徒であったのかは不明であるが[22]、オスマン政府の検疫官には、少なくともムスリムではない西洋人があたっており、彼らの対応がイラン人参詣者の気を害していたのである[23]。とくに、本書第5章で見たように、鉄串で突き刺すといった、「移葬」される遺体に対する冒瀆には激しいものがあろう。

続いての苦情は、検疫期間の長さに対してである。当時の一般的な検疫期間は5日間だが、ときにそれ以上の期間が課されることもあった[24]。感染が疑わしい場合に検疫期間が延長されることは、「1877年文書」第6項に述べられているとおりである。第6項には、イラン側からの問題提起として、「検疫を終えるべく待機している参詣者の間で、もし1人が病気になり、死亡した場合、すべての参詣者に対して検疫を更新し、彼らを動揺させている」とあるように、検疫が終了する前に、同じ参詣者集団の中から病人や死者が出た場合、検疫は再更新される仕組みになっていた。そもそも当時の検疫とは、予防ではなく、あくまでも他者への感染を防ぐ隔離を目的としたものであったために、同じ集団内から疑わしき人物が現れた場合、すべての人間を再検査することは理にかなったことだと言える。しかし、イラン人参詣者らは、このような検疫制度の趣旨を理解していない。ある参詣記には次のようなやり取りがある。

> 検疫のための滞在3日目、［ハーナキーン郡長の］Ḥusayn Efendi が再び機嫌伺にやって来た。私は言った。「私は検疫の規則に従わない。［これ以上］留まらない。明日出発する。あなたは満足か、否か？」［郡長は答えた。］「私が許可するなどということはあり得ない。我々の原則はそうではない。たとえ国王がやって来たとしても留め置かなければならないのだ。あなたが力ずくで行くのであれば、ご自由にどうぞ。ですが、我々の規則や原則に反します。あなたは両国家間に火種を撒くことになりますぞ。まして、荒野であなた方に悪いことが起こるやも知れませぬ」。［*Rūznāma*: 32］

納得を渋る著者に対して、郡長は、「もし1日でも減じられれば、私は罷免され、政治問題となるでしょう」と述べ、それを聞いた著者は漸く矛先を納めるのであるが、それでもなお、同じキャラバンにいた2,000人の参詣者たちによる騒動は続いた［*Rūznāma*: 34-35］。

旅行記史料では、検疫代を徴収されることに対する批判もまた多く見られる。19世紀後半の検疫代は3,200〜5,000ディーナールであったが、疫病が流行しているときには、さらに高額の検疫代が課せられていたようである[25)]。通常のものであれ不意の事態であれ、参詣者によっては検疫代が支払えない場合もあったことは想像に難くない［Pistor-Hatam 1991: 232］。先のイラン政府高官と考えられる参詣記著者は、検疫代免除のための交渉をオスマン政府役人と行う。

> 私は貧者たちのことを［ハーナキーン郡長に］頼んだ。「幾人かは何も持っていない。彼らからは金銭を徴収しないでいただきたい」と。彼は、「幾人かは、財があるにもかかわらず、貧者の服装をしているのだ」と言った。［そこで］数人の貧者に関しては、彼らから金を取らないよう頼んだ。その後、５日間の留め置きと１人3,200［ディーナール］を徴収することについて尋ねた。［郡長は］「幾つかの理由がある」と言って、留置については次のように言った。「参詣者のなかには、調子の悪い者や病人がおり、この地にやって来る。ここで５日間留まれば、あるいは肥えるであろうし、あるいは死んでいく。いずれにせよ気楽なものである。一方、金の徴収については、どれほど我々が徴収しようとも、周辺を警備している軍隊や護衛兵に渡しており、我々には何も残らない」。［*Rūznāma*: 32］

免除を求める著者の努力は実を結ばなかったが、この会話の中で、ハーナキーンの役人が、検疫期間中には放っておいても病気の有無がわかる、と述べていることは、当時の検疫の実態および役人側の見解を余すところなく示しており、実に興味深いものである。

検疫と称し、数日間留め置かれたり、あるいは金銭を徴収されたりすることに、参詣者の不満は募る。「1877年文書」の第７項目には、「検疫の役人は、彼ら自身の利益に鑑みて、病人についての真偽の情報を聞いたり聞かなかったりし、あるいはまったく病人がいないのに、利益を得るために、即座に検疫を設置し、彼らの慣習を実施している」とあるが、イラン人参詣者にとっては、数日間にわたって行動の自由を制限される検疫制度とは、とりも直さずオスマン政府が利益を得るための方策であるとしか映っていなかった。このほかにも、検疫所で実際に生じたこととして、以下のような話が伝えられている。

> かの地（ハーナキーン）に滞在中に、［参詣者らは］所持品や家畜を押収されたり、略奪されたりした。また、［検疫］規定の5日間に加えて、さらに10日間参詣者たちをとどめ、当惑の荒野へと晒した。5日間の滞在中、［役人たちは］毎日3,200［ディーナール］を参詣者から徴収し、のみならず罵詈雑言を浴びせていた。毎日彼らの政府（オスマン朝）の医師が、検疫の者を検査し、誰であれ体調不良の者を見かけたら、滞在期間を延長した。また、次のようなことが参詣者を苦しめていた。すなわち、日に100人が死ぬと、鍬やツルハシがないために、密かに川に投げ入れたり、あるいは地中の浅いところに埋めたりしていたのである。その結果、彼らは相談し、一斉に病人を置いて出発した。検疫所には400人の役人がいたにもかかわらず、阻止する勇気がなく、バグダード州長官に報告した。長官は2台の大砲を率いて彼らを引きとめようとしたが、参詣者たちもまた、熱意と熱情を長官に味わわせようとした。長官は事がここに至ったのを見て大砲を引き返させ、彼らをサーマッラーへと送らしめた。彼らはサーマッラーから帰ってくると、バグダードの門の外にあるキャラバンサライに5日間留め置かれたが、その後検疫代を支払い、証明書（*taẕkira*）を得て出発した。［Adīb: 74］

ここに描かれているように、検疫所での実態とは、とにかく規定の期間参詣者をとどめ、そして金銭を徴収し、出発させることにあった。一方、集団行動を強いられる参詣者たちが暴動を起こした際には、オスマン政府は軍事力を用いてその鎮圧にあたっている。とくに、疫病が発生した際に設置される臨時の検疫所では軍隊が導入され、容赦のない対応が採られた。その一例として、実際に臨時の検疫に遭遇したガージャール政府高官の事例を見てみよう。

1284/1867年に公務でイラクを訪れた ʻAżud al-Mulk は、ナジャフからの帰路、疫病の発生ゆえにムサイイブで臨時の検疫に遭遇した。事前に検疫免除をバグダードの領事や州長官に申し入れたにもかかわらず、「この検疫に関する判断はイスタンブールに属す事柄である」[ʻAżud: 165] として却下されてしまった彼の事例から、当時の検疫がどのようなものであり、また、イラン人参詣者自身がそれに対してどのように考えていたのかを知ることができる。

> 日昇後2時間を過ぎ、フサイニーヤ川に架かる橋を通り過ぎた。少佐、ムサイイブの郡長、検疫長官、カーディー、検疫の医師——イギリス人であった——が、軍の騎兵や歩兵の一団とともに[我々を]出迎えた。[しかし]道から100歩離れたところに立っていた。遠くから出迎えの儀を実践した。まるで、火炎によって発火する人物であるかのように、我々を遠ざけていた。(中略)私や同行者たちの天幕は川のほとりに張られていた。私は馬から下り、天幕に向かった。即座に、検疫官たちは天幕の前にロープを張り、数人をロープの前に配備し、必要が生じれば、彼らに伝え、持ってこさせるようにした。しばらくして、郡長、少佐、カーディー、医師が挨拶のためにやってきた。しかし、天幕のロープの下を通らなかった。それほどまでに彼らは立っていたので、下男たちがロープを解くほどであった。そうすると彼らは天幕の前にやって来たが、[相変わらず]立ったままであった。彼らは歓迎の意を述べると去っていった。(中略)つまり、検疫官やオスマン政府の役人たちは、我々を「穢れている(najis)」と呼んでおり、自分たちのなかの誰かが我々と接したり交わったりすることを禁じていた。金銭やその他、人々の手から受け取った物は即座に水で洗い、煙で燻していた。他人よりも1日早くやって来た者に対しては、互いに交流することを禁じ、「この者の穢れは一段階減じている」と言っていた。[ʻAżud: 173-176]

疫病が伝染性のものである以上、感染の疑いのある人物との接触は避けるべきであり、そのような手法が感染予防の最良な策であることは言うまでもない。しかしながら、ʻAżud al-Mulk のような高官までもが「穢らわしい」存在として扱われることに、彼自身はとても納得できる状況ではなかったようであり、この箇所の彼の口調は自虐的な反面、検疫に対する批判に満ちている。

このとき ʻAżud al-Mulk とともにムサイイブで臨時の検疫を受けたのは、

4,000人とも6,000人とも言われる数千の一般の参詣者たちであった。すなわち、これほど大勢の参詣者が、検疫という名の制度のもとに、一度に通行を止められてしまうのである。その結果、そこに新たに到着したトルコ系の参詣者ら数百人が、糧食も宿泊地もないことに腹を立て、役人に抗議したところ、オスマン朝の役人が不当な返答をしたために暴動が生じてしまう。その際、ムサイイブの橋を渡り、町へ行こうとした数人の参詣者らに対して、オスマン朝の兵士らは橋を切り落とし、銃撃し、指導的立場にあった2人のサイイドを殺害してしまった。この事件は、他の足止めされていた数千人の参詣者らにも波及し、大暴動にまで発展しそうなところを、ʻAżud al-Mulk が間に入って事を収めたのであった。事件の翌日には、カルバラーから援軍やイラン領事がやってきて、参詣者らの武器を押収し、検疫の最終日に所有者に返すよう定められるほどの大事件であった［ʻAżud: 176–177］。

ʻAżud al-Mulk の事例以外にも、1298/1881年にナジャフで疫病が発生した際には、イラン人参詣者のナジャフ出発時期と重なっていたために、バグダードの検疫長官が中央政府に早急な対策を求め、参詣者に20日間の検疫を課すことを実施している[26]。このときも先の事例同様、軍隊を動員していることから、非常に迅速かつ厳格に、イラン人参詣者に対して検疫が実施されたことは容易に想像されよう。

検疫を受けた外国人は、例外的ではあるものの、ひとり挙げられる[27]。1872年にインドからアフガニスタン、イランを経由して、イラクへと入ろうとした Bellew は、ハーナキーンで検疫を受ける事態に陥った。彼は、イギリス政府の命令でこれらの地域を調査していたにもかかわらず、ハーナキーンの検疫所では、「規則は厳格であり、厳正に遵守されていた。我々は汚染された国から来たのであり、ゆえに不潔であると宣告され、検疫だけが我々を浄化することができるのだ」との理由により、8日間留め置かれた。彼は、検疫所の様子を以下のように細かく記している。

> 我々の牢獄（prison-house）を見回すと、カルバラーへの途上、ここで拘留されている哀れで、半ば餓死しそうな参詣者たちの集団が三つ四つ、目に

入る。彼らのゴミやぼろ服には、貧困と窮状が十分に体現されている。彼らから我々が自由に使える部分に目をやると、さらにうんざりする光景に出くわす。そこは何年間も掃除されず、床には何インチもの汚物や厩肥が堆積している。Mydasht Sarae（ミヤーネダシュトのキャラバンサライ）の苦痛がまざまざと浮かんできた。ここで暮らすことは不可能であり、私は検疫担当の医者に会わせてくれるよう頼んだ。[Bellew: 457-458]

扱いの酷さを訴え出たBellewの一行は、その後近所の庭園に移ることになるが、そこでは、検疫の役人以外、町の人々と接触しないように、オスマン政府の兵士によって隔離されることになる。そして、8日間の検疫期間を終了し出発しようとするが、診断書が間に合わないために、さらに2日間滞在を延長せざるを得なかった［Bellew: 460］。

このように、外国人やイラン政府高官[28)]の場合は、キャラバンサライではなく、民家の庭園を利用できるという若干の優遇措置が採られる場合もあるが、検疫期間中、ときに乞食や浮浪者はクマやサルと一緒に留め置かれたというほどであり［Adīb: 74］、先にも見たように、参詣者らは狭くて汚いキャラバンサライや囲いの中に押し込められていた。すなわち、オスマン政府の検疫制度は、参詣者の立場に立ったものではなく、規則を重視する形式面において厳格だったのである。その結果、イラン人参詣者の間では、「［オスマン政府は検疫の際、］とくに参詣者に対して厳しく当たる」［‘Ażud: 164］とみなされ、彼らの不満や批判の矛先が、この制度そのものへと向かう事態を招いていた。

軍隊による威嚇がなければ、おそらく検疫という制度は当時守られなかったであろう。そのため、昼夜を問わず参詣者らの安全のために警備をし、その恩恵に与っているにもかかわらず不平不満を言う参詣者らに対して、オスマン朝の国境役人は愚痴をこぼしている。「我々が彼らから徴収するものはすべて、再度彼らのために支出しているのに。しかも奉仕と労苦とを加えつつ」［*Rūznāma*: 35］と。参詣者と政府役人と、立場の異なる両者の姿勢は相容れない[29)]。

（3） イラン人にとっての検疫制度

検疫は公衆衛生という観点から見ると、疫病抑止のために重要ではあるものの、当時の実際に検疫対象となる人々からすれば、迷惑千万な制度であったと考えることはあながち間違ってはいまい。とくに陸路は、ハーナキーンのみがイラン側に開かれた国境であり、この地で一度に数千人が検疫を受けるという仕組みは、決して効率的とは考えられない。検疫にあたるオスマン政府側としても、大勢の参詣者を一度に検査することは不可能であった。財務暦1309年Kânûn-ı sânî 月（1894年1月）付のハーナキーン検疫所からの報告によると、イランでコレラが発生したためにイラン人参詣者のハーナキーン通行が禁止されていたが、前年の禁止から11ヶ月間で5,831人（1日あたり12人）だったのが、解禁されてからは、わずか1ヶ月の間に4,183人（1日あたり91人）が検疫を通過し、対応に苦慮しているとされている［BOA.A.MKT.MHM: 570/9］。

ところで前節の通行証同様、イラン人の検疫に対する拒否感や不信感は、オスマン政府が検疫制度を導入したのが1838年という早い段階にあった一方で、イランでは検疫がなかなか根づかなかったという、時間的な差異に帰することができる。イランで最も早い検疫の実施は、1267年ズー・アルヒッジャ月（1851年9/10月）にイラクでの疫病発生を理由に、当時の宰相であったAmīr Kabīr がケルマーンシャー州長官に命じたものであるとされる[30)]。しかし、このとき以外に、イラン国内で検疫が実施されたという情報はほとんど確認されず、アタバートから帰国する参詣者たちの記述においても、帰路の場合にはハーナキーンであれケルマーンシャーであれ、数日間にわたる検疫で留め置かれているという記述は、管見の限り見られない。参詣帰路のハーナキーンでは、1日で通過する例が大半である（本書資料編旅程表参照）。疫病が発生した1876年には、前年にイラクで生じたペストをアタバート参詣者らがフーゼスターンに持ち帰り、数千人が死ぬ事態になったが、イラン政府はイギリスの指導のもとに、ブーシェフルなどの港湾に検疫所を設置し、オスマン領からの入国者に対し15日間の検疫を実施したとされる。しかし、イラクからの参詣者が多数通過する陸路に関しては、翌1877年になって初めてガスレ・シーリーンに検疫所を設ける始末であった[31]。オスマン政府はメッカ巡礼を終えた巡礼者に対しても、疫病が生じた際には改めて検疫を課していたのだが［RVI: II/946, 1648］、オスマン政府がその末端組織にいたるまで、厳格に規則を実践しようとしていた姿勢とは対照的に、イラン政府の検疫制度に対する不熱心さは際立っている[32]。

一方、このように検疫制度が普及していなかった19世紀中葉のイラン人参詣者にとっては、検疫制度は実に目新しいものであり、その当時、検疫があるために人々はバグダード方面へ行くことが少なくなった、と言われたり［RVI: II/923］、また検疫所ではムスリムの子供たちが料理されるという噂が広まっていたという［Pistor-Hatam 1991: 233］。一般の参詣者らの不満を集めた「1877年文書」の第５項では、「検疫に費やされる時間は、食事やその他の品物に関して、多大な難儀が与えられていた」と述べられているが、このことはすなわち、検疫期間中の滞在場所、食事の調達、検疫官の対応、諸経費と実に様々な問題が彼らに生じていたことの表れでもある。それゆえ、イラン政府の側からは、参詣者を対象とした検疫制度の廃止や短縮化が常に求められていた[33]。

20世紀の初頭においてさえ、ハーナキーンの検疫所では、イラン人有力者が検疫官を侮辱し検疫規則に則らなかったために、オスマン政府側からイラン領事に対して、「検疫違反は疫病を広めることになる」として抗議が出されている［BOA.A.MKT.MHM: 586/28］。このほか、ペルシア湾岸のブーシェフルの事例ではあるが、1899年の盛夏には、「當市目下不穏中なり。政府は英國の指揮後援に依り、検疫規則を勵行せんと圖りしに市民は之を好ます、市を止め店を閉ち寺院に集合して一大示威運動をなせる最中なり。其の有様正に是れ全市の同盟罷工なり。市中はまったく生命の安全を保するなく、数日前暴民の群瓦礫を以て英國副領事を襲撃せしか幸にして負傷は免れたりとの事なり」［富永：40-41］と伝えられている。事件の背景には、ブーシェフル住民とイギリス政府との確執が考えられるが[34]、文中にあるように、「検疫規則の励行」を契機として暴動が起こったとすると、検疫の導入から半世紀以上を経た世紀の節目においても、イランでは一般の人々に検疫制度の趣旨が理解されていなかったことが明らかとなる。

しかしながら19世紀末になると、コレラ菌の発見による医学の進歩や、疫病が発生した際の速やかな国境封鎖などにより、参詣者の検疫は簡略化していった。1899年のアタバート参詣者らは、ハーナキーンで検疫を受けるものの、滞在はわずか1日である[35)]。

3．関　税

（1）関　税（gumruk/gümrük）

アタバート参詣者のオスマン側の関税に関しては、そもそも第一次エルズルム条約において、

> アタバートの参詣者のうち、商品を持たない者に限り、彼らからは貢税などは徴収されない。もし商品を持っているならば、関税額に応じて徴収され、それ以上には請求されない。（中略）彼らの商品からは、100クルシュに対し4クルシュの関税を一度徴収し、彼らに証書を渡す。彼らの手から別人の手に引渡されるまでは、彼らからは再度関税は徴収しない。［GAIU: I/296］

と定められているように、参詣者の個人用の荷物の場合は、基本的に関税は徴収されず、また仮に商品を持っていたとしても、関税額は4パーセントであり、徴収は一度限りと定められていた。しかしながら、「1854年文書」と「1877年文書」の双方で苦情が出されているように、関税徴収をめぐるトラブルもまた多い。苦情の内容は、まず前者では第8項「取るにたりない物品からの関税［徴収］」である。「取るにたりない物品」とは、「1854年文書」によると「参詣者や他の旅行者たちの、個人の衣服や自分専用の物品」であり、また、「1877年文書」第9項で述べられている、「ワクフや奉納や贈り物として送ったり献呈されたりする物品」である。本来、これらは私物あるいは奉納品とみなされ

るために、免税品として扱われるべきものであったが、オスマン政府が設置した19世紀の税関ではこれらの物品からも関税が徴収されていたようである。

当時、イランからイラクへの輸出には、シーア派参詣者が重要な役割を果たしていたと言われている［Lorimer: II/799］。19世紀のイラクにおける、イランからの輸入品としては、絹、水タバコ用のタバコ、塩、絨毯が中心であった[36]。これらは後述するように、イラン人参詣者が最も持ち運びやすかった物品である。

第一次エルズルム条約では「100クルシュあたり、4クルシュ」とあることから、4パーセントの関税がかけられていたと考えられるが、その後この関税率は上昇したようであり、1273/1856年や1280/1863年には、エルズルム条約に違反する12パーセントもの法外な税が、商人や参詣者に何度も課せられているとする抗議がオスマン政府に出されている[37]。12パーセントという数字の真偽は不明であるが、Lorimerは、1905年のイラクでは、イランからの輸入品の関税額は8パーセントだとし、報告書刊行段階の1907年の注記では、同年7月から11パーセントになった、と記している。これは輸入の場合であり、輸出品に関してはわずか1パーセントの税率であった[38]。

（2） 税　関

税関はまず、イラン国境のハーナキーンに設けられていた。このハーナキーンの税関については、オスマン側・イラン側双方の諸史料にいくつかの記述がある[39]。だがここで注意したいのは、税関が国境という水際にのみあったのではなく、各都市に入るときにも存在していたことである。とくに、バグダードの税関[40]の取立ては厳しく、

> 朝、バグダードに入った。門では、ルーム（オスマン朝）の民によって参詣者の所持品や積荷がばら撒かれていた。彼らはすべてを取り調べていた[41]。数人が証明書（*taẕkira*）の監査のためにいた。証明書を所持していない者はみな［入城を］拒否されていた。参詣者の所持品の検査は、関税商品が荷の中にあるのに隠しているにちがいない、とばかりにきわめて厳し

く執り行っていた。[*Rūznāma*: 37]

とある[42]。一方、ここに述べられている税関での風景は、おそらくイラン人参詣者や商人らによる税関逃れの行為が頻繁に行われていたことと呼応していよう。国境調査官はハーナキーンの税関について、

関税を支払わないために、高価な絹やそれに類似したものを遺体の棺の中に隠すほか、バグダードで売ったり、幾人かの友人に贈ったりするために隠すことや、リンゴやマルメロといった果物をも棺の中に隠すことが知られている。[Hurşîd: 93]

と、棺桶の中に商品を隠し持ち、税関検査を逃れようとする行為が日常的に行われていたことを報告している。とくに、絹やタバコ、宝石といった高価だがかさ張らない商品は、参詣者がイラクで売り捌いたり友人への土産にしたりする格好の素材であった[43]。実際、当時の税関では、何も持たずにやって来る金持ちは稀であり、参詣者はショール、絨毯、金銀細工、宝石、仔馬などを携えると言われている[Saad: 535]。

このように、旅費の足しにするため、あるいは商売を行うために商品となりそうなものを、衣服や袋、果ては棺の中に隠し持っていく参詣者らに対して、税関では、「すべての人の物を引っ掻き回し、彼らの鞍袋に鉄串を突き刺し、女性の衣服や彼女たちをあらゆる側面から取り調べる」[「1877年文書」第9項]ほどの厳しい取調べが行われていた。この苦情に対するオスマン政府側の回答は、

個人の物品から関税を徴収することは、本来禁止されている。また、ワクフや奉納や贈り物として送ったり献呈されたりする物品は、ワクフ庁(majlis-i awqāf)の書簡と議会の法案に基づいて、税関に伝えられた方法で、古くから至高なる援助となっており、無料で通過させなければならない。それゆえ、このようなことを継続するよう定められた。また、もし参詣者たちの物品の中に、関税を徴収しなければならないようなものがある場合

には、その関税が徴収されることは当然のことである。また、原則・規則に基づいて、査察されることが必要である場合には、より一層、参詣者たちの事が容易となるように、また不平が生じないように、参詣者の物品の査察時に、迅速な便宜を図り、問題が生じることのないようにする。とくに女性の物品の査察に関しては、以下のようなことが適切とみなされ、税関の役人から関税庁に宛てて、２人の女性が査察官として任命されることの許可を求める書簡が送られた。

となっている。また、ハーナキーンやバグダードなど、数回にわたって関税を徴収されることに対する旅行者の不満は大きく、続く「1877年文書」第10項では、以下のように述べられている。

参詣者らが、カルバラーやナジャフで売ろうと考えている物品に関して、税関から通行証を受け取り、別の場所で売ろうと望んだ場合、税関の役人たちは、その証明書を受け付けず、再度関税を徴収し、迫害を加えている。

オスマン政府は、これへの回答として、「この種の物品に関しては、彼らの証明書に記載された場所に到着後、その場所から別の場所に移送する場合は、証明書に記載されなければならない。というのも、証明書に記載されている場所以外のところに持っていく場合は、仮に証明書を持っていたとしても、その関税を徴収・領収することは、原則と秩序に基づいたことだからである」と述べている。このように、オスマン政府は、参詣者といえども商品を持っている場合には、その品物の売買希望地にいたるまで厳密に管理し、証明書に記載した上で関税を徴収していた。一方、「参詣者が商品を持たない場合、関税は徴収されない」という文面を、イラン人参詣者側が拡大解釈し、参詣者の荷物はすべて免税、との認識を持っていた可能性も決して否定できない。それと同時に、政府高官や有力者らの場合には、多少の心づけや賄賂をオスマン政府役人に渡すことで関税を逃れている場合があり、イラン人参詣者の間でも、社会的地位如何による不平等が生じている[44]。いずれにせよ、関税を徴収される側の参詣者と、これらの参詣者を管理しようとするオスマン政府との攻防が、税関では繰り広げられていたと言える[45]。

また、オスマン政府がイラン人参詣者や旅行者の積荷を調べるのは、関税徴収という目的には限られず、ときに書物に関して念入りな調査がなされることがあった［Fakhr: 32］。これは、次章で見るように、当時のイラクにおいて、オスマン政府がシーア派の影響が拡大することを恐れていたからであると考えられ、イラン人がシーア派を喧伝する書物を持ち込むことを妨げる目的だったようである。‘Ażud al-Mulk は、「イランの地から学生や参詣者などが持ってくる本は、バグダードの税関で検査されるしきたりになっているが、大半を一目見ただけでティグリス川に投げ捨てている」［‘Ażud: 174］と非難しているが、オスマン政府による荷物の検査は、関税対象品の有無のみならず、検閲という目的からも、シーア派ムスリムであるイラン人参詣者に対してとりわけ厳格に行われていたのである[46]。

19世紀のイラクの税関では、本来は免税であった参詣者の手荷物にも関税が課され、さらに一度徴収されれば二度と徴収されない規則であったにもかかわらず、主要都市ごとに数度にわたって関税が徴収されるなど、参詣者に対して不当な扱いがなされていたことが明らかとなる。そうではあるが、オスマン政府の役人による過度の取調べや取立てがある一方、逆に、旅先での金銭調達の必要性もさることながら、参詣者という立場を利用して商品を隠し持って行くイラン人参詣者のしたたかさを看過してはならないだろう。

4．通行税

川の多いイラクでは、橋を渡るときに料金が徴収されるシステムになっていた。この料金は、19世紀中葉で250ディーナール、後半から末期にかけては500ディーナールであったと考えられるが、徒歩の者は総じて無料であり、騎乗者や輿、積荷用の駄馬から主に徴収されていた[47]。橋はディヤーラー川が流れるバークーバや、ユーフラテスを渡ってカルバラーへ向かうムサイイブにあり[48]、またティグリス川左岸に位置するサーマッラーへは、橋の代わりに、伝統的な筏による渡しを利用しなければならなかった。この橋や川の通行税・渡河料に関してもまた、イラン人参詣者からは、「オスマン政府は橋がかかっている場所では必ず、上述の金額を通行税（ḥaqq-i ʻubūr）として徴収している」［Sadīd: 320］と、苦情が出ている。

「1854年文書」ではそのようなイラン側の苦情に対し、オスマン政府は、通行税は強制ではないが「古くからのしきたり」であると回答し、やむを得ないものとしての理解を求めている。一方「1877年文書」第８項では、橋の通行税が一律でないことに批判が出ており、それに対してオスマン政府側は、とくにサーマッラーの渡し場での不正取得を認めている。実際、サーマッラーの渡し場は、旅行記史料においても苦情が最も多く、イラン人係官の配備が要求されているほどである［Fakhr: 64］。また、バークーバの橋[49]は大勢の参詣者でごった返して通れないほどであり［Adīb: 141］、その橋が「とても小さく、あまりに秩序がない（bī naẓm）」［Fakhr: 73］といった表現は、大規模な参詣者集団が通過するにあたって、通行税を徴収しながら人や貨物を渡らせる困難さを物語っていよう。同様に往来の激しかったバグダードの橋では、この通行税は、遅延と混乱を生じさせるものとして参詣者たちの怨嗟の対象となっていたほどである［Fakhr: 37］。さらに、バグダード南方の小さな橋は、400人の兵士と４台の大砲が設置されていた。これは、参詣者が通行税を支払わずに、別の道を通ってカルバラーに向かうことのないように、見張りを勤めていたためであると言い［Adīb: 139］、通行に際してのオスマン政府の厳格な管理統制を見ることができる。

このような通行税に対するイラン人参詣者側の不平不満は、非常に瑣末なことに思われるが、その背景には、通行証購入にはじまり、検疫、関税、食費、宿泊費、通行税など、種々雑多な名目で次々に金銭を徴収し、その上、イラン人参詣者に対して侮蔑的な行動を取るオスマン政府役人や在地の人々に対する膨大な不信感があることを見過ごしてはならない。イラン人参詣者の苦情を汲み取った「1854文書」と「1877年文書」の２点の文書は、当時の人々が身をもって体験した、「不当な扱い」の集大成なのである。

19世紀のイラン人参詣者にとって、アタバート参詣には様々な障壁が存在した。普遍的な問題である行路上の治安については前章で検討したが、19世紀後半にとくに顕著に見られるより大きな障壁は、近代化に付随する、国家による「国民管理」の問題であった。オスマン政府の課す通行証制度や検疫制度の強化などはその象徴である。

近代化を推し進めていく19世紀にあっては、外国であるからこそ、その地に足を踏み入れた参詣者らは、国家システムの相違に起因する様々な制度に面食らい、不満がより一層増大するという結果を招いた。イラン人参詣者らが問題とするオスマン政府の対応は、ほぼすべてがオスマン朝とイランという二国家の近代化の速度の相違に収斂する。オスマン朝では、19世紀になると、身分証と査証を兼ねた通行証の携行を旅行者に義務づけ、集団となってやってくる参詣者に対して、公衆衛生の観点により検疫制度を導入していた。それに対し、イランではこれらのシステムの導入は遅れ、19世紀後半に至ってさえ、国境で初めてこれらのシステムと対峙した参詣者らの間には、制度への無理解が広まっていた。イランからの参詣者が、通行証や検疫といった諸制度を滞りなく受け入れるのは、実に19世紀最末期から20世紀に入ってからのことであった。

一方、オスマン政府の役人が、次章で見るように、イラン人参詣者による莫大な経済効果を理解しつつも、イラン人参詣者を冷遇していたことも事実である。参詣者らは、イラクに入ると様々な場面で彼らに対する不当な扱いに直面した。そのため、鉄道敷設といったオスマン朝の先進性を評価はしても[Fakhr: 69]、オスマン朝やイラクの現状を評価する声は、参詣者のなかからはほとんど聞かれないのである。

オスマン側の冷遇と、イラン人参詣者側の過度なまでの被害者意識の背景には、本書最終章で検討する、同じイスラーム社会のなかでの宗派の相違が主要因として考えられる。二度のエルズルム条約では、同じイスラーム国家として、宗派の相違を超えた協調を謳っているにもかかわらず、現実には、イラクではイラン人参詣者に対する侮蔑が蔓延していた。この点が逆に、イラン人参詣者がオスマン朝やイラクの人々に対して抱く不信感の源泉ともなっており、両者の相容れない姿勢が如実に看取できる部分でもある。

本章で主に依拠した2点の外交文書に挙げられている議論は、「搾取されるイラン人参詣者」と「国民を管理する国家（オスマン朝）」という二つの立場の相違に起因している。イラン側は、通行証や検疫や関税の名目で徴収される金額を「不当な徴収である」とする理論に立脚し、オスマン朝の関係役人の対応を非難するが、オスマン側にとっては、これらはすべて国家システムの法の範囲内のことであり、おそらくイラン側の苦情の根本的な部分は解しがたかったものと推察される。両者の議論が噛み合わない印象を受けるのも、まさにこのことゆえであろう。

本章で見たように、同じイスラーム国家といえども、オスマン朝とイランでは近代化の過程において、19世紀後半にはすでに大きな格差が存在していたのであり、その近代化を象徴するシステムを強要される個々の人々にとっては、政府によって課される新制度は、さらに理解の範疇を超えるものだった。個々人を特定し、尊重するかのように見える近代的な諸制度は、当人たちにとっては逆に、十把一絡げにされ自尊心を傷つけられるという側面を有している。国境を越えて行われるアタバート参詣というひとつの宗教的行為から、「近代化」に翻弄される当時の人々の様子が浮かび上がるのである。

注

1）オスマン朝での通行証の発行は、センサスと歩調を合わせている。19世紀に入り、最初の人口調査は1831～1838年に行われたが、このとき、人々の大移動を避け、人口増加の状況を把握するために、通行証が発行された。その後、1839年のタンズィマートを受け、1844年に再度人口調査が行われ、1845年の通行証法案は、このときの人口調査を元にしたと考えられる。その後1866年に行われた人口調査では、全国民に対してオスマン臣民証（*tezkere-i osmaniye*）が発行され、とくに1881～82年のセンサス時には、兵員登録の観点から tezkere の必要性が強調されたという［Karpat 1978: 244-250］。この tezkere は、おそらく身分証（*nüfus tezkeresi*）であり、「通行証」とは異なると思われるが、それでもなお、オスマン朝では早くから通行証や身分証の必要性が説かれ、居住している州（vilāya）を越える際にはその携帯が義務づけられていた［Lorimer: II/846-847］。一方、1286/1869年には、新しい通行証法がオスマン朝で制定されたという報告があるが［GAIU: III/243］、現物を確認することはできなかった。

2）ここで問題としている通行証の原版は確認できなかったので、様式は異なるが、在イスタンブール・イラン大使館発行の「滞在許可証」の様式を挙げておく［BOA. A.DVN.DVE(20): 70/ 1］。

＜形状＞30×43.5cm。イラン政府の紋章である「太陽・獅子（shīr-u-khurshīd）」の図柄とナーセロッディーン・シャーの名前が上部に描かれる。以下、ペルシア語とオスマン・トルコ語が左右両欄に併記。証明書の保持者がイラン臣民であることが明記され、両国家の友好関係に基づき、オスマン政府の役人が当該人物を妨害せず、庇護する旨が書かれる。この滞在許可証の場合、有効期間は赤字で記され、1279年ムハッラム月１日より１年間。オスマン語の欄では、人物の名前（ʻAlī b. Ḥasan ....?）が赤字で記され、この人物がイスタンブールおよびその近郊で商売を行うことが付け加えられている。下欄には、人物の身体的特徴（年齢・身長・眉・目・口髭・顎鬚・顔）が記入される。最後に、在イスタンブール・イラン大使館の認証が押される。

このほか、ペルシア語・アルメニア語によるイスタンブールでの滞在証（1297/1880年発行）と、偽造オスマン臣民証書（1313/1897年）のサンプルが存在するので、そちらも参照のこと［GAIU: III/256, 314-315］。

3）1279/1862年のあるイラン人メッカ巡礼者は、イランを出てロシア領ティフリスに入る際に、「パスポート（pāspūrt）」と題して以下のように説明している［Sayf: 75］。

> 旅行を始めるときには、少なくともロシア政府のワキールから、彼らの用語でパスポート、また我々の用語ではtaẕkiraと呼ぶ紙片を、定まった金額を支払って受け取らなければならない。もし道中で待たされたり、不備がないようにしたければ、このtaẕkiraに、「Ghāzānī印」と呼ばれる印璽が押されるよう奔走しなければならない。この紙片を手にしたら、ロシア領内に入ることができる。国境では混雑が激しく、荷物用に税関が設けられている。旅行者の脇やポケットを調べることさえもある。電報局や町に到着したら、このtaẕkiraを役人に見せよ。

4）上述の1854年通行証法案においても、健康証（*tezkere-i sıhhîye*）発行の面からの通行証の必要性が強調されている［BOA.İ-MVL: 203］。

5）1265/1849年の駐オスマン・イラン大使の報告では、通行証がイランでは普及していないために、バグダード州長官が通行証を発行し、その利益を自分たちのものとしており、イラン側の損失は甚だ大きく、バグダード領事らの経費を捻出するためにも、通行証はイランで発行すべきだと進言している［GAIU: I/334］。イラン側で通行証の発行が請け負われるようになる正確な年代は不明であるが（ただし、後述のように、1267/1851年にイラン国内での通行証携帯を義務づけたときかもしれない）、19世紀末にはアタバート参詣者はケルマーンシャーで通行証を購入し、ハーナキーンで認証を押されていたようである［Mishkāt: 42］。

6）旅行記史料には、1855～56年：3,200ディーナール［*Rūznāma*: 32; Adīb: 74］、1867

年：2,200ディーナール［ʻAżud: 111］、1886年：8,500ディーナール［Fakhr: 32］、1898〜1900年：5,000〜15,000ディーナール［Sadīd: 319; Mishkāt: 42; Ṣafā: 766］という数字が挙がる。ただし、当時は検疫期間満了証と連動していたため、検疫代との区別は曖昧である。後注25参照。

7）GAIU: III/290. なお1893年刊行の別の報告書によると、バグダード州では、外国からの参詣者には１人あたり10ピアストルが課せられたとされる［Cuinet: 13］。20世紀初頭になると、騎乗のイラン人参詣者はパスポート代として20ケラーンを支払い、これに対してケルマーンシャーのオスマン領事によって20マジーディーで査証が与えられ、さらに検疫代として、１人10マジーディーが課せられた［Lorimer: I/2362］。メッカ巡礼の場合の通行証代については、Jaʻfariyānが簡単に触れている［Jaʻfariyān 1379s: 205-206］。

8）1854年は現状追認のためイラン政府からアタバート参詣解禁令が出された年である。解禁令のなかで、「通行証（*tażkira-yi ʻubūr va murūr*）なしでは、イランの地から足を踏み出してはならない。ケルマーンシャーハーンで、イラン政府の役人から通行証を受け取り、秩序だって進み、戻ってくること」として、通行証の携帯をイラン政府自らも参詣者に要請している［RVI: II/1192］。

9）先の発令によると、詳細な指南書が各州に配布されると記されているが、イランで最初と思われるこの通行証に関わる政府勅令やそれに関する研究を見出すことはできなかったので、書面の形式や金額、条件などは不明である。ただ、通行証携帯の効用が明らかとなった事例として、借金を抱えた人物が、別の土地に逃亡することを防ぐために、通行証の発布を見合わせた結果、通行証を持たずにやって来たところを逮捕することができた、という事件が同じ年と翌年の官報に挙げられている［RVI: I/122, 231, 267］。しかし、官報がこのように通行証の効用を喧伝するため、一般には、官報と通行証発行課が協力して金銭を徴収しているのではないか、との疑念が流布していたようである［RVI: I/273］。また、発令２年後のアゼルバイジャンでは、州長官の尽力により、ようやく通行証の携帯が徹底するようになったとの記事が確認されるが［RVI: I/718-719］、その他の地域に関しては情報がなく、イランでの身分証普及の遅れが目立つ。

10）実際に国境で通行証を免除されるのは、貧者や徒歩の者ではなく、女性であった［Saad: 540; Mishkāt: 42］。

11）当時のイラン通貨（ディーナール）と、オスマン通貨（クルシュ）の換算比率は、1,000ディーナール＝５クルシュ［RVI: II/944］。

12）1263/1847年末に、在イスタンブール・イラン大使館からオスマン政府へ出された文書では、「以前は無料だった」として通行証代徴収を非難している［A.DVN.DVE (20): 11/40］。

13）シリアから陸路でイラクに向かったある巡礼者は、イラク最初の町であるʻAlīya

（校訂者によると、おそらく'Anā の誤り）で役人は *taẕkira* を確認し、サインをしただけで通した。次のラマーディーヤでは再度「ヴィザ代」として、１人あたり５ルピーを支払うが、トラブルはまったく見受けられない［I'lā'ī: 192］。

14）インドの風土病とされるコレラは、交通網の発達と相まって、19世紀全般を通じて数度にわたってアジアからヨーロッパまで世界的に大流行した。コレラが最初に猛威を振るったのは1817年のことである。第一次（1817-24）、第二次（1829-37）、第三次（1840-60）、第四次（1863-75）、第五次（1881-96）の大流行を経て、1883年のコッホによるコレラ菌の発見まで、「青い恐怖」として世界中で恐れられた［見市 1994: 13-26］。

15）二度目のコレラの世界的流行は、1831年５月に、まずメッカで巡礼団にコレラが発生（約12,000人が死亡）、その後、巡礼団の帰国とともに、ダマスクスやエルサレムでも広まり、そしてヨーロッパにもたらされた［見市 1994: 15, 26; Lorimer: I/2518-19］。

16）Lorimer: II/767. 河川の多いイラクは、当時、洪水が生じると魚やカエルが打ち上げられて腐敗し、それらがペストやコレラ発生の要因であると考えられていた［'Âlî: 88］。

17）19世紀のバグダード州に関して言うと、1802年（ペスト）、1831～34年（ペストとコレラ）、1846～47年（コレラ）、1865～66年（コレラ）、1867年（ペスト）、1869年（コレラ）、1871年（コレラ）、1874～76年（ペスト）、1877年（ペスト）、1881年（ペスト）、1889年（コレラ）、1892年（ペスト）、1893年（コレラ）が発生している［Lorimer: I/2518-39］。

18）オスマン政府の検疫制度導入の背景として、19世紀のヨーロッパでの検疫制度の確立と普及の試みを看過すべきではない。欧州では、コレラ対策として1825年にイギリスで検疫法が成立し、1830年代には「公衆衛生」の必要性から国際会議が提唱された。1851年に第１回国際衛生会議がパリで開かれ、オスマン政府も参加した。この会議は失敗に終わりはしたものの、国際衛生条約の起草がなされた。また1866年には、第３回国際衛生会議がイスタンブールで開催され、イギリスやフランスなどのヨーロッパ諸国と並んで、オスマン政府やイラン政府からも代表が参加した。この会議では、インドがコレラの発生源であることが確認され、伝播を防ぐためにも、インドの近隣諸国では、とくに海路の検疫を強化するよう求められた。オスマン政府は、会議の翌年には検疫法を整備するなど、その後もヨーロッパと歩調を合わせるが、イランは1894年のパリ会議まで、以降の会議には出席せず、1892年の国際衛生条約にも批准をしなかった［Lorimer: I/2520-29］。

19）BOA.C-SH: 1065, 1201. Pistor-Hatam は、「1850年までには設置された」としているが［Pistor-Hatam 1991: 232］、前出の総理府オスマン文書館の文書から1264/1848年にはその存在が確認される。

20）BS: 1300/92, 124, 128, 131, 160, 163, 171, 193. その後、バスラが独立した州となり、行政区画が変更されると、20世紀初頭に至るまで、カーズィマイン、サーマッラー、マンダリー、ムサイイブには常に検疫官（qarantîna memûrı）が1人、ハーナキーンには衛生局員（ṣıḥḥîye me'mûrları）として5人、またカルバラーとナジャフには新たに衛生局が設置され、それぞれ1～2人の役人と数人の警備員が配されていた［BS: 1309/180-234, 1312/202-236, 1313-14/259-290, 1316/228-240, 1325/132-182］。参詣街道に位置するこれらの地域以外では、検疫官の存在がまったく確認できないことからも、オスマン政府がシーア派参詣者の存在を重視していたことが明らかであろう。イラク南部のバスラ州の検疫所は、バスラとファオにあった。1905年の報告では、イラク全土での検疫所は、バグダード、ハーナキーン、ファオ、バスラ、ナジャフ、カルバラー、アマーラ、ハージー・カラ、マンダリー、サーマッラー、カーズィマイン、ムサイイブの12ヶ所となっている［Lorimer: II/855］。

21）ペルシア湾岸の疫病流行や検疫制度については、Lorimer: I/2517-55が非常に詳しい報告を残しているが、オスマン領イラクへの陸路の検疫やその実態は、Pistor-Hatam 前掲論文をのぞき、ほとんど明らかにされていない。

22）19世紀のハーナキーン一帯はユダヤ教徒の少なくない地域である［Hurşîd: 87; Tchirikof: 371; Cuinet: 119, 123; 福島：219］。

23）同文書の回答において、オスマン側は医師の変更を伝えており、事態は改善されたものと思われる。ちなみに、1897年のハーナキーンの医者は、オスマン政府に雇われたイタリア人であった［福島：215］。

24）BOA.A.MKT.MHM: 570/9. 1853年には、欧州では検疫の合理化を進めており、それまでは10日間であった船の検疫期間に対し、8日間以上航行する船の場合は、1人の船医がいれば検疫は免除された。この措置に伴い、当時疫病に見舞われていたオデッサなど黒海沿岸からの船には、期間を短縮した5日間の検疫が設定された［RVI: II/914］。また、1866年国際衛生会議では、感染地域からの流入者には10日間の検疫を実施することが定められたが、1885年ローマ会議では、コレラに関しては5日間に短縮された。1876年に、ペストがイラクからイランに広まったときには、オスマン政府は国内の検疫期間を5日間に短縮したが、同時にイラン人に対しては、陸海路ともに15日間の検疫期間を課した。その後1893年にはコレラに、また1897年会議ではペストに対して、陸路の検疫は禁止されたが、ヨーロッパ以外の国に関しては、やむを得ない場合には国境を封鎖する権限が残された［Lorimer: I/2521, 23, 33, 36, 44-45］。

25）検疫代としては、1265/1849年: 4,000 ディーナール［GAIU: I/334］、1272-73/1855-56年: 3,200 ディーナール［*Rūznāma*: 32; Adīb: 73］、1316-18/1898-1900年: 5,000 ディーナール［Sadīd: 319; Mishkāt: 52］という数字が挙げられる（前注6も参照のこと）。1284/1867年の疫病流行時の検疫代は 6,200 ディーナールと高額である［'Aẓud: 181］。階級か、あるいは流行に応じてかは定かではないが、検疫代には開きがある。

26）BOA.Y.A.HUS: 166/141, 166/142, 167/ 1 , 167/13, 167/24, 167/85. このときは、ナジャフを出発する300人以上のイラン人参詣者に対して、ムサイイブとサマーワで検疫を実施し、20日間の期間中に死亡者が出た場合には、再度20日間の検疫を課すことが要請され、実行されている。ナジャフやカルバラーの周辺には、外国人医師が派遣され、１週間後にはコレラと判明したこの疫病は、およそ２ヶ月で終息宣言が出された。

27）外国人旅行者らが、検疫の対象となったという記述はほとんど見られない。これまでで確認し得たものは、上述の Bellew に加えて、英国の駐イラン大使として赴任する途中の Sheil が、ジョルファーで14日間の検疫を受けたというものと、その後３年半のイラン駐在を終えて帰国する Sheil 夫妻が、トラブゾンで10日間の検疫を受けたというものである［Sheil: 71, 297］。ただし、ジョルファーでの検疫は、当時アルメニア一帯がロシア領に入っていたことと無関係ではなく、また後者のトラブゾンはオスマン領であり、夫妻が長期にわたってイランにいたということが検疫の理由であろうことは想像に難くない。ちなみに、明治13年（1880年）にブーシェフルに到着し、時間的余裕があったためにさらにバスラ経由でバグダードまで足を延ばした吉田正春は、ブーシェフルとバスラのいずれの港においても検疫の有無を記していない［吉田：385-411］。

28）ナーセロッディーン・シャーの一行は、検疫を完全に免除されたようである。

29）同じイラン人で同じ時代でも、メッカ巡礼者の場合、不満は述べるものの検疫をめぐるトラブルはほとんど見受けられない［Farāhānī: 244-248; Amīn: 304-318］。なお、19世紀末の東南アジアからの巡礼者を中心とした、ジッダでの検疫制度については、Roff 1982参照。

30）‘Ażud: 189-190校訂者注を参照のこと。1268年ムハッラム月11日（1851年11月６日）発行の官報からは、このときの対策として、イラン政府が通行禁止措置を採っていたことが明らかとなるが、疫病が治まるまで、疫病発生地域の人々の移動を禁じ、情報収集に努めていた以外には、政府の対応策は事前にも事後にも見受けられない。しかし、疫病が終息すると、それについても官報に載せてはいる［RVI: I/207, 229］。加えて、官報の別の号では、ペストなどの疫病は伝染病であり、その発生の原因は未だ不明であるものの、不潔な所で発生するとして、町の美化を呼びかけ、ペストの特徴やその処方として当時知られる最先端の情報を掲載し、啓蒙に努めている様子が窺える［RVI: I/235, 710, 733-734］。しかし、19世紀全般を通じて、イランでは疫病が発生すると、人々はその町や集落を捨てて郊外や別の場所へ避難し、疫病が収まると再度町に戻る、という原初的な方法を採っていたにすぎない［RVI: I/755, II/828; タージ：322-329］。もっとも、疫病の発生や終息の情報のみでも広報することの重要性は計り知れない。とくに上述のペストはイラクで発生し、ケルマーンシャーもその余波を受けていたために、アタバート参詣を志す人々にとっては、広報が旅行を実施するかどうかの判断基準となったであろう。

また、1868年に設立された衛生審議会には、イギリス、ロシア、フランスの代表が含まれ、イランの国境地帯や国内に検疫所の設置が強要されたが［Issawi 1971: 21］、実現には時間を要している。後注32も参照のこと。

31）Lorimer: I/2532–33; Floor 2004: 206.

32）検疫制度のみならず、ガージャール朝期のイランでは、西洋医学に対しての拒否感が行き渡っていた。Floorによると、イランでは19世紀の早い時期から外国人医師が宮中で活躍していたが、その数には限りがあり、一方で伝統的なイラン人医師が旧態依然のまま数多く存在したという。また西洋医学の教育の開始は、1851年に王立の高等教育機関である王立理工科学校（Dār al-Funūn）が建てられてからのことであり、それでもなお、19世紀後半にも、西洋医学の浸透に対しては様々な反発が見られた。また国際衛生会議を受けて、1868年にイランでは衛生審議会が設けられ（実際に審議会が機能し始めたのは1876年以降である）、検疫制度について話し合われるが、このなかで検疫代は、オスマン政府の設定料金よりもさらに高額に定められた［Floor 2004: 167–188, 205–207］。

33）たとえば1271年ラビー・アルアッワル月24日（1854年12月15日）付のイラン国境の検疫の廃止を求めた内務文書やその翌月のアタバート参詣者に対する検疫所での横暴な振る舞いへの苦情など［BOA.HR.MKT: 95/73, 99/1］。その2年後にも、イラン全権大使からオスマン政府に提出された要望書の15項目に検疫の廃止か短縮化が挙げられている［BOA.HR-SYS: 722/10］。1874年第四回国際衛生会議（ウイーン）では、陸路の検疫は商業上の損害が大きく無益だとして廃止が提案され、1885年のローマ会議でもこの提案が再言明されたが、イランは後者の会議には参加していない［Lorimer: I/2522–23］。このため、もともと検疫設置に消極的であったイラン政府が、この当時どのような対応を採ったかは現段階では明らかではない。

34）19世紀末に検疫制度の必要性を痛感したイラン政府は、1896年にブーシェフルに検疫所を設置するが、規則の実行に及び腰であった政府に代わって、実権を担ったのはイギリス領事部であった。このため最初から地元の反発に遭遇していたようである［Lorimer: I/2547］。

35）Mishkāt: 51–53; Ṣafā: 766–767参照。その前年に旅行したSadīd al-Salṭanaも滞在はわずか1日であり、かつ「ハーナキーンに到着した男女のイラン人旅行者に対して、オスマン人は健康保証書（ḥifẓ al-ṣiḥḥa）と称す証書（taẕkira）を与え、5,000ディーナールを徴収する」と記すのみである。一方彼は、メッカから帰国する巡礼者に対しては、ナジャフとカルバラー間にあるヌハイラで検疫が課せられていると述べている［Sadīd: 319, 326］。

36）このほか、イラン方面からの陸路では、ゴム、アヘン、果物、小麦などがバグダード州に輸出されるという［Lorimer: II/801］。一方、バグダードに輸入されたものは、再度ペルシアへ輸出されるという商品の循環が指摘されており［Lorimer: II/803］、ここにも、商人だけではない、イラン人参詣者による「流通」を考えることも可能である。また、種々の条約や文書において、商人と参詣者の区別が曖昧であるという点をも踏まえると、アタバート参詣者は、イラン＝イラク交易において重要な役割を果たしていたのであろう。

ところで、1300/1882年度のバグダード州の関税収入としては、諸外国からの総輸入126,246,410クルシュに対し、うち関税は9,504,826クルシュであり、全体のおよそ7.5%を占めている。対する輸出の場合は、30,991,219クルシュに対して、関税が331,772クルシュであり、わずか１％を占めるに過ぎない。輸入における関税収入は、バグダード州の全収入の三分の一強を占め、この地での関税収入の多さを物語る［BS: 1300/137, 218］。

さらに1860年代には、バグダード州の総輸出の三分の二がイラン向けであり、獣皮、ナツメヤシ、没食子や靴、ターバン、石鹸といった地場産業品が輸出品の主体であったが、1870年代後半には、スエズ運河の開通に伴い、ヨーロッパ向けの輸出が重要となり、イラン向けの地場産業品の輸出は数%にまで減退した。また、1860年代後半のバグダード州への輸入品の半分以上はイランからであり、綿織物、絹織物、タバコ、絨毯、食品、鞍などであったが、1870年代末には輸出同様、イランからの輸入の割合は四分の一にまで減少した［Issawi 1971: 120–121］。バグダード州の輸出入は、1870年代を境に、ヨーロッパやインドが大きな比重を占め、イランの価値が減じるようになったとはいえ、19世紀末のバグダード州の総輸出37,468,150フランに対し、ケルマーンシャー経由のイラン向け輸出は4,140,000フランであり、全体の11%を占めている。一方輸入に関しては、全体の33,930,980フランに対し、ケルマーンシャー経由の輸入が4,701,200フラン（13.8%）、イランからバスラ経由のものが4,600,000フラン（13.5%）と、輸入において、イランとより密接な関係を持っていることが窺える［Cuinet: 73, 110］。

37）BOA.HR-SYS: 722/10; GAIU: III/404. これより先の、第二次エルズルム条約締結後間もない1265/1849年のイラン大使からの報告では、イランの商品からは５%の税が徴収され、かつ別人の手に渡るごとに４%の税が取り立てられ、さらにオスマン朝の商品の場合は12%が徴収されるなど、商人や参詣者を苦しめているとある［GAIU: I/331–332］。イラン商人から不当な取立てがなされていたことに関してはMastersも指摘しており、12%というのは、同時期にオスマン政府がイギリスやフランスと結んだ通商協定の税率が12%であったことから、イランの税率も引き上げられたのだろうと述べている［Masters 1991: 13］。

38）Lorimer: I/2599, II/851. イランからの主要輸入品であるタバコについては、１キログラムあたり２ピアストルと手数料１ピアストルが相場であり、また塩は政府独占であるために０%であった［Lorimer: II/852］。しかし、1278/1862年の段階では、タバコには75%の関税がかけられていた［GAIU: III/319］。1292/1875年にオスマン政府とイラン政府の間でタバコ協定が締結されたときには、「参詣者らのタバコについては、以前の条約のまま」という文面が見られることから［MUM: 32］、イラン人参詣者は、自分用か商売用かは不明であるが、タバコを持ち運んでいたことが窺える。

39）1905年のLorimerの報告は、バグダード以南を中心としているため、バグダード以北についてはほとんど情報がないが、イラン方面の税関として、ハーナキーンとキジル・リバートの2ヶ所を挙げている［Lorimer: II/851］。前者については本文中でも触れているが、後者の税関については他史料からは確認し得なかった。

40）バグダードの税関（gümrük dâiresi）については、'Âlî: 62–63参照。『バグダード州年報』によると、税関局（Bağdâd Gümruğı Müdiriyeti）として、長官、一等書記官、トランジット書記官、一等参事（refîq）、二等参事、証明書書記官、金庫管理官、事務員という8人の名前が挙がっている［BS: 1300/90–91］。その後、同局はBağdâd Rüsûmât Niẓâretiと名称を変更し、長官以下、12人の名前があがる［BS: 1312/159］。また、バグダード中央税関局（Bağdâd Markezî Rüsûmât Müdiriyeti）には25人の名前が挙げられており、そのなかには証明書書記官（tezkere kâtibi）も存在する［BS: 1312/160］。

41）校訂ではnajis mīkardandとなっているが、写本からtajassus mīkardandと読む［*Rūznāma*: ms. 19］。

42）バグダード税関の厳しさについては、イラン領事から、参詣者らを過酷な状況に貶めているとオスマン政府に伝えられている［BOA.HR-SYS: 722/1］。

43）公務で訪れたガージャール政府高官は、オスマン朝役人や墓廟関係者らへの手土産として、現金を別にすると、大半がショールを、稀にトルコ石かルビーをあしらった指輪を贈っている［'Ażud: 133, 157, 158, 166, 195］。別の高官の土産もショールである［Adīb: 178, 214, 221］。またホラーサーン方面からの参詣者は、安物ではあるが売買のために、特産品であるトルコ石を持ってくるという［Saad: 540］。

44）Fakhr: 72, 77; Harris: 264, 287. イラン国王の近親者などがアタバートを参詣する場合は、オスマン政府はバグダード駐留の第六師団に歓迎の儀（merâsim-i lâzıma-ı iḥtirâmkârî）を命じ、税関では荷を開けないことが求められている［BOA.Y.A.HUS: 172/12; BOA.Y.PRK.HR: 11/45］。

45）イラン側がオスマン朝臣民にかける関税はエルズルム条約で定められたとおりであろうが、これとは別に、イランでは、ユダヤ教徒には特別な関税が課せられていたようである。1270年シャッワール月24日（1854年7月20日）付の官報では、実効性の面では疑問があるが、ケルマーンシャー州長官の'Imād al-Dawlaが、エルサレムやズル・キフルへ巡礼するユダヤ人から1人あたり2,000ディーナール（各宿泊地で徴収されるため総額1トマン）の貢税（bāj）を徴収していた慣習を廃止し、他のイラン臣民と同様に関税徴収はしないとの新政策が出されている［RVI: II/1165］。

先に見た通行証や検疫と同じく、1298/1881年には、イラン外務省から駐イスタンブール大使に向けて、イラン人からの関税徴収を批判する内容の文書が送付されている［GAIU: III/450］。

46）別の参詣者は、ハーナキーンの税関では、彼への敬意から積荷の調査がされなかったにもかかわらず、その前日の宿場で、馬子が彼の書物が税関で登録されないようラクダの瘤に隠したことが逆に発覚するという事件が生じている。その参詣者が役人への返礼に贈ったのは、『カリーラとディムナ』の書である［Sadīd: 318-319］。19世紀最末期には、ハーナキーンの税関では、関税徴収ではなく、むしろ書物に対する検閲が厳しかったようであるが［Saad: 543-545］、イラン人参詣者が持ち運ぶ本は思想や啓蒙書に限られず、文芸書など様々だったようである。ナーセロッディーン・シャーは、カルバラーからの帰路、馬車の中でサーディーの『薔薇園』や『果樹園』を読んでいる［Nāṣir: 148］。1897年にハーナキーンを通った福島もまた、行李の中の日記や書類や図書に対する検査官の目を恐れていたが、幸いにも検閲を免れた［福島：214］。

47）*Rūznāma*: ms. 46; Adīb: 141; Fakhr: 36, 57, 64; Sadīd: 320; Mishkāt: 55など。

48）イラクの橋の多くは舟橋（boat-bridge）である［Lorimer: I/199-200, 828; Bell: 167, 184］。

49）ディヤーラー川にかかる20メートルほどの橋で、14のアーチを持つ［Fakhr: 36］。

第9章

アタバート参詣者とオスマン朝下のイラク

イランからのアタバート参詣者は、年間10万人という非常に多くのシーア派ムスリムからなっていたために、アタバートを擁するイラクに様々な影響を与えた。まずもって重要なのは、参詣者のもたらした経済的な影響である。オスマン政府にとってアタバート参詣者の存在は、重要な収益源であったため、これはプラス面ととらえることができる。もうひとつは、宗派上の問題である。政府にとり、大勢の参詣者集団の存在は、シーア派信仰を波及させる好ましからざる存在でもあったため、こちらはマイナス面と言えよう。本章では、このプラスとマイナスの両面から、イランのアタバート参詣者たちがイラクの社会に与えた影響について見ていきたい。

1．参詣経済

オスマン政府が、疫病を蔓延させるという負の面を抱えながらも、イラン人参詣者の安全を考慮するなど参詣者問題に取り組んだ背景には、単に両国家間での和平条約による取り決めという義務的側面だけではなく、参詣者収入に対する見込みが大きな要因として存在したと考えられる。ガージャール王家のある亡命者は、イランに対する欲目はあるだろうが、バグダードの描写に際し、「かの地の繁栄の大部分は、誉れ高い諸聖地への参詣者たちによるものである。彼らの利益の大半は、イランやイラン系の国の人々（ahālī-yi Īrān va mamlakat-i ʻajam）の往来のうちにある」［Riżā: 184］と述べている。また、欧米人旅行者の目にも、「カルバラーは、これまでの［イラクの］都市と異なり、停滞や衰退の兆しは見られない」［Ussher: 457］と映っており、イラン系が多数を占めるこの町は、参詣者たちの存在によって繁栄し豊かな町であるという印象を旅行者に与えていた［Peters: II/331］。

参詣者による収入は、如何ほどなのだろうか。これまでの研究では、シーア派参詣者の経済的な重要性について指摘されてはいるものの、実際にどの程度の影響や効果があったのかについてはほとんど検討されていない[1)]。ここでは史料上の制約はあるものの、諸史料に現れる断片的な数字や言及をもとに、イランからのシーア派参詣者の経済効果についての検討を試みる。

（1） 税 収

参詣者収入は、前章で見たような通行証や検疫制度に基づく「税」の部分と、そのほか道中の宿泊費や交通費などの生活費として落とされる「旅費」の二つの部分からなる。まず、政府による税収の面から見ていこう。

19世紀中葉のイラン大使は、バグダードでの検疫代を、通貨の換算比率や検疫に要する間の必要経費を考慮した上で、ひとり1トマンとみなし、年間5万トマンから20万～30万トマンがイラン人から徴収されていると訴える［GAIU: I/334］。同時期のある参詣者は、ハーナキーン郡長との会話のなかで、参詣者から徴収するその年の検疫収入として、7万人の旅行者から4万トマンもの金額を徴収していることを耳にしている[2)]。

19世紀末のより具体的な統計では、シーア派参詣者によるイラクの検疫収入は、1889年が2,399トルコ・リラ（138.207フラン）であり、1890年には5,766.70トルコ・リラ（265.735フラン）にのぼっている［Cuinet: 16］。この両年には、さらに同程度の金額が、本書第5章で見たシーア派ムスリムの埋葬税から得られており、当時のイラン人参詣者の、バグダード州政府の税収への多大な貢献ぶりが窺われる。両年に倍増以上もの開きがあるのは、1889年にはイラン政府によってアタバート参詣の禁止令が発布され、翌1890年には解禁されたからである。すなわちイラン政府の発令が、参詣者の多寡に、ひいてはイラクの収入に対して多少なりとも効力を有していたことが読み取れよう。税収上の問題ゆえに、イランからのアタバート参詣が禁止されることに対する懸念は、イランのことに通暁していたイラン駐在のオスマン大使によってもまた、スルタンに向けて表明されているが［BOA.HR-SYS: 724/2］、参詣者数の減少は、ここに見られるように、明らかにバグダード州やオスマン政府の経済的な損害になったのである。さらにこの時期、オスマン政府は「手数料」と称し、新たな税を国境で課している。1897年11月にイランから陸路でイラクに入った福島安正は、「聖地に巡拝する回教徒」と題し、以下のように伝える。

> 此地哈那幾尼（ハナキネ）を經て克爾伯拉（ケルベラ）の靈地に赴く波斯・高喀索（コーカサス）の回教徒は年々少くとも五六十萬人、多きは百萬に達するので、土耳古政府は健康證手數料として一人二克蘭（ケラーン）を收めしむる所から、五十萬人とするも百萬克蘭、百萬人を以ては二百萬克蘭の收得あるものである。［福島：216］

19世紀後半に、50万人の往来がイランとイラクの間であったとは考えがたいが、本書第2章で見たように、10万人（年によっては数万人）という数字はより信頼に値するものである。10万人で換算すると、検疫期間満了証明の発行手数料のみで、国境での収益は、福島の言う100万ケラーン（10万トマン）にはならないまでも、数万トマンにはのぼるかなりな金額であっただろう。1316/1898-99年度版の『バグダード州年報』では、参詣者からの検疫収入は、106,689クルシュ75パラとなっている［BS: 1316/286］。

今まで見てきたものは、検疫関連の収入に限ったものである。前章で検討したように、国境では検疫代以外に、様々な名目で税が徴収されており、さらに、バグダードの城門やティグリス川などの渡河の際には通行税が必要であった[3)]。19世紀中葉以降、オスマン政府は、「参詣者」という非日常的に往来する人々に対して、そのなかでもとくに国境を越えて聖地に向かうイラン人参詣者に対して、通行証、検疫、関税、通行税、埋葬税と、より多くの名目による多額の課税を行っていたのである。確固たる数字は挙がらないとはいえ、参詣者に課せられる「税」から得られる収益は少なくはない。

(2) 雑費収入

次に、旅費の面から見てみよう。上に挙げた通行証や検疫収入といったオスマン政府への公的な税収源としてのみならず、イラクの街道上の諸都市もまた、その生計を参詣者の往来に依拠しており、参詣者経済によって繁栄していた[BS: 1325/244, 254, 276]。参詣者を襲撃する遊牧アラブとは異なり、参詣街道上に暮らすアラブ系の人々は、基本的に参詣者に依存して生活していることから、参詣者に対して親切であり、糧食や藁を彼らに提供している。そのような住民による心づかいは、イラン人参詣者らに敬遠されがちであったサーマッラーにおいてさえ確認される[Adīb: 103, 134, 141, 142]。またカルバラーへの参詣ルート上に位置していたムサイイブでは、イランからの参詣者用の必要品を供給する小さなバーザールが設置され、近隣のアラブ女性が乳製品やパンなどを持ち込んでいたと言われている[Ussher: 453]。

参詣者に収入を依拠している状況は、墓廟の関係者にとっても同様である。本書第4章でも触れたように、「参詣祈祷文詠唱者」などは、アラビア語を解さないイランからの参詣者に代わって参詣祈祷文を詠むと同時に、不慣れな参詣者の案内役を務めることによって、参詣者から幾ばくかの報酬を得ている[4)]。また『アッバース大全』をはじめとする法学手引書で奨励されているように[Bahā'ī: 167]、参詣者は、聖地のハーディムや困窮者たちのために寄進を行った。参詣者や故人がイマーム廟に寄進することは、聖地・聖廟の財政を潤すことは言うまでもない。「1877年文書」の第9項に挙げられているように、イマーム廟への寄進用に持っていかれる品物は、当時決して少なくはなかったはずである[5)]。

外交文書によると、19世紀前半には、イラクでの1年間の参詣者収入は50万トマンと推計されている[AMQ: II/46]。19世紀後半になると、イラク領内で参詣者が費やす金額は1人あたり20〜25トマンと言われており、年間10万人の参詣者の総額では、200万トマンにのぼると見積もられた［ʻAżud: 175; Issawi 1971: 129］。イギリス領事は、この 200万トマンに加えて、土産物代などが 200万トマン、さらにハーナキーンからアタバートを周回してハーナキーンに戻るまでのラバ代として平均 25万トマンを加算し、総額 425万トマンもの収入がバグダードにはもたらされていると算出している［Issawi, *ibid.*］。この金額には、オスマン政府が課すバークーバやバグダード、ムサイイブでの渡橋代や通行証代、関税などが含まれていないことから、先の検疫収入などを含めると、実に膨大な金額が、アタバート参詣者によってオスマン政府やバグダード州にもたらされていたことが明らかとなろう。

ところでイギリス大使の報告によると、1813年のイラン政府の歳入は総額で300万トマンであり、ファトフ・アリー・シャー治世末期には 208万トマンに減少し、その後ナーセロッディーン・シャー期には 436万トマンという数字が挙がり、1888-89年には 553万トマン、そして1900年の税収は 700万トマンであったとされる［Lambton 1991: 498-499］。これらの数字と、上で見たアタバート参詣者がイラクで費やす支出の総額を照らし合わせてみると、実に、ガージャール政府の国家歳入に匹敵するほどの収入が、バグダード州政府、ひいてはオスマン政府にもたらされていたことになろう。年間10万人とも言われるイラン人参詣者の往来は、オスマン政府にとってきわめて重要な財源だったのである。

（3）　参詣者側の負担

イラクの最初の町であるハーナキーンには、税関と検疫所がともに設置されており、旅行者は、この場所で査証を入手すると同時に、税関の申告を行い、また検疫を受けなければならなかった。これら一連のシステムは、当時のイラン人にとっては目新しいものであったと同時に、国家が個人を管理するものであるために、それに対する反発も生じていたことは前章で見たとおりである。福島安正は、ハーナキーンについて非常に興味深い記述を残している。

> 哈那幾尼（ハナキネ）は國境の一大驛で、河に跨つて一市街を爲し、人口四五千、隊商及び巡禮隊の來往陸續として絶ゆることなく甚だ熱閙の地である。（中

略）土耳其の隊商館に到着したのであった。

隊商館と斜に相對して月星旗を飜しつゝある洋館は検疫所である。隊商館の右隣に税關が在つて等しく月星旗を樹てゝ居る。

余の未だ館内に至らざるに早くすでに小吏閑人の輩群集し來つて喧々囂々煩に堪へず、僅に樓上の一室を得て將に入らんとするや、一人の曰く「余は檢疫官なるが健康證を携ふるに非るよりは巴克達徳（バグダード）に至るべからず、之を與ふべければ卽刻従者馬夫共都合三名各五克蘭（ケラーン）を出されよ」と。又一人の曰く「余は税關吏なれば悉く荷物を檢査すべく、速に行李を開くべし」と。一人の又曰く「余は地方官なり旅券を示されよ」と。其の雜踏實に名狀すべからず。先づ十五克蘭を與へて檢疫官を去らしめ、旅券を示して地方官を歸らしめ、次に行李の檢査となつた。[福島：213-214]

福島のこの記述から、ハーナキーンでは、証明書や検疫や関税などすべての査察が一度に行われたことが明らかである。旅行者にしてみると、国境を越えて「異国」に足を踏み入れるや否や、初めてのシステムに次々と晒され、そして様々な要求をされるのである。前章でも見たように、参詣者らの批判が一様にハーナキーンでの彼らに対する扱いに向けられたことも無理からぬことであろう。

一方ハーナキーンの検疫医師は、証明書を発行する際に、イラン人参詣者は値切ったり、贋金を出してみたり、ロバの分は払おうとしても妻の分は払いたがらないなど、決して素直に支払いに応じようとはしない様子に触れ、「私は、参詣者たちのなかで、それは高い位の人物でさえ同じであるが、問題なく支払おうとするのを見たことはほとんどない」と嘆いている［Saad: 543］。そして、イランの各地からの参詣者の特徴について以下のように述べる。

エスファハーンとマーザンダラーンの住民は、その大半がロバでやって来て、汚れた身なりをしている。彼らは非常に吝嗇で、極度に嘘つきである。そしていつも死体の密輸をしようと企んでいる。ホラーサーンの参詣者は、

> 馬かラクダに乗ることを好み、誇り高く傲慢で、暴力的で喧嘩好きの性格をしている。テヘランの参詣者は一般的に下層階級の人々であり、素行が悪い。ラシュト、バクー、クバ、ウルミエからもさらに多くの参詣者がやって来る。彼らにはカッとなる気質がないわけではないが、それでも最も正直な人々である。[Saad: 545]

このほかにも彼は、イラン人全体に共通する際立った特徴として、金に対する執着心を挙げ、イラン人参詣者らは「検疫の不正（l'injustice de la Quarantaine）に抗するのだ、と主張して」大半が検疫代を頑ななまでに支払おうとしない、と述べる［Saad: 542］。上述の出身地による性格付けがすべてではないものの、参詣者らは往々にしてハーナキーンでの種々の支払いを拒んでいる。そのような参詣者側の総意が、「1877年文書」第５項で言われているように、「検疫の役人たちが土地の役人たちと協同して、糧食や食料の販売を数人の雑貨商に限定し、その者たちもまた、貴重なパンやその他の品物に砂や土を混ぜ、参詣者らに対して過度の掛け値を行っていた」［GAIU: III/540］という、言いがかりともとれるような、オスマン領内の人々への非難へと結集するのである。ほかにも、イラン政府高官がハーナキーンに到着後、バグダード州長官から歓迎の書簡を受け取り、行動の自由を保障されていたにもかかわらず、買い物には現地の役人が同行し、「他の参詣者同様、２倍の価格を上乗せされた」［Adīb: 73］と記しているように、ハーナキーンでの金銭的なトラブルは、きわめて多いことが指摘される。

前章でも見たように、参詣者の側としては、通行証や検疫の代金の支払いは、あくまでも「不当な」ものである。何よりも、聖地への参詣を目的としている参詣者たちは、自身は非常に「宗教的」な状態にいたものと思われる。そのような状態のなかで、イランを出国し、オスマン領内に入るや否や「検疫」という名目のもとに数日間留め置かれることは、長旅である彼らの経済的な負担を一層増すこととなったであろう。またそれ以上に、一度に数百人数千人もの参詣者を１ヶ所に留め置くという措置が、彼らの自尊心を傷つけたことは想像に難くない。

ハーナキーンという国境の町のみならず、参詣者が通過する場所での金銭的なトラブルは至るところで見受けられる。「1854年文書」の第5項では、「道中のキャラバンサライやカーズィマインでは、食糧や一部の物品を高値で、専売や請負や政府独占形態で売っている」［AMQ: III/61］と言われている。参詣者を相手にした商売を行っていたイラクの参詣街道上の諸都市では、おそらく通常の価格設定よりも割高な値がつけられていたことであろう。同文書は参詣者の苦情を集大成したものであることから、そこに記されている事柄は、当時のイラクで頻繁に目撃（あるいは体験）されたことであり、イラクでは不当に出費を強いられる感が、イラン人参詣者全体にあったことを示している。実際イラクでは、不慣れなせいもあるが、イランからの参詣者はよく騙されている［Fakhr: 39-40］。Lorimer は、「イラクのアラブは狂信的ではないが、金銭のことになると貪欲である」［Lorimer: II/769］と述べているが、様々な場面で騙されるイラン人にとっては、金銭に貪欲なイラクの人々は好ましからざる相手であろう[6)]。

アタバートの諸聖地やイラクの諸都市が参詣者によって成り立っている事実を、イラン人参詣者らは見逃さない。たとえばある参詣者は、「2年間参詣者が来なければ、店は倒産するであろう」［Fakhr: 43］と述べており、金を落としていく参詣者に群がる住民の存在や、しつこく物乞いをする乞食たちの姿が執拗なまでに描かれている［Adīb: 120; ʻAżud: 116-117］。「盗賊は減ったが、物乞いは増えた」［ʻAżud: 184］との感想もまた、旅行記史料からは確認されるが、盗賊であれ物乞いであれ、あるいは高値売りであれ、イラクでは様々な形でシーア派参詣者に依存した生計が営まれていたということである。

一方、1871-72年にはイランで深刻な飢饉が生じ、小麦や絹の輸出に大きな被害が出た[7)]。さらに通貨価値の下落は甚だしく[8)]、19世紀後半のイラン経済は悪化していたと言われている。経済の悪化がどれほどイラン人参詣者に影響を与えたかは明らかではないが、もともと参詣者自身は金銭を支払うことに抵抗があり、オスマン政府やバグダード州政府に対して、そしてその支配下にいるトルコ系やアラブ系の人々に対して、多大な不信感を持っている。そのことが、「1877年文書」の最終第13項に記される、「イラクの大半の役人によって、イランの参詣者たちに関して、圧制的な対応や侮蔑的な行動が示されている」［GAIU: III/543］という訴えに収斂するのである[9)]。イラン人にとって、オスマン領内にあるアタバートに参詣することは、経済的な点は言うまでもなく、心理的にも彼らの負担となっており、決して簡単なことではなかった。参詣者というのは、一方的に出費する立場でしかない。

（４）　参詣経済と両政府

イラン政府の歳入に匹敵するほど重要な参詣経済であったにもかかわらず、オスマン政府は、ときにイラン人参詣者の財源としての重要性に気づいていなかったのかもしれない。前出の1875年付のイギリス領事の報告では、オスマン政府がこのような参詣者による収入の重要性に気づいておらず、イラン人がより簡単なイラン国内への参詣へと流れることを指摘している［Issawi 1971: 129-130］。実際、本書第２章でも見たように、アタバート参詣は、種々の政治的理由によって禁止されていた。またこれまでに扱った数々の内政文書からは、オスマン政府やとくにバグダード州長官がイランからの参詣者に対し、あまり良い印象を抱いていなかったことが明白に読み取れる。このように、オスマン政府が参詣者問題にさほど熱心には取り組まなかった背景には、あるいは、治安の維持や疫病の発生というマイナス面や、次節で見るシーア派拡大という宗教的な問題が、財源としてのプラス面以上に大きな要因として働いたのかもしれない。しかしながら、それでもなお、アタバート参詣への道は完全に閉ざされた訳ではなく、治安が安定し、疫病が終息した際には、オスマン政府は国境を開いている。オスマン政府にとり、イランからのアタバート参詣者はプラス要因とマイナス要因の両面を持ち合わせ、その狭間で揺れつつも、参詣経済の重要性を認識せざるを得ず、またそれを等閑に付し得なかったのだろうと推察される。

ここで注意しておきたいのは、アタバート参詣は、イランからイラクへの一方的な人口の流入であり、イラクやオスマン朝から人々がイランへ流入することはほとんどないという点である[10)]。カルバラー事件時にバグダード州長官であったNajīb Pashaは、シーア派聖地の存在に起因する、イランとバグダード州間での人口流出入の不均衡を指摘している［Cole & Momen 1986: 128］。また、イラン側の国境での状況からもこのことは明らかである。オスマン側ではハーナキーンで税関や検疫所といったシステムが稼動していたのとは対照的に、19世紀全般を通じて、イラン側では逆に、国境を通過する人々に対して関税や検疫はかけられていなかった[11)]。帰国時の自国の民は免税対象であることを考慮すると、当時のイランとイラクを結ぶルートでは、イランからオスマン領に出て行く人は多いが、オスマン朝下の臣民で、イランにやって来る者はきわめて少ないということになる。そしてこのような人口移動の不均衡さが、オスマン政府やバグダード州政府をして、イラン人参詣者に対する無関心や尊大な態度の一因となっていたのである[12)]。

だが、一方的であるとはいえ、参詣者の往来が途絶えるということは、オスマン政府にとって莫大な損害を与えると同時に、イランにあるマシュハドやゴムといったシーア派聖地を利する結果となる［Issawi 1971: 129–130］。参詣者にも課税する体制が整っていた19世紀後半には、数多くの参詣者がやって来ることは、それだけ多くの税収があるということにほかならない。逆にイラン側から見ると、参詣者が「外国」へ旅をするということは、金が国外に流出しているということである。1801年のJohn Malcolmによる報告では、

> イランの通商に関して言うと、この国は毎年、貿易の差額を補填し、巡礼（参詣）者たちの出費を支払うために、受け取る以上にはるかに相当な額を輸出しなければならないだろう。またイランは鉱山資源を持たないために、他の国から随時もたらされない限り、その輸出は早晩国の正貨をすぐに流出させてしまうに違いない。［*Ibid.*: 266］

と記されており、19世紀初頭にして、イランの経済状況は、巡礼者の出費を賄う以上のものではなかったことが指摘されている。半世紀後のアタバート参詣の活性ぶりを考慮すると、イランではさらに多くの巡礼者や参詣者が国外に出て、支出をしていたのであるから、イランの国内経済への打撃は計り知れないということになる。

このような年間数十万から数百万トマンに及ぶとされる参詣経済による収入

の重要性は、オスマン政府のみならず、イラン政府もまた認識していた［AMQ: II/46; BOA.HR-SYS: 724/2］。たとえば19世紀中葉には、ガージャール政府が参詣者の流れを国内に向けようと努力していたことが英国大使夫人によって記されている［Sheil: 198］。19世紀後半の一帽子商からの政府への進言書においてもまた、イラクへ向かう参詣者たちに対する通貨換算比率の歩合の悪さにより、必要以上に貨幣が流出し、イラクの民を利することはあっても、イランの民を利することはなく、さらにはイラン国内に通貨が不足するという事態に陥っている、という状況が指摘されている［Qānūn: 40-41］。そのような現状にもかかわらず、その当時にはイラン政府による努力は実を結ばず、20世紀に至るまでイランからアタバートへの参詣者の往来が減少することはなかった。アタバート参詣が実効性をもって禁止され、マシュハドやゴムといった国内聖地への参詣が奨励されるようになるのは、ガージャール朝滅亡後、レザー・シャーが登場してからのことである。

おそらく19世紀には、「国民の管理」を始めたばかりのオスマン政府もイラン政府も未だ手探りの状態であり、参詣経済の重要性に気づきつつも、そのような国家の思惑とは別の次元で、自然発生的にアタバートへと流れていくイラン人参詣者に対し、有効な手だてを発することはどちらの国家にとっても不可能だったと考えられるのである。国家収入に匹敵するほどの参詣者収入は、個々の参詣者がそれぞれの社会的身分に応じ、平均20トマンをイラクで支出した結果である。この点にこそ、アワド藩主国を中心とする18世紀のインドからの組織的な送金や経済援助という形ではなく[13]、個々の参詣者が数万人という大規模な単位で活動することでイラクに影響を及ぼしたという、19世紀のイランからの参詣者によるアタバート参詣経済の特徴を指摘できる。

2．イラクのシーア派化

続いて、オスマン政府にとってアタバート参詣者のもたらす「マイナス」の面について見ていこう。膨大な数の参詣者が一方的にイランからイラクへと流入することからくるマイナス面は、何よりも参詣者たちがシーア派であるという問題であり、当時住民のシーア派化が進んでいたイラクの宗派構成に及ぼす影響であった。イラクのシーア派化について論じるのは本書の目的ではないので、ここではイランからのアタバート参詣が最盛期を迎えていた19世紀後半に、当時のイラクがどのような宗派構成であったのか、またどのような形でシーア派化が進んでいたのか、そしてオスマン政府はそれをどのように認識していたのか、といった点に焦点をあて、シーア派の影響が大きくなっていく過程のなかで、イランからのアタバート参詣者らがどのように捉えられていたのか、という点について考察する。

（1） 19世紀のイラクのムスリム宗派構成

オスマン朝がイラクの支配を再度確立するのは1831年以降のことである。19世紀初頭のワッハーブ派のカルバラー攻撃や、40年代にオスマン当局の支配が確立されるまでカルバラーの自治が可能となっていたのも、その当時はオスマン政府の統治権がイラクに及んでいなかったからにすぎない。

しかしながら支配権を獲得したにもかかわらず、オスマン政府はすぐにイラクに対する認識を深めようとはしなかった。タンズィマートを終え、イラクでの治安が改善したとされる19世紀中葉の段階では、オスマン中央政府は、アタバートのシーア派聖地のことを「イマーム・アリー、カルバラーの長、ムーサー・カーズィム、イマーム・アッバース、サーマッラーに埋葬されているイマームたち［の場所である］」[14]と簡略に触れているのみであり、それ以上の理解はほとんどなされていない。中央から見ると辺境の地であり、かつ支配権を回復したばかりのイラクの状況について、中央政府の認識は追いついていないのである。

このオスマン政府の無関心や寛容性が引き金となり、19世紀後半には、イラクではシーア派ムスリムが増大するという現象が進展していく[15]。

イラン人（Îrânîler）が、イラク（ʻIrâqîya）地方に繰り返す征服と、シーア

　であるところの彼らの宗派のために、イマーム・アリー――神が彼に栄誉を与え、嘉されんことを――様の高貴な墓所であり、また気高き主人であられるイマーム・フサイン様とイマーム・アッバース様のいと高き殉教地であるナジャフとカルバラー、およびイマーム・ムーサーとイマーム・ハサン・アスカリー、さらにその他の偉大なるイマームたちの祝福された墓所があるカーズィミーヤとサーマッラーといった諸都市（qaṣabalar）の中に、イラン系の人々（'ajemler）が暮らしていること、またイラン人がかの地に絶えず往来することのゆえに、上述の諸都市では、たとえアラブ化が進んでいても未だ進んでいなくとも、非常に多くのイラン人が、果ては王子たちまでもが住んでいる。［BS: 1300/61］

『バグダード州年報』には、1300/1882-83年当時のバグダード州の住民構成について、上のように記されている。1840年代にはさほどの関心もなく、何人かのイマームが埋葬されている都市がある、という認識から一転して、イラン系の人々が大勢暮らしていることや、参詣者をはじめとするイラン人の往来が頻繁にあるという認識を持つに至っている。ここに見られる1880年代のイラクは、どのような状況にあったのだろうか。

一般にオスマン政府側の人口調査統計には、ムスリムの宗派別の数字は現れないため、以下に、フランス語の統計資料による当時のバグダード州のムスリムの宗派別人口を挙げよう[16]。対象となっているのは、バグダード州にある、バグダード管区、ヒッラ管区、カルバラー管区の三つの管区（サンジャク）の人口である[17]。

表9-1　1890年前後のバグダード州内3管区ごとのムスリム宗派別人口

	スンナ派		シーア派		合　計
バグダード管区	261,000	(76.6%)	79,800	(23.4%)	340,800
ヒッラ管区	30,000	(12.0%)	219,500	(88.0%)	249,500
カルバラー管区	18,000	(9.0%)	181,200	(91.0%)	199,200
合　計	309,000	(39.1%)	480,500	(60.9%)	789,500

表9-1によると、1890年前後のバグダード州の3管区のなかで、バグダード管区のムスリム人口は、8割近くを占める261,000人のスンナ派に対し、シーア派は79,800人（約2割強）であり、圧倒的にスンナ派が多い。しかしながら、バグダード以南の二つの管区ではこの比率は逆転し、ヒッラ管区、カルバラー管区ともにシーア派住民が9割前後を占めている。とくに、聖地カルバラーとナジャフを擁するカルバラー管区では、住民の90パーセント以上がシーア派という、ほかに類例を見ない宗派構成となっている。

表9-2　1890年前後のバグダード市とシーア派四聖地のムスリム宗派別人口

	スンナ派		シーア派		合　計
バグダード	50,295	(58.4%)	35,800	(41.6%)	86,095
サーマッラー	475	(19.2%)	2,000	(80.8%)	2,475
カーズィマイン	1,000	(16.7%)	5,000	(83.3%)	6,000
カルバラー	10,000	(15.5%)	54,700	(84.5%)	64,700
ナジャフ	750	(15.0%)	4,250	(85.0%)	5,000

さらに表9-2は、都市ごとの宗派別人口を抽出したものである。これによると、カルバラー管区の中心都市カルバラーでは、1万人のスンナ派に対して、5万人以上のシーア派ムスリムが暮らしている。ナジャフやカーズィマイン、サーマッラーもまた、人口数の上では規模が小さいが、ほぼ同様の比率となっており、四つの聖地は軒並みシーア派ムスリムの割合が8割を超えていることが明らかとなる。

ところで、圧倒的多数をシーア派が占めるヒッラ管区やカルバラー管区と異なり、バグダード管区はスンナ派が大半を占めている。より細かな統計を見ると、このバグダード管区においてシーア派が多いのは、バグダード市そのものやカーズィマインであり、バグダード以北の都市や村落部においては、むしろスンナ派が多数を占め、シーア派は多いところで3割、少ないところで1割を占めるに過ぎない［Cuinet: 118-148］。ゆえに、19世紀末の時点では、ほぼバグダードを境として、その以南はシーア派が多勢を、また以北はスンナ派が主流を占めるという、地理的な分布状況が出来上がっていたと考えられる。このような状況のなかで目立つのが、サーマッラー郡（カザー）である。サーマッラー郡は、町だけを見ると表9－2に挙げたように、シーア派が2,000人と8割を占めるが、郡全体で見ると、スンナ派が12,960人であるのに対し、シーア派は2,010人であり、スンナ派とシーア派の比率は完全に逆転する。しかも、サーマッラー市内のシーア派が 2,000 人であるのに対し、郡全体でも 2,010 人と、わずかに10人増えているだけである。すなわちこの地域では、ほぼすべてのシーア派ムスリムがサーマッラーの市内に暮らしているのである。換言すると、地域全体ではスンナ派地区のなかにあって、サーマッラーというイマーム廟を有する聖地（市街地）のみは、シーア派が集まって暮らしている場所ということになる。スンナ派地域のなかにあり、住民のほぼすべてがシーア派であるというアタバートの聖地がもつこの特徴は、次章で見るように、イマーム廟のある町が「シーア派の町」であるという性格を必然的に帯び、イラクの社会情勢のなかで特異な地位を占める要因となっていく。

これらの聖地に暮らす「シーア派」について、さらに詳しく検討しよう。カルバラー市のシーア派ムスリム54,700人の内訳は、イラン人（Persan）が41,000人、インド人（Indian）が5,000人、そしてオスマン人（Ottomans）が8,700人となっており［Cuinet: 199］、イラン人の比率が約75パーセントと圧倒的に高いことが理解される。20世紀初頭のイギリス資料では、カルバラーの5万人の人口の四分の三がイラン系で、残りはアラブであり、また、トルコ系100人、ユダヤ教徒50人、インド人1,200人と少数のバルーチがいるが、数百人のスンナ派、ユダヤ教徒、キリスト教徒以外は、みなシーア派であるとされている。ナジャフも同様に、5万人の人口のうち、750人いる政府役人を除き、住民はみなシーア派であるとされており、町そのものは3万人の人口のうち、三分の一以上がイラン系であり、残りはアラブであるが、スンナ派は100人の政府関係者のみで、カルバラー以上にシーア派色が強いと言われている［Lorimer: II/976, 1308, 1310–11］。別の史料では、カーズィマイン廟の周囲に形成されたシーア派の人々からなる小さな町（カーズィミーヤ）は、その大半がイラン人であり、6,000人はいるであろう人口のうち、少なくとも5,000人がイランからの移住者だとされる［Harris: 317–318］。もしくは、カーズィマインの人口は8,000

人（2,160軒）で、そのほとんどがシーア派だとされる［BS: 1325/234］。

オスマン朝では、19世紀を通じて人口調査は何度も実施されていたが、ムスリムか非ムスリムか、という区分によって統計が出されている。そのため、スンナ派・シーア派といったムスリム内での宗派別人口は、オスマン政府側の資料からは明らかになっておらず、研究者の関心も後者にはほとんど向けられてこなかった[18]。しかし、1893年に行われた州ごとのセンサス［Karpat 1978: 274］に注意すると、ムスリム、ギリシア正教徒、ユダヤ教徒、カトリックなどの項目の中で、バグダード州のみ、「外国人」の数がきわめて多いことが明らかとなる。すなわち、バグダード州人口197,756人のおよそ16.8パーセントにあたる33,270人を、キリスト教徒やユダヤ教徒ではない「外国人」が占めているのである。この数字は、イスタンブール市に次ぐ多さであり、オスマン領内の全「外国人」の20パーセント近い値でもある。この「外国人」の素性については、異論もあるかもしれないが、上で指摘した当時のバグダード州の状況を鑑みるに、おそらくイラン系の人々であると推測できよう。19世紀のバグダード州は、ひとつにはイラン系の外国人が多数居住しており、他方には彼らを含め、シーア派が多数派を占めるという、他州には見られない特徴を持っていたのだと、センサスからは推察されるのである。

いずれにせよ、アタバートの四聖地に限ってみると、それらの都市はいずれもシーア派信徒が圧倒的な多数派を構成していた。そしてそのシーア派ムスリムの少なからぬ部分が、町ごとの濃淡はあるとはいえ、イラン系の人々であったと諸史料は語る[19]。その結果、「カルバラーでは、若干の兵士を除きオスマン朝の臣民が少なく、彼らはシーア派やイラン人に用はなく、接触を持つ勇気もない」［*Rūznāma*: 51］と言われているように、少数のスンナ派は、シーア派聖地においては逆に肩身が狭かったものと思われる。

（2） イラクにおけるシーア派の広がり——教育と軍隊の実情

上で指摘したような、カルバラーやナジャフといったシーア派ムスリムの多いイラクのシーア派聖地は、歴史的に見ても、オスマン政府側にとっては反乱分子を育てる温床であったことは疑うべくもない[20]。前出の『バグダード州年報』では、カルバラーにあるシーア派学校についても触れられているが、オスマン政府はシーア派聖地での独自の教育制度に危機感を表している[BS: 1300/165]。ナジャフやカルバラーといったイラクの諸聖地はシーア派諸学の中心地として栄えており、これらの地では18世紀以降大勢の学生が学び、そしてシーア派ウラマーとして教鞭をとっていたことはつとに指摘されている[Litvak 1998]。1880年代末のバグダード州では、39のスンナ派学校に対し、34のシーア派学校が数えられ、それらシーア派学校の大半は、ナジャフ、カルバラー、カーズィマイン、サーマッラーといったシーア派諸聖地に集まっている[Cuinet: 19, 87-212]。

数多くあるシーア派の学校に対し、1312/1894-95年には、バグダード州ではバギーラ、ターシュ、ウルヤーヴァ、ヒッラ、ヒンディーエ、ナジャフ、ムサイイブに、オスマン政府管轄の初等学校があったことが確認される[BS: 1312/157]。これを年代ごとに見ていくと、1300/1882-83年時点のカルバラーでは10校ほどであったクルアーン学校は、1309/1891-92年には、クルアーン学校の数は変わらず、マドラサ1校、文法学校（rushdīya）1校が加えられ、さらに1325/1907-08年になると、マドラサ8校、クルアーン学校10校、文法学校1校という内訳になり、オスマン政府がシーア派系の学校に対抗すべく正規の学校を増設していく過程が明らかとなる[21)]。しかしイギリスの報告書によると、1905年のカルバラーでは、スンナ派学校は1校であるのに対して、シーア派学校は29校を数え、そのうちの8校が高等教育機関のマドラサであったとされており[Lorimer: II/856, 979]、上述の『バグダード州年報』の記述との齟齬が指摘される。その背景には、以下で見るようにイラクでのシーア派の普及を妨げようと努めた当時のオスマン政府による情報操作の可能性もまた、あり得ないことではないだろう。

シーア派の教育システムが盛んに展開していたイラクでは、1889年にシーア派ウラマー（ākhund）が宣教師のようにアラブ遊牧部族を改宗させ、無料でシーア派教育を受けさせていった[Çetinsaya 1994: 225-226]。先に見たように、当時のイラクでは、シーア派が多数を占めるのは「聖地」という空間内にほぼ限られていたにもかかわらず、都市の周辺に暮らす部族民への改宗運動が明らかになったのである。そのような状況から90年代に入ると、バグダード州からは、シーア派の拡大を防ぎ、スンナ派の普及に努めるべきだという報告がオスマン中央政府に宛てて続々と入るようになる。その報告書のなかでは、スンナ派を普及させるために、マドラサを建設すると同時に、イラクに教師を派遣し、スンナ派教育を施すことや、説教師にスンナ派の人物を任命し、俸給は国庫から支払うことなどが模索されている[22]。非常に多くの上申書がこの時期中央政府に向けて出されているが、この時点ではすでに、イラクでは住民の三分の二がシーア派であり、スンナ派はわずか三分の一しかいないという悲観的な論調が目立ち、書簡の発信元であるバグダード州長官自身はイラクでのシーア派拡大に非常な危機感を募らせていた。

次にイラクの軍隊の内実について見ていこう。オスマン政府の制度下では、オスマン臣民は兵役の義務を有した[23]。徴兵対象は基本的にムスリム臣民のみであり、19世紀後半のイラクでは、この地方を防衛するのは兵力24,000人の第六師団の担当であった［Cuinet: 5］。教育を中心とした布教活動とは別に、19世紀後半には、この第六師団においてもまた、シーア派の影響が増大するという局面が展開していた[24]。

バグダード州政府や第六師団の関係者たちからは、この第六師団内でシーア派が拡大する一因として、くじ引き[25]による徴兵方法の弊害が挙げられている。イラクでは、宗派の相違を考えず、在地のシーア派信徒からも一様にくじで徴兵するために、イラン系の人々が不本意なまま兵役に就いていた。その結果、師団内ではスンナ派を中心に混乱が生じることとなり、現場からは、シーア派ムスリムからの徴兵を廃止するよう要求が出されている［BOA.Y.A.PRK.ASK: 73/102］。同師団内のシーア派問題に何ら有効な手を打たなかった政府に対し、1308/1891年には、第六師団にシーア派が増えたために、別の師団と兵を入れ替える提案がなされた。しかし、この時期にはすでに第六師団は大半がシーア派信徒となっていたために、逆に新たな入れ替え兵が兵士たちに感化されてシーア派に転向してしまう可能性が指摘されている［BOA.Y.MTV: 51/24］。このように第六師団のシーア派兵士をめぐっては、19世紀末にはすでに相当数のシーア派兵士が存在し、入れ替え兵さえもシーア派化するという悪循環に陥っており、部隊内の宗派問題は混迷の度を増すばかりであった。

（3）　アタバート参詣者とイラクのシーア派化

先述のように、バグダード州長官は、イラクでシーア派勢力が増大していく背景として、シーア派のウラマーによる遊牧民の改宗政策を挙げているが、一方で、イラクにあるシーア派聖地を訪れる多数のイラン人参詣者によってシーア派が鼓舞されている、とも認識していた。たとえばサーマッラーは、住民はスンナ派であるにもかかわらず、イマームの墓があるために、イラン人参詣者が非常に多く往来し、また著名なシーア派法学者であった Mīrzā Ḥasan Shīrāzī が居住しているために、大勢のウラマーが聴講に訪れていると、この町でのシーア派拡大の兆候を伝えている［BOA.Y.MTV: 90/76］。サーマッラーの宗派問題および対抗手段となるスンナ派支援策に関しては、同様に、1310～1313/1892～95年にかけて、数通の書簡がバグダード州長官からオスマン当局や第六師団長へと上申されている[26)]。このことは、アタバートのなかでもカルバラーやナジャフやカーズィマインといった元々シーア派が圧倒的な町と異なり、先にも見たように、サーマッラー地域はスンナ派住民が多数を占めていたにもかかわらず、イラン人参詣者やシーア派ウラマーの影響のために、サーマッラーさえもシーア派化してしまうのではないか、という危惧が当時のイラクの上層部に支配的であったことを示している。バグダード州長官は、スンナ派学校のないサーマッラーに、早急にスンナ派用のモスクやマドラサを建設する必要性を強く説いているのである[27)]。

参詣者のなかにはイランへ帰らずに、そのままイラクに居つく者たちも少なくはなかったであろう。残念ながらそれを数値化することは現段階ではできないが、イラクへと一方的に流入するイラン人参詣者への不信感は、バグダード州政府内で非常に大きかったことは事実である。シーア派思想をもつ新たな流入者は、在地の女性と結婚し、その息子はあるいは奨学生としてシーア派教育を受け、あるいは軍隊に徴収される。このような流入イラン人やその子息の国籍や徴兵をめぐっては、オスマン政府そのものを巻き込む行政改革を必要とした。19世紀後半、オスマン政府とガージャール政府は、オスマン領内に居住したり、オスマン領内を訪れたりするイラン人の諸権利（私有地所有、領事裁判権、国籍など）や、これらイラン人とオスマン臣民である女性との婚姻、その際の国籍、兵役等に関する諸点について順次協定を結んだ[28]。そのなかで、イラン人男性とオスマン臣民の女性との婚姻については、1303/1886年にイラン側から猛烈な抗議が出されている。それによると、両者の婚姻の場合、イギリスやロシアの事例とは異なり、本来は夫の国籍に入るべき妻と子供が、オスマン臣民として扱われると定められているのである［GAIU: III/266］。ムスリムとキリスト教徒という宗教の異なるイギリスやロシアの民との婚姻以上に、オスマン政府はイランの民と自国の女性との婚姻に対して、厳しい措置を採っていることが、ここから明らかとなる。そしてこの婚姻条項においては、頻繁にバグダード州の名が挙がっていることから、オスマン政府の想定する「オスマン領内のイランの民」というのは、バグダード州を訪れる人々のことであり、その人々がさらなる定住者となるのを未然に防ぐことを意図していたと考えられる。本書第4章でも触れたように、シーア派において承認されている一時婚制度は、参詣者と密接に結びつく行為であり、その結果としてイラン系のシーア派ムスリムが増加するということはあり得ないことではない。バグダード州政府もオスマン政府もともに、イランからの参詣者がイラクに根づくことを決して奨励してはいない。何よりも、前章で見た「通行証」という名のもとの身元確認は、参詣者の往来が一過性のものであることを望んでいる表れであり、そして本来は一過性であるべき参詣者が、婚姻を通じて定住化することを恐れている状況が、当時定められた婚姻条項からは如実に読み取れるのである。

シーア派ムスリムの流入とそれに伴うシーア派の拡大を憂慮するオスマン政府は、スンナ派建築物への政治的・財政的支援を行い[29]、それと同時にイラクのシーア派に関する認識を深めていかざるを得なかった。1296/1878-79年とされる内政文書には、十二イマーム派についての概要が記されている。そこでは、イマームの埋葬地の説明と、それらの地にはイラン人が数多く暮らし、オスマン皇帝ではなく、イラン国王に親近感を持っていること、シーア派ウラマーの影響力が強いこと、これらの聖地やメディナにある他のイマームの墓地には、イランから非常に多くの寄進がなされていることなどが報告されている［BOA.

Y.PRK.AZJ: 3/37]。その数年後に出版され、本節の冒頭に挙げた『バグダード州年報』の記述では、バグダード州内のシーア派諸聖地では、「イラン系の人々が暮らしていること」に加え、それらの聖地を目指して「イラン人が絶えず往来する」といった継続的な行動が、シーア派ムスリムである多くのイラン人が同州に暮らす要因として挙げられる状況に至っている。これらのことから、19世紀中葉から後半のイラクでは、政府が認識不足を改めねばならぬほど、外国人であり、かつ宗派の異なるイラン人の存在が、イラクの宗派構成に重要な影響を及ぼしたと理解されるのである。

ところで一般のスンナ派の人々の信仰心は具体的には不明であるが、現実にはオスマン朝の人々も、ナジャフやカルバラーといったイマーム廟を参詣している。たとえばイスタンブールからやって来た ʻÂlî Bek はバグダードからバスラへと航行する前に、わざわざ陸路でカルバラーとナジャフに立ち寄り、この両聖地を参詣し、墓廟の壮麗さを誉め称え、カルバラーでアーシューラーの哀悼儀礼を執り行う大勢のイラン人や朗誦者の声に、感動と哀悼の念を表明している［ʻÂlî: 57, 72, 76］。また、アメリカ人考古学者の案内人であったアラブ人は、ナジャフに到着するまではシーア派の排他性を罵っていたのが、ナジャフに到着するや否や、同行の欧米人を不浄とみなし、信心深くなった［Peters: II/327］。

このように、アタバート参詣は、実際にはイラン人シーア派ムスリムに特有のものではなく、オスマン政府の役人やスンナ派の人々にとっても重要な位置を占めていたと考えることは可能であろう。しかしながら、オスマン政府にとっては、シーア派聖地を目指すシーア派参詣者の存在、さらには一過性のものも定住性のものも含め、シーア派ムスリムの流入は、総じて19世紀末期には宗派的に無視することのできない脅威となっていた。上述のオスマン朝下のトルコ系やアラブ系の人々の事例は、興味本位で聖地を訪れた人々までをも虜にする力が、これらの聖地や聖廟には存在したということを示す。シーア派聖地の排他性については次章で検討するが、実際に参詣することで何らかの心境の変化を生ぜしめる「原動力」がこれらの土地には備わっていたのであろう。そしてその背景には、聖地に暮らすシーア派ムスリム同様、遠路はるばると訪れるイラン人参詣者の存在もまた、少なからぬ効果を及ぼしていた。年間数万人から10万人以上というイランからの参詣者の数は、上述の19世紀末の聖地の人口と比較すると、バグダード（86,095人）やカルバラー（64,700人）といった大都市と同程度の数となる。80万人の人口を抱えるバグダード州全体で見ると、およそ十分の一の人数となり、この数字からも、アタバート参詣者たちが与えた影響の大きさを推し量ることができよう。また過度の宗教的情熱を備えつつ集団で各地をめぐる参詣者たちの存在は、その場所ごとにある種の効果を生み出す、動く宣伝媒体として機能していたことも見過ごしてはなるまい。

具体的な事例や数値を挙げるのは困難であるが、イラクの宗派変動の流れのなかで、ウラマーの布教活動のみならず、参詣者らの果たした役割を過小評価することはできない。前章で見たように、オスマン政府が国境の税関で検査する対象が、関税商品の有無だけではなく、書物の検閲をも行っていたという事実や、イラクでは様々な方法でイラン人参詣者が冷遇されるという状況にこそ、イランからの参詣者たちが、イラクの宗派問題に対して与えた影響の大きさが映し出されているのである。

1年間に何万人ものシーア派ムスリムが、イランからイラクへと一方的に流入するという現象下にある19世紀後半には、アタバート参詣者たちの存在は、バグダード州政府やオスマン政府にとっては、通行証や検疫代をはじめ、多種多様な名目からなる莫大な税源となった。さらに彼らの旅行中の宿泊費や交通費などを合算すると、イラクにとって非常に大きな経済効果をもたらした。当時のイラン政府の歳入に匹敵するほどの経済効果は、個々の参詣者らの支出の積み重ねによって生み出されたものである。そうであるからこそ、イラン人参詣者にとってはイラクでの課税や支出は経済的負担となって彼らの肩に重くのしかかるに過ぎず、怨嗟の対象となっていた。またオスマン、ガージャール両政府にとっても、このような参詣者による経済への影響は等閑視できないものであり、原則としてイラン側は参詣旅行を禁じる方向へ、対するオスマン側は疫病の危険性のない場合には黙認する方向にあったと考えられる。

しかしながら一方で、オスマン中央政府やバグダード州政府にとってみれば、アタバートへの膨大な数の参詣者は、莫大な収益をもたらす要因として歓迎されるべきものであった反面、「数の論理」で展開するシーア派参詣者らの存在は、住民のシーア派化が進んでいた当時のイラクのシーア派化をさらに促す圧力として機能した。バグダード州政府自身は、19世紀後半に顕著に見られたシーア派ウラマーによる宣教活動とともに、定住化や婚姻の可能性のあるアタバート参詣者らによって、バグダードの諸都市が一層シーア派傾向を強めていくという認識を持っていた。このような認識を裏付けるように、同世紀末期には、カルバラーやナジャフを擁するカルバラー管区では、住民の実に９割がシーア派であるという現象が生じていたのである。住民のシーア派改宗に危機感を抱いたバグダード州政府が、オスマン中央政府に向けてたびたび発した報告書からは、イラクのシーア派化を阻止しようとする州政府の意向が垣間見られる。しかし、中央政府が事の重大さを認識したのは19世紀最末期のことであり、20世紀に入ると急速に衰えたオスマン政府にとって、イラクのシーア派化を阻止する術は残されていなかった[30)]。今日見られる、バグダード以南の住民のシーア派化は、イラクでは19世紀後半にはすでに見られていたことであるが、当時はさらに、イランからのアタバート参詣が最盛期を迎えていたこともあり、シーア派諸聖地を中心にその街道上においてシーア派が活発に行動し、影響力を浸透させていった時代なのだと考えられる。

注

1）Litvak 1990: 59-60; *idem.* 1999: 56-61 などを参照のこと。Litvak 2000 においては、参詣者が聖地の経済に与えた影響についてわずかながら触れられている。インドのアワド藩主国からイラクのシーア派聖地への資金援助を扱った研究に、Cole 2002: 78-98; Litvak 2001があるが、同時代のイランからの参詣者収入については触れられていない。参詣者個々人の旅費については、本書第３章参照。

2）*Rūznāma*: 57. この金額は、当時の検疫代が3,200ディーナールであったとすると（本書第８章参照）、参詣者数との単純計算では22,400トマンにしかならない。７万人の参詣者収入が４万トマンであるということは、ハーナキーンでは明らかに規定以上の徴収を行っていたと考えられ、*Rūznāma* の著者もこの点には怒りを向けている。

3）関所で通行税を徴収するのは伊勢参宮街道も同様であり、伊勢神宮に至る街道上の桑名と日永（現四日市）の間わずか４里に60余の関所が設けられ、関銭が徴収されていた［大西 1931: 16–17; 西垣 1983: 96］。またこの当時、イラン国内でも通行税の徴収は行われていた。

4）ʻAżud al-Mulk は公務での参詣であったことから、墓廟関係者には様々な贈り物をしているが、ナジャフでの参詣祈祷文詠唱者２人にはそれぞれ15トマン、カルバラーでは１人に30トマンと、当時としては高額の現金を支払っている［ʻAżud: 157, 166］。

5）GAIU: III/541. イランやインドから寄進されたフサイン廟とアリー廟の所蔵品の価値は、19世紀末で3,000万トルコ・リラと見積もられている［Cuinet: 181］。この点については、Litvak 2000が詳細に検討している。墓廟関係者と参詣者との関係については、本書第10章も参照のこと。

6）さらにバグダードなどの大都市には、アラブのみならず大勢のユダヤ商人が居住しており、19世紀末には一大勢力となってバグダードの商業を担っていたことも看過し得ない［Lorimer: II/769–770］。イラン人のユダヤ教徒嫌いは顕著であり、そのことは「1877年文書」第２・３項や、ユダヤ教の聖地に対する否定的見解から明瞭に読み取れることは、本書第４・８章で指摘した。

7）19世紀はイラン経済が停滞し、ヨーロッパの資本主義に蹂躙された時代でもある。19世紀のイランの輸出品は、前章でも触れたように小麦、絹、絨毯、アヘンが主であるが、1870年代は飢饉のために小麦の輸出はなされず、60年代には蚕の病気のためにギーラーン地方では絹が産出できず、これらに代わって19世紀末に主要品目となったのが、絨毯とアヘンであった［McDaniel 1971］。

8）Issawi 1971: 343–345所収の表を参照のこと。

9）「イラクで働くオスマン政府の役人や兵士たちも州長官に追随し、尊大な態度で臨む」［Iʻtiṣām: 65］など、オスマン政府の役人らに対する反感は、参詣者らの間でとくに強い。

10）本書第６章で見た５点の条約からも、このことは明らかであろう。

11）1845年にイラクから陸路でイラン入りした Ferrier は、オスマン側イラン側ともに、税関や検疫所の有無についてまったく言及していない［Ferrier: 7–23］。もっともオスマン側に関しては、「ケレンドやミヤーネ・タークにある検問所や税関で、オスマン領へ向かう旅行者は旅券（“teskereh” passes）を見せなければならない」という情報が確認できる［Tchirikof: 352, 354］。一方、当時の係争地であったハーナキーン近郊の村は、川を挟んでイラン側とオスマン側に二分割されており、キャラバンサライやバーザールはイラン側にあり、オスマン側には、別のバーザールと検疫所と市庁舎が存在した［Tchirikof: 371］。イラクを出国する旅行者に対しては、イラク側に存在する検疫も税関もともに必要がないことは自明である。当時のイランでは国内に税関が設けられていたとはいえ、しかし、イラン側の国境において、これらの施設に対する言及がまったくないことに関しては、イラクからの入管者が少ないことから来る、イラン側の制度の立ち遅れと考えてよかろう。

12）イラン人参詣者に対する迫害が囁かれていたバグダード州長官のNāmiq Pashaは、イランの臣民をよく扱っている、という証明を、ナジャフやカルバラーの十二イマーム派ウラマーに求めるほどであった。ほどなくNāmiq Pashaは罷免されイスタンブールに戻されるが、その後のイラクでは、役人は身の丈をわきまえ、徐々に対応が変わったという［I'tiṣām: 65-66］。州長官の懐柔策の背景には、自身の罷免問題に帰結する不安感ではなく、イラン政府との関係が悪化し、参詣者の往来が閉ざされてしまうと、イラクでの経済的損害も計り知れない、という思惑があったのかもしれないが、基本的にバグダードの役人は、イラン人参詣者に対して冷淡であった。

13）Cole 2002; 78-98参照。

14）1263-64/1847-48年にかけての文書［BOA.İ-MSM: 2062, 2065, 2071］に見られる表現である。

15）後述するが、ウラマーの勧誘によるイラクの遊牧部族たちのシーア派への改宗政策と、それに伴う19世紀末期のイラクでのシーア派ムスリムの増大については、Çetinsaya 1994: 222-244の考察がある。

16）表9-1、表9-2ともに、Cuinet: 17, 89, 90, 132, 144, 151, 175, 199, 208を基に作成。

17）1281/1864-65年に、イラクの行政区画は、バグダード、バスラ、モースルの3州に分けられた。本書の対象となるバグダード州は、バグダード管区（Khurāsān、'Azīzīya、Kāẓimīya、Jazīra、Dalīm、Kūt al-Amāra、Khānaqīn、Mandalī、Sāmarrā、Badra、'Anaの11郡を含む）、ディーワーニーエ（ヒッラ）管区（Ḥilla、Dīvānīya, Samāva、Shāmīyaの4郡を含む）、カルバラー管区（Hindīya、Najaf-i Ashraf、Razzāzaの3郡を含む）からなっていた。より詳細な行政区画に関しては、BS: 1325/202-203を参照のこと。

18）Shaw 1978, Karpat 1978などを参照のこと。

19）ただしNakashは、20世紀初頭のナジャフではイラン人は住民の三分の一しかおらず、アラブの影響のほうが大きかったことや、バグダードに近いカーズィマインや、その北方に位置するサーマッラーは、総じてシーア派やイラン人の影響が少なかったことを指摘している［Nakash 1994: 20-25］。

20）本書第6章で言及したカルバラー事件は、シーア派住民が反乱を起こした好例であろう。Lorimerの報告では、「多くのペルシア人はトルコ臣民である。しかし、一般的に彼らはトルコ人に評判が悪い。とくにカルバラーとナジャフでは、一部の者は、隠匿した信仰（タキーヤのこと）とオスマン政府への政治的抵抗を保持している」［Lorimer: II/769］と評されている。

21）BS: 1300/165, 1309/229, 1325/279.

22）BOA.Y.MTV: 43/114, 43/117, 45/13, 45/24, 51/24, 54/82, 59/41, 60/60, 65/92, 66/12, 73/71, 90/76, 94/71; BOA.Y.PRK.A: 11/58; BOA.Y.PRK.BŞK: 19/6, 22/51, 22/62, 24/66, 57/16, 79/71; BOA.Y.PRK.MF: 2/36; BOA.Y.PRK.MK: 4/80; BOA.Y.PRK.

MŞ: 5/68, 6/18; BOA.Y.PRK.SRN: 3/22 etc.

23）オスマン政府の徴兵については、Lorimer: II/868-869参照。それによると、1843年に軍組織が編成され、以後、1854年と1878年に改編、1886年には雇われ外国人武官のもとで、西洋式に変更された。徴兵免除の税金（badal 'askarīya）も存在したが、19歳か20歳の誕生日を迎えた次の3月1日から、原則では2年間（しばしば6年以上になることも）の勤務があった。

24）第六師団でのシーア派拡大については、Çetinsaya 1994: 236にも言及がある。

25）20世紀初頭のイラクでは、神学生の徴兵は免除されていたようである［Lorimer: II/869］。また、20世紀初頭のカルバラーでは、「月謝（shahrīya）」と呼ばれる税が徴収されていたが、これは、40年前の徴兵反対運動の結果だという［Lorimer: II/860］。この税を支払うことで徴兵を免除されたのかどうかは不明だが、「40年前」というと、1860年代のことであろうか。一方、19世紀後半には、墓廟管理人の息子たちでさえもくじの対象となっており、聖地の人々の不満は大きかった［Fakhr: 50, 56, 58-59］。

26）BOA.Y.MTV: 73/71, 94/71; BOA.Y.PRK.AZJ: 31/8; BOA.Y.PRK.SRN: 4/68.

27）前注22に挙げた一連のオスマン政府文書をも参照のこと。

28）オスマン領内のイラン臣民の私有地所有や私有地の拡張は禁止され、犯罪が生じた場合には領事や在地の裁判所が裁くことなどが定められた［GAIU: III/217-287］。国籍問題同様、外国人（とくにシーア派であるイラン人）と自国人の婚姻はオスマン政府にとって重要な問題であり、ガージャール政府に対して婚姻に関する通告がしばしばなされた。1874年にはオスマン領内のイラン臣民権について両政府間で取り決められている［GAIU: III/437-443］。

29）『バグダード州年報』1312/1894-95年版には、オスマン朝君主の行った公共福利（khayrāt va mabarrāt）の項がある［BS: 1312/106-136］。バグダード州においては、アブー・ハニーファ廟やアブー・ユースフ廟などと並んで、カーズィマイン廟やアリー廟、アッバース廟への寄進や修理も見受けられ、オスマン政府がスンナ派の建築物のみを優先していた観はあまり抱かない。しかし、モスクの修理と並び、学校（maktab）の新設が目立つことから、シーア派学校が多かったバグダード州内において、オスマン政府側のスンナ派普及政策の意図が垣間見られる［BS: 1312/116-118］。

30）1908年に出版されたLorimerの報告書によると、イラクは、バグダードの北西部を除き、ほとんどがシーア派であり、スンナ派は全体の三分の一ほどであった［Lorimer: II/792］。一方20世紀初頭に、Bellは情報提供者からカルバラーの新統治の失敗を聞かされる。それによると、新しく長（mutasharrif）となった人物はバグダード州長官の秘書であったが、ラマダーン月の日中にバーザールでタバコを吸っているところを見られ、不信心者だとして、バグダードの住民から罷免要求が出たような人物であった。その後、縁故によってカルバラーに着任したのであるが、「現在のカルバラーは、大半がペルシアのシーア派が暮らす聖地であり、オスマン帝国の中でも最も狂信的な都市の一つである」ために、彼の新しい施策は機能せず、過重な税金と灌漑設備の不備ゆえに、住民の感情はきわめて不穏であるという［Bell: 162］。彼女のこの指摘は、20世紀に入ってもなお、イラクでの支配を確立し得なかったオスマン政府の姿勢と当時のカルバラーの置かれていた状況を現している。

第10章

イラン社会における
アタバート参詣

ホセインはイマームとして、ペルシア人の信じるところによれば、すべての人間の正統な王なのである。[シャルダン(H): 112]

アタバート参詣は、メッカ巡礼と比較すると経済的・時間的に容易であったとは考えられるものの、数ヶ月に及ぶ長旅であることや、イラクでの気候の変化などのために、途中で体調を崩す例は枚挙に暇がない[1)]。とくに女性や高齢者は、頻繁に体調不良を訴えており、それによって旅行の日程が狂うこともしばしばあった。さらに、参詣の旅の途上で亡くなる者も大勢いる。また、病死や暴漢に襲われた死ではなくとも、自然災害による死者がでることもある[2)]。そして旅行をするにあたっては、借金をするなどして、大金の工面をする例が多く見受けられる[3)]。あるいは親類や友人との離別を惜しみ、また一方で帰郷した者たちが盛大にもてなされるなど[4)]、当時の旅行が決して簡単なものではなかったことを示している。欧米の旅行者もまた、イラクでの参詣者たちの存在に触れ、「健全な季節でも、旅行者の五分の一が熱や他の病気で力尽き、沙漠に自らの墓を見出すと見積もられている。コレラや疫病の際は、遠く故郷に戻ることのできない者の数はさらに増える」[Loftus: 14] と述べ、イラクの厳しい気候環境のなかでの旅の過酷さを知らしめる。また本書第7章や第8章で見たように、オスマン領イラクという異国の地にあるアタバートへの参詣は、盗賊や追剥ぎに遭うという道中の危険性をはじめ、19世紀という近代化の渦中における様々な制度上の障壁に見舞われた。イランからハーナキーン経由でイラクを訪れた福島安正は、途中バークーバでのシーア派参詣者の尋常ではない情熱を生々しく伝える。

> 克爾伯拉（ケルベラ）の靈地漸く近くに從つて巡禮者の來往益々頻繁、宗教頑信の熱度愈々加はり、彼等の眼中また他宗者なく、此の道路を行くものは皆回教の信徒なりとして、逢ふ者毎にシュマーシュドワー（我爲に冥福を禱れの意）を唱へつゝ男は男の手を、女は女の手を握つて去り、余の如きも否應なしに手を握られたること幾十回なるを知らず。宗教熱の甚しき、本邦人の如く別に奉ずる所あるものゝ殆んど想像し能はざる所である。
>
> 彼等の旅行は我が善光寺詣り等の如き遊山半分の旅行と異つて、幾多の危險と困難とを冒し、幾多の同行者の死別するにも關らず、年々此一路のみを以て五六十萬より百萬の數に達するといふのは實に驚くに堪へたものである。［福島：220-221］

彼らの参詣旅行は、福島も述べているように、「遊山半分の旅行とは異な」り、幾多の危険と困難とを冒す旅行だったのである。

このような苦難や艱苦にもかかわらず、彼らのアタバート参詣の動機は、本書第２章でも触れたとおり、「友人・知人の参詣を見聞きして」というものが多く、なぜこれほど多くの人々が数多の困難を乗り越えて参詣を行っていたのかは詳らかではない。彼らにとって、アタバートへ参詣するということは、ひとえに宗教的な情熱から来るものであり、福島が述べるように、困難を乗り越えてでもアタバートへ向かわせる「何か」が存在していたのであろう。当時のイラン人をアタバート参詣へと駆り立てたものは何であったのだろうか。本章では、アタバートに対する異なった立場の人々の見解を通じて、アタバートが様々な意味においてシーア派ムスリムの憧憬の対象であり、かつアタバートへの参詣がイラン社会において「シーア派たること」の具象化でもあったことを検討する。

1．イラン人参詣者のアタバート観

アタバートに対して、当時のイラン人シーア派ムスリムはどのような感情や感慨を抱いていたのであろうか。本節では、シーア派、スンナ派、あるいは欧米人といった、それぞれの旅行者たちの「アタバート観」を比較検討することで、イラン人シーア派ムスリムのアタバートへの熱情を浮かび上がらせることとしたい。

（1） 諸聖地の印象

まず、イラン人シーア派ムスリムたちが、聖地を参詣したときの感想から見ていこう。陸路からイラクに行く参詣者が最初に目にするのは、カーズィマイン廟である。参詣者は、この廟を見た感動を様々に伝えている。

> ［カーズィマイン廟の見える］挨拶の丘（Tappa-yi salām）に近づくと（中略）日の出になった。カーズィマイン――平安あれ――の光り輝く聖なるドームは光の光線、トゥールの炎のように遠くから見えてきた。熱情と酩酊の歓喜のうち、私は自分が存在しているのかいないのかさえわからず立ち尽くし、参詣を簡単に行った。［Adīb: 83］

１ヶ月以上の長旅を経て、初めて目にするシーア派聖廟であるために、カーズィマイン廟を見たときの感動は際立っている。ほかの参詣者らも、「何を言おうか」［Fakhr: 38］と筆舌し難い状況にあり、金色に輝くカーズィマイン廟を初めて目にする感動は計り知れない。

一方、イラン人参詣者にとって最大の願望であるカルバラーもまた、フサイン廟を目にし、いざ参詣しようと門前に至る参詣者は、「何という天国か。何という楽園か」［Fakhr: 41］と言葉にならず、荘厳さは明らかである。まさに神の偉大なる敷居である。気分も感覚も一度に変えてしまう。参詣者たちの泣き声や叫びは天界の第九層にまで達するであろう。［*Rūznāma*: 41］

と、感極まりない様子である。「おおフサイン、我が命」とする詩を詠み、頌詩を捧げる者もいる［Adīb: 144-145］。シーア派ムスリムのみならず、スンナ派の人々も、カルバラーの聖廟の豪奢な様子を、「鏡細工できらきらと輝き美しい。参詣に訪れた信者の心を限りない熱望で満たすほどである」と描写している［*Siyâḥat*: 130］。

同様にナジャフにおいても、アリー廟は、「何という天国か。何という楽園か。神に誓って、人は何を言えるというのか。この吉兆なる敷居の参詣以上の喜びなどまったく考えられない」［Fakhr: 49］と、これも感動を表しきれない様子である。

以上は、諸聖地の聖廟を目にしたときの感想であるが、それぞれの町全体の印象はどうであろうか。イラン人参詣者らは、比較的長期滞在をするために、当初の感動はすぐに薄れ、聖地の欠点にも眼が行くようになる。たとえばカーズィマインは、「泥棒が多く安心できない」［Adīb: 92］との表現があり、さらにはカルバラーに対してでさえも、「聖なる墓廟への奉納（nuẕūrāt）を食いものにし、街中では多くの人が殺害されている。サファル月の初めにひとりの両替商が殺されたが、［同月末でも］犯人はまだ見つかっていない」［Fakhr: 42］と、墓廟の人々が参詣者らに寄生する様や治安の悪さを嘆き、また、町は非常に汚く、とくにフッル廟に至る門の辺りは、筆舌に尽くしがたいほどに汚れていて、テヘランのゴミ溜めでさえもまだ清潔である、というほどである[5)]。カルバラーが汚濁の町である背景には、本書第５章で見たように、各地から運ばれてくる遺体の埋葬地であることが大きな原因としてあるのだろうが、イラン人参詣者の表現は、フサイン廟を擁する第一のシーア派聖地への遠慮からか、未だ控え目である。

他方、ナジャフに対しては、参詣者らの感想は比較的良く、この地のすべての家や民（zādī-hā）はウラマーや敬虔な人々である。小路やバーザールや聖なる中庭のなかは、すべてモッラーや学生（ṭullāb）や白いターバンで満ち溢れており、みな互いに学問の話や議論を交わしている。学問の修得や来世の努力という考えを持っている。ここでは誰も、衣服やお洒落や他の装飾をまったく気にも留めていない。[*Rūznāma*: 46]

カルバラーと対照的に、非常に秩序だっている。清浄なるハラム内では、決して無秩序になることはない。ハーディムらはみな尊敬すべき人々であり、きわめて落ち着いている。蝋燭の盗難や軽薄さは微塵もない。[カルバラーの] アッバース廟では、ハーディムらが参詣者の手から蝋燭を奪っていた。それも気の毒に、参詣者が未だ清浄なるハラムの中に入ってもいないうちからである。人々はハーディムらの振る舞いに驚いていたものであった。[Fakhr: 49]

と述べられている。これらの記述からは、アタバートの諸聖地のなかでも、ウラマーや学生が多く暮らすナジャフの秩序ある様子や、そのことが参詣者に歓迎されている状況が窺える[6)]。

（2） サーマッラーへの否定的感想

上に挙げた三つの聖地と相反する印象を持たれるのが、サーマッラーである。旅行記の著者たちは、口々にサーマッラーの悪徳ぶりを非難する。Adīb al-Mulk は、「サーマッラー住民の悪徳について」と題する項を設け、「サーマッラーの住民は悪魔（shayṭān）のようであり、アブー・スフヤーン[7)]の友である。いつも４～５ファルサング［先まで］参詣者を迎えにきては、人々を欺いている」と、言葉巧みに参詣者を家に招待し、最初の10倍もの値段を請求する人々のことを述べている［Adīb: 113］。ほかにも、

かの地の住民はすべて乞食でしつこい。最悪の被造物である。狂信的なスンナ派（sunnī-yi muta‘aṣṣib）で、貪欲さに満ちている。参詣者らは、この者たちの貪欲と取り立てに苦しめられる。[マフディーの] 吉兆なる井戸の

入り口に一人の男が座っており、人々を脅しては金を取っていた。粗暴な振る舞いをし、激しくあたるので、参詣者たちは彼の激しさに涙するほどであった。私は、「サーマッラーの乞食は有名である」[8]ということを聞き及んでいたので、ワクフ管財人長（*mutavallī-bāshī*）にこう言った。「これは何たる振る舞いか。ここの住民が参詣者に対して行っているのは。誰しもやって来ては、後悔せねばならぬのか」。（中略）ここでは参詣者や私にとって3日間で多くの費用がかかった。実にしつこく恥知らずな人々である。（中略）この犬ども（īn sag-hā）がかの地に暮らしているとは、実に残念なことである。［*Rūznāma*: 38-40］

この地のハーディムはあまりにも無礼であり、敬意を払わない。私が吉兆なる中庭に入ると、いつもそこにはロバや犬や猟犬がいたので、私が追い払っていた。ハーディムはみなスンナ派（chāryārī）であり、信仰や慣習とは無縁である。40人のハーディムがいるが、参詣者が多数やってくるときには、かの地の住民すべてが栄誉あるハーディムとなる。様々なやり方で人々から金を取り、いかなる人物をも容赦しない。私自身も目にしたところでは、彼らは扉の両側をふさぎ、参詣者に対して、「まず金をよこせ。その後で行って参詣せよ」と言っていた。私は怒り心頭に達した。［Adīb: 101］

かの地の住民やハーディムはみな狂信的で、不品行である。不名誉さと醜悪さを備え、貪欲で飽き足らない。その聖廟で、シーアの参詣者たちからひどい態度で物乞いをする。［Iʿtiṣām: 63］

など、サーマッラーへの悪口になると、旅行記の著者たちは口を揃えており、カルバラーのイマーム廟のハーディム以上にサーマッラーでの人々の態度を非難している。

このように、サーマッラーを訪れた参詣者らにとって、住民とのトラブルなくこの地を参詣し帰ることはほとんど不可能であったようである[9]。そのため、ナジャフやカルバラーといった聖地から帰るときには常に、心残りで別れを惜しむ心情を吐露している参詣者たちも、サーマッラーの場合のみは、本書第

4章でも触れたように滞在期間は短く、「やっとのことで、乞食や貪欲な人々（gidā-hā va ahl-i tavaqquʻ）の手から解放された」［Fakhr: 67］という一種の安堵感を伴って、この地を後にしている[10)]。

イラン人旅行者がサーマッラーについて賞讃するのは、主に水と気候のみである［Adīb: 105; Sayf: 209］。しかし、オスマン朝下の人々にとっては、サーマッラーへの感想は異なる。19世紀末にイスタンブールからモースルを経由してバグダードへ向かっていたオスマン朝のある旅行者は、サーマッラーについて、「秩序があり、とても美しい所である」と表現しており［*Siyâḥat*: 111］、イラン人参詣者らの感想とはまったく異なっている点は留意したい。

参詣者が挙げている「サーマッラー住民の悪徳性」については、確かに、参詣者に対するイマーム廟内での露骨な金銭の要求や、親切を装いながら暴利を請求する実態を目の当たりにした場合には譲歩せざるを得ない部分もあろう。しかし、聖廟を訪れる参詣者の存在は、住民が糧を得る手段であったことも事実であり、住民側のこのような対応はサーマッラーのみが特別な訳ではなく、前章でも見たようにカルバラーやナジャフでも同様であった。それゆえここにペルシア語史料上の誇張が入っていることは否めない。しかるになぜ、サーマッラーに関しては、これほどまでに悪口が多く見受けられるのであろうか。この点において、ナジャフやカルバラーと比較してみると、その原因が多少は見えてこよう。

サーマッラーの場合は、まず地理的にも離れており、方角も異なっているということが、心理的にイラン人参詣者の負担となっていたと考えることは容易であろう。本書第7章でも見たように、参詣者を襲うアラブ遊牧部族が周辺に暮らすという街道の危険性も無視することはできない[11)]。

しかし、最も大きな理由は、「狂信的なスンナ派」や「四カリフ派のスンナ派（chāryārī）」という言葉にあるように、住民の大半がスンナ派であったということにあると考えられる。ナーセロッディーン・シャーは、アスカライーン廟に参詣した際に付き従った廟のハーディムたちのことを、「この不義の輩ども（pidar-sūkhta-hā）[12)] はみな、スンナ派である」と切り捨てている［Nāṣir: 165］。オスマン側の認識としても、サーマッラーは、「域内にハーディーとアスカリーの墓があるが、住民の大半はスンナ派である」［BOA.Y.MTV: 90/76］と言及されている。すなわち、前章で見た統計資料とは異なり、参詣者やオスマン政府にとっては、サーマッラーはシーア派の町ではなく、むしろスンナ派の都市として認識されていたと言えるのである[13)]。

一方、前章で見たように、カルバラーは「住民のすべてがシーア派で、大半がイラン人からなっている。彼らのほかにも、毎年イランから多くの参詣者が行き来する」［'Âlî: 75］と言われているように、住民がシーア派であるのみならず、イラン人が多く居住する町であった。イラン人参詣者は、イランの商品が豊富にあり、イラン式の菓子や茶屋のあるカルバラーでは、「この地に入った者はみな、イラン系（'ajam）の町だと思うだろう。アラブの地（'Arabistān）［の特徴］はさほど目に入らない」［*Rūznāma*: 48］と述べており、ナーセロッディーン・シャーも同様に、カルバラーに入る際に、ナジャフ門で出迎えに集まった人々を見て、「女性も男性もみなイラン系（'ajam）である。まるで、カーシャーンかエスファハーンの町に入ったようであった」と驚いている［Nāṣir: 114］。さらにナジャフの場合は、イラン系の居住者の数は減るとはいえ、シーア派ウラマーや学生が多数暮らしていることから、カルバラー以上にシーア派色の強い町であり［Lorimer: II/1310–11］、それゆえ、先に見たナジャフへの好印象とともに、イラン人参詣者らにとっては、むしろ居心地の良い空間を生み出していたと推察される。

（3）　スンナ派との相克

イラン人参詣者によるオスマン政府の対応への不満や、先のサーマッラーへの否定的見解は、イラン人シーア派ムスリムがオスマン朝支配下に暮らすアラブやトルコ系の人々に対して持っていた不信感から来るものであるが、その根底には、スンナ派ムスリムに対する負のイメージが存在する。

イランからの参詣者らは、イラクを訪れると、否応なしにスンナ派ムスリムが多数を占める現実に向き合わざるを得ない。とくに、シーア派においては喪に服すべきサファル月に歌や踊りがある［Fakhr: 34］といったイラクでの現状は、イランから訪れた参詣者を驚かせたことであろう。参詣者らの旅は、イマーム・フサインの服喪のために、常に泣き叫んだり[14]、アリーやフサインの名を連呼してキャラバン内の全員で唱和したりするというきわめて宗教的な興奮状態のなかで行われており、安閑としたイラクの現実とは対照をなす光景だからである[15]。また、バグダードのコーヒー・ハウスや賭け事［Fakhr: 60］、売春宿や酒屋［Nāṣir: 110］といった享楽的な施設の存在は、イラクの人々への総合的な不信感を助長した。そのため、「人々は打ち解けず、気性が荒く、言い訳がましい」［Rizā: 184–185］との表現のように、バグダードやイラクのスンナ派の人々に対する描写は、往々にして手厳しい。またアタバートの諸聖地においてさえ、イラン系やアゼリー系の不慣れな参詣者らは騙され欺かれることが多かった。ある参詣者はサーマッラーで目撃したこととして、

> ペルシア語のわからないトルコ人たち（atrāk）が参詣にやってくると、ひとりにつき1カマリー［を徴収する］。彼らが［ガイバの］井戸の中に頭を入れると、［廟の者たちは］参詣の最中に次のように言う。「おお、時代の主（マフディー）よ。この者たちは悪しき参詣者である。金を渡さず、我々を喜ばせはしない」。そこでトルコ人たちも、まったく同じ言葉を［真似して］言うのである。［Adīb: 102］

と述べ、参詣者を馬鹿にするスンナ派に対して、同じシーア派ムスリムとして同情している。

さらに、バグダード州長官への不満も旅行記史料からは散見される[16]。19世紀中葉以降のオスマン中央政府の統制は、バグダード州長官の強力な権限に伴い、イラクの政治的安定をもたらしたが、しかし、中央から派遣される州長官は、当然シーア派への管理や締め付けを強化した[17]。カルバラー包囲を行い、シーア派ムスリムを虐殺したNajīb Pashaやその後のNāmiq Pashaなど、バグダード州長官による過度の反シーア派の姿勢や、オスマン政府役人の尊大な対応が、イラクのシーア派やイラン人参詣者を刺激していたことは想像に難くない。そして、そのような対応の拙さが、「参詣者やシーアの心に影響し、あらゆることが信仰や宗派への悪口や罵詈雑言となるのである」［I'tiṣām: 62］とあるように、スンナ派に対する反感や憎悪を生み出していたのである。イラン人

参詣者らは、アタバートを自分たちの聖地と認識し、オスマン政府の支配下にある状況を、決して快く思ってはいなかった[18)]。

2.「シーア派の聖地」としてのアタバート

（1）シーア派聖地と参詣者

カルバラーやナジャフが、イラン人参詣者にとって、数週間にわたって滞在するほど居心地がよかった理由として、彼らの宗教的な情熱のみならず、これらの聖地に暮らすシーア派ムスリムたちの性格が影響していたと考えられる。とくに墓廟の関係者やウラマーは、イランに対して親近感を持ち、イラン人参詣者らに対して、イラン国王への臣従の表明や執り成しを欠かさない。彼らがひたすらに高位のイラン人参詣者を遇し、イラン国王への執り成しを求める背景には、彼ら自身の財政状況の逼迫と、オスマン朝下での少数派であるシーア派という立場上の困難があることは言うまでもない。カルバラーやナジャフの墓廟関係者は、イラン国王への執り成しを頻繁に参詣者に要求しており、かつその方法はきわめて直截的である[19)]。一例として、アリー廟の墓廟関係者による以下の発言を挙げよう[20)]。

> 我々は、イランに目を向けており、イランの国王の恩寵を求めています。世界の避難所たる王（ナーセロッディーン・シャー）は、［アリー］様に対して、誰も及ばないほどの献身と忠誠があると聞きました。（中略）その御方の特別な下僕である私めに対して、俸給をお定めいただけるとしたらどうなりましょうか。毎年、ケルマーンシャーハーンからお届けいただくようお定めください。年額200あるいは100トマンで十分でありましょうし、あるいはお恵みいただける如何なる金額でも構いません。さすれば、私は安心して［陛下の］祈願に専念し、常に参詣の代理人（*nā'ib al-ziyāra*）とな

りましょう。私の支出は膨大です。借金もあります。誰からも益を蒙っておりません。（中略）イスラームの人々の避難所たる国王陛下は、清浄なるイマーム様たち（賛辞略、以下同）への忠誠をもたれ、イスラームと信仰の援助者であります。この吉兆なる敷居やその他の墓廟は朽ち、徐々に崩壊しつつあります。かつてのスルタンたちは、そのような至高の建物を建造しました。サファヴィー朝の王たちやナーディル・シャーやアーガー・モハンマド・シャーは何十万も費やし、己の名前を歴史の頁に残したのです。現国王は、神の加護により、位階は彼らよりも高く、慈善や福利においては、神の恩寵により、他に抜きん出ています。シャー・アブドゥルアズィームのドームを金で飾られました。如何でしょうか。相応の御意を召され、この敷居の修理をなされるのは。そのなかでも、タイル貼りや新築以外には、以下のものにはさほどの費用はかからないでしょう。吉兆なる中庭の回廊の修理、ナジャフへの燭台、カーズィマインのドーム周辺の修理、アッバース様の絨毯を新しくすること、などです。［*Rūznāma*: 45, 47-48］

実際に、アタバートの諸聖地はイランからの多大な寄進によって賄われていた[21]。19世紀末には年間総額400万トマンもの金額がイランからイラクの諸聖地に寄進として送られたとされる［Litvak 2000: 42］。イランからの巨大事業としては、ナーセロッディーン・シャーの寄進によるアスカライーン廟のドームの黄金化などがその最たるものとして挙げられよう。イラン政府そのものは、アタバートへの直接の影響力を強めようと欲していたとは考えにくいが、しかし、墓廟の修理や建設を通じて、イラン人参詣者のみならず、国内外の人々に広くその威光を知らしめることは可能であった[22]。19世紀後半には、アタバートの諸聖廟は、イランやインドのシーア派ムスリムからの寄進によって潤い、イラクのなかでも一際壮麗な偉容を誇り、経済的にもオスマン政府からは自立し得た場所だったのである[23]。

異国において、このようなイランの資力を目の当たりにすることは、参詣者らに誇りを与えた。また、カルバラーやナジャフの墓廟関係者らのイラン贔屓や、ペルシア語が通じ、イラン文化が普及している点などに、イラン人参詣者がさほど疎外感を感じることなく、アタバート参詣を楽しむことができた理由がある。シーア派ムスリムが多いということは、イラン人参詣者にとっては、これらの聖地においては自由に振る舞うことができるという安心感をもたらしていたのである。

> 当然のことながら、アリーとフサインの双方の墓がイラクにはあるために、その地の住民は、わずかな例外を除き、熱心なシーア派であり、その地方の政治的共感は、ペルシア側にあってトルコには敵対している。それどころか、家族の喧嘩同様、シーア派は、キリスト教徒の不浄さにもかかわらず、キリスト教徒に対する以上にトルコ人を嫌悪しているのである。
> [Peters: II/317]

アメリカ人考古学者は同様の見解を別の箇所でも述べているが、このような見解からは、アタバートという聖地のみは、オスマン領イラクのなかでもきわめて特異な地位を占め、オスマン領内にありつつも、同じシーア派ムスリムの暮らすイランに親近感を抱いていたことが明らかとなろう[24)]。

イラクに入ったイラン人参詣者は、実際のイラクでのスンナ派の現実やスンナ派住民によるシーア派ムスリムへの対応を体験することで、スンナ派に対する敵意や不信感を増幅させる一方、彼らの目的地であるアタバートの諸聖地がシーア派やイラン人によって占められていることを知ることで、聖地への崇敬が高まり、聖地滞在中は一層の心地よさを覚えたことと思われる。このスンナ派とシーア派の対比こそが、それぞれの聖地への程度の差こそあるものの、19世紀にイラクの諸聖地を訪れたイラン人参詣者にとって、アタバートへの情熱やシーア派としての確固たる信仰心を生み出す遠因として働いたと考えられる。

（2）　欧米人の見たアタバート

一方、イラン人参詣者の記述からはあまり明確にならないが、当時のナジャフやカルバラーといったシーア派聖地は、スンナ派ムスリムには解放されていたものの、キリスト教徒やユダヤ教徒には、固くその門戸を閉ざしていた。

たとえば、19世紀半ばにイラクを訪れた英国人旅行家によると、カルバラーの市壁内では、キリスト教徒の居住が認められておらず、市壁内に入ることさえ困難を伴い、欧米人がバーザールを歩くだけで、顔をしかめ、荒々しい視線を投げかけられた。そして、欧米人らの周囲を取り囲んでいる「狂信者ら（fanatics）」を怒らせないために、イマーム廟の門の前では足早に急かされる、という状況であり、廟内の様子を窺い知るにも近所の家から覗き見るしかなかった。ナジャフのアリー廟もまた、同様の方法でないと内部の様子はわからなかったという［Ussher: 457-458, 468］。

1890年代になると、カルバラーでは、「余所者に対してきわめて狂信的であるために、護衛なしでは道を歩くことなどできないだろうと予測していた」アメリカ人考古学者は、40年前に比べると、状況はすっかり変わってしまっていると伝える。もっとも、カルバラーの市内にキリスト教徒が居住できず、聖廟の中に入ることが不可能である環境は変わらないまでも、住民は反トルコ感情のゆえに、欧米人に対しては比較的好意を寄せ、彼がフサイン廟の門の外から写真を撮ることも咎められないほどであった［Peters: II/322-324］。カルバラーに関しては、このように報告しているPetersであるが、カーズィマインについては、

> この地の住民は非常に狂信的（fanatical）であり、キリスト教徒が［聖廟の］モスクの外庭の扉に近づくことさえ認めない。このことを知らずに、私は中を見ようと門のところで降り立った。ただちに、あらゆる者たちが売り物や交易品を放り出して、聖域から私を追い出そうと、叫び声や威嚇でもって私に向かって突進してきた。［Peters: I/202］

また、20世紀初頭にイラクを旅行した女性は、シーア派の巡礼地だと知らないまま、群衆の興味本位な視線を浴びせられつつサーマッラーに入っていったが、友の女性がアスカライーン廟の入り口に架けられた鎖を越えようとした途端、興奮した表情の「狂信者（fanatic）」が飛び出してきて、その女性を道の反対側に投げ飛ばした。そして次の瞬間には、怒り狂った群衆に取り囲まれてしまうという出来事があった［Jebb: 271］。Jebbの言によると、これは、彼女た

ちが「東洋の狂信（Eastern fanaticism）」の危険な一面を認識した瞬間であった。その後も町の外に出るまで、彼女らは群衆の狂信的熱情に生命の危険を感じ続けたと記している[25)]。その晩、案内役であったトルコ人は、彼女らに対して以下のような言葉を発している。

> もしあなた方が鎖を越えていたら、私にはもはやともに旅をし［便宜を図ってくれた］パシャはいなくなっていたでしょう。［廟の］中には、アリーの家系の最後のイマームの墓があります。キリスト教徒は誰ひとりとしてそれを見ることはないでしょうし、［それを見たときには］生きて帰ることもないでしょう。［Jebb: 276］

これらの欧米系の旅行者がアタバートの諸聖地で体験した、欧米人やキリスト教徒に対する反感や嫌悪は、逆に、当時のイランではあまり見られないものである。19世紀の欧米人によるイラン見聞録ではむしろ、多くの旅行者がイラン人の宗教的寛容性について述べている［Javānbakht 1379s: 109］。だが、イラクのシーア派四聖地での異教徒への対応は、上に見たようにまったく趣を異にしており、聖地のシーア派ムスリムたちは、キリスト教徒が目を向けることでさえ、聖廟が穢れると考えていたようで、カルバラーのバーザール商人は、クルアーンの章句が刻まれ、聖廟の側で作られたことによって２倍の徳がある魔除けを、キリスト教徒にあやまって売りそうになったことに、自ら激昂するほどであった。Ussher はこのときの感想として、「カルバラーのような場所では、ムスリムたちのなかに未だ息づいている過度の狂信性を示している」と述べ、彼らの「狂信的態度」は、「収益を得るという欲望にも打ち勝つ」ほどのものであるとして、聖地の商人を特徴づけている［Ussher: 458-461］。

すなわち、ナジャフやカルバラーのイマーム廟を一目見ようとした欧米人旅行者らは、みな一様にこれらのシーア派聖地の閉鎖性や排他性を記しているのであり、イラン人には評判の悪いサーマッラーでさえも、欧米のキリスト教徒に対しては、ほかの聖地同様に固くその門戸を閉ざしていたのである。

このように、イラクのシーア派聖地の閉鎖性や狂信性を欧米人旅行者らが口々に伝えているということは、これらの聖地が置かれていた状況を如実に物語っていると考えられる。彼らの旅行記では、ナジャフやカルバラーは、「Persian City」と呼ばれている。この表現は、これらの聖地についてイラン人参詣者らの語る「イラン風の都市」と同じ意味合いではない。確かに前章で見たようにアタバートにはイラン人が多数暮らし、シーア派はイランの国教でもあった。しかし、同時代のイランを見ていない欧米人が体験したイラクのシーア派聖地の閉鎖性は、彼らの理解を遥かに超えるものであり、イラン人参詣者らの語る「イラン風の都市」という以上のニュアンスが込められている。当時のアタバートのシーア派諸聖地においては、絶対に墓廟の内部に入ることを許されなかった欧米人旅行者らが、その町の住人を「狂信的（fanatic）」と認識するに十分な雰囲気がイマーム廟の周囲には存在していたと言うことが可能である。またこのような認識は、当然のことながら、シーア派イマームの墓廟を守ろうとするシーア派に向けられるものであり、画一的な認識ではあるものの、当時の欧米人のあいだでは、「シーア派」=「ペルシア人」=「狂信」という構図が出来上がっていたと考えられる[26)]。

イラクのシーア派聖地そのものが持つ「狂信性」に加えて、欧米人旅行者らは、数百人から数千人の規模で聖地へと向かう熱狂的なイラン人参詣者や、およびイランからイラクへと国境を越えて運ばれてくる無数の遺体に驚きを隠さない。参詣者の一団は、道中ではアリーやフサインの名をみなで唱和しながら、またイマームの殉教物語に涙しながら進んでいく。このような参詣者や死者からなるキャラバンを目にし、あるいはともに旅をすることで、旅行者らは一層イラン人の体現するシーア派の宗教的情熱に触れることになった。とくにキャラバンのなかでは、シーア派聖地を参詣するという行為によって、より信仰心が高められ、絶えず泣き叫ぶシーア派ムスリムの態度は、欧米人にしてみれば、きわめて「狂信的」に映っていた。聖地を参詣する参詣者集団というものは、彼らにとって「最大級の狂信者たち（the greatest fanatics）」［Ferrier: 53］を見ることのできる場所だったのである[27)]。

3．アタバート参詣の位置づけ

（1）　メッカ巡礼、マシュハド参詣と比較して

最後に、イラン人にとってのアタバートとは何であったのかを考えるにあたり、メッカ巡礼、アタバート参詣、マシュハド参詣の相関関係について考えてみたい。メッカ巡礼は、宗派によって多少の細かな相違はあるものの[28)]、その儀礼のほとんどは全ムスリムに共通であり、同じ時期に同じ方法で、ともに行うものである。また、地理的にも時間的にも長期にわたるメッカ巡礼は、その困難が大きい一方、ムスリムであればスンナ派シーア派を問わず、その達成感もまた十分なものであった［Ja'fariyān 1379s: 172–173］。

しかし実際には、イラン人シーア派ムスリムにとってのメッカ巡礼は、宗派的な意味において問題がない訳ではなかった。16世紀のサファヴィー朝の成立以降、イランからのシーア派ムスリムのメッカ巡礼に困難が伴ったことについては本書第２章でも触れた。シーア派が虐げられる状況は19世紀も変わらない。1876年に、イラン人のなかに紛れ込んでダマスクスからメッカ巡礼団とともにアラビア砂漠へと入ったオーストリア人の旅行家は、道中の巡礼キャラバンのキャンプの様子を生き生きと記しているが、そのなかに以下のような記述がある[29)]。

> 夜には、キャンプの若い下僕たちが、松明を持って夜まわりにやってきた。各テントに顔を出し、最後にペルシア人のテントを訪れる。彼らペルシア人は、他国者であり、教会分立論者であるがゆえに、明らかに争いを避ける意図によって、その宿営地はすべての大テントの後尾に定められているのだ。そして、「安らかに行けよ、幸せにあれ、恵みの金を！　われらこの慣しをまもり、神の彼に長き生命を与え給わんことを」という、アラビ

ア語の文句をくり返す。するとペルシア人は、その習慣を破る勇気もないまま、情けない顔つきで金を与えるのである。［ダウティ：166］

この記述からは、19世紀後半のメッカ巡礼団のなかにあって、イラン人は宗派を異にするという理由により、巡礼隊の最後尾に据えられ、また明らかにアラブ人に侮蔑されている様子が窺える。ダウティは、その後巡礼キャラバンのなかで起こった盗難事件についても触れているが、盗人はバグダード出身のアラブ人出身の下僕であり、被害に遭ったのは、「ばかな若者だと聞くペルシア人の主人」［ダウティ：172］だと記しており、ここでもイラン人はアラブ人の軽蔑の対象となっていることが見てとれる。

一方、イラン国内に目を転じてみると、マシュハドやゴムにあるシーア派イマームやその近親者の墓廟もまた、イラン人シーア派ムスリムの参詣対象地となっていた。そして19世紀のイラン政府が、国内のこれらの聖廟への参詣を奨励し、巡礼者の流れをマシュハドやゴムに向けようと努力したが報われなかったことについてはすでに何度か触れた。その理由として、毎年繰り返されるターズィイエ（哀悼行事）や「殉教者の長」としてのイマーム・フサインの圧倒的な存在感の影響が、当時イランに滞在していた英国人によってすでに指摘されている［Sheil: 198］。同様に、19世紀のイラン人が抱いていたアタバートに埋葬されたいという願望はきわめて強く、数多の困難をも乗り越えて、死者でさえもアタバートへ運ばれていったこともまた、本書第5章で見たとおりである。このため、19世紀のイランにおいては、アタバートは、メッカには及ばないまでも、マシュハドやゴムは匹敵不可能な地位にあったと考えられる。

アタバートの地位がメッカより低く、イラン国内の諸聖地より高かったことは、巡礼達成者に与えられる称号からも裏付けられる。一般に、メッカ巡礼を成し遂げると「ハーッジー（Ḥājjī）」と呼ばれるが、アタバートに参詣した場合、その地を代表するカルバラーに合わせて「カルバラーイー（Karbalā'ī）」と呼ばれる。マシュハドに参詣すると「マシュハディー（Mashhadī）」と呼ばれはするが、イラン人にとって、国内のレザー廟は、地理的に近距離であったために、さほどの位置づけがなされていない[30]。

表10－1　レザー廟関係者一覧に見られる「ハーッジー」と「カルバラーイー」

（人数および%）

		計	ハーッジー		カルバラーイー	
役職者（arbāb-i manāsib）		26	3	(11.5%)	0	(0%)
警備員（kishīk）		496	52	(10.4%)	66	(13.3%)
警備員内訳	警備隊長（sar-i kishīk）	5	1	(20%)	0	(0%)
	ハーディム長（khādim-bāshī）	5	0	(0%)	0	(0%)
	ハーディム（khādim）	176	20	(11.3%)	0	(0%)
	清掃人長（farrāsh-bāshī）	5	1	(20%)	0	(0%)
	清掃人（farrāsh）	117	5	(4.2%)	8	(6.8%)
	靴番（kafshbān）	17	1	(5.8%)	3	(17.6%)
	ムアッズィン（mu'aẕẕin）	15	1	(6.6%)	5	(33.3%)
	門番長（darbān-bāshī）	5	2	(40.0%)	1	(20.0%)
	門番（darbān）	111	14	(12.6%)	49	(44.1%)
	ハーフィズ（ḥāfiẓ）	40	7	(17.5%)	0	(0%)
計		522	55	(10.5%)	66	(12.6%)

ここで、1274/1858年に纏められたレザー廟のワクフ文書に現れる、同聖廟関係者の一覧をもとに、「カルバラーイー（Karbalā'ī）」と「ハーッジー（Ḥājjī）」の現れる頻度を検討してみよう[31)]。同一覧からは、ガージャール朝政府高官という限られた枠ではあるものの、当時のイランにおけるおおよその社会的傾向がつかめるだろう。関係者一覧には総勢522名の名前が挙げられており、「ハーッジー」の称号をもつ者は55名（10.5%）、「カルバラーイー」は66名（12.6%）である（表10－1参照）。この一覧においては、教師（mudarris）、出納係長（taḥvīldār-bāshī）、図書館長（kitābdār）、技官長（mi'mār-bāshī）、外科医（jarrāḥ）など、各部局の長や専門技術職は「役職者（arbāb-i manāsib）」とされており、総勢26名を数える。この26名のなかには、「ハーッジー」は3名いるが、「カルバラーイー」はいない。しかし、一般職員である496人の警備員（kishīk）[32)]では、52名（10.4%）の「ハーッジー」に対し、66名（13.3%）が「カルバラーイー」となっており、後者の方が多い。なかでも門番111名で

は、49名（44.1％）が「カルバラーイー」であり、14名（12.6％）が「ハーッジー」であるが、5名の門番長においては、「カルバラーイー」はわずか1名で、「ハーッジー」が2名である。

称号として、「ハーッジー」と「カルバラーイー」を併記する例（「ハーッジー・カルバラーイー」）はきわめて少なく、522人のなかでは、わずかに1名が確認されるのみである。五つある警備隊のうち、警備隊長、ハーディム長など、5人ずつを擁す「長」の役職にあるものは、当然のことながら、ほかの一般職員より位が高いはずである。そうだとすると、位の低い者に、「カルバラーイー」の称号が多く見られる一方、位が上がると「ハーッジー」に取って代わられる傾向が、上述の一覧から読み取ることができる。このため、「ハーッジー」と「カルバラーイー」の両者を比較した場合、「ハーッジー」の方が格上と考えて間違いなかろう。本書で利用したペルシア語旅行記の著者たちはカルバラー参詣を行っているのであるから「カルバラーイー」と呼ばれて然るべきところであろうが、ほとんどがその後メッカ巡礼を行っているので、「ハーッジー」の称号が用いられていることもまた、その証左として挙げられる。レザー廟職員のなかで位の低い者は、比較的若年である可能性も否定できず、この点においては、参詣記の著者のうち自発的に旅行した者には20代が多いという点と一致する（本書第3章表3-1参照）。

また1269/1852-53年のテヘランの世帯調査記録[33]によると、街区ごとに総計7,359人の名前が挙げられているが、このなかで「ハーッジー」は1,009人（13.7％）、「カルバラーイー」は516人（7％）であり、「ハーッジー」の方が圧倒的に多い［Āmār: 43-345］。レザー廟関係者一覧とは数値が異なるが、年齢や社会階層も様々な人から抽出された値であることに鑑みれば、世帯主の1割以上がメッカ巡礼者であるという事実が明らかにされるだけでも興味深く、またメッカ巡礼者の一部はアタバート参詣を行っていたと考えられることから、「カルバラーイー」の比率も現実には1割を超えるのだろう。

以上の統計から推察されることは、アタバート参詣は、明らかにメッカ巡礼よりも一段低い位置づけがなされているということである。

シーア派ムスリムにとっては、メッカ巡礼のみならずアタバート参詣もまた、一生に一度は行うべき「宗教的義務（farż）」として認識されていた反面、メッカ巡礼に比べ、アタバート参詣は地理的にも経済的にも行いやすかった。そのため、たとえアタバート参詣がシーア派にとって重要であるとはいえ、当時のイラン社会において、社会的にまた理論的に、アタバート参詣がメッカ巡礼を凌ぐことはなかったのである。しかしながら、メッカ巡礼ほどの宗教的意義づけはなかったにせよ、「カルバラーイー」という称号を名乗っている人々が当時のイラン社会に一定数存在していることから、アタバートに参詣することは、社会的にある種の価値を認められていたことが明らかとなる。

イマームザーデ（近郊）→ マシュハド（イラン国内の聖地）→ アタバート（イラクの聖地）→ メッカ（全ムスリムの「宗教的義務」）

図10－1　諸聖地の順位づけ概念図

（2）　信仰心発露の場として

これまで見てきたように、アタバート参詣は、イランにおいてはメッカ巡礼よりも社会的な位置づけが低かったと考えられる。それでは、アタバートに参詣することの真意は何処にあるのだろうか。まずもって考慮すべきは、先にも見たように、実際にアタバートを参詣した者は、ナジャフやカルバラーの壮麗さやイマーム廟参詣の栄誉に浴すことに感動する一方、スンナ派に対しては痛烈な罵詈雑言を浴びせていたという事実である。このことからは、彼らがアタバート参詣中に、シーア派的心情を活性化させた精神状態にあったことが推察される。

本章冒頭にシャルダンの言を挙げたように、イランではサファヴィー朝期以降、カルバラーで殉教したフサインは特別な地位を占めていた。19世紀になると、シーア派ムスリムによるアーシューラーのターズィイエがイラン国内に普及し、剣や鎖で自らを傷つけるその内容はきわめて激しいものであったと言われている[34]。ターズィイエに代表されるように、19世紀のイラン人がイマーム・フサインに対して抱いていた思慕の念は並々ならぬものがある[35]。このターズィイエが、イマームの苦しみを追体験し、泣くことで功徳があるとすれば[36]、シーア派ムスリムにとって「義務」でありイマームとの「契約」であるイマーム廟への参詣は、自らその場所を訪れることにこそ功徳があり、そして、イマーム殉教の現場を自らの目で見ることには、殉教を偲ぶにあたって、さらなる高揚感がもたらされたと考えられる。とくにイマームが殉教した地で行うターズィイエが参詣者に与える影響は計り知れず、宗教的に熱心なシーア派ムスリムたちによる儀式は、スンナ派オスマン朝という異なる政体・宗派を擁する「異国」のなかにあることによって、シーア派としての一体感を一層強めることとなったであろう[37]。また、アリーやフサインの墓廟の壮麗さや、廟内で祈るシーア派ムスリムの熱心さが、ときに新しく訪れる参詣者らをして、より信仰心に目覚めさせたという循環も指摘し得る。ムスリムの運転手がナジャフ入りして急に敬虔になった例もあるなど、熱狂的な宗教感情が横溢しているアタバートには、閉鎖的であると同時にその閉鎖性からくる「聖地」としての威力があったと思われる[38]。

事実、アタバートでは、シーア派ムスリムはシーア派であることを隠す、すなわち「タキーヤ（信仰隠匿）」を行う必要はまったくなかった。それは前章で見たように、19世紀後半のイラクでは、シーア派四聖地は住民の８～９割をシーア派ムスリムが占めていたため、スンナ派の人々は逆にこれらの聖地ではシーア派の行為を黙認せざるを得なかったからである[39]。このことは、換言すると、これらのシーア派聖地では、シーア派ムスリムが思いのまま振る舞える環境が存在していたということになろう。すなわち、メッカ巡礼や他のスンナ派地域への旅行や滞在とは異なり、イラクのシーア派諸聖地では、彼らは「タキーヤ」をする必要もなく、堂々と信仰に励むことができたのである。アタバートへの参詣は、シーア派としての信仰心を遺憾なく発揮できる場所と機会が与えられたことを意味している。

（3） アタバート参詣の「世俗的」側面と「宗教的」側面

アタバート参詣という、シーア派ムスリムにとっての信仰儀礼においては、もうひとつ忘れてはならない点がある。それは、参詣者たちにとっては、アタバートへ参詣旅行に出かけるということは、ひとつの娯楽であったという点である。参詣というのは、旅行の最たる口実となりやすい。その点は日本の「おかげまいり」と同様であろう。ただし、イラン人のアタバート参詣の場合は、国家の要人が国外へ出るための口実として使われていた可能性が高く、一般民衆が主人の許可を得ずして行う「抜け参り」の類ではなかった。19世紀後半のイランでは、とくにナーセロッディーン・シャー期に多くの旅行記が執筆されたことについて以前検討したが、そのなかで、その時代というのは、イランの人々が外のものや「異国」に対して目を向け始めた時代だったと指摘した[40]。巡礼記が多く書かれると同時に、ヨーロッパや世界一周旅行をする人々まで現れたからである。蒸気船や鉄道といった大型の輸送手段が登場したこともあり、人々はより簡単に旅行ができるようになり、「商売」や「巡礼」という目的に限定されることなく、旅行が一種の社会的な潮流になった時代だと考えられる。

旅行の手段が簡単になったとはいえ、これまで見てきたように、19世紀のイランからのアタバート参詣は、旅中の危険や困難が前近代同様存在した。そうではあるが、本書第4章で見たように、アタバートに到着した後の参詣者らは比較的ゆっくりとした時間を過ごしており、その間に商売や買い物を行うなど、現世的側面は付随していた。そのため実際のアタバート参詣旅行は、必ずしも福島が言う「遊山半分の旅行ではない」というわけではない。アタバートは異国とはいえ隣国に位置しているため、その行程の約半分はイラン国内の陸路であり、イラン出身の移住者やシーア派という宗派を同じくする者たちが、アタバートには多く暮らす。ゆえに、ペルシア語やイラン文化という共通性を幾分か持ち合わせたアタバートの諸聖地は、19世紀のイラン人にとって、地理的・経済的な利便性のみならず心理的にも比較的行きやすい参詣地であった。アタバートに比べ、シリアのザイナブ廟やエジプトのフサイン廟といった遠方のシーア派聖地の情報は、あまり伝わってこない。アタバートという聖地のもつ社会的な特性は、19世紀のイランの人々にとって異国探訪の口実となり、メッカ巡礼が叶わない人々にとって、むしろシーア派ムスリムとしての宗教的情熱を満たす最適な素材であったのではなかろうか。

ここに、アタバート参詣という宗教行為における自己認識と他者による認識の相違点が浮かび上がる。参詣する当人たちにとっては、アタバート参詣は宗教的な行為でありながらも、その一方で「遊山」や異国を探訪し、ヨーロッパやインドから入る文物を入手する場でもあった。それゆえ、アタバート参詣を単なる宗教行為と位置づけ、それを行う人々の宗教性や「狂信性」のみを強調することは一面的に過ぎる危険性を備える。アタバート参詣は、あくまでも宗教性と世俗性を兼ね備えたものであり、その事実を最もよく認識していたのは、ほかでもない参詣者自身であろう。

そうではあるものの、メッカ巡礼やマシュハド参詣と比較した場合に見えてくる参詣者らの心情や行動は、アタバート参詣というものが、近くて遠い異国にあり、かつ道中ではスンナ派ムスリムに遭遇するという地理的・社会的要因からくる、ムスリムのなかでの宗派の相違を際立たせる機会であったということもまた、看過してはならない。「宗教的な側面」とは、ここでは「宗派の相違」であり、当時のアタバート参詣は、キリスト教徒などの異教徒のみならず、スンナ派ムスリムさえも排除した、シーア派ムスリムのための信仰儀礼だったのである。

以上見てきたように、イマーム・フサインの殉教を服喪する旅路にあって、イラン人参詣者は信仰心を増幅させていく。その結果、道中の様々な障害は、逆に、スンナ派を信奉するオスマン政府や、その支配下に暮らすトルコ系やアラブ系の人々への敵愾心となって、イラン人シーア派ムスリムと、トルコ系やアラブ系のスンナ派ムスリムとの相違を際立たせた[41]。そして、スンナ派地域を越えて、飛び地のように存在するシーア派聖地にたどり着き、その地の人々のイランへの親近感や、その地ではシーア派として存在することへの不都合の無さや、あるいはその誇りを目にしたとき、彼らの信仰心は最高潮に達し、シーア派としてのアイデンティティを確立することができたのだろうと考えられる。

「道中における適度な困難さは、巡礼者にとって、ときに魅力あるものとなる」[Sheil: 198-199]。この発言のごとく、アタバート参詣もまた、メッカ巡礼に劣らない困難があり、そして魅力があった。19世紀のメッカ巡礼はその途上で異教徒と接する機会が多く、その過程を経て、最終目的地であるメッカの地で様々な国から来たムスリムと邂逅することによって、より普遍的な意識が巡礼者には植え付けられる[42)]。しかし、アタバートを参詣するイラン人にとっては、聖地に到着するまでに途中目にするものは、シーア派の民を「妨害する」スンナ派ムスリムであった。アタバート参詣者にとって最大の困難は、アタバートがスンナ派のなかに飛び地として存在していることにある。そのため、イラン人参詣者においては、アタバート参詣というものは、メッカ巡礼とは大きく異なり、「シーア派ムスリムである」ということと、「イラン人である」ということが強く意識される旅であったと考えられる。そして、これらの困難を経て到達したシーア派聖地は、イラン人にとっては、とりわけ彼らのための「避難所」であり、まさに「シーア派ムスリムとしてのイラン人のための聖地」として彼らの目に映ったことであろう。

そうであるからこそ、欧米人の見たシーア派聖地の「狂信性」や閉鎖性・排他性は、シーア派ムスリムにのみ開かれた特別な空間を、シーア派ムスリムが護ろうとしたことの現れであろうと思われる。シーア派にとっては、その空間こそがタキーヤを必要とせず、ありのままの彼らを受け入れる場所であり、またイマームが様々な功徳でもってシーア派ムスリムのみを庇護する場所なのである。このことを認識し、体感することこそが、参詣に参加するイラン人シーア派ムスリムに及ぼした精神的影響であり、アタバートが彼らの憧憬の対象たりえた理由だと言うことができる。

注

1）*Rūznāma* の著者は、イランからカーズィマインに到着した際に体調が優れず、熱と悪寒のうちに２日間滞在を延ばし、その後もナジャフに至るまで体調が悪かった［*Rūznāma*: 37, 39, 44, 45］。Adīb al-Mulk は、ケルマーンシャーを出立後調子が悪くなるが、疫病が流行していたために、同行の者たちが不安を抱く結果となった。２日間はそのまま歩を進めるが、ケレンドで動けなくなり、養生のためそのまま15日間も滞在した［Adīb: 62-65, 67］。‘Ażud al-Mulk の場合は、イラクの真夏の暑さゆえに同行者の気が触れてしまったケースを挙げ、本人も帰国の安堵感からかイラン国内に入ってから腰痛を訴え、3日間足止めされている［ʻAżud: 197, 201, 205］。Sadīd al-Salṭanaは、イラク入りするころから毎日のように発熱があったことを記す［Sadīd: 313-315, 322-336］。このほかIʻtiṣām: 71; Fakhr: 27, 68, 70なども参照のこと。

2）カーズィマイン近郊で、連日の大雨のためにバーレーンの参詣者集団のうち20人が死亡した［Fakhr: 70］。

3）Adīb: 220; Niẓām: 68; Fakhr: 22-23, 68; Sadīd: 346. Iʻlāʼī は、「旅行に必要なものは第一に金」［Iʻlāʼī: 203］と述べているが、これは端的にすぎるとはいえ、最も重要な点であることは言うまでもない。

4）Adīb: 290-291; Sadīd: 347-348. Fakhr al-Mulk は、アタバートからの帰路ケルマーンシャーに到着した際、クルディスターンからの親戚の出迎えがあり、持ち回りで接待を受け、彼自身も一度答礼を行っている。また、その後のクルディスターンへの帰郷は久方ぶりでもあったのか、在地の有力者の一族ということもあり、毎日が町中の有力者らによる招待と宴会という歓迎ぶりである［Fakhr: 86-87, 99-100］。

5）Fakhr: 46. イスタンブールから訪れた ʻÂlî Bek もまた、旧市街は道の狭さ以外にも清潔さに欠けており、腐敗を免れない、と述べている［ʻÂlî: 76］。イラン人旅行者のなかで、カルバラーのことを人一倍悪く言うのは Sayf al-Dawla である。彼は、土地が狭いのに住民が多く、墓地も多いため、いつも空気が腐っているとして、「事実、この地は墓地（madfan）であって住居（maskan）ではない」と述べる。また住民についても、「人々は悪事を好み、意固地で恥知らずで、他人の財を食らい、信仰心に欠け、貪欲で嘘つきでいい加減である」と切り捨てる［Sayf: 228-229］。このような発言ではあるが、彼がメッカ巡礼完遂後のアタバート参詣者であるということに注意したい。

6）ナジャフとの比較で貶められたカルバラーのハーディムらではあるが、イラン国王への帰属意識は強かったようで、事あるごとに有力な参詣者に対して国王への賛辞や称賛を送っている。Fakhr al-Mulk は、参詣の最後には常に、国王ナーセロッディーン・シャーへの平安祈願（*ṣalavāt*）をしていたと思われるが、アッバース廟のハーディムらもまた、全員が声をそろえて大きな声でイラン国王の祈願を唱和し、それはイラン国内で行われるものよりも上手であったという［Fakhr: 45］。

7）653年ごろ没。メッカのクライシュ族（ウマイヤ家）の指導者であり、預言者ムハンマドに敵対した。ムハンマドがメッカを征服した晩年になってイスラームに改宗した。彼の息子のムアーウィヤがウマイヤ朝を興す。シーア派にとっては「敵」の代名詞。

8）サーマッラーが乞食で有名という言葉は、19世紀の旅行記史料にはしばしば見られる。現代のイランでも、サーマッラーは、「乞食を養う町（gidā-parvar）」として知られている。

9）滞在中に家に泊めて親切にしてくれた人物が、帰るときになっていろいろと所望する例や、帰る日になって馬子と交渉が折り合わず、滞在を延ばさざるを得なくなる例がある［Adīb: 117-119; Fakhr: 67］。

10）一方ここで注意したい点は、19世紀後半のサーマッラーには、ナジャフから移り住み、イランでのタバコ・ボイコット運動のファトワーを出した人物としても有名な当代一のシーア派法学者 Mīrzā Ḥasan Shīrāzī が居住し、この地でシーア派講義を行っていたという事実があることである。19世紀末にこの地を訪れたイランの高官らは、このシャイフに敬意を表して訪問している［Fakhr: 66］。しかし、高位のウラマーの存在も、参詣者らにとっては町の印象を変えるほどの影響はなかったようである。Shīrāzī の活動については、Litvak 1998: 83-90を参照のこと。

11）1218/1804年に、イスタンブールからサーマッラーを経由してバグダードに入ったある旅行者は、バグダードからカルバラーへと向かう際の旅の様子を、「カルバラーへ向かった。道は安全ではなく、私は不案内であったが、この旅は最初から最後まで良好かつ容易に過ぎていった。サーマッラーの旅と異なり、至るところで人々は敬意を表してくれた」［Ṭālibī: 407］と記していることからも、逆にサーマッラーへの旅は困難であったことが窺えよう。

12）「pidar-sūkhta」という語は典型的な罵倒語である。意味としては、「［おまえの］父親は［地獄の業火で］焼かれるにふさわしい」といったところである。

13）前章で見たように、1889年の Cuinet の統計では、サーマッラーもシーア派住民が８割を占めている。しかし、現地を訪れたイラン人参詣者やバグダード州政府の認識では、上に挙げたように、サーマッラーはあくまでもスンナ派の町である。

14）イマームの服喪のために泣くこととその「嘆き」に功徳があることについては、Nakash 1993: 163-166; Calmard 1979: 121; 吉田 2004: 215-217参照。

15）*Rūznāma*: 25-26, 54; Ferrier: 5-7; Saad: 535-537.

16）Fakhr: 58-59, 62, 69; I'tiṣām: 62, 66などを参照のこと。

17）Cole は、十二イマーム派を国教としたサファヴィー朝の成立が引き金となり、オスマン支配下の十二イマーム派が異端として疎まれ、とくにオスマン中央政府の権限が強化された時代には、イラクのシーア派聖地やその住民への圧力が生じたことについて論じている［Cole 2002］。

18）参詣者たちがアタバートで見る夢の中にも、参詣者やアタバートに滞在するイラン人の、アタバートがイランの支配下に入ることへの願望が現れている。イラン国王のアタバート行幸の夢や［Fakhr: 47］、イマームたちとイラン国王が合い見え、国王に賜衣が下され、イマーム・マフディーから剣を渡され、用意された馬に乗せられるという、高名なウラマー Shaykh Murtażā Anṣārī が見た夢などがその願望の現われとして挙げられよう［I'tiṣām: 68-69］。

19）イランへの帰順を表明し、参詣者を通じて、イラン国王に物品を求める例は枚挙に暇が無い［*Rūznāma*: 41, 43; I'tiṣām: 64 etc.］。

20）このような要求は、参詣者に対してアタバートの各地で行われたと考えられる。また墓廟関係者からの嘆願ではなく、イラン人参詣者自らも、貧相な墓廟の品々に代えて、新たな寄進がなされるよう求めている［I'tiṣām: 63; Adīb: 186–189］。これらの事例からは、イラン人参詣者が、アタバートの墓廟関係者とイランの政治権力とを結ぶ重要な要素であったことが明らかとなる。ただし、実際どの程度イランの影響があったのかは現段階ではわからない。アタバート参詣者が結ぶイランとアタバートとの関係については、今後さらに検討すべき問題であろう。

21）Litvak や Cole も、アタバートのウラマーが財政的にイランに依存し、参詣者を通じて多くの寄進がなされていたことを指摘している［Litvak 1998: 118; *idem.* 2000: 42–44; Cole 1986: 469, 476; *idem.* 2002: 24–26］。だがナジャフは、「世界の果てに位置しており、わずかな人しか往来しない。また参詣者らも何も渡さないため、ハーディムらもまた無力である」［*Rūznāma*: 44］と記されているように、実際は経済的には逼迫していた。Ussher は、19世紀中葉のカルバラーの繁栄とナジャフの衰退を述べ、カルバラーに比べると、ナジャフは人口も少なく、参詣地としてもカルバラーの状況には程遠いと記す［Ussher: 457, 468］。オスマン側の旅行記でも、ナジャフへの参詣者はカルバラーほどではないことが指摘されている［*Siyâḥat*: 143］。

22）ナーセロッディーン・シャーの寄進による事業について、イラン人参詣者は、「至高なる［イラン］政府の修理や建設は、この聖なる諸都市では、政府が自ずと持っている威光に加えて、内外のすべての人々にとって偉大なる訓令となる。『人々は、彼らの王の信仰に則る』ということが明瞭になる」と述べている［I'tiṣām: 62］。

23）一方のオスマン政府側は、イラン人がイラクで私有地を持ったり、墓廟の修理や拡張を行ったりすることに関しては、常に反対の姿勢を示している［GAIU: I/336; BOA.İ-MVL: 1151, 3497, 3729, 5662, 6659, 7365, 8626, 9647, 11596; BOA.MV: 9/96, 10/89, 12/86, 16/52, 21/68, 31/16, 38/39 etc.］。そして、オスマン政府がアタバートへ寄進する事例もいくつか見受けられるが、燭台などの寄進品の場合、それらはバグダードのみならずアタバートの四聖地を巡って運ばれるなど、オスマン政府がシーア派住民を意識していることが明らかである［BOA.İ-MSM: 2055, 2056, 2062, 2064, 2065, 2066; BOA.İ-DH: 8610, 20924; BOA. İ-MVL: 9591］。

24）Peters: II/322, 333. また、19世紀中葉に大使夫人としてイランに滞在した Sheil は、トルコ人に信仰されているスンナ派とペルシア人に信仰されているシーア派について、「その相違はわずかであるが、敵対心や憎悪は大きい」と記す［Sheil: 84–85］。

25）その後、彼女たちはバグダードからバビロンまで足を延ばしはしたが、カルバラーやナジャフには立ち寄っていない［Jebb: 287-301］。

26）"The Shiite, or Persian sectarians" という表現は、19世紀の欧米人旅行家の記述に散見される［Peters: II/317］。19世紀末の英国人旅行家は、バグダードのジーラーニー廟では、ヨーロッパ人も中庭に入ることができるとし、このモスクがスンナ派の廟であることを記した上で、スンナ派の説明として、「正統派であり、イスラームのなかでもより過激でない分派」であると記す。もっとも、実際に廟内に入ってみると、部族民たちにしかめ面をされ、彼の存在は好ましからざるものであると認識せざるを得なかった［Harris: 314］。彼はまた、カーズィマインの「Imam Javadの広場」なる場所でも、「狂信的ではないスンナ派が、ヨーロッパ人が入ることを許している」ために、中庭にまで入ったようであるが、この場所がカーズィマイン廟なのかどうかは不明である。というのも、この後に彼は、墓廟のモスクについて言及しているが、そこでは通り過ぎがてら、入り口の門を通して中を垣間見ることしかできず、それさえも次の瞬間には、「シーアの狂信者」による脅迫や悪態か、果ては一撃にさえも見舞われるという［Harris: 317–319］。

20世紀初頭にイラクを旅行したBellは、先人の教訓を踏まえ、シーア派に関する知識を蓄えていたことから、カーズィマイン廟について、「異教徒は、シーア派モスクに入ることは許されておらず、狂信的な群衆に追い立てられるという不面目を避けるためにも、門のところであまりにも関心を示し、ぐずぐずするのは良くない」と忠告し、続くサーマッラーでも、廟門の前では、大きな鎖が渡されているアーチの中を興味深く覗き込まないよう注意しながら通り過ぎた［Bell: 188–189, 212］。

27）モースル在住のキリスト教徒に偽装して、イランからのアタバート参詣者キャラバンに同行したFerrierは、道中で日々の礼拝を行わないために、他の参詣者たちから睨まれ、不快な言葉を発せられ続けた。他方、事あるごとに神やアリーやイマームたちの名前を唱える参詣者集団といえども、その信仰心はあくまでも表面的なものでしかない、と説く同行したムスリムのモッラーからの批判も存在する［Ferrier: 5–7］。

28）シーア派のメッカ巡礼作法については、坂本 1990: 204–207が分かりやすい。

29）そもそもダウティは、「キャラバンを組んでいるペルシア人の中にまぎれこんでいれば、ペルシア人にもアラビア人にも目立たないですむと思っ」ていた訳だが、巡礼団長に遅れること２日にして、イラン人の一行とダマスクス市街を出発すると、「街角にいた数人のものが、私をじろじろながめて互いにこうささやいた。「あれは何者だ、おい！」一人の男がふざけ半分に答えた。『ペルシア人の仲間だろうよ』」［ダウティ：163–164］という有様であり、アラブ世界において、イラン人が軽蔑されていた様子がありありと浮かぶ。

このほか、19世紀後半のイラン人巡礼者がメッカやメディナで差別的な待遇を受けていたことについては、Ja‘fariyān 1379s: 223–234を参照されたい。ただし、Farāhānīの時代のように、ときにイラン人シーア派ムスリムであっても差別されなかった場合がある［坂本 1990: 218–219; Ja‘fariyān 1379s: 225］。

30）Momen 1985: 182もまた、聖廟からの距離に応じてこの称号が決まることに触れている。すなわち、南イラクのシーア派ムスリムにとっては、カルバラーやナジャフに参詣するよりもマシュハドが好まれ、一方ホラーサーンやアフガニスタンの参詣者にとっては、カルバラー参詣を達成すると「カルバラーイー」と呼ばれるということである。イランでは、「マシュハディー」も存在するが、地理的な理由から「カルバラーイー」の方がより好まれたであろう。

31）*Ṭūmār*: 41–53. この文書は校訂されているが出版されていない。校訂者であるMarkaz-i Khurāsān-shināsī（ホラーサーン学研究所）のご厚意により、校訂版を利用した。ここに記して謝意を表する。

32）五隊に分かれる警備部は、それぞれ100人前後を擁し、ハーディム、清掃人（farrāsh）、靴番（kafshbān）、ムアッズィン、門番（darbān）、ハーフィズと、警備隊長、ハーディム長、清掃人長、門番長からなる［*Ṭūmār*: 41–42］。

33）史料の校訂者でもあるEttehadiehは、同史料と1320/1902–03年のセンサスを利用しテヘランの発展を跡付けた。センサスの住宅や店舗の数とその変遷は、Ettehadieh 1983: 204–208の表がわかりやすい。

34）イマーム・フサインのターズィイエ（哀悼行事）については、Chelkowski編纂の論文集［Chelkowski 1979］やCalmard 1979, *idem*. 1983, Pinault 2001, Keddie 2001ら多数の研究者によって言及がなされている。

1269/1852年のアーシューラーでは、ムハッラム月5日の中日にして、テヘランではすでに150回のターズィイエと150回のロウゼ・ハーニー（哀悼詩朗誦）が行われ、町中の人々が参加し、アーシューラーまでにも同程度の回数が開催されるであろう、と報告されており、当時の熱狂振りが偲ばれる［RVI: I/537］。このようなテヘランでのターズィイエの様子についてはAghaie 2004: 30–46が詳しく、ガージャール朝期に、イランの有力者が自宅などでターズィイエやロウゼ・ハーニーを行うことについては*Ibid.*: 15–29やMahdavi 1999: 165を参照のこと。

一方、19世紀には、ターズィイエはイラン国内に留まらず、オスマン朝下に暮らすシーア派ムスリムたちも、それぞれの地域で行っていたことが諸史料から確認される。たとえば、1887年にイスタンブールに滞在したPetersは、知人の紹介で、イラン大使館で催された儀礼に特別に参加している。その模様は、オスマン政府の兵士数百人が警備にあたるなか、総勢200人ほどが手に剣やナイフを持って二列に整列し、日が沈むと殉教劇が始まり、「ハサン、フサイン」と叫びながら行進した。半時間ほどの行進が終わると、剣を手にしていた男たちの多くが頭から血を流しており、オスマン政府の兵士たちが狂信者らの乱行を防ごうと棍棒を持って待機していた。これほどの喧騒ぶりでも5年前に比べれば、はるかに穏やかなものであったとされる［Peters: I/50–54］。ここでPetersがアーシューラーの哀悼行事を「Persian Passion Play」と記し、シーア派の行事をペルシア人のものと認識している点は重要であろう。

サファヴィー朝期以降、イランでのシーア派信仰は、アリーやフサインへの尊崇と、第二代カリフ、ウマルへの過度の憎悪でもって発展していった。サファヴィー朝期には、シーア派信仰を広める手段として、３人のカリフへの呪詛が奨励され、そのような呪詛を生業とする tabarrā'ī と呼ばれる集団がいたことは、守川 1997: 30-34で明らかにした。サファヴィー朝初期には、３人のカリフに対して呪詛を叫んでいたが、時代を経るにつれ、呪詛の対象は第二代カリフ、ウマルに収斂されていったと考えられる。一方でナーディル・シャー以降、呪詛は公式に禁じられていた。それにもかかわらず、19世紀中葉のイランでは、「アリーをカリフ位から排除した」という理由で、ウマルに対して格別の憎悪が向けられていたことを Sheil は伝える。彼女によると、ウマルが暗殺された日（「Omar Kooshan の日」）は、レンガ職人によるウマルへの呪詛の歌が声高に歌われ、女性は家の屋根から通りかかる人に水をかけ、命中すると、「ウマルに神の呪いあれ！」と叫ぶ習慣が繰り広げられていた［Sheil: 139-140］。また、イランでアリーの誕生日を公的な祝日として祝うようになったのは、1270/1854年からのことであると考えられる。この年のラジャブ月には、官報でアリーの誕生日を祝うことが布告されている［RVI: II/1060-61, 1068-69］。

35）先述のように Sheil は、イマーム・フサインは、ペルシア女性にとっての特別な存在であり、また、このようなフサインへの情愛は、殉教劇として催されるターズィイエに拠るところが大きいと記す［Sheil: 149］。また、19世紀中葉の官報に載せられた地方記事よると、アタバート参詣が不可能な人たちのために、イマーム・フサインが夢に出てきて、息子のアリーの子孫であるザイドのイマームザーデを参詣すればよい、と告げる。そのため、エスファハーンの人々は、こぞって町の外にあるこのイマームザーデを参詣したという［RVI: I/664］。

36）前注14参照。

37）聖廟では、普段の日でもターズィイエやロウゼ・ハーニーが行われていたが、アーシューラーのフサイン廟は、身動きが取れないほどの人が集まって、ターズィイエと胸打ち（sīna-zanī）を行ったと言われている［I'tiṣām: 67］。'Ażud al-Mulk はカルバラー滞在中に二度のターズィイエを催している。もっともそれは、イラン国王のためという政治的な理由を彼は挙げているが、アルバイーンが近づくときにあって彼自身の宗教感情が高揚していたことも考えられよう［'Ażud: 162］。一方、オスマン政府役人の 'Âlî Bek は、カルバラーやナジャフのイマーム廟を参詣したとはいえ、アーシューラーにカルバラーへ出かけたのは、「イラン人たちが、イマーム・ムーサー・カーズィムの墓廟の中庭で行う哀悼行事（mâtam）を見るため」［'Âlî: 72］であることから、シーア派ムスリムのターズィイエが見世物化していた状況を指摘し得る。しかし見物者としての彼自身でさえも、朗誦者のあまりの多さと迫力に圧倒されたようである。

20世紀初頭には、おそらくはアーシューラーの哀悼行事に起因する暴動を恐れたのであろうが、ムハッラム月には、バグダードからカーズィマインに兵士が送られていた［Lorimer: II/969］。

38）内部を見ることは不可能であったものの、欧米人はカルバラーやナジャフの墓廟の壮麗さを口々に賞讃している。「フサインの墓はきわめて美しく、精緻であり」、ナジャフはカルバラーよりも豪華な外観であり、「廟の入り口の装飾はきわめて豊かで荘厳である。ほんのわずかな太陽の光も黄金の表面に反射し、目も眩むほどの光線を投げかける」といった表現や［Ussher: 458, 468］、二つのドームと、４本のミナレットと、ファサードの一部が黄金で飾られたカーズィマインのモスクは、「私が今まで見た中で、最も煌びやかなものである」［Peters: I/201］、カーズィマイン廟は、「東洋のなかで最も荘厳で華麗に装飾されたモスク」であるが、それさえもカルバラーの墓廟には劣る［Harris: 317］、といった表現がなされている。おそらく内部を見ることが出来なかったゆえに、想像力がより一層刺激されるのであろう。ここからは、閉鎖性が神秘性を生み出す「聖地」としてのあり方が髣髴とする。

39）メッカやメディナのみならず、アタバートなどのシーア派ムスリムにとっての参詣地は、オスマン政府の支配下にあるために、イラン人は「タキーヤ」を行い、自らの信仰を隠さざるを得なかったと言われているが［Sheil: 85］、19世紀初頭のアタバートではシーア派信仰が普及し、タキーヤの習慣がなかったと報告されている［Ṭālibī: 401］。19世紀中葉にタキーヤをしていたのは、バグダードのシーア派であった［Adīb: 88］。

40）守川 2001参照。

41）Momen は、シーア派の歴史のなかでのサファヴィー朝の果たした役割として、第一に、モンゴル時代から続いたスンナ派とシーア派の寛容さが終わりを告げ、両派の憎悪と敵対が再燃した時代であると位置づけている［Momen 1985: 123］。

42）同時代のイラン人メッカ巡礼者のパン＝イスラミズム的傾向については、坂本 1990: 212-221を参照されたい。坂本氏は、Farāhānī の意識について明言を避けておられるが、アタバート参詣者の記述に比すると、Farāhānī の言動は、スンナ、シーアに囚われない、より普遍的な思考であるとの印象を受ける。

おわりに

本書では、シーア派信仰をもたらしたサファヴィー朝の成立から3世紀を経た19世紀のイランでの聖地参詣の実態を、イラクにあるシーア派聖地アタバートを中心に考察した。

サファヴィー朝期以降、イマーム廟参詣は「シーア派ムスリムの義務」であり、「イマームとの契約」であるとの学説がイランにおいてシーア派法学者らによって説かれたが、同時に、イマーム廟を参詣することには、メッカ巡礼やジハードに相当、犯した罪の赦し、祈願成就、来世での執り成し等、多くの「功徳」があることが強調された。これらの法的根拠によってイマーム廟参詣は推奨され、サファヴィー朝領域内のシーア派信徒の参詣が促された。なかでも、現世における病気平癒や祈願成就、また「最後の審判時の執り成し」は、参詣に見合う最大の功徳に数えられ、大勢のシーア派ムスリムをひきつけた。

イランにおけるアタバート参詣の盛衰を見ると、サファヴィー朝時代のメッカ巡礼路は、バグダードからアラビア半島を縦断するものであったため、とくにカルバラーやナジャフといったシーア派聖地はそのルート上に位置し、メッカ巡礼者はアタバートへの参詣も同時に成し遂げることができた。しかしオスマン朝との宗派対立が先鋭化していたサファヴィー朝期には、メッカ巡礼やアタバート参詣は政治的な制約から一般の信徒が簡単に行えるものではなく、その数は限られていた。その後19世紀に蒸気船や鉄道といった近代交通の発展により大量輸送が可能になると、イランからのメッカ巡礼路はカスピ海や黒海を経由する北方ルートへと変化した。このような時代の変遷のなかでアタバート参詣は、メッカ巡礼とは別に、独立した聖地参詣として確立していく。その結果、イラクを訪れる十二イマーム派のシーア派ムスリムは、当初行われていたナジャフやカルバラーへの参詣のみならず、バグダード北方のサーマッラーへも足を運び、4ヶ所すべてのシーア派聖地を巡礼することが一般化したと考えられる。またガージャール朝とオスマン朝の関係改善は地域の安定を生み、第二次エルズルム条約が締結された19世紀中葉以降は、シーア派ムスリムのアタバート参詣がイランにおいて空前のブームとなった。諸史料から判断すると、この時代のイランからのアタバート参詣者の数は、年間10万人にも達したのである。

19世紀のアタバート参詣の実態は、まず旅行の方法を検討した結果、近代交通の発達にもかかわらず、前近代的な方法で行われていたことが明らかとなった。すなわち参詣者らは、陸路を中心に、地縁による一定程度の参詣者集団を形成しながら、馬や輿や徒歩でイラクへと向かっていた。このため彼らの旅行は、イラクまでの片道で1ヶ月間は要するものであった。おそらくはこのような移動方法によるのであろうが、アタバート参詣には旅行の時季があり、参詣者らの多くは秋の初めにイランを出発して、冬をイラクで過ごし、春にイランへと帰郷した。またアタバートでの滞在は2〜3ヶ月にわたり、長期滞在型の旅行である傾向が見られた。

また参詣者らは、アタバート滞在中はカルバラー、ナジャフ、カーズィマイン、サーマッラーの4ヶ所のイマーム廟をすべて訪ね、クーファやマダーインにも足を延ばし、さらには参詣街道に近接するイマーム所縁の場所に参詣していた。しかしながら、彼らはイラクに多数存在するスンナ派やスーフィー聖者の墓廟やユダヤ教徒の聖地を避け、滞在中は聖地に暮らすシーア派の人々を中心に交流するなど、もっぱらイマーム信仰に励み、シーア派的な色彩の濃厚な参詣のあり方が明らかとなった。その反面、アタバート滞在中の行動を仔細に検討すると、そこからは、参詣者が決して「信仰」活動のみを行っていたのではなく、そのなかには観光や商売といった「娯楽」の要素も多々含まれていたことが指摘された。これらの検討の結果、アタバート参詣は、当時のイラン人にとって、信仰と娯楽の程よいバランスの上に立っていたと結論づけられるのである。

また、アタバートへは、生きている信徒のみが参詣するのではなく、イマームによる「最後の審判時の執り成し」を求めて死者もまた参詣し、イマームの傍らに安息の地を見出そうとした。死者は、生きている参詣者たちによってナジャフやカルバラーといったアタバートのなかでも主要な聖地に運ばれ、生者と同様の作法によってイマーム廟参詣を成就させ、そして埋葬された。イランからの遺体は、死後間もなく運ばれるものや遺骨として運ばれるものなど様々であり、疫病流行に敏感であった当時のオスマン政府にとっては、病原を撒き散らすきわめて厄介な存在であった。そのため、遺体に対しては、オスマン政府の役人による冒瀆的な扱いが見られ、埋葬に際しては暴利を貪られることもあった。様々な困難にもかかわらず、国境を越えて遠く運ばれ、シーア派聖地に埋葬されようという願望にはシーア派ムスリムのイマームに対する熱狂的な信仰心を見出すことができる。また、同じキャラバンのなかの棺の存在は、イマームの殉教を悼む参詣の旅路では、一層の悲哀さを増す効果があり、参詣者らに死や来世を想起させるものとして機能した。

16世紀中葉以降、アタバートは常にオスマン朝の支配下にあった。このことは、サファヴィー朝下でシーア派信仰を受容した人々にとり、シーア派イマームの埋葬地であるアタバートに参詣する自由を奪われていたことになる。シーア派を標榜したサファヴィー朝期以降のオスマン朝とイランの諸政権との間で締結された条約では、イラン人巡礼者や参詣者の安全を確保することが謳われた。このことからは、アタバート参詣という宗教行為が、常にイランにとっても、またシーア派聖地をイラクに抱えるオスマン朝にとっても、国際政治の上で重要な意味を持っていたことが明らかとなる。アタバート参詣旅行は、イラン人にとっては隣国のオスマン領へと入国することであり、かつ両者は同じイスラーム国家といえども、その宗派を異にするという点で、様々な障害を惹起するものであった。道中の安全は、旅人にとってどの時代や地域にも共通する問題であるが、19世紀には、イランからアタバートへ参詣する人の数が膨大であったために、オスマン政府もイラン政府もこの問題に留意せざるを得ず、両国家の外交問題としてたびたび取り上げられ、参詣者の安全が確保されるよう注意が払われた。しかし、多額の現金を持ち歩く参詣者は、在地のアラブやクルドの遊牧民による襲撃対象としての危険に晒され、財産を失うのみならず命を落とす者も少なくはなかった。

加えて、査証や検疫といった近代国家の制度上の諸問題がイラン人参詣者には降りかかった。イスラーム国家同士とはいえ、オスマン朝とガージャール朝では、その近代化の過程に明らかな時間差が生じており、ヨーロッパの産物である近代的な新制度を導入して間もない19世紀中葉から後半にかけては、とくに国境で、様々なトラブルが引き起こされた。国境を明確にし、国民を管理しようとする新たなシステムが、イラン人参詣者をして、アタバート参詣を困難たらしめるもうひとつの要因であったと言っても過言ではない。またこれらの諸制度は、参詣者にとってはアタバート参詣時の障壁であり「負」の要因であるが、オスマン政府にとっては、査証や検疫の名目で徴収する税金ゆえに重要な収入源としての側面を持ち合わせていた。さらに参詣者が滞在費や交通費としてイラクで費やす金額は莫大であり、ここに、オスマン政府がアタバート参詣者の存在を等閑に付し得ず、参詣者を庇護し、管理する最大の理由があったと言えよう。

一方、参詣者にとっては、数多の困難を乗り越えて行うアタバート参詣は、シーア派としての自覚を再認識させ、彼らの一体感や団結をさらに強固にする効果があったと考えられる。サファヴィー朝成立以後のイランでのシーア派の確立と、19世紀以降の列強の圧力による国境の画立、およびそこから派生する「国民国家」概念の創出と連動し、19世紀後半には、同じムスリム社会でありながら、国と宗派の一致を人々は認識せざるを得ない状況に至っていたと考えられる。そして、死者さえも行うアタバート参詣は、国境と宗派の相違を乗り越えて実現するという点において、同行する参詣者らの宗教的情熱が高められ、彼らの結束を強める効果をもたらした。イラン人参詣者にとって、アタバートはあくまでも、彼らにとっての聖地だったのである。

スンナ派の領域のなかに、飛び地のように存在するアタバートは、そこへの参詣の困難さを増幅させている。そうであるからこそ、アタバート参詣の達成感は、メッカ巡礼とは異なるアイデンティティをイラン人シーア派ムスリムにもたらした。メッカ巡礼が、すべてのムスリムの同胞意識を生ぜしめる時間と空間を現出するものであるとすれば、アタバート参詣は、ムスリムのなかでのシーア派信仰と、シーア派信仰を自明のものとするその後のイランという新たな「国家」への帰属意識を生み出す遠因として働いていたと言えよう。集団で行動する参詣者らは過度の宗教的情熱を抱きつつ、スンナ派国家のなかにあるシーア派聖地へと向かうため、欧米人の目には「狂信的」な人々として映るほどであった。聖地において「狂信的」と認識されるほどまでに、彼らのシーア派としての信仰心は頑なであり、スンナ派の領域内で彼らに降りかかる困難は、むしろ相乗効果となって彼らの信仰心や結束力を助長したと考えられる。

サファヴィー朝成立以降、オスマン朝とイランは宗派の相違を乗り越え、国際的な融和や協調を図ってきた一方、それぞれの土地ではそれぞれの宗派が根付いていった。とくにイランでは人々の間に「シーア派である」という意識は深く浸透し、スンナ派であるオスマン朝下のトルコ系やアラブ系の人々との差異は、時代を経るにつれ強調されていった。そして、19世紀には、国境線という近代国家の産物を受け、シーア派でありかつイラン人であるというアイデンティティの確立が促進されたのである。

おそらく、メッカ巡礼では脇に追いやられるシーア派ムスリムも、アタバートでは大手を振って歩くことができたことが、この当時、アタバート参詣がひとつの社会的現象になっていたことの一因であろう。このほか、アタバート参詣は、メッカ巡礼と比較すると、イラン人参詣者にとっては、心理的、経済的、物理的、文化的、歴史的に近く、負担も少なかったものと推察される。アラブ社会では、イラン人やシーア派信徒は侮蔑の対象となりがちであったことと対照的に、アタバートではシーア派やイラン系の人々が多く暮らしていたために、イラン人にとってはより一層の親しみや心地よさを感じることができたのではなかろうか。

また、ナジャフやカルバラーの聖地は、独特のシーア派社会を形成していた。その背景には、サファヴィー朝の崩壊後、大量に流れ込んだイラン系ウラマーの存在が大きいことは言うまでもないが、このようなシーア派ウラマーやムジュタヒドといったエリート層のみならず、大挙して押し寄せるイラン人参詣者の波は、当時のイラクの社会にとっても、経済的な重要性だけではなく、シーア派化が進展していたイラク全体のシーア派化やイラン化を促進するものとして、宗教的にも社会的にきわめて重要であったということができる。

20世紀に入ると、ガージャール朝とオスマン朝の両国家の滅亡とともに、アタバート参詣も新たな局面を迎えた。イランとアタバートの諸聖地との関係から見ると、20世紀は受難の時代である。

アタバート参詣の経済的効果は、イラン政府を利することがほとんどなかったため、イラン政府は、アタバート参詣ではなく、イラン国内のマシュハドやゴムへの参詣をより積極的に奨励するようになった。1925年に即位したレザー・シャーが、その2年後にはアタバート参詣を制限したことは、まさに富の流出を防ぐためであった。加えて、自動車や飛行機の普及もあり、イランからのアタバート参詣は、19世紀に見られたように、数ヶ月をかけて行うものではなく、わずか数日間のうちに、すべての聖地を巡る短期間の周遊旅行へと変容する。アタバート参詣は、20世紀を境に、その旅行のあり方が大きく変容した。イランからの参詣者は大幅に減少し、また滞在期間も大幅に短縮されるようになったのである。短縮化や簡略化といった旅行形態の変容に伴い、アタバート参詣の意義もまた、20世紀には大きく薄らいでいったものと考えられる。1926年に車でベイルートからバグダードを経てイランへと向かったある旅行者は、バグダードとケルマーンシャーを結ぶ道について、

> 私たちの通る道は、中央アジアを貫くあのシルクロードとつながる古代の通商ルートであったから、かなりの車に出会うものと予想していた。ところがバグダッドの周辺でたまにトラックや車を見かけた以外、私たちが出会ったのはラクダの隊列と、荷を運搬する馬やラバだけだった。
>
> このような幹線道路なのに、きちんと整備されていないのには驚かされた。幾世代ものラクダや人間に踏み固められた、未舗装の道があるだけだった。［シンクレア：72-73］

と述べている。20世紀のアタバート参詣道は、19世紀後半の旅行記で記されるような繁栄や熱狂ぶりはもはやない。

本書で見たように、19世紀には、その前半でこそ未だ不活発ではあったかも

しれないが、後半になると、政情の安定化に伴い、イランから国境を越えてアタバートに参詣する人々の数は増大した。しかし、近代化が過度に進展した20世紀は、逆に、参詣の物理的に困難な側面が緩和されると同時に、国家の管理が民衆に行き届き、人々の移動の自由がさらに制限されていく時代であった。このような時代的変遷に鑑みると、19世紀のイラン人によるアタバート参詣は、近代化と国家の狭間で未だ人々が自由に行動し、かつ最も情熱があった活力溢れる時代の産物であったと言うことができよう。

1979年にイラン・イスラーム革命が勃発すると、翌年、イラクのサッダーム・フセインはイランに侵攻した。８年間続いたイラン・イラク戦争のさなか、イランではイラクへ向かう街道上のいたるところに、「カルバラーまであと何キロメートル」という看板が建てられ、それによって兵士の士気が鼓舞された。現在でも、地方に行くとその名残が見られる。90年代の末には、両政府の間で捕虜の交換や戦死者の遺体の送還が行われ、一時的なものではあったがカルバラーへの道が開いたことがある。しかしながら、その後のアメリカによるイラク戦争とサッダーム政権の崩壊。

21世紀に入った今日、イランの人々とイラクのシーア派諸聖地は、新たな関係を構築することができるだろうか。

謝　辞

本書は、2005年に京都大学大学院文学研究科に提出した学位請求論文「シーア派聖地参詣の研究――19世紀のイラン人とアタバート――」を基に、同論文の章構成等を全面的に改定した上で若干の増補を行ったものですが（その一部については、『東方学報（京都)』第79冊（2006年)、『東洋史研究』第65巻第３号（2006年）に掲載済)、学位論文執筆時を含め、本書を上梓するにあたっては、非常に多くの方々のお世話になりました。

まず、京都大学文学部および同大学院文学研究科西南アジア史学研究室在籍時には、間野英二先生、森本公誠先生、濱田正美先生、故安藤志朗先生、稲葉穣先生、久保一之先生に、歴史学からアラビア語、ペルシア語、トルコ語など各分野にわたってご指導を賜りました。1997年からは文部省アジア諸国等派遣留学生としてテヘラン大学に留学しましたが、その間、故 ʻAbd al-Ḥosein Navāʼī 先生よりイランの歴史や文化について幅広くご指導いただきました。かつ Manṣūre Etteḥādīye 先生にはペルシア語旅行記史料の重要性をご教示いただき、それが本研究へのきっかけとなりました。Moḥammad Reżā Naṣīrī 先生には、イランでの調査時等、様々な面においてお世話になりました。また、ドイツ学術交流会（DAAD）の奨学金によるバンベルク大学滞在中に、欧米のイスラーム研究の奥深さを実感することを可能にしてくださった Bert G. Fragner 先生と Christoph Werner 氏には深く謝意を表します。テヘランやイスタンブールの文書館では、職員の方々のご好意がなければ、閲覧することのできなかった数々の資料に出会うことができました。前川和也先生、川本正知氏、黒田卓氏、近藤信彰氏、秋葉淳氏には、快く蔵書をお貸しいただき、あるいは貴重な助言の数々をいただきました。先の博士論文執筆時から本書の完成にいたるまで、国内外の学会や研究会で本書の内容を発表してきましたが、それらの席上、多くの方から有益かつ刺激的なご意見を頂戴しました。先生方、同僚、友人諸氏をはじめ、お世話になったすべての方々に、心より感謝を申し上げます。

本書の刊行にあたっては、日本学術振興会より平成十八年度科学研究費補助金（研究成果公開促進費）の交付を受けました。関係各位に謝意を表するとともに、刊行を薦めてくださった夫馬進先生、杉山正明先生、および様々なご尽力をいただいた京都大学学術出版会の小野利家氏、高垣重和氏に厚く御礼申し上げます。

二〇〇六年一二月　　守川　知子

資　料　編

ペルシア語旅行記史料解題

イラン人シーア派ムスリムのアタバート参詣の実態を解明するには、ペルシア語旅行記史料が中心となる。とくに、旅行記史料のなかには、『アタバート参詣記（*Safarnāma-yi ʻAtabāt*）』と題された一連の旅行記が存在する。それらは19世紀当時のイラン人自身によって、アタバートへの参詣旅行の有り様が具体的に綴られたものであり、参詣者本人の手による第一次史料であることから、その史料的価値は高く、本書でも主要な史料としてこれらの参詣記に重点を置いている。ここでは、それらの史料解題を設ける。

1．旅行記史料と「巡礼旅行記」

19世紀のイランでは、様々な目的からペルシア語で旅行記が執筆された。ガージャール朝（1796-1925）期全般では、300点近い旅行記が確認されるが、かつて筆者はそれらを、主題および旅行の目的別に、「周遊旅行記」「官命旅行記」「巡礼旅行記」と銘打ち、三つのジャンルに分類し考察の対象とした[1)]。その結果、当時の旅行記史料全般の主要な特徴として挙げられるのは、第四代君主ナーセロッディーン・シャーが、自らも数点の旅行記を執筆すると同時に、旅行記執筆を宮廷の官僚たちに奨励していたという事実であり、ガージャール朝期の旅行記の大半はナーセロッディーン・シャーの時代、すなわち19世紀後半に執筆されていたという点である（表1参照）。この事実は、本書に最も関わりの深い「巡礼旅行記」、およびそのなかの『アタバート参詣記』においてもまた同様であり、80点確認される「巡礼旅行記」のおよそ半数にあたる39点が同君主の治世において執筆されている。

80点を数える「巡礼旅行記」の内訳は、『メッカ・メディナ巡礼記』、『アタバート参詣記』、およびマシュハドやゴムといったイラン国内のシーア派聖地への参詣記である（表2参照）。なかでも、『メッカ・メディナ巡礼記』は44点を数え、全体の半数以上を占める[2)]。一方、『アタバート参詣記』は、アタバー

表1　ガージャール朝君主の治世およびジャンルごとにみた旅行記史料の内訳[3)]

	FA	Mh	N	Mz	MhA	A	不明	計（国内）
周遊旅行記	12	5	49	16	2	7	13	104 (58)
官命旅行記	10	5	73	2	0	1	7	98 (57)
巡礼旅行記	4	4	39	14	2	11	6	80 (17)
計	26	14	161	32	4	19	26	282 (132)

略号は以下のとおり：FA = Fatḥ ʻAlī Shāh（在位：1212-1250/1797-1834），Mh = Muḥammad Shāh（在　位　：1250-1264/1834-1848），N = Nāṣir al-Dīn Shāh（在　位　：1264-1313/1848-1896），Mz = Muẓaffar al-Dīn Shāh（在 位 ：1313-1324/1896-1907），MhA = Muḥammad ʻAlī Shāh（在位：1324-1327/1907-1909），A = Aḥmad Shāh（在位：1327-1344/1909-1925）

表2　ガージャール朝君主の治世ごとにみた「巡礼旅行記」の内訳

	FA	Mh	N	Mz	MhA/A	不明	計
メッカ・メディナ	4	4	20	9	6	1	44
アタバート／（メッカ）	0	0/（1）	8/（9）	4/（3）	4/（4）	3	19/（17）
マシュハド	0	0	10	2	2	2	16
ゴ　ム	0	0	0	0	1	0	1
計	4	4	38	15	13	6	80

略号は表1に同じ。ただし、モハンマド・アリー・シャーとアフマド・シャーの治世は便宜上ひとつにまとめた。アタバート／（メッカ）とあるのは、前者がアタバートのみを対象とした旅行記であり、後者の（　）内がメッカ巡礼を兼ねている旅行記である。

ト参詣のみを対象としたものが19点、また、メッカ巡礼の前後いずれかにアタバート参詣を兼ねたものが17点[4)]の計36点が存在し、点数の上ではメッカ巡礼記に及ばないものの、史料として扱うには決して少なくはない状況となっている。ただし、メッカ巡礼の前後にアタバートに参詣した旅行記17点は、当時のアタバートの様子などを知る際には有益な史料であるが、参詣旅行の実態を知るためには、アタバート参詣のみを題材とした史料と同列には扱いがたい。というのも、メッカ巡礼とアタバート参詣を比較すると、どの著者もメッカ巡礼により多くの比重を置いており、アタバートに関する彼らの記述は往々にして淡白かつ散漫になっているきらいがあるからである。このため上述の17点は、本書では補助的な利用にとどまり、ここでの解題の対象とはしない。また本書では19世紀を考察の対象としているため、19点の『アタバート参詣記』のうち、モハンマド・アリー・シャーおよびアフマド・シャーの治世期のもの4点と、執筆年代が不明の3点を除外する。よって、本節の対象となるのは、ひとまずナーセロッディーン・シャー期とモザッファロッディーン・シャー期をあわせた12点のアタバート参詣旅行のみを扱った『アタバート参詣記』となる。

アタバート参詣に関する旅行記史料は、表2を見ても明らかなように、ナーセロッディーン・シャーの時代に入って急激に増加している。ナーセロッディーン・シャー期以前、すなわちファトフ・アリー・シャーやモハンマド・シャーといった19世紀前半には、メッカ巡礼と相前後してアタバート参詣を行った記録がわずかに1点確認されるのみである。『アタバート参詣記』が、19世紀前半にはその数が限られているのに対し、19世紀後半になると増加するのは、先にも述べたとおり、ペルシア語旅行記全体に見られる特徴である。しかし「巡礼旅行記」と呼ばれる分野の旅行記を対象とした場合、その点数は、必ずしもナーセロッディーン・シャー期のみが多かったとは言いがたく、続くモザッファロッディーン・シャー期に14点、モハンマド・アリー・シャー期以降に13点と、20世紀に入ってからも比較的多数の旅行記が確認される。

しかしながら、旅行記の内容に注目してみると、20世紀の「巡礼旅行記」は、全体的に記述が簡略で旅行の事実関係のみが記されるにとどまり、内容に目新しさが見られない。これはおそらく、「巡礼旅行記」というジャンルにおいては、メッカ、カルバラー、マシュハドというように目的地が一定であり、かつ旅行中の行為がどの旅行者にとっても同じであることが影響していると考えられる。なかでも、比較的簡単に旅することのできたマシュハドやゴムなど国内にある聖地に比して、メッカやアタバートなど国外への巡礼の様子を旅行記に記録する主たる目的は、ほかの分野の旅行記に顕著に見られる異国の風物の紹介ではなく、むしろ、「[巡礼を行う] すべてのムスリムの益となるために」[*Vajīza*: 286] であった。それゆえ、巡礼旅行記の著者たちの関心はおもに、巡礼時の問題点、巡礼の日程、路中の宿泊施設、費用といった基本的事項に始まり、とくに地理的な問題としてのルート上の遊牧民による迫害やスンナ派ムスリムとのトラブルなどを読者に対して知らしめることにあり、巡礼の際の総合的な指南書やガイドブックとなることを意図して書かれていた[5)]。そのため、彼らのなかには他の者の内容と重ならないようにすべく、時代が下るにつれ、「他の旅行記に記されているのでここでは繰り返さない」と、内容を省略する事態が見受けられるのである[6)]。このような内容面の特徴から、「巡礼旅行記」というジャンルの旅行記に限って見ると、20世紀に入ってからのその史料的価値は、19世紀のものに比べて見劣りがすると言わざるを得ず、本書においても時代を19世紀に限定しているのは、このような史料的制約が一因である。

2．『アタバート参詣記 *Safarnāma-yi ʻAtabāt*』と12点の解題

『アタバート参詣記』には、先述した十数点の旅行記史料に加えて、「官命旅行記」や地理書という別ジャンルのなかにも有益な史料が存在する。筆者は以前、これらの旅行記を別の範疇に分類したが、アタバートを参詣するという行為の面においては、その重要性もまた、ほかの参詣旅行記と同様であるので、今回、それらの旅行記をあわせて解題を設ける。新たに加える書物は、ʻAżud al-Mulk と Mīrzā Muhandis の２書である。今ここで、年代の不明なもの３点を除外した上で、アタバート参詣に関わっている旅行記すべてを、アタバート参詣のみを対象としたもの（18点）と、メッカ巡礼の前後にアタバートを参詣したもの（17点）とに分類し、年代順に並べると次頁の表３のようになる。

表３をもとに、解題の対象となるものを抽出すると、1272/1856年に執筆された著者不明の『アタバート参詣記』から1318/1900年に執筆された Safā' al-Salṭana の旅行記までが含まれるが、このなかで筆者が入手し得なかった２点（1299/1881–82年執筆の著者不明の『カルバラー旅行記』、および1300/1882–83年執筆の Iʻtimād Niẓām の旅行記）を除くと、11点の『アタバート参詣記』が対象となる。これらに加えて、1328/1910年に執筆された Amīn Sharʻ Khū'ī の書も参考までに取り上げ、計12点について、解題を設ける。なお、校訂本では『某のアタバート旅行記』という表題が使用されている場合がほとんどであるが、以下では原題を重視する。

① Anonymous, *Rūznāma-yi vaqāyiʻ-yi safar-i Karbalā-yi muʻallā*（著者不明、『気高きカルバラー旅行での出来事日記』）

1272/1856年に執筆されたと考えられる［*Rūznāma*: 19–20］。現在確認される、

表3　ガージャール朝期のアタバート参詣旅行に関する旅行記

治世	アタバートのみ参詣			メッカ巡礼の前後にアタバートを参詣	
Mh				1261	Muḥammad Valī Mīrzā
N	1272	*Rūznāma-yi vaqāyi‘*	①	1279	Sayf al-Dawla
	1273	Adīb al-Mulk	②		
	1283	‘Ażud al-Mulk	③	1288	*Safarnāma-yi Makka*
	1284	I‘tiṣām al-Mulk	④	1297	Dukhtar-i Farhād Mīrzā
	1287	Nāṣir al-Dīn Shāh	⑤	1299	*Tīr-i Ajal*
	1288	Niẓām al-‘Ulamā	⑥	1300	Ibrāhīm Mushtarī
	1299	*Safarnāma-yi Karbalā*		1306	Najm al-Mulk
	1300	I‘timād Niẓām			Ẓahīr al-Mulk
	1302	Mīrza Muhandis	⑦	1307	Pīrzāda
	1304	Fakhr al-Mulk	⑧	1309	*Safarnāma-yi Makka*
Mz	1316	Sadīd al-Salṭana	⑨	1316	Kāzirūnī
	1317	Mishkāt al-Sulṭān	⑩	1317	*Safarnāma-yi ‘Atabāt va Makka*
	1318	Safā’ al-Salṭana	⑪	1324	Vazīr-i Vazā’if
	1321	Muhājirānī			
A	1328	Khū’ī	⑫	1331	Mīrzā ‘Alī Iṣfahānī
	1329	Tibyān al-Mulk		1336	I‘lā’ī
	1337	*Rūznāma*		1338	Mīr Sayyid Aḥmad
	1344	Mu’arrikh Gulistāna		1339	Munshīzāda

著者名の不明なものについては、書名をイタリックで記した。年号はヒジュラ暦であり、アタバート参詣のみを記述した著者名の後ろの丸数字は、以下の本文中で説明を取り上げたものである。治世略号は表1に同じ。

19世紀最初のアタバート参詣記である。著者不明であるが、イラン・イラクの各地で高官に接遇されていること、および「国王の関係者（mansūbān-i ū）」［*Rūznāma*: 45］と称されているため、おそらくはナーセロッディーン・シャーの近親者かもしくはガージャール宮廷の高官であろう。また、アゼリー・トルコ語を解し、タブリーズの地形に詳しいことから、タブリーズを中心とするアゼルバイジャン地方の出身者と考えられる。1272年ムハッラム月20日（1855年10月2日）にテヘランを出発し、カーズィマイン、サーマッラー、カルバラー、ナジャフの順に参詣し、同年ラジャブ月3日（1856年3月10日）にテヘランに帰京するまでを、日記形式で日を追って記述する。イラクでは、地域ごとの産物や税収をも調査している。また、イラン国王への賛美を多く含む内容からは、シャーに自身の旅行記が読まれることを想定して執筆していることが明らかである。著者の直筆本と考えられる唯一の写本（イラン国立図書館 No. 400F）に基づく校訂があるが、校訂者は会計数字用文字（siyāq）が読めないため、価格などの数字に関する部分は間違いが多く、利用に際しては注意が必要である。

② ʻAbd al-ʻAlī Khān Adīb al-Mulk Marāghaʼī, *Dalīl al-zāyirīn*（アディーボルモルク著、『参詣者たちの証拠』）

著者は、1243/1827–28年に Ḥājjī ʻAlī Khān Ḥājib al-Dawla の長男としてマラーゲで生まれる。幼少時にテヘランに連れられ、ナーセロッディーン・ミールザー（後のナーセロッディーン・シャー）の「学友（*ghulām bachchagān*）」として仕え、のち侍従（*pīsh-khidmat*）の身分となる。1258/1842–43年には、父の代理（*nāʼib*）としてカーシャーン統治に任命され、1261/1845年には皇太子ナーセロッディーン・ミールザーの侍従長（*pīsh-khidmat-bāshī*）となる。1270/1853–54年に「Adīb al-Mulk（王権の文士）」の称号を得る。常に父の補佐役として仕え、父のフーゼスターン勤務にも同行する。また、父が1281/1864–65年に司法長官（*vazīr-i ʻadlīya*）となったときには、司法長官補佐（*muʻāvin-i ʻadlīya*）の地位を得た。1285/1868–69年、ワクフ庁（Vizārat-i vaẓāyif va awqāf）長官に任じられ、1287/1870–71年にはゴム・サーヴェ地方の長官に任命される。その後、1302年ズー・アルヒッジャ月28日（1885年10月8日）に亡くなるまで、司法議会の議長を務めた。弟に、文人として著名な Muḥammad Ḥasan Khān Iʻtimād al-Salṭana がいる。アタバート参詣記のほかにも、1274/1858年にアゼルバイジャンへの調査旅行を記した旅行記 *Dāfiʻ-i ghurūr*（『不遜の撃退』）がある。

本書は1273/1857年、著者が28歳のときに執筆された。1273年ムハッラム月14日（1856年9月14日）の朝テヘランを出発し、アタバートの四聖地をカーズィマイン、サーマッラー、カルバラー、ナジャフの順に参詣した後、同年ジュマーダー・アルアーヒラ月27日（1857年2月22日）に帰京するまでの風景や出来事・感想を、韻文を織り交ぜながら記す。同行者は男性の友人のみで、女性はいない。初期のアタバート旅行記でもあるために、各地の建造物や風土の詳細な解説をはじめ、町の由来や逸話・奇跡譚などを数多紹介しているが、ときに散文・韻文としての技巧に走りやすく、抽象的な表現も多く見られる。「王権の文士」という称号からも明らかなように、文人・雅人としての才能をいかんなく発揮していると言えよう。一方で、幼少時からシャーの側近として仕え、要職を歴任していたことから、イラン国内の道中で通過する町や村落の長官の様子も詳細に記す。また、著者はガージャール朝の有力家系出身者であるため、イラクではオスマン朝高官やウラマーといった有力者らとの面会が多く、それらの対話が直接話法を用いてヴィヴィッドに、さらには家の中の描写や饗応された食事の内容まで述べるなど、非常に多くの情報を含むきわめてユニークな一書となっている。

③ ʻAlī Riżā Khān ʻAżud al-Mulk Qājār, *Rūznāma*（アゾドゥルモルク著、『日誌』）

ガージャール王家の一員であり、ナーセロッディーン・シャーの母方の叔父 Mūsā Khān の息子として1238/1822-23年に生まれた。モハンマド・シャーとナーセロッディーン・シャー治世初期には、皇子の学友（*ghulām-bachcha*）であり、1271/1854-55年には学友長（*ghulām-bachcha-bāshī*）となる。その後、ナーセロッディーン・シャーの侍従（*pīsh-khidmat*）となり、1285/1868-69年には「ʻAżud al-Mulk（王権の援助者）」の称号を得、シャーの印璽官（*muhrdār*）となる。シャーのアタバート旅行（1287/1870年）およびヨーロッパ旅行（1290/1873年、1295/1878年）にも同行した。1288/1871-72年、膳部長（*khwān-sālārī*）の位に就き、マーザンダラーン長官職をも与えられる。1292/1875-76年には、司法官（*vazīr-i dād-gustarī*）職を得、1304/1886-87年、司法長官（*ra'īs-i vazīr-i dād-gustarī*）に就任する。最終的には、アフマド・シャーの国王補佐（*nā'ib-i salṭanat*）の地位にまで昇進し、1328/1910年、テヘランで死去した。享年90歳［Bāmdād: II/435-442］。

ʻAżud al-Mulk は、1283年末（1867年）、サーマッラーのアスカライーン廟のドーム用に黄金の寄進レンガをテヘランから運搬し、カーズィマインに居住している当時の最有力ウラマー、Shaykh ʻAbd al-Ḥusayn Tihrānī に委託するよう、ナーセロッディーン・シャーから命令を受けてアタバートへ旅行する。彼は、400箱の寄進レンガを携え、300人近い役人を従えてアタバートへ向かうが、出発前に外務省（Vizārat-i khārija）から16条からなる訓令（*dastūr al-ʻamal*）を与えられている。カーズィマインに到着後、寄進レンガをテヘラーニーに委ねたのちは、カルバラー、ナジャフを参詣し、サーマッラーは最後に、そしてそのままバグダードには寄らずにイランに帰国した。'Ażud al-Mulk の旅行記は、王命による寄進レンガの運搬という任務を負った上での旅行であるため、ほかのアタバート参詣記とは、参詣の動機の面において性格が異なる。'Ażud al-Mulk 自身は、旅行記執筆の動機を、「見聞したことを国王陛下に上奏する」['Ażud: 17] ためと記しているが、彼の書は、出張旅行の報告書というだけでなく、この旅行記が献呈された3年後に、ナーセロッディーン・シャー自身がアタバートへ参詣していることから、おそらくはアタバートやイラクの事情を君主に知らせる、事前調査による現地査察の報告書としての役目も併せ持っていたと考えられる。本書は、町の様子や自然環境のみならず、イラクの政治・経済状況やオスマン朝高官らとの折衝など、政府高官としての視線による貴重な情報が豊富に含まれている。

④ Mīrzā Khānlar Khān I'tiṣām al-Mulk, *Rūznāma-yi safar-i 'Atabāt*（エーテサーモルモルク著、『アタバート旅行日記』）

1243/1827年ゴムに生まれる。父親はファトフ・アリー・シャー時代のムストウフィーであった。自身は、15歳のときに学問修得のためにエスファハーンに送られるが、3年後に父親が死去したためにゴムに戻り、数年後にゴムで書記官としての職を得た。しかし1270/1853-54年には、ゴムでの月額5トマンの俸給に飽き足らず、以後、ホラーサーン長官やアゼルバイジャン長官の下で働いた。1279/1862-63年には、上司が駐英国大使となったのをきっかけに外務省に入り、翌年初にロンドンへ派遣され、14ヶ月の滞在の後、テヘランに帰京した。その後、上司に付いてギーラーンに赴任することもあったが、1290/1873年には駐英副領事として二度目のロンドン滞在の機会をもった。1293-96/1876-1879年には、ガーエンの調査旅行に出かけ、この地の税収などについて報告書を残している [I'tiṣām: 73-321]。1315/1897-98年に死去するまで、外務省のイギリス部局長を勤めた [I'tiṣām: xi-xxx]。称号は、「I'tiṣām al-Mulk（王権の節制）」。

彼は1281/1865年にロンドン出張に関する報告を出した後、アタバート参詣を願い出ており、本書の序文には、ロンドン旅行の報告書のように、「幸多き今回の［アタバート］旅行の出来事が秘められることを望まず、また祈願の想起が消失しないように、本旅行についても簡潔に報告する」と記されている［I'tiṣām: 59］。本書は、ほかの旅行記のように日記形式ではなく、校訂本にしてもわずか13ページと、きわめて簡潔なアタバート参詣記であるが、その内容は外務官僚らしく、オスマン政府役人の対応やイラン政府の見られ方やあり方の模索など、真摯な姿勢が窺われる。一方であまりに簡潔なため、旅行の日程や同行者をはじめ、日々の出来事に関する詳細な情報は得られない。カルバラーやナジャフには長期にわたって滞在した。本書は、彼の帰国後、1285年ラジャブ月12日（1868年10月29日）にナーセロッディーン・シャーに献呈された。

⑤ Nāṣir al-Dīn Shāh Qājār, *Safarnāma-yi 'Atabāt*（ナーセロッディーン・シャー著、『アタバート旅行記』）

ガージャール朝第四代君主（在位：1264-1313/1848-1896）[7)]。旅行好きで知られ、君主自らも、旅行記を執筆している点が特徴である。アタバート参詣は、彼の生涯に何度も行われた旅行のなかで、初めてイラン国外に出たものであり[8)]、懸案のオスマン朝との関係史においても重要である。彼自身は非常に好奇心の強い人物であり、そのため彼の旅行記は、同行の人々を含め、人物描写にきわめて長けている。率直な感想が至るところで吐露されており、独特の雰囲気を醸し出している旅行記である。本書を扱った研究に、小牧 1991やNasiri: 151-157がある。

⑥ Muḥammad Rafī' Niẓām al-'Ulamā' Tabrīzī, *Safarnāma-yi Gharvī*（ニザーモルオラマー著、『ナジャフ旅行記』）

旅行の時期は、1288/1871年であるが、旅行記が石版本として出版されたのは1313/1895-96年であり、実に25年の開きがある。この人物には、1301/1883-84年に執筆された *Safarnāma-yi Rażavī*（『レザー廟旅行記』）というマシュハド参詣の書物も存在するが、筆者未見である。著者自身については、有力なタブリーズのシャイフル・イスラームであった Mīrzā 'Alī Aṣghar の息子であり、「Niẓām al-'Ulamā'（ウラマーの秩序）」という称号をもち、アゼルバイジャンの聡明な知識人、詩人という以外の情報はない。1327/1909年に、メッカ巡礼から帰国後、タブリーズで死去し、ゴムに埋葬された［Bāmdād: II/425, III/406］。本書は全体でも92（+3）ページと短く、簡潔で、詩を多数詠みこんでいる点が特徴である。

⑦ Muḥammad Mīrzā Muhandis Qājār, *Jughrāfiyā-yi ʻIrāq-i ʻArab va ʻAjam*（モハンデス著、『両イラク地理書』）

ナーセロッディーン・シャー期の測量技師・地理学者。生没年は不詳である。イラン国内外に関する多数の地理書がある。20年間にわたって王立理工科学校（Dār al-Funūn）の教師を務め、トルコ語・ペルシア語・アラビア語・ヨーロッパ諸語に通じ、数学・代数学などを修めた［*Vajīza*: 292］。その間およびその後、イラン国内外各地の測量に従事し、道路や町や橋の建設のための地図を作成し、また現地報告書となる地理書を多数執筆している9)。1292/1875-76年にメッカ巡礼を行ったが、その2年後にメディナの地理や建造物に関する一書を著している。

『両イラク地理書』は1302/1884-85年に執筆されたが、他の彼の著作同様、測量技師・地理学者という性格を反映して、町村の緯度・経度や規模など、専門的な地理的情報が主となっている。イランのマレク図書館にメモと思しき著者の自筆写本が残されており、地形や城壁の測量結果の覚え書や、きわめて初歩的な地図を含む。旅の様子などについてはまったく記されていないため、本書における史料的価値は低い。

⑧ Abū al-Ḥasan Khān Fakhr al-Mulk Ardalān, *Az ḥarīm tā ḥaram*（ファフロルモルク著、『聖域から聖地へ』）

クルディスターンの名家である Ardalān 家出身。1279/1862-63年にテヘランで生まれる。幼少時からナーセロッディーン・シャーの学友（*ghulām bachchagān*）となり、その後侍従（*pīsh-khidmat*）となる。ガージャール王家と姻戚関係にあり、ナーセロッディーン・シャーの姪を妻とする。1306-07/1889年には、シャーの三度目のヨーロッパ旅行に随行し、翌年「Fakhr al-Mulk（王権の誉れ）」の称号を与えられる。1312/1894-95年、アラブ・アジャム部隊長（*raʼīs-i fawj-i ʻArab va ʻAjam-i Basṭām*）となり、2年後にはハマダーン長官に、さらに1316/1898-99年にはアラーク（イラーケ・アジャム）長官に任じられる。1320/1903年にはモザッファロッディーン・シャーの訪欧に参加し、翌1321/1903-04年には通商大臣（*vazīr-i tijārat*）となるが、一年で罷免され、もとの役職に戻る。1345/1927年、テヘランで死去。享年66歳［Bāmdād: I/32-33］。

1304/1886-87年、25歳のときにアタバートへ旅行する。本旅行記はナーセロッディーン・シャーの要請で執筆されており、シャーの著した旅行記（前出⑤）に範をとっている。シャーに読まれることを前提としているため、文中ではシャーへの賛辞や追従とも取れるような文が非常に多く見られる[10)]。トルコ語は解さなかったが、母語であろうクルド語および欧州旅行の際に習得した英語の素養があった。またアラビア語も若干は理解できたようである。カーズィマイン、カルバラー、ナジャフ、サーマッラーの順で聖地をめぐり、同行者は友人・家族を含む25人で、比較的大所帯である。本書の特徴は、道中見聞したことを詳細に記している点である。アタバート参詣旅行時には、若くはあるが、イラン国王の側近であるため、各地で厚遇された。また、狩猟が趣味であったようで、獲物の種類や狩猟の方法（銃によるものや猟犬狩り）などについて詳しく、人物描写においても独特の切り口で伝えている。

⑨ Muḥammad ʻAlī Khān Sadīd al-Salṭana Mīnābī, *al-Tadqīq fī sayr al-ṭarīq*（サディードッサルタネ著、『道程の精査』）

1291/1874年にバグダードで生まれる。ペルシア湾岸の名家の出身であり、父親は、ナーセロッディーン・シャー時代にブーシェフル長官を務めている。後述のテヘラン旅行の後、ブーシェフルではなくバンダレ・アッバースに居を定め、この地で官僚として勤めた。旅行家であり、本書以外にも、ブーシェフルやバンダレ・アッバースの有力者についての書物など、多くの書を著した。1363/1944年にバンダレ・アッバースで死去した［Sadīd: (xxv-xxix)］。

Sadīd al-Salṭanaは、1314年ラビー・アルアッワル月（1896年８月）にレザー廟参詣を決意し、当時混乱していたブーシェフルを出発し、一旦テヘランに向かってから、翌年のサファル月にマシュハドへ向けて旅立った。１ヶ月のマシュハド滞在後、テヘランに戻り、５ヶ月近くテヘランに留まった。そして、1316年ムハッラム月18日（1898年６月８日）にテヘランを出発し、アタバート経由で同年ラビー・アッサーニー月（1898年９月）にバンダレ・アッバースに移る。彼のアタバート参詣は、故郷であるペルシア湾からの２年間にわたるテヘラン・マシュハド・イラク旅行の一環を成しており、アタバート参詣のみを目的としたほかの旅行記とは趣を異にするが、アタバート旅行の部分は独立した記述となっている。きわめて簡潔な文体の日記形式である。宿泊したそれぞれの町や村落の情報が豊富であり、キャラバンサライやイマームザーデなどの建造物や墓標の碑文についても旅行記中に多数引用している。また、物価や経費などに関して、とくに細かい情報を提供する。サーマッラーを参詣せず、帰路は海路を利用している点が異色である。

⑩ ʻAlī Akbar Mishkāt al-Sulṭān, *Mishkāt al-Musāfirīn*（ミシュカートッソルターン著、『旅人たちの壁龕』）

著者についての情報はほとんどなく、どのような人物であったかは不明である。ただ、アゼルバイジャンの文人・詩人・能書家として知られ、「Humā（ホマー鳥）」や「Mishkāt（壁龕）」という雅号を用いた。1350/1931-32年に、61歳でタブリーズで亡くなった［Mishkāt: 14］。

本書は、1317年ジュマーダー・アルウーラー月10日（1899年９月16日）にタブリーズを出発し、同年ズー・アルヒッジャ月に帰郷するまでを日記形式で記す。数少ないテヘラン以外からの旅行記であり、アゼルバイジャン地方の貴重な情報を含む。建造物に関する記述が豊富な点が特徴として挙げられる。末尾にはカルバラーからタブリーズまでの行程表を載せており、有益である。28歳のときの旅行であった。

⑪ ʻAlī Nāʾīnī Ṣafā al-Salṭana, *Safarnāma-yi Karbalā-yi Muʻallā*（サファーッサルタネ著、『気高きカルバラー旅行記』）

1318/1900年に執筆される。著者 Mīrzā ʻAlī Khān は、翻訳官 Ḥājjī Mīrzā Muḥammad Nāʾīnī の息子で、外務省（Vizārat-i umūr-i khārija）の役人であった。1318年ラジャブ月５日（1900年10月29日）に息子[11]たちとともに、カルバラー領事（*kārpardāz*）となるためにアタバートへ向かう。齢72歳。テヘラン出発から、シャーバーン月15日（12月８日）にバグダード近郊に到着するまでを日記形式で記し、カルバラー駐在官となることの交渉の部分で終わっている。同書は、アタバートそのものの描写はなく、利用は旅中部分のみとなる。

⑫ Abū al-Qāsim Amīn al-Shar‘ Khū'ī, *Safarnāma-yi ‘Atabāt*（アミーノッシャルー著、『アタバート旅行記』）

1277/1860-61年、ナジャフで生まれる。ホイの礼拝導師（*imām-i jum‘a*）を代々つとめた家系の出であり、3歳のときに両親とともにホイに移住した。1301/1884年に学問習得のためにナジャフに移り、10年間修養し、1311/1893-94年再びホイに戻るも、立憲革命期の混乱のために、1328/1910年にアタバート参詣を理由にホイを離れる。帰路は、一旦テヘランに立ち寄ってから、アゼルバイジャンに帰郷した。彼の旅行記は、日記形式ではなく、滞在した町ごとの記述となっている。著書に、神秘主義詩人の註釈書や回想録、詩集があるとされる［Khū'ī: 489-490］。当該旅行は、ナジャフで暮らした経験からか、「参詣」という情熱よりも「亡命」という側面が強く、ひとりでアタバートに向かう点は、他の旅行記とは大きく異なる。

以上の旅行記が、19世紀の主なアタバートへの旅行記として確認される。このなかでさらに主要なものについては、次節にそれぞれの著者の旅程表を挙げ、また本書第3章にて、表形式でまとめている（表3-1参照）。

3．『アタバート参詣記』の特徴

ペルシア語参詣記史料の特徴として、以下の点を指摘しておきたい。まず、「巡礼旅行記」と題されるジャンルの旅行記であっても、ガージャール朝期の他の旅行記史料同様、出発から帰郷まで日を追って記述する日記形式が主流であるということである。そのため、「○月△日、◇に到着」というように、出発と到着の時間、移動距離、地理的状況、旅の手段・方法、食事や休息、物価や運賃、諸経費、宿の状況、街の様子（人口、特産品）、土地の為政者や有力者の様子、景観、遺跡や建造物など、道中の出来事が主な内容となっている。また、旅行記という性格上、初めて見聞するものの目新しさに重点が置かれるため、長期滞在の場合においては、日々の出来事は細かく記されない。同様に、一般的に帰路の状況についてはほとんど触れられることがなく、いつどこに宿泊したか、という基本事項についてのみ記す、きわめて簡潔な記述に終始している場合が多い。

加えてガージャール朝時代とはいえ、旅行記が存在しているのは1272/1856年から1328/1910年の半世紀以上に跨っており、年代に開きがあることにも注意が必要である。19世紀に関して言うと、先に見たように、アタバート参詣記はすべて同世紀後半に集中しており、前半においては現在のところ確認されていない。現存する旅行記の分布状況からアタバート参詣の盛衰を論じるのは飛躍する部分もあるが、ほかの旅行記文献の分布状況、およびオスマン朝との関係が不安定であった当時の社会状況等と照らし合わせてみると、イラン社会のなかでのアタバート参詣は、19世紀後半をひとつの頂点として隆盛を迎えていたことを、これらの史料の現存状況は示している。

その一方で、ペルシア語旅行記史料の最大の特徴として、著者の略歴からも明らかなように、旅行記を書き残している彼らのほとんどが君主の側近や高官といった特権階級であることは注意しておきたい。君主や高位高官が旅行をし、その行為を書き留めることができたというのは、政治状況や社会状況の改善を示唆するが、史料的な価値から見ると、社会階層上の偏りは否めず、彼らの著作のみに基づいて、当時の旅行を一般化することは慎むべきであろう。

本書での主要史料となるペルシア語の『アタバート参詣記』は、上に述べたような史料的制約も持ち合わせてはいるものの、これまでほとんど利用されたことがなく、かつイラン人のアタバート参詣を扱う際には最重要な一次史料であることは言うまでもない。ペルシア語参詣記史料は、当時のアタバート参詣の実態を明らかにする格好の素材として、その意義が問い直されてしかるべきである。

注

1）ガージャール朝時代の旅行記は、写本の数が少なく、なかには19世紀当時すでに石版本として出版されたものもあるが、多くは著者の直筆本と見られる写本のみが現存している状況である。しかし近年イランでは、その多くが校訂・出版されている［守川 2000: 表ⅠⅡⅢの注を参照のこと］。欧米人のイラン旅行記などに基づいた研究に比べ、イラン人のペルシア語旅行記史料を扱った研究がきわめて少ないことは、守川前掲論文で指摘した。しかし、ペルシア語旅行記の中でも、『メッカ巡礼記』に関しては、数点の旅行記を紹介した Fragner 1979: 20–24、Farāhānī の著作を中心とした坂本氏の一連の研究（坂本：1982, 1992, 2000)、およびイラン人のメッカ巡礼を様々な観点から包括的に扱ったJa'fariyān 1379sの研究がある。また、イラン人のアタバート参詣に関しては、小牧 1991が1870年のナーセロッディーン・シャーの参詣記から、参詣旅行の様子を詳しく紹介している。

ところで、守川前掲論文発表後、Īraj Afshār 氏より、1998年に出版されたペルシア語旅行記に関する論文をご教示いただいた。氏の論考は、立憲革命までのペルシア語旅行記を対象としており、ガージャール朝時代のものについては、目的地ごとに分けて考察している。また、旅行記の分類は筆者の三分類よりも細かく、参詣（ziyāratī)、周遊（siyāḥatī)、官命（ma'mūrīyat-i dawlatī)、狩猟・遊山（shikār va tafarruj)、修学（taḥṣīl-i 'ilmī)、捕虜・追放（isārat va tab'īd-i siyāsī）となっているが、どの旅行記がどの分類に属すのか、といった点までは明らかにされていない。旅行記全般に関する見解は、筆者もAfshār氏もほぼ同様であり［守川前掲論文：47-48; Afshār: 50-51］、論考末尾の旅行記情報など構成においても似通った部分はある。筆者の浅学を恥じつつも、拙稿は、ガージャール朝期の旅行記すべてを網羅し、分類・提示した点にこそその意義がある。

2）ガージャール朝期のイラン人による『メッカ巡礼記』については、十数点の旅行記の紹介を含めたJa'fariyān 1379s: 174-179が最も詳細である。

3）守川前掲論文の表に修正を施している。

4）この17点は、上述の『メッカ巡礼記』中に換算されている。

5）著者不明の『ジャバル街道の死の矢（*Tīr-i Ajal*)』という書物は、イラン人参詣者に対して、どのルートが最も安全であるか、という最新の情報を提供するという側面を有している。このような点にこそ、「巡礼旅行記」の著者たちが、自らの旅の様子を記した最大の動機があると考えられると同時に、旅行記史料が彼らの後に参詣をしようとする人々への指南書となっていた、という点を見ることができる。

6）Amīn: 248; Ẓahīr: 233-234。この点については、『メッカ巡礼記』を扱ったJa'fariyān 1379s: 176も述べている。

7）ナーセロッディーン・シャーの事績については、Amanat 1997, Yarshater 1983などを参照されたい。

8）ナーセロッディーン・シャーの旅行と旅行記については、守川前掲論文：47を参照のこと。

9）現在確認し得る彼の著作については、守川前掲論文：注14を参照のこと。

10）I'timād al-Salṭana によると、Fakhr al-Mulk はナーセロッディーン・シャーに対して事あるごとに追従していたという。このような追従や賄賂によって、Fakhr al-Mulk は地位を上げていったようであるが、一方でシャーのヨーロッパ旅行の際には、帰国せずヨーロッパに長逗留をし、シャーに無断で政務をつかさどるなど、シャーの怒りを買うこともあった。しかし、シャーの最後の旅行記となった『イラーケ・アジャム旅行記』（1309-10/1892年）は、Fakhr al-Mulk が代筆したと伝えられている［Ẓill: 324］。

11）息子はその後、父の称号である「Ṣafā al-Salṭana」を受け継ぎ、1319/1901-02年から外務省に勤務し、1332/1913-14年にはナジャフ領事となっている［Sulaymānī 1379s: 100］。

主要ペルシア語旅行記著者旅程表[1)]

1. *Rūznāma*

1272年ムハッラム月20日～ラジャブ月３日
（1855年10月２日～1856年３月10日）

	Tihrān		Kāẓimayn	29	Najaf	23	?
I / 20	Ribāṭ-i Karīm		Kāẓimayn	30	Najaf	(24)	Ya‘qūbīya
	Khānīābād		Kāẓimayn	IV/ 1	Najaf	(25)	Shahravān
	Kūshkak		?	2	Kūfa	(26)	Qizil Ribāṭ
	Chamrān		Dujayl	3	Najaf	(27)	Khānaqīn
	Durūzān		Khān Najjār	4	Najaf	(28)	Qaṣr-i Shīrīn
	Zara		Sāmarra	5	Najaf	(29)	Pul-i Ẕuhāb
	Sarāy		Sāmarra	6	Najaf	(30)	Miyān-i Ṭāq
	Ribāṭ		Sāmarra	7	?	(VI/ 1)	Kirind
28	Hamadān		Sāmarra	8	?	(2)	Hārūnābād
29	Hamadān		?	9	Karbalā	(3)	Hārūnābād
30	Hamadān		Kāẓimayn	10	Karbalā	(4)	Māhīdasht
II / 1	Asadābād		Kāẓimayn	11	Karbalā	(5)	Kirmānshāhān
(2)	Kangāvar		Kāẓimayn	12	Karbalā	(6)	Kirmānshāhān
(3)	Ṣaḥna		?	13	Karbalā	(7)	Kirmānshāhān
(4)	Bīsutūn		?	14	Karbalā	(8)	Kirmānshāhān
(5)	Kirmānshāhān	III / 9	Karbalā	15	Karbalā	(9)	Siyāh Bīd
(6)	Kirmānshāhān	10	Karbalā	16	Karbalā	(10)	Sardār-i Kull
(7)	Kirmānshāhān	11	Karbalā	17	Karbalā	(11)	Kangāvar
(8)	Kirmānshāhān	12	Karbalā	18	Karbalā	12	Asadābād
(9)	Kirmānshāhān	13	?	19	Karbalā	(13)	Hamadān
	Māhīdasht	14	Kūfa	20	Karbalā		Ḥayrān
	Hārūnābād	15	Najaf	21	Karbalā		Nūrān
	Kirind	16	Najaf	22	Karbalā		Dīrmīn
	Miyān-i Ṭāq	17	Najaf	V / ?	?		Āshtiyān
	Pul-i Ẕuhāb	18	Najaf		Najaf		Qara Āmira
	Qaṣr-i Shīrīn	19	Najaf		Najaf		Jahrūd
	Khānaqīn	20	Najaf		Najaf		Tāj Khātūn
	Khānaqīn	21	Najaf		?		Qum
	Khānaqīn	22	Najaf		Karbalā		Ḥawż-i Sulṭān
	Khānaqīn	23	Najaf	17	Musayyib		Kinār-i Kurd
	Khānaqīn	24	Najaf	18	?		‘Abd al-‘Aẓīm
	Qizil Ribāṭ	25	Najaf	19	Kāẓimayn		‘Abd al-‘Aẓīm
	Shahrabān	26	Najaf	20	Baghdād	VII/ 3	Ṭihrān
	Ya‘qūbīya	27	Najaf	21	Madā’in		
	(Urta Khān)	28	Najaf	22	Kāẓimayn		

2．Adīb al-Mulk

1273年ムハッラム月14日～ジュマーダー・アルアーヒラ月27日
（1856年 9 月14日～1857年 2 月22日）

Tihrān
I / 14 Naṣīrābād
16 Ribāṭ-i Karīm
(17) Khānābād
(18) Kūshak
(19) Chamram
(20) Nawbarān
(21) Zara/Qushja
(22) Hamadān
(23) Asadābād
(24) Kangāvar
(25) Ṣaḥna
(26) Bīsutūn
(27) Kirmānshāhān
(28) Kirmānshāhān
(29) Kirmānshāhān
30 Māhīdasht
II / 1 Hārūnābād
2 Kirind
3 Kirind
4 Kirind
5 Kirind
6 Kirind
7 Kirind
8 Kirind
9 Kirind
10 Kirind
11 Kirind
12 Kirind
13 Kirind
14 Kirind
15 Kirind
(16) Miyān-i Ṭāq
(17) Pul-i Ẕuhāb
(18) Qaṣr-i Shīrīn
(19) Khānaqīn
(20) Khānaqīn
(21) Khānaqīn
(22) Khānaqīn
(23) Qizil Ribāṭ
(24) Shahravān
(25) Ya'qūbīya
(26) Ribāṭ-i Banī Sā'ida
27 Baghdād
(28) Baghdād ?
(29) Kāẓimayn ?
III / 1 Kāẓimayn
2 Kāẓimayn
3 Kāẓimayn
4 Kāẓimayn
5 Kāẓimayn
6 Kāẓimayn
7 Baghdād
8 Ribāṭ-i Jadīda
9 Yankīja
10 Khān Najjār
11 Surra man rā'
12 Surra man rā'
13 Surra man rā'
14 Surra man rā'
15 Surra man rā'
16 Surra man rā'
17 Khān Najjār
18 Yankīja
19 Ribāṭ-i Jadīda
20 Kāẓimayn
(21) Kāẓimayn
(22) Kāẓimayn
(23) Kāẓimayn
(24) Kāẓimayn
(25) Kāẓimayn
(26) Madā'in
(27) Madā'in
(28) Kāẓimayn
(29) Kāẓimayn
(30) Kāẓimayn
IV / 1 Kāẓimayn
2 Kāẓimayn
3 Khānazād
4 Muṣayyib
5 Karbalā
6 Karbalā
7 Karbalā
8 Karbalā
9 Karbalā
10 Karbalā
11 Karbalā
12 Karbalā
13 Karbalā
14 Karbalā
15 Karbalā
16 Karbalā
(17) Kūfa
(18) Najaf
19 Najaf
20 Najaf
21 Najaf
22 Najaf
23 Najaf
24 Najaf
25 Najaf
26 Najaf
27 Najaf
28 Najaf
29 Najaf
V / 1 Kūfa
2 Kūfa
3 Kūfa
4 Ubayna
5 Tavīraj
6 Karbalā
7 Karbalā
8 Karbalā
9 Karbalā
10 Karbalā
11 Karbalā
12 Karbalā
13 Karbalā
14 Khānazād
15 Kāẓimayn
16 Kāẓimayn
17 Kāẓimayn
18 Kāẓimayn
19 Kāẓimayn
20 Baghdād
21 Baghdād
22 Baghdād
(23) Miyān
(24) Ya'qūbīya
(25) Shahravān
(26) Qizil Ribāṭ
(27) Khānaqīn
(28) Qaṣr-i Shīrīn
(29) Ẕuhāb
(30) Miyān-i Ṭāq
(VI /1) Kirind
(2) Harūnābād
(3) Māhīdasht
4 Kirmānshāhān
5 Kirmānshāhān
6 Kirmānshāhān
7 Kirmānshāhān
8 Kirmānshāhān
9 Kirmānshāhān
10 Kirmānshāhān
11 Bīsutūn
12 Ṣaḥna
13 Kangāvar
14 Farisfaj
15 Ḥamīdābād
16 Nanaj
17 Dīzābād
18 Sārūq
19 Siyāvashān
20 Jahrūd
21 Tāj-i Khātūn
22 Qum
23 Qum
24 Pul-i Dalāk
25 Ḥawż-i Sulṭān
26 Kinār-i Gird
27 Ṭihrān

3．‘Ażud al-Mulk

1283年ズー・アルカーダ月12日～1284年ジュマーダー・アルウーラー月７日
（1867年３月18日～1867年９月６日）

XI/12 Tihrān
13 ‘Abd al-‘Aẓīm
14 ‘Abd al-‘Aẓīm
15 Kinār-i Kird
16 Ḥawż-i Sulṭān
17 Qum
18 Qum
19 Qum
20 Tāj-i Khātūn
21 Jahrūd
22 Siyāvashān
23 Āhangarān
24 Sārūq
25 Sārūq
26 Dīzābād
27 Dawlatābād
28 Dawlatābād
29 Farisba
30 Kangāvar
XII/ 1 Ṣaḥna
2 Bīsutūn
3 Kirmānshāhān
4 Kirmānshāhān
5 Kirmānshāhān
6 Kirmānshāhān
7 Māhīdasht
8 Hārūnābād
9 Kirind
10 Kirind
11 Pāy-i Ṭāq
12 Pul-i Ẕuhāb
13 Pul-i Ẕuhāb
14 Pul-i Ẕuhāb
15 Pul-i Ẕuhāb
16 Pul-i Ẕuhāb
17 Pul-i Ẕuhāb
18 Pul-i Ẕuhāb
19 Pul-i Ẕuhāb
20 Buzmīrābād
21 Buzmīrābād
22 Buzmīrābād
23 Buzmīrābād
24 Buzmīrābād
25 Buzmīrābād
26 Buzmīrābād
27 Buzmīrābād
28 Buzmīrābād
29 Buzmīrābād
I / 1 Buzmīrābād
2 Ẕuhāb
3 Qaṣr-i Shīrīn
4 Qaṣr-i Shīrīn
5 Khānaqīn
6 Khānaqīn
7 Ghizil Ribāṭ
8 Ghizil Ribāṭ
9 Shahravān
10 Shahravān
11 Ba‘qūba
12 Ba‘qūba
13 Ba‘qūba
14 Khān Banī Sa‘d
15 Kāẓimayn
16 Kāẓimayn
17 Kāẓimayn
18 Kāẓimayn
19 Kāẓimayn
20 Kāẓimayn
21 Kāẓimayn
22 Khān Mīrzā Hādī
23 Khān Qachī
24 Musayyib
25 Karbalā
26 Karbalā
27 Karbalā
28 Khān Shūr
29 Najaf
II / 1 Najaf
2 Najaf
3 Najaf
4 Najaf
5 Najaf
6 Najaf
7 Najaf
8 Khān Shūr
9 （Karbalā）
10 Karbalā
11 Karbalā
12 Karbalā
13 Karbalā
14 Karbalā
15 Karbalā
16 Karbalā
17 Karbalā
18 Karbalā
19 Karbalā
20 Karbalā
21 Karbalā
22 Karbalā
23 Karbalā
24 Karbalā
25 Karbalā
26 Karbalā
27 Karbalā
28 Karbalā
29 Karbalā
30 Karbalā
III / 1 Karbalā
2 （Karbalā）
3 Musayyib
4 Musayyib
5 Musayyib
6 Musayyib
7 Musayyib
8 Musayyib
9 Musayyib
10 Musayyib
11 Musayyib
12 Musayyib
13 Musayyib
14 Musayyib
15 Musayyib
16 Musayyib
17 Khān Mazrāqchī
18 Kāẓimayn
19 Kāẓimayn
20 Kāẓimayn
21 Kāẓimayn
22 Kāẓimayn
23 Kāẓimayn
24 Kāẓimayn
25 Qāzānīya
26 ?
27 （Khān Najjār）
28 Surra man rā’
29 Surra man rā’
IV/ 1 Surra man rā’
2 Khān Najjār
3 Qāzānīya
4 Ba‘qūba
5 Shahravān
6 Ghizil Ribāṭ
7 Khānaqīn
8 Qaṣr-i Shīrīn
9 Pāy-i Ṭāq
10 Kirind
11 Hārūnābād
12 Māhīdasht
13 Kirmānshāhān
14 Kirmānshāhān
15 Kirmānshāhān
16 Kirmānshāhān
17 Kirmānshāhān
18 Bīsutūn
19 Bīsutūn
20 Bīsutūn
21 Ṣaḥna
22 Kangāvar
23 Asadābād
24 Hamadān
25 Hamadān
26 Āq Bulāgh
27 Kabūtar Āhang
28 Pushtjīn
29 Āvaj
30 Kalangī
V / 1 Alaksī
2 Alasang
3 Rishta
4 Bīd Kīna
5 Aṣīlābād
6 Aṣīlābād
7 dargāh

4. Nāṣir al-Dīn Shāh

1287年ジュマーダー・アルアーヒラ月19日～ズー・アルヒッジャ月1日
(1870年9月16日～1871年2月22日)

VI/19 Shamīrān
20 Dawshān Tappa
21 Dawshān Tappa
22 Dawshān Tappa
23 Dawshān Tappa
24 Dawshān Tappa
25 Chashma-yi ʻAlī
26 Chashma-yi ʻAlī
27 Chashma-yi ʻAlī
28 Qāsimābād
29 Ribāṭ-i Karīm
VII/1 Raḥīmābād
2 Shāhābād
3 ʻAbdalābād
4 ʻAbdalābād
5 Shāhsavan
6 Nawbarān
7 ?
8 Qarādāy Qalāba
9 Qūshaja
10 Buyūkābād
11 Buyūkābād
12 Surkhābād
13 Hamadān
14 Hamadān
15 Hamadān
16 Hamadān
17 Hamadān
18 Zāgha
19 Asadābād
20 Asadābād
21 Kangāvar
22 Kangāvar
23 Ṣaḥna
24 Ṣaḥna
25 Burnāj
26 Burnāj
27 Burnāj
28 Bīsutūn
29 Ḥājjīābād
30 ʻImādīya
VIII/1 ʻImādīya
2 ʻImādīya
3 ʻImādīya
4 ʻImādīya
5 ʻImādīya
6 ʻImādīya
7 ʻImādīya
8 ʻImādīya
9 Māhīdasht
10 Hārūnābād
11 Hārūnābād
12 Kirind
13 Kirind
14 Kirind
15 Pā-yi Ṭāq
16 Pul-i Ẕuhāb
17 Pul-i Ẕuhāb
18 Qaṣr-i Shīrīn
19 Qaṣr-i Shīrīn
20 Qaṣr-i Shīrīn
21 Khānaqīn
22 Khānaqīn
23 Qizil Ribāṭ
24 Shahravān
25 Yaʻqūbīya
26 Yaʻqūbīya
27 Ūrṭa Khvān
28 Baghdād
29 Baghdād
IX/1 Baghdād
2 Baghdād
3 Baghdād
4 Kāẓimayn
5 Khvān Ḥurr
6 Musayyib
7 Musayyib
8 Karbalā
9 Karbalā
10 Karbalā
11 Karbalā
12 Karbalā
13 Khvān Shūr
14 Najaf
15 Najaf
16 Najaf
17 Najaf
18 Najaf
19 Khvān Shūr
20 Karbalā
21 Karbalā
22 Karbalā
23 Karbalā
24 Musayyib
25 Musayyib
26 Baghdād
27 Baghdād
28 Madāʼin
29 Baghdād
30 Baghdād
X/1 Baghdād
2 Jadīda
3 Khvān Qāzānīya
4 Khvān Najjār
5 Surra man rāʼ
6 Surra man rāʼ
7 Surra man rāʼ
8 Khvān Najjār
9 Qāzānīya
10 Yaʻqūbīya
11 ?
12 Shahravān
13 Shahravān
14 Qizil Ribāṭ
15 Khānaqīn
16 Khānaqīn
17 Qaṣr-i Shīrīn
18 Pul-i Ẕuhāb
19 Pā-yi Ṭāq
20 Pā-yi Ṭāq
21 Kirind
22 Kirind
23 Hārūnābād
24 Māhīdasht
25 Māhīdasht
26 Kirmānshāhān
27 Kirmānshāhān
28 Kirmānshāhān
29 Kirmānshāhān
XI/1 Kirmānshāhān
2 Bīsutūn
3 Ṣaḥna
4 Kangāvar
5 Valāshjird
6 Farisfaj
7 Farisfaj
8 Ḥamīlābād
9 Ḥusaynābād
10 Dawlatābād
11 Dawlatābād
12 Qarya-yi Parī
13 Far va Ḥiṣār
14 Namak Kūr
15 Sulṭānābād
16 Sulṭānābād
17 Sulṭānābād
18 Muṣliḥābād
19 Āshtiyān
20 Āshtiyān
21 Dastjird
22 Qum
23 Qum
24 Qum
25 Pul-i Dalāk
26 Ḥawż-i Sulṭān
27 Kināragird
28 ʻAbd al-ʻAẓīm
29 ʻAbd al-ʻAẓīm
XII/1 Tihrān

5．Fakhr al-Mulk

1304年ムハッラム月15日～ラジャブ月22日
（1886年10月14日～1887年４月16日）

Tihrān
I / 15 ʻAbd al-ʻAẓīm
16 Ḥasanābād
17 ʻAlīābād
18 Manẓarīya
19 Qum
20 Qum
21 Tāj-i Khātūn
22 Jahrūd
23 Siyāvashān
24 Sārūq
25 Bulūk-i Sharrā
26 Nanaj
27 Jamīlān
28 Farisfaj
29 Kangāvar
II / 1 Ṣaḥna
2 Bīsutūn
3 Kirmānshāhān
4 Kirmānshāhān
5 Māhīdasht
6 Hārūnābād
7 Kirind
8 Pā Ṭāq
9 Sar-i Pul-i Ẕuhāb
10 Qaṣr-i Shīrīn
11 Khānaqīn
12 Qizil Ribāṭ
13 Shahravān
14 Yaʻqūbīya
15 Urta Khān
16 Kāẓimayn
17 Maḥmūdīya
18 Musayyib
19 Karbalā
20 Karbalā
21 Karbalā
22 Karbalā
23 Karbalā
24 Karbalā
25 Karbalā
26 Karbalā
27 Karbalā
28 Karbalā
29 Karbalā
30 Karbalā
III / 1 Karbalā
2 Karbalā
3 Karbalā
4 Karbalā
5 Karbalā
6 Karbalā
7 Karbalā
8 Karbalā
9 Khān Shūr
10 Najaf
11 Najaf
12 Najaf
13 Najaf
14 Najaf
15 Najaf
16 Najaf
17 Najaf
18 Najaf
19 ?
20 Karbalā
21 Karbalā
22 Karbalā
23 Karbalā
24 Karbalā
25 Musayyib
26 Maḥmūdīya
27 Kāẓimayn
28 Kāẓimayn
29 Kāẓimayn
IV / 1 Kāẓimayn
2 Mushāhida
3 Balad
4 Qādisīya
5 Qādisīya
6 Qādisīya
7 Balad
8 Mushāhida
9 Kāẓimayn
10 Kāẓimayn
11 Kāẓimayn
12 Kāẓimayn
13 Kāẓimayn
14 Kāẓimayn
15 Urta Khān
16 Yaʻqūbīya
17 Shahravān
18 Qizil Ribāṭ
19 Qizil Ribāṭ
20 Khānaqīn
21 Qaṣr-i Shīrīn
22 Pul-i Ẕuhāb
23 Miyān-i Ṭāq
24 Kirind
25 Khusrawābād
26 Hārūnābād
27 Ḥasanābād
28 Māhīdasht
29 Kirmānshāhān
V / 1 Kirmānshāhān
2 Kirmānshāhān
3 Kirmānshāhān
4 Kirmānshāhān
5 Kirmānshāhān
6 Qāqīlstān
7 Ẓulmābād
8 Ẓulmābād
9 Ẓulmābād
10 Qayṣvand
11 Qayṣvand
12 Zarrīn Jaw
13 Zarrīn Jaw
14 Zarrīn Jaw
15 Zarrīn Jaw
16 Zarrīn Jaw
17 Bakhla
18 Lāyin
19 Āsāvala
20 Āsāvala
21 Sarbanā
22 Qafī Sulaymān
23 Daraka
24 Kazīra
25 Sanandaj
(～VII/4)

VII / 4 Ṣalavātābād
5 Gurgābād
6 Surāb-i Qaḥṭ
7 Saykanābād
8 Mayham
9 Mayham
10 Mayham
11 Hama Kas
12 Hamadān
13 Kūrī Jān
14 Kūrī Jān
15 Sarābayk
16 Qarāday
17 Nawbarān
18 Chambarīn
19 Kūshkak
20 Khānābād
21 Ribāṭ-i Karīm
22 Tihrān

6. Sadīd al-Salṭana

1316年ムハッラム月18日～ラビー・アッサーニー月24日
(1898年6月8日～1898年9月11日)

Mashhad
Ribāṭ-i Ṭuruq
Sharīfābād
Qadamgāh
Nīshābūr
Shūrāb
Za'farānīya
Sabzavār
Rībad
Ṣadkhard
Mazīnān
'Abbāsābād
Ribāṭ-i Miyāndasht
Mayāmī
Shāhrūd
Dih-i Mullā
Dāmghān
Amīrābād
Āhuvān
Simnān
Lāsjird
Dih-i Namak
Qushlāq
Īvān-i Kayf
Sharīfābād
Ṭihrān

Ṭihrān
I / 17 'Abd al-'Aẓīm
18 Ḥasanābād
19 'Alīābād
20 Manẓarīya
21 Qum
22 Qum
23 Qum
24 Tāj-i Khātūn
25 Jīrūd
26 Siyāvashān
27 Sārūq
28 Dīzābād
29 Qazān
30 Ḥamīlābād
II / 1 Farisfaj
2 Kangāvar
3 Ṣaḥna
4 Bīsutūn
5 Kirmānshāh
6 Kirmānshāh
7 Kirmānshāh
8 Māhīdasht
9 Hārūnābād
10 Kirind
11 Pā'īn Ṭāq
12 Pul-i Ẕuhāb
13 Qaṣr-i Shīrīn
14 Khānaqīn
15 Qizil Ribāṭ
16 Shahravān
17 Ya'qūbīya
18 Kāẓimayn
19 Kāẓimayn
20 Kāẓimayn

21 Maḥmūdīya
22 Musayyib
23 Karbalā
24 Karbalā
25 Karbalā
26 Karbalā
27 Karbalā
28 Najaf
29 Najaf
30 Najaf
III / 1 Najaf
2 Najaf
3 Najaf
4 Najaf
5 Najaf
6 Najaf
7 Najaf
8 Najaf
9 Najaf
10 Najaf
11 Najaf
12 Najaf
13 Najaf
14 Najaf
15 Najaf
16 Najaf
17 Najaf
18 Nukhayla
19 Karbalā
20 Karbalā
21 Karbalā
22 Karbalā
23 Musayyib
24 Kāẓimayn
25 Kāẓimayn

26 Kāẓimayn
27 Kāẓimayn
28 Kāẓimayn
29 Kāẓimayn
30 Kāẓimayn
IV/ 1 Kāẓimayn
2 Kāẓimayn
3 Kāẓimayn
4 Kāẓimayn
5 Kāẓimayn
6 Kāẓimayn
7 Kāẓimayn
8 Kāẓimayn
9 Kāẓimayn
10 Kāẓimayn
11 Kāẓimayn
12 Baghdād
13 (Bāb al-Sharqī)
14 (Madāin)
15 (Dijla)
16 ('Azīzīya)
17 (Kūt)
18 ('Alī al-Gharbī)
19 ('Amāra)
20 ('Azīr)
21 Baṣra
22 (Faw)
23 Būshahr
24 Būshahr
25 (Baḥrayn)
26 (Shaykh Shu'ayb)
27 Bandar-i 'Abbās

7. Mishkāt al-Sulṭān

1317年ジュマーダー・アルウーラー月10日～ズー・アルカーダ月29日
（1889年9月15日～1900年3月31日）

Tabrīz
V/10 Sard-rūd
11 Gāvgān
12 ‘Ajab-shīr
13 Bunāb
14 Laylān
15 Kishāvar
16 Ṣāyin Qal‘a
17 Sānjūd
18 Kūk Āqāch
19 Tīkān Tappa
20 Ja‘farābād
21 Qarābulāgh
22 Bījār
23 Khusrawābād
24 Sarāb
25 Sunqūr
26 Miyan-i Rayḥān
27 Bīsutūn
28 Kirmānshāh
29 Kirmānshāh
VI/1 Kirmānshāh
2 Mā’indasht
3 Hārūnābād
4 Kirind
5 Miyān-i Ṭāq
6 Sar-i Pul
7 Qaṣr-i Shīrīn
8 Khānaqīn
9 Qizil Ribāṭ
10 Shahravān
11 Ya‘qūbīya
12 Urta Khan
13 Kāẓimayn
14 Kāẓimayn
15 Kāẓimayn
16 Maḥmūdīya
17 Musayyib
18 Karbalā
19 Karbalā
20 Karbalā
21 Karbalā
22 Karbalā
23 Karbalā
24 Karbalā
25 Karbalā
26 Karbalā
27 Karbalā
28 Karbalā
29 Karbalā
VII/1 Karbalā
2 Karbalā
3 Karbalā
4 Karbalā
5 Karbalā
6 Karbalā
7 Karbalā
8 Karbalā
9 Karbalā
10 Karbalā
11 Karbalā
12 Karbalā
13 Karbalā
14 Karbalā
15 Karbalā
16 Karbalā
17 Karbalā
18 Karbalā
19 Karbalā
20 Khān Shūr
21 Najaf
22 Najaf
23 Najaf
24 Najaf
25 Najaf
26 Najaf
27 Najaf
28 （Kūfa）
29 Najaf
30 Najaf
VIII/1 Najaf
2 Najaf
3 Najaf
4 Najaf
5 Najaf
6 Najaf
7 Najaf
8 Najaf
9 Najaf
10 Najaf
11 Najaf
12 Khān Shūr
13 Karbalā
14 Karbalā
15 Karbalā
16 Karbalā
17 Karbalā
18 Karbalā
19 Karbalā
20 Karbalā
21 Karbalā
22 Karbalā
23 Karbalā
24 Karbalā
25 Karbalā
26 Karbalā
27 Karbalā
28 Karbalā
29 Karbalā
IX/1 Karbalā
2 Karbalā
3 Karbalā
4 Karbalā
5 Karbalā
6 Karbalā
7 Karbalā
8 Karbalā
9 Karbalā
10 Karbalā
11 Karbalā
12 Karbalā
13 Karbalā
14 Karbalā
15 Karbalā
16 Karbalā
17 Karbalā
18 Karbalā
19 Karbalā
20 Karbalā
21 Karbalā
22 Karbalā
23 Karbalā
24 Karbalā
25 Karbalā
26 Karbalā
27 Karbalā
28 Karbalā
29 Karbalā
X/1 Karbalā
2 Musayyib
3 Maḥmūdīya
4 Kāẓimayn
5 Kāẓimayn
6 Kāẓimayn
7 Kāẓimayn
8 Kh. Mushāhida
9 Balad
10 Sāmarrā
11 Sāmarrā
12 Balad
13 Kh. Mushāhida
14 Kāẓimayn
15 Kāẓimayn
16 Kāẓimayn
17 Urta Khān
18 Ya‘qūbīya
19 Kh. Khurshīd
20 Shahravān
21 Qizil Ribāṭ
22 Khānaqīn
23 Qaṣr-i Shīrīn
24 Qaṣr-i Shīrīn
25 Ẕuhāb
26 Miyān-i Ṭāq
27 Miyān-i Ṭāq
28 Kirind
29 Hārūnābād
XI/1 Mā’indasht
2 Kirmānshāh
3 Kirmānshāh
4 Kirmānshāh
5 Kirmānshāh
6 Kirmānshāh
7 Kirmānshāh
8 Bīsutūn
9 Gulcha Tappa
10 Sunqūr
11 Sunqūr
12 Kurd Kānlū
13 Sarāb
14 Khusrawābād
15 Bījār
16 Bījār
17 Qarābulāgh
18 Ja‘farābād
19 Tīkān Tappa
20 Kūk Āqāj
21 Sānjūd
22 Ṣāyin Qal‘a
23 Kishāvar
24 Laylān
25 Bunāb
26 Bunāb
27 Khāniyān
28 Gāvgān
29 Tabrīz

注

1）日付のローマ数字は、それぞれヒジュラ暦の月名に対応する。（　）内は推測のもの。地名は、著者の表記に従った。

Sadīd al-Salṭana の旅程表に関しては、参考までにマシュハドからテヘランまでの旅程を含めた。また、同表のバグダードからバンダレ・アッバースまでの地名に付した（　）は、船中泊のためである。

条約・外交文書翻訳

1. キャルダーン条約
2. 第一次エルズルム条約
3. 第二次エルズルム条約
4. 1854年文書
5. 1877年文書

1. キャルダーン条約[1)]

(1159/1746年)

<ナーディル・シャーとスルタン・マフムト・ハーン一世の間で、イラン大使ハサン・アリー・ハーンとバグダード州長官アフマド・パシャによって締結された条約>

序:両国家の国境画定
第1条:巡礼者に関して
第2条:互いの宮廷における両国家の役人の駐在
第3条:両国家の捕虜
付則:国境、信仰に関する規定、オスマン朝下のイラン人参詣者や臣民に関する規定、亡命者の拒否

総　則

スルタン・ムラト・ハーン四世の時代に生じた和解調停は、両国家において遵守され、上述の調停において定められた国境(ḥudūd va sunūr)は、如何なる損失や変更もなく、当時の規定のまま存続する。

約　款

今後、騒擾は眠りにつき、敵対の剣は鞘に収まるように。また、両者の威信に相応しく、両国家の関係の改善やその維持に適うことは、あらゆる状況

で実施せよ。また、憎悪を触発し、調停や和平に反するような事柄は、両者共に回避せよ。

第１条

バグダードやダマスクス（shām）を通って神聖なる神の館（bayt Allāh al-ḥarām）へ向かうイランの巡礼者（ḥujjāj-i Īrān）に関しては、その行路上にいる長官（vulāt）や統治者（ḥukkām）や巡礼団長（mīr al-ḥājj）らは、上述の者たちを各行程ごとに、安全かつ健全に送り届け、その者たちを保護し、[彼らの] 状況に配慮することを必要とみなす。

第２条

両国家の友好の確立と協調の増大のために、３年ごとに、イラン政府からオスマン政府へ１人、また、オスマン政府からイランへ１人、駐在する。上述の２人の経費は、両国家が負う。

第３条

両国家の捕虜は解放され、彼らの売買は認められない。また、故地に帰ろうとする者を妨げてはならない。

付　則

スルタン・ムラト・ハーンの時代にあった国境（ḥudūd va sunūrī）が確立され、国境の統治者らは、両国家の友好に反する行為を回避せよ。加えて、イランの民は、サファヴィー朝時代に生じていた不適切な状況を放棄し、[今や] 信仰の原則においてはスンナの民の宗派（maẕhab）に則っているので、ゆえに、正統なカリフたちを祝福の言葉で言及せよ。今後、高貴なるカーバや光溢れるメディナやイスラームの他の諸都市を往来するイランの民に対しては、ルームや他のイスラーム諸都市の巡礼者や参詣者ら（ḥujjāj va zuvvār）に対するのと同様の扱いがなされる。ドゥルマ税（dūrma）[2)] の名目や、シャリーアや法律に違反する他の名目の下に、彼らからは何ら取り上げてはならない。同様に、至高なるアタバート（ʻatabāt-i ʻāliyāt）に向かう参詣者が商品（māl al-tijāra）を持っていない場合に限り、バグダードの統治者や監査官らは貢税（bāj）を徴収してはならない。また、商品を持っている者は、規則や従来の慣習に応じた税額（vajh-i gumrukī）を支払い、それ以上には徴収されないようにせよ。イラン側（ān ṭaraf）でもルームの商人や民に対して同様の方法で対処せよ。この条約の日付以降、イランからルームへ、ルームからイランへ亡命する者は保護されず、請求の際には両国家の代理人に引き渡されること。

2．第一次エルズルム条約[3)]

（1238年ズー・アルカーダ月19日／1823年7月28日）

<エルズルム軍指令官（ムハンマド・アミーン・ラウーフ）と壮麗なイラン政府大使ミールザー・モハンマド・アリー・モストゥフィー閣下の間で結ばれた条約の写し：1238年ズー・アルカーダ月19日>

この貴書執筆の意図は以下の通りである。この数年、イスラームの両政府の間に生じた諸事件のゆえに、旧来の和平・友好の関係が不和や敵意に変えられ、友情・親交の秩序が戦争や憤懣に充てられてしまっていた。イスラーム社会の統一という必然性および両者が流血を望まなかったがゆえに、このような事件や騒擾の発生は、平和と親善の回復および友好と友情の再生へと帰し、崇高なる両政府より熱意と協調ある表明がなされた。世界の尊厳、王権の所有者、王国の征服者、王冠と玉座の飾り、大地と時間の太守、イスラームとムスリムたちの美、世界と信仰の栄光、真理と信条の援者、水と土の勇者、全世界に広がるアッラーの影、ムスリムたちの領域の守護者、世界征服の敷物を広げる者、ジャムシードの栄光を備える調停者、スライマーンの栄誉、イスラームの避難所たる軍隊の星、カヤーン王の玉座を飾る者、世界の諸王の王、成功の王冠を冠る者、イランの諸国の王中の王、ハーカーンの子ハーカーン、戦士ファトフ・アリー・シャー――神が彼の王国と幸運を永らえんことを――陛下の御命によって、また、国家と王権の輝きの極み、栄華と統治権の至高なる巨木、天空の鐙の所有者、土星の大志、木星の知性、王権を増し、国を征服する御方、栄光の堅固な支柱、幸運の瑞々しい枝、自由なる王子、至高なるイラン政府の皇太子、アッバース・ミールザー――彼の勝利が高められんことを――のいと高き指令書の命によって、この奴隷たる僕であり命を捧げる召使は、栄誉ある書簡の代理人に特任された。また、至高なるオスマン政府の側からも、土星の名望、王権の天空の太陽、王冠の

地平の満月、イスラームの避難所たる帝王、両大陸と両海洋のスルタン、高貴なる両聖地の番人、勇敢さと明敏さの所有者、スルタンの子スルタン、戦士マフムト・ハーン――神が彼の王権と幸運を支えられんことを――陛下の書簡と御命によって、名誉ある地位、高潔との結びつき、栄光の獲得、鋭敏な思考による国政の完成者、正しき見解による諸事の規範の設定者、偉大なる前サドル、エルズルム州長官、東部軍司令官、ムハンマド・アミーン・ラウーフ・パシャ――彼の栄光が続かんことを――閣下に書簡が下賜された。この奴隷たる僕は、上述の都市で、上述の軍司令官閣下とともに、祝福されたる委任状の交換を経て、討議の席を設け、祝福されたる調停を以下のように定めた。

総　則

1159年（西暦1746年）に締結された調停と協定書（キャルダーン条約）に基づき、旧来の国境と、巡礼者や商人に関する事、亡命者の拒否、捕虜の解放、特定の人物の至高なる両政府内での居住といった以前の諸規定はすべて、両政府間において存続し、遵守され、有効である。それらの基本原則には如何なる点においても違約は生じず、至高なる両政府間において、友好の諸規定や、協調や友情の必然性は永続的に実施される。

新約款

騒擾と係争の剣は鞘に収め、至高なる両政府の間において、憤懣や冷淡の要因となり和平や友情に反するような行為は生ぜしめてはならない。また、至高なるオスマン政府の旧来の境域の内側にあるもので、戦争の際、またそれ以前に、崇高なるイラン政府の手に渡った城砦や領地や町や村は、本調停に明文化されているように、この有効証文期日より60日以内に、オスマン政府の側にすべて移譲される。また、本調停の遵守に鑑みて、両政府の捕虜を、隠蔽や隠匿なく解放し、彼らにとって必要となる糧食やその他の物品を支給し、両政府の国境まで送還する。

第1条

至高なる両政府は、互いの内政に干渉してはならない。今後、バグダードやクルディスターン方面への干渉は認められない。特に、クルディスターン管区（sanjāq）のうち、境域地帯に含まれない諸地域は、如何なる点においても、新旧の所有者らに対する至高なるイラン政府の側からの干渉や侵攻や侵略は容認されない。また、上述の地域において、一方から夏営や冬営のために移動する際に、慣習税・夏営地税・冬営地税などの名目で徴収されている諸税やその他の訴訟に関しては、偉大なる代理人であるイラン政府の皇太子〔アッバース・ミールザー〕とバグダード州長官が協議し、両政府の憤懣の原因を廃するよう努める。

第2条

イランの民のうち、高貴なるカーバ（ka'ba-yi mukarrama）や光溢れるメディナ（madīna-yi munavvara）や他のイスラーム諸都市を往来する者に対しては、イスラーム諸都市やルーム（rūmīya）の諸都市の巡礼者（ḥujjāj）や参詣者（zuvvār）や旅行者に対すると同様に、応対する。彼らからは、ドゥルマ税やシャリーア法に反するその他の税目は、決して取り立てられない。同様に、至高なるアタバート（'atabāt-i 'ālīyāt）の参詣者のうち、商品を持たない者に限り、彼らからは貢税などは徴収されない。もし、商品を持っているならば、関税額に応じて徴収され、それ以上には請求されない。イラン政府の側においても、オスマン政府側の商人やその民に対して、同様の対応がなされる。また、以前の規約に基づき、今後、至高なるイラン政府の巡礼者や商人に関して、旧来の諸規定の〔確認と〕実施は、至高なるオスマン政府の偉大なワズィール（vuzarā-yi a'ẓam）や巡礼団長（amīr-i ḥājj）や気高きミール・ミーラーン（mīr-i mīrān）やその他の憲兵（żābiṭān）や統治者（ḥukkām）によって、完全に配慮され遵守される。ダマスクス（shām-i sharīf）から両聖地（ḥaramayn-i muḥtaramayn）へ、あるいは両聖地からダマスクスへ、吉兆なる聖地基金管財人（amīn-i ṣurra）によってもまた、彼ら（巡礼者や商人）の状況は留意され、諸規定に反することは生ぜしめず、彼らの保護に尽力がなされる。もし、彼らの間で騒動が生じたならば、聖地基金管財人は、彼らの中にいる信頼にたる人物を通じて、彼らの管理に当たる。〔光輝くイラン政府の〕国王の後宮や偉大なる王子たちの後宮の淑女たちやイラン政府の高官らが、偉大なるメッカ〔巡礼〕や至高なるアタバート〔参詣〕に行く場合には、彼らの地位に相応しい敬意や尊敬を表す。さらに、光輝くイラン政府の商人や民の関税に関しては、至高なるオスマン政府〔の臣民のうち、イスラームの民である商人に対するのと同様の〕扱いがなされる。彼らの商品からは、100クルシュに対し4クルシュの関税を一度徴収し、彼らに証書（taẕkira）を渡す。彼らの手から別人の手に引渡されるまでは、彼らからは再度関税は徴収されない。イランの商人がイスタンブールや他のルームの諸都市に運ぶ水タバコ用のパイプ木は、その売買において〔オスマン政府内で禁じられている〕専売とならぬようにし、望む者に販売する。また、至高なる両政府の商人や臣民や民が相手国へ往来する場合には、イスラーム社会の統一に従い、友好的に対処し、あらゆる迫害や危害から護られる。

第3条

両政府間で係争中であったハイダラーンルー（Ḥaydarānlū）部族やスィーバキー（Sībakī〔Sībaklī〕）部族については、今日オスマン政府の領土に居住している者は、その方面にいる限りにおいて、もしイラン領内に侵入し、損害を与えるならば、国境警備官（sarḥaddārān）は彼らを阻止し、訓戒するよう注意を払う。もし彼らが侵攻や損害から手を引かず、国境の役人によって阻止されなかった場合は、至高なるオスマン政府は彼らを所有する権利を放棄する。また、もし彼らが自らの意思や選択でもってイランに行く場合には、オスマン政府は彼らの所有や阻止を行わない。彼らが光輝くイラン政府の側に行った後に、再度オスマン領内にやってきた場合には、決して彼らの所有や権利主張を行わない。また、彼らがイランの側に行ったにもかかわらず、オスマン政府の国境を越え、損害を与えるような場合には、光輝くイランの国境役人は、彼らの阻止と侵害に注意を払う。

第4条

旧来の規定に応じて、両政府の相手国への亡命者は占有したり〔受諾したり〕してはならない。同様に、遊牧民や部族民のうち、今後至高なるオスマン政府から光輝くイラン政府へ、あるいは光輝くイラン政府から至高なるオスマン政府へ行く者に関しても、これらの通行者を占有〔受諾〕対象としてはならない。

第5条

至高なるオスマン政府の首府（dār al-salṭana）や他の諸地域でのイラン商人の商品は、シャリーアに則り、台帳に記載され保管されているが、この有効証文期日より60日以内に、如何なる場所であれ、記録されている台帳に基づき、またシャリーアに則り、イラン政府の信頼にたる人物〔使者〕を通じて、それらの所有者に引渡される。また、保管された商品以外で、敵対が生じた最中に、オスマン領内で一部のワズィールや憲兵によってイランの巡礼者や商人や民から強制的に徴収された物品については、至高なるイラン政府の証言や表明がなされるならば、至高なるオスマン政府は、代理人を通じて各地で命令を発布し、合法的な立証がなされた後、返還〔に向けての尽力がな〕される。

第6条

至高なるオスマン政府領内で、双方の政府の民〔イラン人（îrânlû）〕が死亡した場合、もし合法な相続人や遺言執行人がいなければ、税務庁（bayt al-māl）の役人は、故人の遺産をシャリーアに則って台帳に記載し、合法的な登記簿に登録し、その財産をそのままの状態で1年間安全な場所で保管する。もし相続人や合法な代理人が現れたら、合法な登記簿の登記に従って遺産は引渡され、慣習税やその物品の保管料が徴収される。しかし、その物品が、上述の期間内に焼失や〔何らかの事情で〕紛失した場合には、その徴収はなされない。また、もし上述の期間内に相続人や遺言執行人が現れなかった場合には、税務庁役人は、保管されている遺産を至高なるイラン政府の信頼にたる人物に報告した上で売却し、その金額を保管する。〔オスマン政府の民がイラン政府領内で死亡したときもまた、同様の方法で対処される。〕

第7条

以前の規定に基づき、友好と友情を確立するため、3年ごとに両政府から1人ずつ至高なる相手国に駐在し、信仰につとめる。また、至高なる両政府の臣民のうち、戦時中に相手国へ行〔き、悪事を働い〕た者については、本調停の尊厳に基づき、その罪は罰せられない。

結　部

上に記された総則・約款・条文は、討議の席で定められたとおりに記載され、両政府の同意を得た。略奪された物品や損害賠償や戦費の保証といった請求は、両政府ともに過去のこととして放棄する。両政府は、慣習に則って確認書を交換し、中立大使の仲立ちによって、この有効証文期間から60日以内に、両政府の国境にて互いに会見し、〔確認書を〕両政府の宮廷に送付し引渡す。

このようにして、本調停の締結と更新は、真の和解に向けて、有効証文期間より遵守され、有効となり、如何なる理由であれ、憤懣と敵意の炎は否定された。友好やこの締結された約款や条文に反する状況や行為は、両政府ともに認められることではない。また、オスマン政府の側からは上述の全権大使により、1238年ズー・アルカーダ月19日日曜日付で本調停の証文が調印され、署名された。また、こちら側からも、至高なるイラン政府の奴隷たるこの僕が、全権大使としての権限のもと、詳細な検討の結果、上述の総則・約款・条文を受諾し、上述の日付に、上述の全権大使と交換し、引渡した。

アッラーの祝福と幸運と至福と恩寵によって。アッラーに称えあれ。

3．第二次エルズルム条約[4)]

（1263年ジュマーダー・アルアーヒラ月16日／1847年６月１日）

<モハンマド・シャーとスルタン・アブデュルメジトの間で、イラン大使ミールザー・タキー・ハーンとオスマン大使アンヴァル・エフェンディによって、エルズルムで締結された条約>

内容

第１条：相手国への賠償金請求の放棄

第２条：一部の地域や土地の双方への移譲およびスレイマニエやムハンマラなどに関する承諾

第３条：以前からの一部の権利主張の放棄および国境画定作業のための役人の任命

第４条：未納の損害賠償金や諸税の解決について

第５条：亡命王子に関する規定

第６条：相手国の商品に対する関税権について

第７条：オスマン領内のイラン人参詣者や臣民に関する規定および上述の者たちの諸特権、両政府の領事および彼らの駐在地と諸特権

第８条：国境の遊牧民に関する両政府による承諾、略奪・強奪・侵攻の阻止

　　　　およひ彼らの臣民権について
第9条：旧諸条約の確認、新条約の認証

第1条

両イスラーム政府は、これまで相手国に対して要請していた賠償金の請求をすべて放棄すると定める。但し、本条項は、第4条で述べられている特定請求の清算に関して損失を生じさせるものではない。

第2条

イラン政府は、ゾハーブ地方〔管区〕の広範な土地すべて、すなわち、その西側の土地を、オスマン政府に引渡すことを了承する。オスマン政府もまた、ゾハーブ〔管区〕の東側、すなわち、その山岳地すべてを、ケレンド峡谷に加えてイラン政府に引渡すことを承諾する。イラン政府は、スレイマニエ市と同管区に対する権利主張を放棄し、オスマン政府が上述の管区において有する所有権に対して、如何なる時も、また如何なる方法でも干渉や侵害を行わないことを厳として承諾する。また、オスマン政府は、ムハンマラ市と同港、アーバーダーン（Jazīra al-Khiżr）、投錨地、さらにシャットルアラブの東岸、すなわち左岸——遊牧民の所有地であり、イランに属すことが明らかである——を、所有権に関してはイランの占有となることを厳として承諾する。加えて、イラン船籍は、完全なる自由でもって、シャットルアラブの河口から両政府の国境分岐点まで、上述の河川を航行する権利を有する。

第3条

両政府は、本条約に基づき、領土に関して行っていた他の権利主張を放棄し、測量士と役人を定め、前条項に応じた両政府の国境を明確にすることを了承する。

第4条

両政府は、自らの側から役人を任命し、1261年ジュマーダー・アルウーラー月に偉大なる両政府によって書写・布告された友好通知の受諾後に、両者に生じた損害、および遅延の生じている年間の牧地税問題が、公正に決定され解決されるよう定める。

第5条

オスマン政府は、イランの亡命中の王子たちをブルサ（Būrūsā）に滞在させ、上記の場所からの上述の者たちの不在および彼らのイランとの秘密裏の関係を許可しないことを約束する。また、至高なる両政府は、他の亡命者たちを、エルズルム旧条約に従って、拒否することを了承する。

第６条

イラン商人は、自らの商業関税を、現金であれ現物であれ、日々および通例の価格に従って、1238年のエルズルム条約の商業に関する条項の中で述べられている条件で支払う。また、上述の条約で述べられている金額より〔1銭たりとも〕多くの額は請求されない。

第７条

オスマン政府は、〔旧来の条約に従い〕イランの参詣者（zuvvār-i Īrān）に関し、如何なる迫害からも守られ、完全なる安全性のうちにオスマン領内に存在している諸聖地（maḥāll-i mubāraka）を参詣できるよう、必要な特権（imtiyāzāt）を附与することを約束する。また同様に、両イスラーム政府および双方の臣民にとって必要なところの友好的・協力的関係の堅持と強化のために、イランの参詣者がオスマン領土内であらゆる特権を享受するが如く、他のイランの臣民もまた、上述の特権を享け、商業においてであれ他のことにおいてであれ、あらゆる種類の圧制や迫害や侮辱から護られるように、オスマン政府は最適の方法を実践することを承諾する。加えて、高貴なるメッカ（makka-yi mukarrama）と光溢れるメディナ（madīna-yi munavvara）を除くオスマン政府の全域で、イランの臣民や商人の利潤や保護のために領事（qūnsūl）が必要となり、〔イラン政府によって〕任命された場合は、オスマン政府は上述の者を承認し、彼らの職務上必要かつ他の友好諸国の領事たちに関して行われている諸特権を、上述の者についても与えることを保証する。イラン政府もまた、必要とされ任命されたイラン領内のあらゆる場所のオスマン政府の領事について、およびイランに行き来するオスマン政府の臣民や商人について、相応しい対応を全うに実施することを了承する。

第８条

両イスラーム政府は、国境にいる遊牧民や部族らによる略奪や強奪の撃退と阻止のために、必要な措置を採り、執行すること、およびこの目的のために、適切な場所に軍隊を設置することを了承する。また、両政府は、互いの領土で生じた威嚇や略奪や殺害といった侵略的行為の責任を負うことを保証する。さらに、その帰属が明らかでない係争対象部族は、一度に限って、自らの意志や選択によって、その後居住する予定の場所を定めることができる。帰属が明らかな部族は、強制的に、属する政府の土地に入れられる。

第9条

旧来の条約のすべての条項、特に、本条約によって廃止や変更がなされなかった1238年のエルズルム条約の条項はすべて有効なものとして存続し、一字一句すべてが本条約中に記載されていると同様の効力をもつ。両政府は、本条約が交換後2ヶ月ないしはそれ以内の間に、両政府によって承認・署名され、その認証もまた交換されるよう定めた。〔1263年ジュマーダー・アルアーヒラ月16日〕

4．1854年文書[5)]

アタバート参詣者に関する諸規定

（1270年ズー・アルカーダ月29日／1854年8月23日付）

＜オスマン政府大使（アフマド・ワーフィク）より大宰相（ミールザー・アーガー・ハーン・ヌーリー）宛の書簡の写し[6)]＞

閣下殿

聞き及んでいるように、参詣者たち（zuvvār）がアタバートへ行くことの許可が、概して［オスマン政府の］批准なくして各方面に公示され、人々はキャラバンごとにケルマーンシャー方面に向かっている。

近年の参詣を妨げていた原因のひとつは、その当時、イラク（ʻIrāq-i ʻarab）地方の状況が、秩序と規律のもとになかったことにある、と言われている。［また、］墓地の賃料という名目で参詣者から徴収される金銭、道中のキャラバンサライにて高値で売られる品々、取るにたりない物品からの関税徴収、イランのウラマーの訴訟の裁定を禁じること、その政府（イラン）の臣民の遺産や遺物の押収、住居や私有地［内の建物］の修理の禁止について、数度にわたり、苦情がもたらされた。同様に、カルバラーの諸門での武器の預託に関しても、討議・討論が行われた。しかしながら、これらの問題は管区（baladīya）の原則や規律に帰するため、本質的には両者で解決に至らなかった。今日、両政府間の良好な関係と誠意に鑑みて、また特に、両政府の臣民の親交と友情の交流の増大に留意して、このような参詣者の自由意志に対して、私は一致協力の立場にて、崇高なる大使館からイラン政府当局へ、上述の諸問題について、数点の規約を布告することを適当とみなした。

よって、以下のように公示する。勅書の８点の項目が閣下殿に明らかとなるが如く、イラク州がタンズィマート改革の内に入った時点から、その地方のすべての事柄や要件は、シャリーアの判例に従い、旧来の秩序や諸規定に応じて行うこととする。特に、イランの民の諸事に関する対応は、崇高なる［オスマン］政府の臣民や他の諸外国の民に対するものと何ら差異や区別が生じないものとする。殊に、参詣者の安全や安心の源を完成させるために、今後、如何なる場所や宿泊地にも十分な兵士を任命し、あるいは参詣者キャラバンとともに充分な騎兵隊を同伴させるという処置が取られるであろう。

しかし、［イラン］政府当局側の尽力として、以下のことが望まれる。参詣者が規則に従って、法の遵守と公正のうちに行動し、道中では民衆の所有品を侵害しないよう、憲兵や役人らに対し、厳格なる指令書が発布されるように。とりわけ、通行証（taẕkira-yi murūr）の原則の実施においては、厳しく注意が払われるように。また、彼らの通行証に、至高なる政府の領事館による署名がなされていない場合や、自身［の身元］を照会していない場合は、如何なる人物にも絶対に通行は許されない。

このような諸事を適正に済ませることは、一般の利益であり、公共の福利である。崇高なる大使館もまた、今後、必要となるときには常に参詣者の利便の普及に対処することを惜しまない。以上。

1270年ズー・アルカーダ月29日擱筆。

アタバート参詣者に関する８項目の規定

第１項：橋・河口・門の料金について

橋がない場所では、料金は取られない。自明であるように、参詣者や旅行者が、必ず何某の渡しや橋を通過し、料金を払うことは強制されるものではないが、実際には、橋や渡し場を通行する者は、古くからのしきたりで、少額を支払っている。これに関しては、イランの民と国内外の他の人々の間に差異はない。もし、渡し場がないような場所や水に浸かるような場所で、自分たちの判断で、橋や小船で行くならば、誰にも言うべきことはない。

第2項：イランの民の訴訟の裁定をウラマーに禁じることについて

もし、2人のイラン人の間で訴訟が生じた場合、［バグダード］州の役人は関与せず、彼らがどこへ出頭しようと、誰も彼らを妨げない。また、彼らの状況について知ろうと質問することさえもない。

第3項：墓地の賃貸料について

カーズィマイン、カルバラー、ナジャフにおいて、4～5,000［ディーナール］、あるいは6,000ディーナールと定まった金額は、墓地の役人たちに帰するものであり、すべての人から徴収しており、イランの民からそれ以上に徴収されることはない。聖なる敷地（rawżāt-i muṭahhara）内での遺体に関する取り決めは、ワクフ管財人（mutavallī）や臣民籍所有者（ṣāḥib-i millīyat）の意思に基づいている。これに関しても、賢明な方法で努力がなされ、最初のように法外な金額が徴収されないようにする。また、ワクフ管財人は、イラン人の遺体に対して、迫害するようなことはしない。

第4項：イラン人の死者の遺産について

現在、自らの一時的な用件を領事館に照会しているイランの民や、今後至高なる［オスマン］政府領へ正式な証明書（taẕkira）を携えてやって来る者に関しては、オスマン政府の役人は、生前であれ死後であれ、彼らに干渉しない。しかしながら、イラン領から完全に関係を断ち切って移住し、オスマン領内に居住しているイラン人に関しては、自身の身元を領事館に照会していないのであれば、何か事が生じた場合には、他の民同様、在地の憲兵のもとへ行く。あるいは神に護られた［オスマン］領内で誕生したオスマン臣民のうち、領事館を口実に［イランとの］関係を得ようと考えている者は、実際のところ、彼らはイランの臣民ではなく、彼らに対して、州長官らは干渉と収容を行う。容易なことであるが、解放時にバグダード州から領事館に知らしめた上で、その地方に暮らすイランの臣民を識別し、センサスに加える。また、イラン人移住者らに対しても、両政府の何れか一方の臣民権を選択するよう課す。今後は、証明書を携えてやってくる者は、特別な帳簿に記載し、その人物との話し合いが廃止されるであろうことは可能である。

第5項：[高値売りについて]

道中のキャラバンサライやカーズィマインでは、食糧や一部の物品を高値で、専売や請負や政府独占（mīrī）形態で売っている［と言われている］。［しかし］至高なる［オスマン］政府領内全域において、専売や政府独占の請負は存在せず、［それらは］原則に反することである。また、タンズィマート改革の趣旨に鑑みると、如何なる人物も、自らの望む場所に滞在し、強制的にキャラバンサライに押し込められるものではなく、糧食や必要な物品を、自らの望む場所で入手し、自由裁量となっている。このことに関してもまた、干渉や阻止は不可能である。しかしながら、特産品であるところの礼拝用石（muhr）や数珠作りなどは、テヘランのギルドのように、特定のギルドに占有されており、もしその仕事に従事するのであれば、その製品の責任をも共有して負わなければならない。この点に関しては、公示したところの友好の表明で充分であろう。

第6項：イランの民が住居や私有地［内の建物］を修理することの禁止について

私有地の所有者は誰であれ、その地方の他の住人のように管区の憲兵のもとに行き、イランの役人の些細な介入なしに修理の許可を求めるならば、その者に修理の許可が与えられる。誰も咎めない。

第7項：イランの民の一部の武器を損傷することについて

［イラン人の武器を］カルバラーの門先で徴収しているが、これもまた一般的なことであり、管区の秩序に関することである。決して武器が取り違えられたりはしない。もし、実際に損害が生じたら、その保証をその地方の役人に訴えることは明らかであり、彼らの権利を擁護することは、オスマン政府役人たちの責任である。

第8項：取るにたりない物品からの関税について

参詣者や他の旅行者たちの、個人の衣服や自分専用の物品といったものからは、関税は徴収されない。しかし、商品である場合にはどんなものであれ、原則に応じて、税金が徴収される。

5．1877年文書[7)]

アタバート参詣者に関する諸問題13項目

（1293年ズー・アルヒッジャ月24日／1877年１月10日付）

<在イスタンブール（Islāmbūl）イラン大使館より外務省宛の書簡>

とくに、イランの参詣者たち（zuvvār-i Īrān）に関して迫害を伴う行動や対応についてなされていた訴えや苦情に関し、イラン大使館の送付済みの文案とともに、崇高なる勅書（amr-nāma）が届き、在バグダードのイラン領事（kārpardāz-i Īrān）モアイエノルヴェザーラ（Mu'ayyin al-Vizāra）と協力し、税関の役人と検疫官――大半の条項は彼らに関しているため――を召喚し、調査・探求がなされた。上述のイラン領事自身が確認したところによると、苦情のなされた諸事項は、この時期には生じておらず、以前、すなわち参詣者の往来の時期に発生していた、とのことである。

訴えや議論の時機を過ぎてしまった物事については、非常に昔のことであり古いことであるために、たとえ現在、その調査や確認や事実の診断は困難であるとしても、しかし、参詣者の安全を義務とする諸事項の根本的な目的は、今後、往来の際に完全な安全を生じさせることであり、彼らの権利が護られ、心からの信頼を彼らに与えることである。このような礎を築くことは、政府の義務であり、個人の権限でもあるという誠心誠意を表しつつ、以下のように定められた。その実現がここで清算し得る諸事項は、［すでに］解決された。また、バグダードやそれに属する場所で、許可が必要となったり、政府の判断（rāy-i 'ālī）次第であったりする諸事項は、確実に明らかとなるように、下記の説明では朱書きで示された。

第１項：

イランの参詣者らが、イランの領域内で出発する際に、通行証代が免除されているにもかかわらず、イラク（'Irāq-i 'arab）の地では、富者も貧者も徒歩の者も騎乗の者も、１人あたり８クルシュ徴収される。同時に、彼らの証明書の取調べという口実のもとに、参詣者を拘束し、多かれ少なかれ金を徴収して解放している。迫害に満ちた行為がなされているのである。

<回答>

国境の入り口で、通行証（taẕkira-yi murūr）をすべての国家の臣民に与え、法律に則ってその対価を徴収し、彼らが通過する城砦や港にて彼らの証明書（taẕkira）を取り調べることは、規則であり原則である。そこで、それらの規則の遵守や執行の必要性は、言うまでもないことである。だが、イランの参詣者にとって、完全なる容易さと安心が実現することは、あらゆる状況において必要なことである。ハーナキーンで照合される証明書が、こちら側、すなわちホラーサーン[8)]の各地において、何度も彼らの証明書が調査され、参詣者らの遅延が生じていたために、今後、あちらでは取り調べられないことと定められた。また、参詣者たちの進行を妨害したり、迫害に満ちた行為や彼らの同意や望みに反したりする行動は、決して許されることではなく、その種の行為が生じないためにも、必要となる人々に、必要な通告がなされた。

第２項：

二つ目は、検疫の役人や医師たちの抑圧のことである。彼らは共同して次のように言う、「イランの死者の遺体の棺[9)]を、彼ら自身の利益のために、必ずやユダヤ人何某が作らねばならない」と。そしてその製作をたった１人に限定しており、他の者には許可しない。困難を引き起こす行動がなされている。

<回答>

このような注意不足に限定される状況は、以前の一部の医師たち――現在は交代している――に見られていたことである。しかし、調査の結果明らかになったが、現在この種の困難を引き起こす行動は存在しない。そうではあるが、注意を向けるためにも、さらに改めて、対象となる人々に厳しい通告がなされた。

第３項：

上述の医者たちの大半はユダヤ人で、ムスリムではなかったために、ムスリムの２～３年経った遺体を、女性であれ男性であれ、暴き出して検査し、遺体の各部を鉄串で突き刺すなど、侮蔑的な行為を行っている。

<回答>

２～３年前に、この者たちのうちの一部が、違法な行為を少し行っていた。

しかし、その医者たちは、すべて交代しており、さらにはイスタンブール(Islāmbūl) から特別に、役人が診察のために任命され派遣された。また、イラン領事自身も、現在、これについては訴えの対象となるような行為はまったく生じていないことを証言している。そうではあるが、改めて適切な通告が行われた。

第4項：

参詣者たちに生じている殺人や傷害や盗難は、まさに在地の政府に表明してきたことであるが、注意を向けられていない。強奪された品物についても、彼らの友人の証言を受け入れず、このため彼らの権利が無効となり損なわれている。

＜回答＞

このようなことは、如何なる状況でも許されるべきことではなく、王の陰の下、早急に、如何なる場所でも生じることのないようにされるべきである。より一層考慮され、原則・規則に基づいて行われるためにも、各地に改めて、新しい通告がなされた。

第5項：

国境の入り口で、検疫に費やされる時間は、食事やその他の品物に関して多大な難儀が与えられていた。すなわち、検疫の役人たちが土地の役人たちと協同して、糧食や食料の販売を数人の雑貨商に限定し、その者たちもまた、貴重なパンやその他の品物に砂や土を混ぜ、参詣者らに対して過度の掛け値を行っていた。

＜回答＞

たとえこのようなあり得べからざることに関して、検疫の管轄に表明されていたとしても、しかしこのような問題もまた、決して許されることではない項目に属す。このため、如何なる場所でもこのような行為が生じないよう、必要な場所に対して厳重に通達され、この件に関して、完全なる注意と遵守を行うようにする。

第6項：

以下のように言われている：検疫を終えるべく待機している参詣者の間で、もし1人が病気になり、死亡した場合、すべての参詣者に対して検疫を更新し、彼らを動揺させている。また参詣に行かざるを得ない一部の者たちは、秘密裏に検疫の役人に金銭を渡し、出発の許可を得ている。

＜回答＞

たとえ、死者が出たときに期間を更新することは原則に適っており、このことに関しては何も言うことができないにしても、しかし、金を渡し許可を得るというような許しがたい行為が生じないように、適切な通告がなされた。

第7項：

検疫の役人は、彼ら自身の利益に鑑みて、病人について真偽の情報を聞いたり聞かなかったりし、あるいはまったく病人がいないのに、利益を得るために、即座に検疫を設置し、彼らの慣習を実行している。

＜回答＞

検疫の設置や取り消しは、イスタンブールの衛生局（majlis-ṣıḥḥîya）の法律と意見に託されており、そこで双方の国家の大使館から1人ずつ任命されているため、この件に関しては何もここでは言うことはできない。

第8項：

バグダードやその他の場所の渡し場や橋の一部は、異なったやり方で参詣者から金銭を徴収し、彼らを苦しめ迫害することから手を引かない。

＜回答＞

バグダードの橋は、もともと賃貸であり、その使用（dast-‘amal）に基づいて、余所者や土地の者から通行料を徴収している。他の場所で徴収される金額については、イラン領事に問い合わせたところ、サーマッラーの渡し場では、小船の代わりに利用されるボート（quffa）代のほか、異なった段階で、参詣者から1人1ケラーン（1000ディーナール）、2ケラーンを上乗せして取っている、とのことであった。これゆえ、そのようなことの阻止に関して、すなわちほかの者たちから徴収する代金より多く、何がしかを徴収しないようにすることに関して、必要な人々に書面で厳格に書き送った。

第9項：

食糧や彼ら用の衣服や献呈や奉納として持っていく物品から関税を徴収し、税関の役人はあらゆる種類の迫害や侮蔑を行っている。また、すべての人の物を引っ掻き回し、彼らの鞍袋に鉄串を突き刺し、女性の衣服や彼女たちを

あらゆる側面から取り調べる。〔欄外：この行為は国境の一ヶ所に限られている。女性の査察の廃止〕

<回答>

個人の物品から関税を徴収することは、本来禁止されている。また、ワクフや奉納や贈り物として送ったり献呈されたりする物品は、ワクフ庁（majlis-i awqāf）の書簡と議会の法案に基づいて、税関に伝えられた方法で、古くから至高なる援助となっており、無料で通過させなければならない。それゆえ、このようなことを継続するよう定められた。また、もし参詣者たちの物品の中に、関税を徴収しなければならないようなものがある場合には、その関税が徴収されることは当然のことである。また、原則・規則に基づいて、査察されることが必要である場合には、より一層、参詣者たちの事が容易となるように、また不平が生じないように、参詣者の物品の査察時に、迅速な便宜を図り、問題が生じることのないようにする。とくに女性の物品の査察に関しては、以下のようなことが適切とみなされ、税関の役人から関税庁に宛てて、２人の女性が査察官として任命されることの許可を求める書簡が送られた。

第10項：

参詣者らが、カルバラーやナジャフで売ろうと考えている物品に関して、税関から通行証を受け取り、別の場所で売ろうと望んだ場合、税関の役人たちは、その証明書を受け付けず、再度関税を徴収し、迫害を加えている。

<回答>

この種の物品に関しては、彼らの証明書に記載された場所に到着後、その場所から別の場所に移送する場合は、証明書に記載されなければならない。というのも、証明書に記載されている場所以外のところに持っていく場合は、仮に証明書を持っていたとしても、その関税を徴収・領収することは、原則と秩序に基づいたことだからである。また、バグダードの税関の役人は、関税庁の［12］90年ジュマーダー・アルアーヒラ月16日（1873年８月11日）付の一般事例を引用し、この待遇は一般に関わるものであると表明した。この表明に鑑みると、この問題は、一般の規則に属すものであることが明らかとなる。現在、好意が施されるか否かは、イスタンブールより明らかになるであ

ろう。

第11項：

水売り（saqqā）や靴番（kafsh-dār）やムアッズィンといった、ちょっとした仕事に従事している一部のイランの滞在者に対し、意味もなく敵対の面を向けている。

＜回答＞

イランの臣民がこのようなカルバラー管轄下の奉仕に採用されていることに通じているか否か照会したので、送られてくる返答に応じて、対処がなされるであろう。

第12項：

哀悼行事（taʻzīya-dārī）やその他の特別行事の履行に関して、たとえ重大な訴えではないにせよ、しかし哀悼行事の自由については、厳格なる命令が出されること。

＜回答＞

哀悼行事の執行の最中には、安寧と秩序の妨げとなる武器や武具の使用のみならず、宗教的なスローガンに限られないことなども、昔から禁止されている。しかしながら、ほかの方法において、彼らの哀悼行事の自由に対しては、如何なるときも干渉や問題は示されておらず、この規則の継続のために、より一層注意が向けられよう。

第13項：

イラク（ʻIrāq-i ʻarab）の大半の役人によって、イランの参詣者たちに関して、圧制的な対応や侮蔑的な行動が示されている。このため、効果的な施策や必要な措置がなされ、役人たちが、自身の行動や振る舞いを変え、参詣者らを立派な対応でもって満足させ感謝させるように。

＜回答＞

旅行に必要なことを容易くし、イランの参詣者の休息や安全や尊重や敬意に必要なことを得ることに関しては、何はさておき、必要な人々に通達し要請がなされている。現在もまた、対象となる役人たちに適切な通達が行われた。

注

1）GAIU: I/290-291.

2）臨時税の一種。滞在税のようなものと考えられる［Mushīr: 19］。

3）GAIU: I/294-298; MUM: 1-5.〔　〕内は、オスマン語による文言。オスマン語版には「結部」はない。

4）GAIU: I/479-481; MUM: 5-8.〔　〕内は、オスマン語による文言。

5）AMQ: III/60-62, 241-243.

6）この部分は校訂には現れないが、原本の写真版の冒頭に記されている部分である。

7）GAIU: III/538-543; MATD: 1292/15/9/1, 2, 3. この文書に関しては校訂が存在するが、問題提起と回答の順序が逆になっている。校訂者が書式の形態などに留意せず、物理的に上部から校訂したためにそのような形式になっているが、間違いである。イラン外務省附属外交文書歴史センター所蔵の原本では、本文の序文末尾に記されているように、各質問の上部に回答が朱色で斜め書きされている。これはオスマン語文書での質疑応答の典型的な様式である。また校訂では、文書の年代が「おそらくヒジュラ暦1294年」［GAIU: III/538］と記されているが、原本の奥付から、1293年ズー・アルヒッジャ月24日であることが確認される。

8）バグダード州内のバグダード管区（サンジャク）の中の一郡（カザー）で、バグダードとイランのホラーサーンを結ぶホラーサーン街道上に位置していたために、ホラーサーン郡と呼ばれた。バークーバやシャフラワーンといった町を擁する［BS: 1325/245-254］。

9）原語はḤLBであるが、ほかの文書ではtābūtとあることから「棺」と訳す。

『アッバース大全』第7章翻訳[1)]

(p. 163)

第7章

預言者ムハンマド様――神が彼を嘉されますように――と信徒の長［アリー］様と無謬なるイマーム様たち――神の祝福が彼らすべてにあらんことを――の参詣（ziyārat）と、彼らの誕生と逝去のときについて。四つの章からなる。

第1節　彼ら一人ひとりの参詣の功徳（thavāb）について

［預言者ムハンマドの参詣の功徳］

知れ。巡礼者やそれ以外の人々にとって、預言者様――神が彼を嘉されますように――を清らかなるメディナにおいて参詣（ziyāra）することは、確固たる推奨行為（sunnat-i mu'akkada）である。ハディースには、以下のように述べられている。「もし参詣を止めるようであれば、指導者（imām）は、強制的に人々を参詣へと導くべし。なぜなら［そのような者は］、迫害者となるからである」と。

同様に、預言者様――神が彼を嘉されますように――のハディースには、「ハッジを行いながらも、メディナにて私を訪ねない者は、私を迫害したことになろう。迫害者は、最後の審判の場にやって来る」とある。預言者様――神が彼を嘉されますように――への迫害は、禁忌（ḥarām）である。

また、その御方は仰っている。「私を訪ねる者は、復活の日に私がその者の執り成しをするに値する。私が執り成しをするに値する者は、天国に行くに値する」と。

さらにその御方は、「私の死後、私の墓を訪れる者たちは、異教徒の地（dār-i

kufr）から私のもとへ移住（hijra）したのと同様である。もし、やって来る力がなければ、遠くから私に挨拶（salām）を送れ。私に届くであろう」と仰っている。

また、その御方から伝えられているところでは、「イマーム・フサイン様——彼に平安あれ——に話しかけられ、次のように仰せられた。『おお、わが息子よ。生前であれ死後であれ、私を訪ねる者は、あるいはおまえの父や兄弟〔やおまえ〕を訪ねる者は、フサインよ、私はその者を復活の日に訪ねよう。そして数々の罪を〔その者から〕取り除いてやろう』」とある。

また、その御方からは以下のように伝えられている。「それぞれのイマームにとって、彼の友人たちの首には契約（ʻahd）がかかっている。イマームにとり、その契約の実践とは〔その契約の遂行とは〕、彼の墓を訪れることである。ゆえに、イマームのひとりを参詣し、彼への参詣の願望を示すならば、如何なる形でもそのイマームは、復活の日にその者の仲裁者となるであろう」と。

また、その御方から以下のように伝えられている。「イマーム・ハサン様——彼に平安あれ——が『おお、神の使徒よ。私たちを訪ねる人にはどのような功徳があるのか』と尋ねられたとき、その御方は仰せられた。『〔生前や死後に〕私や、おまえの父やおまえの兄弟やおまえを、生前や死後に訪ねる者は、如何なる形でも、私がその者を復活の日に地獄の業火から護ってやらねばならない』」と。

さらに、その御方から伝えられているところでは、「ファーティマ・ザフラー様——彼女に平安あれ——に話しかけられ、次のように仰せられた。『ファーティマよ、私やおまえを3日間訪ねる〔挨拶する〕者には、天国が相応しい』と。そこで、ファーティマ——彼女に平安あれ——は、『生前にですか、それとも（p. 164）死後にですか？』と尋ねた。［預言者は］『生前であれ、死後であれだ』と仰せられた」とある。

［イマーム・アリーの参詣の功徳］

真実を語るイマーム、ジャーファル・ブン・ムハンマド・アッサーディク様——彼に平安あれ——から伝えられているところでは、「信徒の長アリー様——彼に平安あれ——の参詣を徒歩で行う者は、至高なる神が、その者の1歩を１回のハッジとウムラに換えて記される。また、徒歩で帰る者は、２回のハッジとウムラとして記される」と。

また、その御方（ジャーファル）は仰っているが、「その御方（アリー）を訪ね、彼の権利を知る、すなわち従うことが義務であるイマームだと信じる者は、至高なる神が、その者のために、１回の受け入れられたハッジと敬虔なるウムラを記録する。神に誓って、地獄の業火を味わうことはない。〔その御方の〕参詣のために両足が土にまみれているのであれば。たとえ騎乗であろうとも、徒歩であろうとも。」

さらにまた、その御方から伝えられているところでは、「以下のように仰せられた。『私たちのひとりを訪ねる者は、預言者様を訪ねたと同様である』」とある。

アリー・ブン・ムーサー様——彼に平安あれ——から伝えられているところでは、「アフマド・ビザンティー（Aḥmad Bizanṭī）に話しかけられ、次のように仰せられた。『ガディールの祝日にあの御方（アリー）の墓に参ぜよ。そうすれば、至高なる神はその日、信徒や女信徒やムスリムやムスリマ一人ひとりから、60年分の罪をお赦しくださる。また、ラマダーン月やカドル（御稜威）の夜やフィトル（断食明け祭）の夜に地獄の業火から救われることの２倍分、その日にお救いになる。また、１ディルハムのその日の喜捨（taṣadduq）は、その日以外の1,000ディルハムに相当する。それゆえ、自分の兄弟たる信徒たちに対して、この日に喜捨をせよ』」とある。

［イマーム・フサインの参詣の功徳］

真実を語るイマーム、ジャーファル・サーディク様——彼に平安あれ——は、イマーム・フサイン様の参詣の功徳について以下のように仰せられている。「その御方の殉教地（カルバラー）に赴き、彼を参詣し、礼拝の二度のラクアを行う者は、『行為の台帳（dīvān-i aʻmāl）』において、〔その者のために〕１回の敬虔なハッジと記される。もし礼拝の四度のラクアを行えば、ハッジとウムラと記される。従わねばならない各イマームを参詣することの功徳もまた同様である」と。

イマーム・フサイン様——彼に平安あれ——の参詣は、多くの功徳がある。

いくつかの伝承では、以下のように伝えられている。「その御方（フサイン）の参詣は、信徒や女信徒一人ひとりの宗教的義務（farż）である。それを捨てる者は、神や神の使徒を捨てる者である。また、預言者への不服従の要因となり、信仰における瑕疵（naqṣ）である。財のある者は、年に一度彼を参詣する義務があり、１年が過ぎてもその御方を参詣しないような者は、その者の寿命から１年分が減じられよう。あの御方の参詣は、寿命を伸ばすのである。参詣の日々は、その者の寿命に換算されず、１歩１歩が１回の敬虔なハッジとなり、神の道において解放する1,000人の奴隷の功徳を得ることができる。またその道において費やす１ディルハムは、2,000ディルハムの功徳がある。(p. 165)彼を参詣し、彼の権利を知る者は、至高なる神がその者の過去と未来の罪をお赦しになる。その御方の参詣は、アラファの日（犠牲祭前日）には、預言者様――神が彼とその一族を嘉されますように――やイマーム――彼に平安あれ――とともに行う、20回の敬虔なるハッジと20回のウムラに相当する」と。

また、いくつかの伝承では、以下のように述べられている。

アラファの日のその御方の参詣は、彼の権利を知りつつであれば、1,000回〔100万回〕の受け入れられたハッジに相当し、預言者様――神が彼とその一族を嘉されますように――とイマーム――彼に平安あれ――とともに行う、100万回の至高なる神の道でのジハードに相当する。

ラジャブ月朔日のその御方の参詣は、罪が赦される。

シャーバーン月15日（Niṣf-i Sha‘bān）に彼と握手をすれば、120人〔12万人〕の預言者［と握手する］。

カドルの夜には、すべての罪の赦しとなる。

１年間に、アラファの日と犠牲祭当日とシャーバーン月15日の夜との間で彼への参詣をまとめると、1,000回のハッジと1,000回の敬虔なるウムラに相当し、現世と来世の1,000の要求が叶えられる。

アーシューラーの参詣は、彼の権利を知りつつ行うと、天空（‘arsh）で神を参詣したと同様である。この言葉の意図は、至高なる神が天空へ連れて行った人物ほどに、多くの功徳や数え切れない偉大さがあるということの喩えである。

アルバイーン、すなわちサファル月20日の参詣は、信仰の徴である。

毎月の彼への参詣は、バドル［の戦い］の殉教者のうち1,000人の殉教者の功徳がある。

高みに登り、顔を天に向けて、彼の墓に目をやり、「汝に平安あれ。おお、アブー・アブドッラー（フサインのクンヤ）よ。汝に平安あれ。神の祝福と恩寵あれ（al-salām ʻalay-ka，yā Abā ʻAbd Allāh，al-salām ʻalay-ka，wa raḥma Allāh wa barakātu-hu）」と言う者は、ハッジとウムラの功徳が、彼の『行為の台帳』に記される。

諸伝承では、「その御方の光あふれる殉教地での礼拝は、１ラクアが1,000回のハッジと1,000回のウムラに相当し、解放された1,000人の奴隷と、使徒として遣わされた預言者の臨席のもと、至高なる神の道で行う1,000回の戦闘に相当する。また、定めの礼拝を一度行うことはハッジに相当し、推奨される礼拝（namāz-i sunna）はウムラに相当する」と言われている。

[ジャーファル・サーディクの参詣の功徳]

イマーム・ハサン・アスカリー様――彼に平安あれ――から伝えられているところでは、以下のように仰せられた。「イマーム・ジャーファル・サーディク様――彼に平安あれ――を参詣する者は、眼病に罹らず、病気にならず、疫病で死ぬことはない」と。

イマーム・ジャーファル・サーディク様――彼に平安あれ――は、ご自身で以下のように仰せられている。「私を訪ねる者は、至高なる神がその者の罪をお赦しになり、貧者や乞食として死ぬことはない」と。

[イマーム・ムーサーの参詣の功徳]

イマーム・レザー様――彼に平安あれ――から以下のように伝えられている。「あなたの父（イマーム・ムーサー）の参詣は、イマーム・フサイン――彼に平安あれ――の参詣と同じか？」と尋ねられたとき、その御方は「そうだ」と仰せになり、以下のように言われた。「私の父をバグダードに訪ねる者は、預言者様と信徒の長様――彼らふたりに神の祝福あれ――を訪ねたのと同等である」と。

[イマーム・アリー・レザーの参詣の功徳]

イマーム・ムーサー様（p. 166）――彼に平安あれ――からの伝承によると、「私の息子アリーを訪ねることは、至高なる神のもとでは70回の敬虔なるハッジと同等であり、7万回のハッジ［にも相当する］」と仰せられた。

イマーム・ムハンマド・タキー様――彼に平安あれ――は、「あなたの父の参詣がより良いのか、それともイマーム・フサイン――彼に平安あれ――の参詣か？」と尋ねられたとき、「私の父の参詣である。なぜなら「シーアの選民（khāṣṣyān-i shī'a）」以外には、私の父を参詣しないのだから」と仰せられた。「シーアの選民」とは、十二人のイマーム――彼らに平安あれ――のイマーム位（imāmat）を主張している集団のことである。何となれば、ナーウースィーヤ（Nāvūsīya）はイマーム・ジャーファル・サーディク様――彼に平安あれ――までをイマームと見なし、ワーキフィーヤ（Vāqifīya）はイマーム・ムーサー・カーズィム様――彼に平安あれ――までをイマームと見なし、カイサーニーヤ（Kaysānīya）はムハンマド・ブン・ハナフィーヤのイマーム位を主張しているが、これらの集団はシーアの分派であり、イマーム・フサイン様――彼に平安あれ――の参詣は行うが、イマーム・レザー様――彼に平安あれ――の参詣は行わない。「シーアの選民」を除いて。

より良いのは、イマーム・レザー様――彼に平安あれ――をラジャブ月に参詣することである。

イマーム・レザー様――彼に平安あれ――から伝えられているところでは、「［イマーム・レザーは］アフマド・ビザンティーに以下のように書き送った。『私のシーアに届けよ。私の参詣は、至高なる神のもとでは、1,000回の受け入れられたハッジと1,000回の受け入れられたウムラに等しい』と。」

アフマド・ビザンティーは言う。「イマーム・ムハンマド・タキー様――彼に平安あれ――が、『あなたの父の参詣は、1,000回のハッジと等しいのか？』と尋ねられた〔私（ビザンティー）が尋ねた〕とき、その御方は『100万回のハッジに等しい』と仰せられた。」

イマーム・レザー様――彼に平安あれ――から伝えられているところでは、「私を〔このような〕遠方から参詣する者には、3ヶ所で援助しよう。帳簿が開かれるとき（nāma parān）と、橋（ṣirāt）を通るときと、行為を勘定するときである。」

第２節　参詣の作法（ādāb-i ziyārat）について

21の行為が参詣に関係している。

1．廟（rawża）に入る前に、沐浴（ghusl）をすること。

2．［廟内に］入るまで、清浄な状態であること。それゆえ、もし途中で問題が生じたら、再度沐浴しなければならない。

3．新しく清潔な衣服を身につけ、殉教地の扉に立ち、伝えられている祈祷（du'ā-yi manqūl）を詠み、入廟の許可（iẕn-i dakhūl）を求めること。その後、もしその状態で、［イマームへの］憐憫（riqqat）が生じれば、中に入ること。さもなくば待機せよ。いつでも憐憫が生じれば(原注1)、入廟せよ。

原注1：しかし、もし待機して憐憫が生じなくても、入廟を取り止めず、己の呼吸に注意すること。シャリーア的作法では、努力すれば、即座に憐憫が生じるとされている。

4．入廟は、謙遜と卑下でもって行うこと。入る際には、右足を先に出し、出るときには左足を出す。

5．自らを柵（żarīḥ）にくっつけよ。一部の者は、離れて立つのが良〔く、そのほうが礼節（adab）が多〕いと考えているが、それは誤りである。なぜならハディースには、「柵にもたれかからねばならない」と記されているからである。柵に口付けることは許されている（jāyiz ast）。敷居に口付けることについては、ハディースには現れないが、一部の十二イマーム派（imāmīya）のムジュタヒドたちは、許されると考えている。

6．顔をキブラに向けるのではなく、顔を柵に向け、背をキブラに向けることが、参詣の際には良い。

7．伝えられている方法での参詣〔祈祷文（ziyārat-nāma）〕（p. 167）は、次章で述べられる。〔たとえば、［その文言は］『大きな燈火（*Miṣbāḥ al-kabīr*）』などの祈祷の書に引用されている。〕「汝に平安あれ（al-salām alay-ka）」という言葉で十分である。一部のムジュタヒドは、そこにいることで十分だと見なしている。

8．自身の顔の右側を柵に当て、参詣を終えるときには祈祷を行うこと。

9. 自身の顔の左側を柵に当て、至高なる神に、彼と墓の主について、墓の主の仲介によって彼を天国の住人とするよう求めること。祈祷を大声で詠み、強調すること。
10. 枕元に行き、顔をキブラに向け、祈祷を行うこと。
11. 参詣［祈祷文の朗詠］後、参詣用の礼拝（namāz-i ziyārat）の二度のラクアを行うこと。もし使徒様――神が彼とその一族を嘉されますように――の参詣であれば、その御方のミンバルと墓の間で参詣の礼拝を行うことが慣例である。もしイマーム様たち――彼らに平安あれ――の参詣であれば、枕元で行わなければならない。この礼拝で、イマーム様たち――彼らに平安あれ――からの許しを得、顔を墓に向けることができる。たとえキブラに背を向けなければならないとしても。しかし、顔を柵に向けたとしても、背をキブラに向けないようにする方が良い。(原注１)

原注１：もちろん、これをしないことが良いとは、如何なる時にも示されていない。

12. 参詣の礼拝を終えた後、伝えられている祈祷を詠むこと。信仰や世俗のことで、心に生じたことを求めること。全被造物のために祈祷することはより良い。なぜならそれはより聞き届けられやすいからである。
13. その場所で『クルアーン』の朗誦を行うこと。その功徳を柵の主に贈ること。なぜなら、そのご利益は再度自らに達し、墓の主への畏敬の因となるからである。
14. 能力に応じ、すべての状況下で心の統一（iḥżār-i qalb）をし、すべての罪を改悛（tawba）すること。
15. その地の奉仕人（ハーディム）や番人たちやそこの困窮者たちに喜捨をすること。なぜなら彼の地での喜捨の功徳は２倍になるからである。
16. 彼らへ敬意を払うこと。なぜなら、事実、彼らに敬意を払うことは、すなわち墓の主に敬意を払うことだからである。
17. 参詣から戻っても、その町にいる間は、再び参詣に行くこと。
18. 出発が近づいてきた場合は、伝えられている祈祷でもって別れ（vidāʿ）を告げること。
19. 至高なる神にその場所への再訪を乞うこと。
20. その場所から外へ出るときには、顔を柵に向け、後ろ向きに外へ出ること。

21. すばやくその場所から外へ出ること。なぜなら、そのほうが尊崇と敬意が多く、再訪の熱望がより早く叶えられるからである。

第3節　使徒様——神が彼とその一族を嘉されますように——と信徒の長アリー様と無謬なるイマーム様——彼らすべてに祝福あれ——の参詣〔祈祷文〕について

知れ。使徒様（p. 168）——神が彼とその一族を嘉されますように——と信徒の長様と無謬なるイマーム様——彼らすべてに祝福あれ——の参詣［祈祷文］は、多くの方法で伝えられており、この梗概では、それらすべてを記す余地はない。それゆえ、この小書では、その御方々一人ひとりについて、簡潔な参詣［祈祷文］として簡略に記し、イブン・バーバワイフ（Ibn Bābavayh／イブン・バーブーヤ）の『法学者不要の書（*Kitāb man lā yaḥżuru-hu al-faqīh*）』、イブン・カウラワイフ（Ibn Qawlavayh／イブン・クールーヤ）の『参詣完書（*Kāmil al-ziyārāt*）』、シャイフ・トゥースィー（Shaykh Ṭūsī）の『諸規定改定の書（*Tahẕīb-i ḥadīth*）』や『大小の燈火（*Miṣbāḥ-i kabīr va ṣaghīr*）』などといった信頼に足るハディース集や、『祈願集成（*Ad'īya*）』や［シャイフ・ムフィード著］『墓の書（*Mazār*）』などの書物から選び出した。

［以下、預言者、ファーティマ、アリー、フサイン、ムーサーとムハンマド・タキー、レザー、アリー・ナキーとハサン・アスカリー、マフディーの参詣の際の祈祷文が記されるが、ここでは省略する。］

（p. 186）

第4節　使徒様と信徒の長様と無謬なるイマーム様——彼らすべてに祝福あれ——の誕生の日付と逝去の日付

［預言者ムハンマド］

ムハンマド・ブン・アブドゥッラー・ブン・アブドゥルムッタリブ・ブン・ハーシム・ブン・アブド＝マナーフ Muḥammad b. 'Abd Allāh b. 'Abd al-Muṭṭalib

b. Hāshim b. ʻAbd Manāf――神が彼と彼の一族を嘉されますように――。彼のクンヤはアブー・カースィム Abū al-Qāsim であり、誕生はメッカで、「象の年」のラビー・アルアッワル月17日金曜日夜明けのことであった。いくつかの真正なるハディースでは、その御方の誕生日はラビー・アルアッワル月12日であると言われており、スンナの人々の見解と一致する。しかし、ハディースではまた、二つの異なったハディースが伝えられている場合には、スンナの人々の意見とは一致しないハディースに基づき行動すべきである、と言われており、このため我々の学派は後者の見解［である12日説］には基づかない。その御方の母親は、ワフブ・ブン・アブド＝マナーフの娘アーミナ Āmina bint Vahb b. ʻAbd Manāf であり、［巡礼祭中の］ズー・アルヒッジャ月11日12日13日である「犠牲祭後の三日間（ayyām-i tashrīq）」に、彼の父アブドゥッラー・ブン・アブドゥルムッタリブ・ブン・ハーシム・ブン・アブド＝マナーフ ʻAbd Allāh b. ʻAbd al-Muṭṭalib b. Hāshim b. ʻAbd Manāf の声によって、 Jamra-yi vusṭā（？）に近い、ミナーの家で妊娠した。この場所に関しては議論があり、諸文献の中でその返答についても記されている。彼の預言者としての召命日は、ラジャブ月27日であり、御歳は40歳を過ぎていた。27日の夜と（p. 187）昼には、12ラクアの礼拝とその御方の参詣が慣習となっている。ラマダーン月21日には、その御方のミーラージュの昇天があった。召命から13年目の木曜日の夜には、メッカからメディナへとヒジュラを行われた。同じ日の夜、信徒の長アリー様――彼に平安あれ――は、預言者様――神が彼と彼の一族を嘉されますように――の代わりに寝床につき、自分自身をあの御方の犠牲として差し出された。そのため『クルアーン』にも、このことに関してその御方への賞賛が語られている。ラビー・アルアッワル月10日には、ファーティマ・ザフラー様――彼女に平安あれ――の母親であるハディージャ様をご自身の妻として娶られた。そのときその御方は25歳であり、ハディージャは40歳であった。同じ日に、その御方の祖父が死去されたが、そのときその御方は９歳であった。召命から10年目のラマダーン月12日には、ハワーリドの娘ハディージャ Khadīja bint Khavālid が死去した。またその御方の逝去は、メッカからメディナへと移られたその御方のヒジュラから11年目のサファル月28日月曜日のことであった。一部のムジュタヒドたちは、ラビー・アルアッワル月18日に亡くなられたと言っている。享年63

歳であった。

＜信徒の長様——彼に平安あれ——＞

彼の吉兆なる名前はアリー ʻAlī、クンヤはアブー・ハサン Abū al-Ḥasan、彼の父はアブー・ターリブ Abū Ṭālib、母方の父の兄弟は、預言者様——神が彼と彼の一族を嘉されますように——の父アブドゥッラー ʻAbd Allāh である。彼の母はアサド・ブン・ハーシムの娘ファーティマ Fāṭima bint Asad b. Hāshim であり、信徒の長様と彼の兄弟たちは、二つの「ハーシム家」から生まれた最初の方の「ハーシム家（Hāshimī）」である。彼の誕生は、カーバの内室（andarūn-khāna-yi Kaʻba）にて、ラジャブ月13日のことである。いくつかの伝承では、シャーバーン月７日と言われている。誕生後30年のとき、使徒様——神が彼と彼の一族を嘉されますように——は、ヒジュラから10年目のズー・アルヒッジャ月18日に、その御方のイマーム位への任命（naṣb）をなされた。ヒジュラから34年目の同じ日に、ウスマーン・ブン・アッファーンが殺害され、人々は彼にバイアを行った。同じ日に、ムーサー——彼に平安あれ——が呪術師たちに勝利を収め、また同じ日にイブラーヒーム——彼に平安あれ——が火から救われた。また同じ日に、ムーサーは自身の代理人としてユーシャア Yūshaʻ を、またスライマーンはアーサフ Āṣaf を任命した。他の預言者たちの代理人もまた、この日に任命されている。同じ月の24日には、預言者様と信徒の長とファーティマとハサンとフサイン——彼らに平安あれ——は、ユダヤ教徒たち（juhūdān）と戦った。またこの日、信徒の長様は、自分の指輪を喜捨され、「まことにアッラーはあなたたちの長」という章句がこれに関して降された。この月の25日には、信徒の長（p. 188）とファーティマ——彼ら二人に平安あれ——は、ご自身の飢えや必要にもかかわらず、パンの塊を貧者や孤児や捕虜に施された。これに関しては、「与えたのか」という章句が降った。上述の月の26日に、ウマルが襲われ、ヒジュラから23年目のこの月の27日にウマルは死去した。また、信徒の長様の逝去は、ヒジュラから40年目のラマダーン月21日金曜日の夜、クーファのモスクでのことであった。同じ夜に、イーサー——彼に平安あれ——は昇天し、同じ夜に、イムラーンの子ムーサーは神の御許へと身罷り、彼の代理人のヌーンの子ユーシャア Yūshaʻ b. Nūn が死去した。彼の吉兆なる埋葬地は、高貴なるナジャフであり、享年は63歳であった。

＜ファーティマ・ザフラー様——彼女に平安あれ——＞

預言者様——神が彼と彼の一族を嘉されますように——の娘であり、彼女の生誕地はメッカで、召命後5年目のことであった。彼女の没した日はメディナで、預言者様——神が彼と彼の一族を嘉されますように——の逝去から100日目のことであった。彼女の埋葬地については異論があるが、最も信憑性のあるものは、伝えられているように、自身の家に葬られた、というものである。ウマイヤ家が預言者様——神が彼と彼の一族を嘉されますように——のモスクを拡張した後は、その家はモスクに吸収され、ミンバルと使徒様——神が彼と彼の一族を嘉されますように——の墓の間にある。

＜イマーム・ハサン・ブン・アリー・ブン・アビー＝ターリブ様——彼に平安あれ——＞

青年の長であり、楽園の住人である。彼の母はファーティマで、クンヤはアブー・ムハンマド Abū Muḥammad である。彼の生誕地はメディナで、ヒジュラから2年目のラマダーン月15日火曜日のことであった。一部のムジュタヒドはヒジュラ8年目のことだと言っている。彼の埋葬地はバキー（Baqī‘）で、逝去の日は、ヒジュラから49年目のサファル月7[原注1]日木曜日のことである。一部では、50年目のことだと言われている。享年は、48歳であったが、47歳であるとも言われている。原注1：いくつかの伝承では、これ以外の日付も伝えられている。

＜イマーム・フサイン・ブン・アリー・ブン・アビー＝ターリブ様——彼に平安あれ——＞

青年の長であり、楽園の住人である。彼の母はファーティマ・ザフラーで、クンヤはアブー・アブドゥッラー Abū ‘Abd Allāh である。彼の生誕地はメディナで、ヒジュラから3年目のラビー・アルアッワル月末日のことであった。一部のムジュタヒドはラマダーン月13日木曜日のことだと言っており、また一部では、ヒジュラから4年目のシャーバーン月25日だとも言われている。彼の埋葬地はカルバラーであり、（p. 189）ムハッラム月10日土曜日のことであった。一部では、月曜日や金曜日であったと言われている。ヒジュラから61年目のことであり、享年は58歳であった。

＜イマーム・ザイヌルアービディーン・アリー・ブン・フサイン様――彼に平安あれ――＞

彼のクンヤはアブー・ムハンマド Abū Muḥammad であり、彼の母はシールーヤ・ブン・ホスロウ・パルヴィーズの娘シャー・ザナーン Shāh Zanān bint Shīrūya b. Kisrā Parvīz である。一部では、ヤズダジェルド Yazdajird の娘であるとも言われている。生誕地はメディナであり、ヒジュラから33年目のシャーバーン月５日日曜日のことであった。一部では、38年目だと言われている。埋葬地はバキーで、伯父であるイマーム・ハサン――彼に平安あれ――の前にある。逝去の日は、ヒジュラから95年目の神聖なるムハッラム月12日土曜日のことであり、享年は57歳であった。

＜イマーム・ムハンマド・バーキル様――彼に平安あれ――＞

彼のクンヤはアブー・ジャーファル Abū Ja'far であり、母はハサン・ブン・アリーの娘ウンム・アブドゥッラー Umm 'Abd Allāh bint al-Ḥasan b. 'Alī である。彼は、二つに分かれたアリー家（'Alavī）の最初のアリー家成員である。生誕地はメディナであり、ヒジュラから57年目のサファル月３日月曜日のことであった。今述べたことは、'Allāma［Ḥillī］と Shaykh Shahīd が *Taḥrīr* と *Durūs* で言及していることである。イマーム・フサイン様――彼に平安あれ――の逝去は、ヒジュラから61年目に生じたことであるため、その御方の殉教の日と、イマーム・ムハンマド・バーキル様――彼に平安あれ――［の誕生の間］は４年間あったことになり、このことは Ṣadūq（イブン・バーバワイフ）――彼に慈悲あれ――が『法学者不要の書』の中で言及している。彼の埋葬地はバキーで、父の傍らにある。逝去の日付は、ヒジュラから114年目のズー・アルヒッジャ月７日月曜日である。一部では、116年目だと言われている。享年は57歳であった。

＜イマーム・ジャーファル・サーディク様――彼に平安あれ――＞

彼のクンヤはアブー・アブドゥッラー Abū 'Abd Allāh であり、母はウンム・フルーフ Umm Furūh である。一部では、彼の母の名はファーティマであり、彼女のラカブがウンム・フルーフであったと言われている。生誕地はメディナであり、ヒジュラから83年目のラビー・アルアッワル月17日月曜日のことであった。埋葬地はバキーで、父の傍らにある。逝去の日付は、ヒジュラから148年目のラジャブ月15日であるが、一部では、シャッワール月だと言われている。享年は65歳であった。

＜イマーム・ムーサー・カーズィム様――彼に平安あれ――＞

彼のクンヤはアブー・ハサン Abū al-Ḥasan、アブー・イブラーヒーム Abū Ibrāhīm、アブー・アリー Abū ʻAlī であり、母はジャミーダ・バルバリーヤ Jamīda Barbarīya である。生誕地はメッカとメディナの間にある Ibvāka Manzalī であり、ヒジュラから128年目のサファル月7日日曜日のことであった。一部では、129年目だと言われている。埋葬地はバグダードにあるクライシュ墓地（maqbara-yi Quraysh）であり、ヒジュラから183年目のラジャブ月24日に逝去された。（p. 190）一部では、181年目のラジャブ月25日金曜日であったと言われている。享年は50歳であった。

＜イマーム・アリー・ブン・ムーサー・アッリダー様――彼に平安あれ――＞

彼のクンヤはアブー・ハサン Abū al-Ḥasan であり、母はウンム・ワラド Umm Valad[2] である。生誕地はメディナで、ズー・アルカーダ月15日木曜日のことであった。一部では、23日だと言われている。ヒジュラから148年目のことであった。埋葬地はホラーサーンのトゥースであり、［逝去は］ヒジュラから203年目のことであった。享年は55歳であった。

＜イマーム・ムハンマド・タキー・ジャヴァード様――彼に平安あれ――＞

彼のクンヤはアブー・ジャーファル Abū Jaʻfar である。父はイマーム・レザー様――彼に平安あれ――で、母は Bayt-i Mārīya-yi Qibṭīya の人でウンム・ワラド Umm Valad である。生誕地はメディナで、ヒジュラ195年ラマダーン月15日のことであった。埋葬地はバグダードのクライシュ墓地で、父の側にある。逝去の日付は、ズー・アルカーダ月末日である。一部の者はズー・アルカーダ月15日火曜日と言っている。ヒジュラ220年のことであった。享年は25歳であった。

＜イマーム・アリー・ナキー様――彼に平安あれ――＞

彼のクンヤはアブー・ハサン Abū al-Ḥasan であり、父はムハンマド・ジャヴァードで、母はサマーナ・ウンム・ワラド Samāna Umm Valad である。生誕地はメディナで、ズー・アルヒッジャ月15日である。一部では26日と言われている。ヒジュラ212年のことであった。埋葬地はサーマッラー（Surra man rā'）の自身の家で、254年ラジャブ月３日月曜日である。一部では、ラジャブ月２日だとも言われている。享年は41歳と９ヶ月であった。

＜イマーム・ハサン・アスカリー様――彼に平安あれ――＞

彼のクンヤはアブー・ムハンマド Abū Muḥammad で、父はイマーム・アリー・ナキー様――彼に平安あれ――で、母はハディース・ウンム・ワラド Hadīth Umm Valad である。生誕地はメディナで、ラビー・アッサーニー月10日のことであった。一部の者は、上述の月の４日月曜日であると言っている。ヒジュラ232年のことであった。埋葬地は、サーマッラーにある父の家で、ヒジュラ260年ラビー・アルアッワル月８日日曜日（一部では金曜日）だと言われている。享年は28歳であった。シャイフ・ムフィード――彼に慈悲あれ――は以下のように仰っている：「あの御方の家の外から参詣を行わなければならない。というのも、他人の家の中に、許可なくして入ることはできないからである。より正しくは、その中に入ることは認められている。というのも、無謬なるイマーム様たち――彼らに平安あれ――は、自らの所有物を、自らの党派の人々（shī'a-yi khud）に対して合法とされたからである。このことは、諸伝承の中で言われている」と。

＜イマーム・ムハンマド・マフディー様――彼に平安あれ――＞

彼のクンヤはアブー・カースィム Abū al-Qāsim であり、母はサイカル Sayqal、彼女のラカブはナルジス Narjis である。一部では、ザイドの娘マリヤム Maryam bint Zayd と言われている。生誕地はサーマッラーであり、254年（一部では255年と言われる）シャーバーン月15日の夜のことである。（p. 191）この方こそは、すべての人々にとって、その再臨（ẓuhūr）が確実であり、不正で満ちている地上を正義で満たしてくれる方である。

注

1）石版本およびロンドン写本（British Library, Add. 23578, fols. 84a-88b）を参照した。ロンドン写本は、1063/1652-53年の写本を、1202/1787-88年に書き直したものである。ロンドン写本では、第3節がすべて欠落しており、全三節からなる構成となっている。訳出にあたっては石版本をもとにしたが、筆者による補いには［　］を、ロンドン写本との異同には〔　〕を使用した。

2）字義どおりには「息子の母親」。奴隷出身の女性に対して用いられる。

バグダード州内の聖人の墓一覧 1)

1．バグダード管区

バグダード市

Shaykh ʻAbd al-Qādir Gīlānī
Shaykh ʻAbd al-Vahhāb
Shaykh ʻAbd al-Jabbār
Shaykh Sirāj al-Dīn
Shaykh Ṣadr al-Dīn
Sayyid Sulṭān ʻAlī
Imām Aḥmad Qudūrī
Shaykh Aḥmad al-Vatrī
Shaykh Najīb al-Dīn Suhravardī
Shaykh Shihāb al-Dīn Suhravardī
Shaykh Ibn al-Javzī
Shaykh Muḥāsibī
Shaykh Muḥammad Azharī
Shaykh Muḥammad al-Alfī
Sayyid Muḥammad Rafīʻ
Shaykh Sayyid Ibrāhīm
Shaykh ʻAbd al-Karīm al-Jaylī
Shaykh Vāṣil
Shaykh Muḥammad al-Jaylī
Shaykh Ẓahīr al-Dīn
Shaykh Muḥammad Iḥsāʼī
Shaykh Nuʻmān
Shaykh Muḥammad Khallānī
Shaykh ʻAlī Ṣaḥrānī
Imām Muḥammad al-Fażl
Ibrāhīm al-Fażl
Imām Muḥammad al-ʻĀqūlī
Pīr Dāud
Ganj Dāud (/Uthmān)
Abū Sayfīn
Javānmard Qaṣṣāb
Qanbar ʻAlī
Shaykh Muḥammad Majnūn
Shaykh Muḥammad Ghazzālī
Sayyid ʻAlī al-Bandanījī
Shaykh Makkī
Shaykh Muḥammad Jamal
Shaykh ʻUmar Qazzāz
Shaykh Muḥammad al-Bakrī
Shaykh Aḥmad Baghdādī
Sayyid Faraj Allah
Sayyid Muḥammad Ṭāhir
Sayyid ʻAlī

バグダード周辺

Ilyās (*maqām*)
Yūshaʻ Nabī
Shaykh Maʻrūf Karkhī
Shaykh Sirrī Saqṭī
Shaykh Junayd Baghdādī
Shaykh Dāud Ẓāhirī
Ḥabīb al-ʻAjamī
Abū Ḥasan ʻAlī al-Ashʻarī
Shaykh Dāud Ṭāʼī
Shaykh Vīm b. Aḥmad

Shaykh Najm al-Dīn
Bahlūl Dānā
Shaykh Ṣandal
Shaykh Mūsā al-Jabūrī
Sayyid ʻAbd al-Ghafūr
Zubayda

バグダード東部

★ Salmān al-Fārsī
★ Ḥuẕayfa al-Yamānī
★ ʻAbd Allāh al-Anṣārī
Muḥammad Tāj al-Dīn
ʻAbd Allāh al-Aʻraj

アーザミーヤ街区

Abū Ḥanīfa Nuʻmān b. Thābiṭ
Aḥmad b. Ḥanbal
Bashar al-Ḥāfī
Shaykh Shiblī
Shaykh Jalāl al-Dīn
Shaykh Muḥammad al-Nūrī
Shaykh Muḥammad al-Dabbās
Shaykh ʻUryān

カーズィミーヤ郡

★ Imām Mūsā al-Kāẓim
★ Muḥammad al-Javād
Sayyid Ibrāhīm
Sayyid Ismāʻīl
Imām Abī Yūsuf
Naṣr Allāh Ibn al-Athīr
Shaykh Muḥammad al-Anbārī
Sayyid Murtaẓā

サーマッラー郡

★ Imām ʻAlī al-Hādī
★ Imām Ḥasan al-ʻAskarī
Imām Muḥammad al-Dūr
★ Ḥalīma
★ Nargis
Ḥafṣ
★ Imām Mahdī（*maqām*)

ティクリート郷

ʻUmar b. Jandīl al-Ghaffārī
40 martyrs

ホラーサーン郡

Daniel Nabī（*maqām*)
Ibrāhīm Adham
★ Miqdād
Luqmān Ḥakīm（*maqām*)
Sayyid ʻAbd Allāh
Shaykh Maḥmūd
Shaykh ʻAlī Mudarris
Abū al-Karam（/al-Karīm)
Shaykh Shihāb al-Dīn
Abū Fayyāż
Shaykh Zangī
Shaykh Ṣāliḥ
Shaykh Muḥammad Farzīnī
Abū Khamīs
Mullā Qāsim al-Tavījarī
Abū Idrīs
Shaykh ʻAbd al-Ḥamīd
Shaykh Muḥammad al-Ābārīqī
Shaykh Razaj
Abū Mashāʻil
Shaykh ʻAlī Abū Jisrāvī
Shaykh ʻAbbās
Sayyid Sulṭān ʻAlī
Abū al-Ḥadīd

Shaykh Sa'īd
'Abd Allāh b. 'Alī
Muḥammad b 'Alī
Sayyid Muḥammad
Shaykh Muḥammad
Sayyid 'Alī
'Imrān b. 'Alī
Imām 'Askar
Shaykh Zayn al-Dīn
Dada Valī
Shaykh Ṣāliḥ
Sharḥabīl
Imām Manṣūr
Shaykh Sakarān

ヒート郷

Khiżr (*maqām*)
Shaykh 'Abd Allāh
Abū al-Vafā'
Aḥmad al-Khiẕr
Shaykh Muḥammad
'Alī Nūr al-Dīn
Ḥājjī 'Abd al-Mun'im
Shaykh Tāj al-Dīn
Buka Mamāthil

2．ディーワーニーエ(ヒッラ)管区

Muḥammad Abū Fażl b. Imām Mūsā
Shu'ayb Nabī (*maqām*)
Yūnus Nabī (*maqām*)
Abū Fażl b. Imām Ḥasan (*maqām*)

<u>ヒッラ郡</u>

Ayyūb Nabī (*maqām*)
Ibrāhīm Nabī (*maqām*)
Qāsim b. Imām Mūsā
Mu'īn b. Imām 'Alī (*maqām*)
'Awn b. Imām 'Alī
'Imrān b. Imām 'Alī
Zayd b. Imām 'Alī
'Alī b. Imām Ḥasan (*maqām*)
'Alī b. Imām Ḥusayn (*maqām*)

<u>サマーワ郡</u>

Khiżr Nabī (*maqām*)

3．カルバラー管区

★ Imām Ḥusayn
★ Imām 'Abbās
★ 'Alī Akbar
★ 'Alī Asghar
★ 72 martyrs
Ḥabīb b. Maẓāhir
Ibn Riyāż
Shahīd Marqadī
Sayyid Kāẓim b. Ḥamza
Nūḥ
Ibrāhīm b. Ḥasan
Shaykh Abū al-Fahd

シャファーティーエ郷

Imām Ḥasan (*maqām*)

ラハーリーエ郷

Sayyid Aḥmad b. Imām Mūsā
Sayyid Muḥammad b. Imām Mūsā

<u>ナジャフ</u>

★ Imām 'Alī
Wife of Imām Ḥasan
'Alī b. Ḥusayn

Bint al-Muṣṭafā

ワーディー・アッサラーム

★ Hūd (highly place)

★ Ṣāliḥ (highly place)

★ Imām Mahdī (highly place)

クーファ

★ Yūnus Nabī (*maqām*)

★ Muslim b. ʻAqīl

★ Hānī b. ʻUrva

ヒンディーエ郡

Yūnus Nabī (*maqām*)

Ibn al-Ḥasan

Ibn al-Ḥamza

Ibn al-Ḥusayn

キフル郷

Ẕū al-Kifl Nabī

Imām Rāshid

バドラ郡

Shaykh Sulaymān desc. of ʻUmar

Imām ʻAlī b. Ḥasan al-Mujtabā

Sayyid Ḥasan b. Imām Mūsā

Shaykh ʻAbd Allāh al-Ṣāliḥ

注

1）『バグダード州年報』1312/1894-95年版に基づいているが、1313-14/1896-98年版や1325/1907-08年版も参照し、適宜修正を施している［BS: 1312/254-262, 1313-14/325-341, 1325/337-342］。イタリックは1312年版に現れないものであり、「*maqām*（立ち処）」との注記以外はすべて墓である。各人の説明は、BS: 1300/257-287を参照のこと。ただし、1312年版とすべての情報は一致せず、片方にのみ載っている場合が多い。★印は、ペルシア語旅行記等からイラン人シーア派ムスリムの参詣が確認されるもの。

参考文献

一次史料

〈文書史料〉

・未公刊

BOA：Başbakanlık Osmanlı Arşivi（トルコ総理府オスマン文書館）

A. DVN. DVE：Divân-ı Hümayûn ve Bâb-ı Âsafî Defterleri, Düvel-i Ecnebiye Defterleri.

A.MKT.MHM：Sadâret Mektubî Kalemi, Mühimme Kalemi.

A.MKT.UM：Sadâret Mektubî Kalemi, Umum Vilâyât.

C-HR：Muallim Cevdet Tasnifi, Hariciye.

C-SH：Muallim Cevdet Tasnifi, Sıhhiye.

DH-MUİ：Dahiliye Nezâreti Mektubî Kalemi, Muhâberât-ı Umumiye İdaresi.

HR.MKT：Hariciye Nezâreti Mektûbî Kalemi.

HR.SYS：Hariciye Nezâreti Siyasî Kısım.

İ-MSM：Mesâil-i Mühimme İrâdeleri.

İ-MVL：İrâde-i Meclis-i Vâlâ.

MV：Meclis-i Vükelâ Mazbataları.

Y.A.HUS：Yıldız Tasnifi, Sadârat Hususî Mâruzât.

Y.MTV：Yıldız Mütenevvî Mâruzât.

Y.PRK.A：Yıldız Perâkende Sadâret Mâruzâtı.

Y.PRK.ASK：Yıldız Perâkende Askerî Mâruzât.

Y.PRK.AZJ：Yıldız Perâkende Arzhal ve Jurnaller.

Y.PRK.BŞK：Yıldız Perâkende Mâbeyn Başkitâbeti.

Y.PRK.HR：Yıldız Perâkende Hariciye Nezâreti Mâruzâtı.

Y.PRK.MF：Yıldız Perâkende Maarif Nezâreti Mâruzâtı.

Y.PRK.MK：Yıldız Perâkende Müfettişlik ve Komiserlikler Tahriratı.

Y.PRK.MŞ：Yıldız Perâkende Meşihat Dairesi Mâruzâtı.

Y.PRK.SH：Yıldız Perâkende Sıhhiye Nezâreti Mâruzâtı.

Y.PRK.SRN：Yıldız Perâkende Serkurenâlık.

MATD：Markaz-i Asnād va Tārīkh-i Diplumāsī（イラン外務省附属外交文書歴史センター）

SAM：Sāzmān-i Asnād-i Millī（イラン国立文書館）

・公刊

Āmār：Sīrūs Sa'dvandiyān and Manṣūra Ittiḥādīya (Niẓām Māfī) (eds.). *Āmār-i dār al-khilāfa-yi Tihrān (Asnādī az tārīkh-i ijtimā'ī-yi Tihrān dar 'aṣr-i Qājār), 1269 hijrī-yi qamarī, 1286 hijrī-yi qamari, 1317 hijrī-yi qamarī.* Tehran, 1368s.

AMQ：Muḥammad Riżā Naṣīrī (ed.). *Asnād va mukātibāt-i tārīkhī-yi Īrān (Qājārīya).* 4 vols. Tehran, 1366s-1372s.

Erzurum：Naṣr Allāh Ṣāliḥī (ed.). *Asnādī az ravand-i in'iqād-i 'ahd-nāma-yi duvvum-i Arzanat al-Rūm (1258–1264 h.q.).* Tehran, 1377s.

Ferîdûn：Ferîdûn Bek. *Mecmû'ah-i münşe'ât-i Ferîdûn Bek.* [İstanbul?] 1275h.

GAIU：Vāḥid-i Nashr-i Asnād (ed.). *Guzīda-yi asnād-i siyāsī-yi Īrān va 'Uthmānī.* 6 vols. Tehran, 1369–72s.

IIB：Richard Schofield (ed.). *The Iran-Iraq Border 1840–1958.* 11 vols. University of Durham, 1989.

MUM：*Muâhedât-ı mecmûası.* vol. 3. İstanbul, 1297h.

Rażavīya：Mīrzā Muḥammad Riżā Ṣādiq al-Dawla. *Āthār al-Rażavīya.* Lithography. Tehran, 1317h.

Ṭahmāsb：'Abd al-Husayn Navā'ī (ed.). *Shāh Ṭahmāsb-i Ṣafavī: Majmū'a-yi asnād va mukātibāt-i tārīkhī hamrāh bā yāddāsht-hā-yi tafṣīlī.* Tehran, 1368s.

Ṭūmār：Markaz-i Khurāsān-shināsī-yi Āstān-i Quds-i Riżavī (ed.). *Ṭūmār-i 'Ażud al-Mulk.* Unpublished.

〈文献史料〉

Abbott：Keith Edward Abbott. *Cities & Trade: Consul Abbott on the Economy and Society of Iran 1847–1866.* ed. by Abbas Amanat. London, 1983.

Adīb：'Abd al-'Alī Adīb al-Mulk. *Safarnāma-yi Adīb al-Mulk bah 'Atabāt.* ed. by Mas'ūd Gulzārī. Tehran, 1364s.

Adīb (D)：*Dāfi'-i ghurūr, yā Rūznāma-yi safar-i Āẕarbāijān-i Adīb al-Mulk Muqaddim dar sāl-i 1270 qamarī.* ed. by Īraj Afshār. Tehran, 1349s.

'Âlî：'Âlî Bek. *Siyâḥat zhûrnâlı (Istânbûl'dan Baghdâd'a va Hindstân'a) min sana 1300 ilâ sana 1304.* İstanbul, 1314h.

AM：Anonymous. "Safarnāma-yi 'Atabāt va Makka, ba sāl-i 1317." eds. by Rasūl Ja'fariyān and Ṣādiq Barzgar. *Mīrāth-i Islāmī-yi Īrān*, 5 (1376s). pp.119–228.

Amīn：Mīrzā 'Alī Khān Amīn al-Dawla. *Safarnāma-yi Amīn al-Dawla Ḥājj Mīrzā 'Alī Khān Ṣadr-i A'ẓam*, ed. by Islām Kāẓimīya. Tehran, 1354s.

Ardabīlī : Aḥmad Muqaddas Ardabīlī. *Ḥadīqat al-shīʻa*. Tehran, 1377s.
ʻAżud : ʻAlī Riżā Khān ʻAżud al-Mulk. *Safarnāma-yi ʻAżud al-Mulk bah ʻAtabāt*. ed. by Ḥasan Mursilvand. Tehran, 1370s.
Bahāʼī : Bahā al-Dīn Muḥammad ʻĀmilī. *Jāmiʻ-i ʻabbāsī*. Tehran, [n.d.]. (ms. British Library, Add. 23578.)
Bell : Gertrude Bell. *Amurath to Amurath*. 2nd edition. London, 1924.
Bellew : Henry Walter Bellew. *From the Indus to the Tigris: A narrative of a journey through the countries of Balochistan, Afghanistan, Khorassan and Iran, in 1872, together with a synoptical grammar and vocabulary of the Brahoe language and a record of the meteorological observations and altitudes on the march from the Indus to the Tigris*. London, 1874.
Bihishtī : ʻAbd Allāh Thānī Bihishtī Haravī. *Nūr al-mashriqayn*. ed. by Māyil Hiravī. Mashhad, 1377s.
BS : *Bağdad vilâyeti sâlnâmesi*. 1300 [1882–83], 1309 [1892], 1312 [1894–95], 1313–14 [1897], 1316 [1898], 1317 [1899], 1325 [1907].
Buckingham : James Silk Buckingham. *Travels in Mesopotamia. Including a journey from Aleppo to Bagdad, by the route of Beer, Orfah, Diarbekr, Mardin, & Mousul; with researches on the ruins of Nineveh, Babylon, and other ancient cities*. vol. I. London, 1827.
Burūjirdī : Muḥammad ʻAlī Burūjirdī. "Bazm-i gharīb (Safarnāma-yi ḥajj, sāl 1261)." ed. by Muḥammad Mahdī Miʻrājī. *Mīrāth-i Islāmī-yi Īrān*, 6 (1376s). pp. 739–803.
Chardin : Jean Chardin. *Voyages du Chevalier Chardin, en Perse, et autres lieux de l'Orient, enrichis d'un grand nombre de belles figures en taille-douce, représentant les antiquités et les choses remarquables du pays*. vol. 6–7. Paris, 1811.
シャルダン(H): ジャン・シャルダン (Jean Chardin)／羽田正『シャルダン『イスファハーン誌』研究——17世紀イスラム圏都市の肖像』東京大学出版会、1996年。
—— (O) : ジャン・シャルダン (Jean Chardin)／岡田直次（訳注）『ペルシア見聞記』平凡社（東洋文庫）、1997年。
Cuinet : Vital Cuinet. *La Turquie d'Asie : Géographie administrative statistique descriptive et raisonnée de chaque province de l'Asie-mineure*. Tome 3ème. Paris, 1893.
Dervîş : Dervîş Paşa. *Tahdîd-i Hudûd İraniye*. [n. p.] 1286h.
ダウティ : C. ダウティ (Charles Montagu Doughty)／小野寺健（訳）「アラビア砂漠」『世界ノンフィクション全集45』筑摩書房、昭和38年、155–290頁。

Dukhtar : Dukhtar-i Farhād Mīrzā. "Safarnāma-yi Makka." ed. by Rasūl Ja'fariyān. *Mīrāth-i Islāmī-yi Īrān*, 5 (1376s). pp. 263–320.

Dupré : Adrien Dupré. *Voyage en Perse, fait dans les années 1807, 1808 et 1809, en traversant la Natolie et la Mésopotamie, depuis Constantinople jusqu'a l'Extrémité du Golfe persique, et de la a Irèwan.* Tome 1er. Paris, 1819.

Fakhr : Abū al-Ḥasan Khān Fakhr al-Mulk. *Az ḥarīm tā ḥaram: Safarnāma-yi Abū al-Ḥasan Khān Fakhr al-Mulk (Ardalān) bah 'Atabāt.* ed. by Muḥammad Riżā 'Abbāsī. Tehran, 1372s.

Farāhānī, Muḥammad Ḥusayn Khān. *Safarnāma-yi Mīrzā Ḥusayn Farāhānī*, ed. by Ḥāfiẓ Farmānfarmā'iyān, Tehran, 1342s.

Fażl : Abī 'Abd Allāh Muḥammad al-Shajarī. *Fażl ziyāra al-Ḥusayn 'alay-hi al-salām.* ed. by al-Sayyd Aḥmad al-Ḥusaynī. Qom, 1403h.

Ferrier : Joseph-Pierre Ferrier. *Caravan Journeys and Wanderings in Persia, Afghanistan, Turkistan, and Beloochistan; With Historical Notices of the Countries Lying Between Russia and India.* trans. by William Jesse. London, 1856.

福島：福島安正『土領亜拉比亜紀行』東亜協会、昭和18年。

古川：古川宣誉『波斯紀行』（明治シルクロード探検紀行文集成第2巻）ゆまに書房、昭和63年、1-346頁。

Ḥabībābādī : Muḥammad 'Alī Mu'allim Ḥabībābādī. "'Urāża al-ikhvān dar safarnāma-yi Khurāsān." ed. by Ṣādiq Barzgar. *Mīrāth-i Islāmī-yi Īrān*, 10 (1378s). pp. 521–564.

Harris : Walter B. Harris. *From Batum to Baghdad viâ Tiflis, Tabriz, and Persian Kurdistan.* Edinburgh and London, 1896.

Hurşîd : Mehmed Hurşîd [Paşa]. *Seyâhatnâme-i Hudûd.* ed. by Alâattin Eser. İstanbul, 1997.

Ḥusām : Sulṭān Murād Ḥusām al-Salṭana. *Safarnāma-yi Makka: Dalīl al-anām fī sabīl ziyāra bayt Allāh al-ḥarām va al-quds al-sharīf va madīna al-salām.* ed. by Rasūl Ja'fariyān. Qom, 1374s.

I'lā'ī : Luṭf Allāh Khān I'lā'ī. "Safarnāma-yi Luṭf Allāh Khān I'lā'ī." ed. by Sayyid 'Alī Qāżī 'Askar. *Mīqāt-i ḥajj*, 9/33 (1379s), pp. 136–159, 9/35 (1380s). pp. 180–205.

Iṣfahānī : Mīrzā 'Alī Iṣfahānī. "Safarnāma-yi ḥajj, sāl-i 1331 qamarī." ed. by Rasūl Ja'fariyān. *Ba-sū-yi umm al-qurā.* Tehran, 1373s. pp. 151–227.

I'timād : 'Alī Khān I'timād al-Salṭana. *Safarnāma-yi Ḥājj 'Alī Khān I'timād al-Salṭana.*

ed. by Sayyid ‘Alī Qāżī ‘Askar. Tehran, 1379s.

I‘tiṣām : Mīrzā Khānlarkhān I‘tiṣām al-Mulk. *Safarnāma-yi Mīrzā Khānlarkhān I‘tiṣām al-Mulk.* ed. by Manūchihr Maḥmūdī. Tehran, 1351s.

Jāmi‘ : Shirkat al-Muṣṭafā al-Baḥrayn. *Jāmi‘ al-ziyārāt.* al-Manāma, 1420h (1999).

Jaubert : Pierre-Amédée Jaubert. *Voyage en Arménie et en Perse.* Paris, [1860?]. repr. [2002].

Jebb : Louisa Jebb (Mrs. Roland Wilkins). *By Desert Ways to Baghdad.* London, Edinburgh, Dublin and New York, [1909].

Kāmil : Abī al-Qāsim Ja‘far b. Muḥammad b. Qavlavayh. *Kāmil al-ziyārāt.* ed. by Mīrzā ‘Abd al-Ḥusayn al-Amīnī al-Tabrīzī. Najaf, Lithography, 1356h.

Kāzirūnī : Mullā Ibrāhīm Kāzirūnī. “Safarnāma-yi Makka.” ed. by Rasūl Ja‘fariyān. *Mīrāth-i Islāmī-yi Īrān*, 5 (1376s). pp. 321–385.

Khātūnābādī : Sayyid ‘Abd al-Ḥusayn Khātūnābādī. *Vaqāyi‘ al-sinīn va al-a‘vām, yā guzārish-hā-yi sāliyāna az ibtidā-yi khilqat tā sāl-i 1195 hijrī.* ed. by Muḥammad Bāqir Bihbūdī. Tehran, 1352s.

Khū’ī : Amīn al-Shar‘ Khū’ī. “Safarnāma-yi ‘Atabāt.” ed. by ‘Alī Sadrā’ī Khū’ī. *Mīrāth-i Islāmī-yi Īrān*, 7 (1377s). pp. 489–530.

Khurd : Muḥammad Yūsuf Vāla Qazvīnī Iṣfahānī. *Īrān dar zamān-i Shāh Ṣafī va Shāh ‘Abbās-i duvvum (1038–1071 h.q.): Khurd-i barīn.* ed. by Muḥammad Riżā Naṣīrī. Tehran, 1380s.

キールナン：キールナン（Reginald Hugh Kiernan）／岩永博（訳）『秘境アラビア探検史』上巻、法政大学出版局、1994年。

Loftus : William Kennett Loftus. *Travels and researches in Chaldæa and Susiana; with an account of excavations at Warka, the “Erech” of Nimrod, and Shúsh, “Shushan the palace” of Esther, in 1849–52, under the orders of Major-General Sir W. F. Williams of Kars, Bart., K.C.B., M.P., and also of the Assyrian Excavation Fund in 1853–4.* London, 1857.

Lorimer : John Gordon Lorimer. *Gazetteer of the Persian Gulf, ’Oman, and Central Arabia.* 2 vols. in 6 parts. Calcutta, 1908.

Majlisī : Muḥammad Bāqir al-Majlisī. *Biḥār al-anvār al-jāmi‘a li-durar akhbār al-a’imma al-aṭhār.* 110 vols. Beyrut, 1983.

Mishkāt : ‘Alī Akbar Mishkāt al-Sulṭān. “Mishkāt al-musāfirīn.” ed. by Mīr Hāshim Muḥaddith. *Mīrāth-i Islāmī-yi Īrān*, 5 (1376s). pp. 11–118.

Muhandis : Muḥammad Mīrzā Muhandis Qājār. *Jughrāfiyā-yi ‘Irāq-i ‘Ajam va ‘Arab.*

ms. Kitābkhāna-yi Millī-yi Malik. No. 507.

Munshīzāda : Muḥammad Ḥusayn Munshīzāda. *Safarnāma-yi Munshīzāda*. ed. by Muḥammad Bāqir Munshīzāda. Yazd, 1371s.

Mushīr : Mīrzā Sayyid Ja'far Khān Muhandis-bāshī Mushīr al-Dawla. *Risāla-yi taḥqīqāt-i sarḥaddīya*. ed. Muḥammad Mushīrī. Tehran, 1348s.

Najm : ['Abd al-Ghaffār Najm al-Mulk.] "Safarnāma-yi shīrīn va pur mā-jarā." ed. by Sayyid 'Alī Qāżī 'Askar. *Mīqāt-i ḥajj*, 19 (1376s). pp. 165–187.

Narāqī : Ḥājj Mullā Aḥmad Narāqī. *Mi'rāj al-sa'āda*. ed. by Riżā Marandī. Tehran, 1382s.

Nāṣir : Nāṣir al-Dīn Shāh Qājār. *Shahriyār-i jādda-hā: Safarnāma-yi Nāṣir al-Dīn Shāh bah 'Atabāt*. eds. by Muḥammad Riżā 'Abbāsī va Parvīz Ba'īdī. Tehran, 1372s.

Naṣūḥ : Naṣūḥü's-Silāḥī (Maṭrāḳçī). *Beyān-ı Menāzil-i Sefer-i 'Irāḳeyn*. Hüseyin G. Yurdaydın. Ankara, 1976.

Niebuhr : Carsten Niebuhr. *Voyage de M. Niebuhr en Arabie et en d'autres pays de l'Orient, avec l'extrait de sa description del'Arabie & des observations de Mr. Forskal*. 2 tomes. Suisse. 1780.

Niẓām : Muḥammad Rafī' Niẓām al-'Ulamā Ṭabāṭabā'ī Tabrīzī. *Safarnāma-yi gharvī*. Lithography. [n.p.] 1313h.

Peters : John Punnett Peters. *Nippur or Explorations and adventures on the Euphrates: The narrative of the University of Pennsylvania Expedition to Babylonia in the years 1888–1890*. 2 vols. New York and London, 1897.

Pīrzāda : Muḥammad 'Alī Nā'inī, *Safarnāma-yi Ḥājjī Pīrzāda*. ed. by Ḥāfiẓ Farmānfarmā'iyān. 2 vols. in 1 band. Tehran, 1360s.

Qānūn : Muḥammad Shafī' Qazvīnī. *Qānūn-i Qazvīnī: Intiqād-i awżā'-i ijtimā'ī-yi Īrān dawra-yi nāṣirī*. ed. by Īraj Afshār. Tehran, 1370s.

Qazvīnī : Muḥammad Ṭāhir Vaḥīd Qazvīnī. *'Abbāsnāma yā sharḥ-i zindagānī-yi 22 sāla-yi 'Abbās-i thānī (1052–1073)*. ed. by Ibrāhīm Dihgān. Arak, 1329h.

Qummī : Shaykh 'Abbās Qummī. *Kulliyāt-i mafātīḥ al-jinān*. trans. by Ilāhī Qumsha'ī. Qom, [n.d.]

Ra'īs : Mīrzā Muḥammad Ḥusayn Ra'īs al-Kuttāb. "Ṣūrat-i manāzil va farāsikh va tavaqquf va ḥarakat." ed. by Īraj Afshār. *Safarnāma-yi 'Atabāt-i Nāṣir al-Dīn Shāh Qājār*. Tehran, 1363s. pp. 217–226.

Riżā : Riżā Qulī Mīrzā Qājār. *Safarnāma-yi Riżā Qulī Mīrzā nava-yi Fatḥ 'Alī Shāh, darbāra-yi aḥvāl-i khud va 'amū-hā va barādarānash dar Īrān va Urūpā va vaqāyi'-i sāl-hā-yi avval-i salṭanat-i Muḥammad Shāh*. ed. by Aṣghar Farmān-farmā'ī Qājār. Tehran, 1346s.

Rūznāma : Anonymus. "Rūznāma-yi vaqāyi'-i safar-i Karbalā-yi mu'allā." ed. by Shaykh 'Alī Mukhtārī Riżvānshahrī. *Mīrāth-i Islāmī-yi Īrān*, 1 (1373s). pp. 17–75. (ms. Kitābkhāna-yi Millī-yi Īrān. No. 400F.)

RVI : *Rūznāma-yi vaqāyi'-i ittifāqīya*. 4 vols. Lithography. Tehran, 1994.

Saad : M. Le Dr. Saad. "La Frontière Turco-Persane et les Pèlerins de Kerbéla, par M. Le Dr. Saad, Médecin sanitaire à Hanéghuine." *Journal Asiatique ou Recueil de Mémoires d'Extraits et de Notices*. Huitième Série, Tome V (1885). pp. 532–547.

Sadīd : Muḥammad 'Alī Khān Sadīd al-Salṭana Mīnābī Bandar-i 'Abbāsī. *Safarnāma-yi Sadīd al-Salṭana (al-Tadqīq fī sayr al-ṭarīq)*. ed. by Aḥmad Iqtidārī. Tehran, 1362s.

Ṣafā' : 'Alī Nā'inī Ṣafā' al-Salṭana. "Safarnāma-yi Karbalā-yi mu'allā." ed. by Ṣādiq Barzgar. *Mīrāth-i Islāmī-yi Īrān*, 7 (1377s). pp. 751–768.

Sayf : Sulṭān Muḥammad Mīrzā Qājār Sayf al-Dawla. *Safarnmāma-yi Sayf al-Dawla, ma'rūf bah safarnāma-yi Makka*. ed. by 'Alī Akbar Khudā-parast. Tehran, 1364s.

Sheil : Lady [Mary] Sheil. *Glimpses of Life and Manners in Persia by Lady Sheil with notes on Russia, Koords, Toorkomans, Nestorians, Khiva, and Persia*. London, 1856. repr. New York, 1973.

Shūshtarī : Nūr Allāh Shūshtarī. *Kitāb-i mustaṭāb-i majālis al-mu'minīn*. [Tehran], 1365s.

SI : *Sālnāma-yi Īrān*.

シンクレア：ロナルド・シンクレア（Ronald Sinclair）／山村宜子（訳）『ペルシア冒険紀行』心交社、1990年。

Sipihr : Mīrzā Muḥammad Taqī Lisān al-Mulk Sipihr. *Nāsikh al-tavārīkh-i salāṭīn-i qājārīya*. ed. by Muḥammad Bāqir Bihbūdī. 4 vols. Tehran, 1353s.

Siyâḥat : Anonymus. *Siyâḥat: Istânbûl'dan Ṣâmsûn, Diyârbakr ṭarîqîle Baghdâd ve Baṣra' ya ve oradan Ḥaleb ve Iskandarûn ṭarîqîla Istânbûl'a qadar siyâḥati mutażammin maktûblardan mutashakkildir*. İstanbul, 1311h.

Stocqueler : Jeachim Hayward Stocqueler. *Fifteen months' pilgrimage through untrodden tracts of Khuzistan and Persia, in a journey from India to England, through parts of Turkish Arabia, Persia, Armenia, Russia, and Germany. Performed in the years*

1831 and 1832. vol. 1. London, 1832.

TAAA：Iskandar Beg Turkmān Munshī. *Tārīkh-i ʿālam-ārā-yi ʿAbbāsī*. 3 vols. Tehran, 1377s.

タージ：タージ・アッサルタネ（Tāj al-Salṭana）／田隅恒生（訳）『ペルシア王宮物語――ハレムに育った王女』平凡社（東洋文庫644）、1998年。

Ṭālibī：Mīrzā Abū Ṭālib Khān. *Masīr-i ṭālibī yā safarnāma-yi Mīrzā Abū Ṭālib Khān（1219 h.q.）*. ed. by Ḥusayn Khadīv-jam. Tehran, 1363s.

Tchirikof：Yegor Ivanovich Tchirikof. English trans. by G. F. Fairholeme. "Memorandum on the Travelling Diary of Y I Tchirikof, Russian Boundary Commissioner, 1849-1852." *The Iran-Iraq Border*, vol. II. pp. 291-471.

Tīr：Anonymous. "Tīr-i ajal dar ṣadamāt-i rāh-i jabal." ed. by Rasūl Jaʿfariyān. *Mīqāt-i ḥajj*, 9/35（1380s）. pp. 84-118.

富永：富永豊吉『西亜細亜旅行記』（明治シルクロード探検紀行文集成第16巻）ゆまに書房、昭和63年。

Ussher：John Ussher. *A Journey from London to Persepolis including wanderings in Daghestan, Georgia, Armenia, Kurdistan, Mesopotamia, and Persia*. 2vols. London, 1865. repr. 2002.

Vajīza：Muḥammad Mīrzā Muhandis. "al-Vajīza fī taʿrīf Madīna." ed. by Rasūl Jaʿfariyān. *Ba Sūy-i Umm al-Qurā*. Tehran, 1373s. pp. 283-327.

Valī：Muḥammad Valī Mīrzā Qājār. "Safarnāma-yi ḥajj, sāl-i 1260 qamarī." ed. by Rasūl Jaʿfariyān. *Ba-sū-yi umm al-qurā*. Tehran, 1373s. pp. 229-281.

Vasāʾil：Muḥammad b. al-Ḥasan al-Ḥurr al-ʿĀmilī. *Vasāʾil al-shīʿa ilā taḥṣīl masāʾil al-sharīʿa*. ed. by ʿAbd al-Raḥīm al-Rabbānī al-Shīrāzī. Beyrut, 1991.

Vazīr：Mīrzā Dāūd Varzir-i Vazāʾif. *Safarnāma-yi Mīrzā Dāūd Varzir-i Vazāʾif*. ed. by Sayyid ʿAlī Qāżī ʿAskar. Tehran, 1379s.

吉田：吉田正春『回彊探検　波斯之旅』（明治シルクロード探検紀行文集成第2巻）ゆまに書房、昭和63年、347-561頁。

Ẓahīr：Muḥammad Riżā Ẓahīr al-Mulk. "Safarnāma-yi Makka." ed. by Rasūl Jaʿfariyān. *Mīrāth-i Islāmī-yi Īran*, 5（1376s）. pp. 229-261.

Ẓill：Masʿūd Mīrzā Ẓill al-Sulṭān. *Khāṭirāt-i Ẓill al-Sulṭān*. ed. by Ḥusayn Khadīv-jam. 3 vols. Tehran, 1368s.

Ziyārat：al-Sayyid Ḥusayn Ṭālib. *Ziyārat al-Imām al-Ḥusayn al-yawmīya yalīh Ziyārat ʿĀshūrāʾ fī riḥāb al-Imām al-Mahdī al-Muntaẓar*. Beyrut, 1418h（1997）.

二次文献

Abdullah, Thabit A. J. *Merchants, Mamluks, and Murder: The Political Economy of Trade in Eighteenth-Century Basra*. New York, 2001.

Afshār, Īraj. "Safarnāma-hā-yi fārsī tā rūzgār-i istiqrār-i mashrūṭīyat, gūna-hā va kitābshināsī-yi guzīda." *Jashn-nāma-yi Ustād-i Ẕabīḥ Allāh Ṣafā*. Tehran, 1998. pp. 45–82.

——. "Persian Travelogues: A Description and Bibliography." *Society and Culture in Qajar Iran, Studies in Honor of Hafez Farmayan*. ed. by Elton L. Daniel. California, 2002. pp. 145–162.

Aghaie, Kamran Scot. *The Martyrs of Karbala: Shi'i symbols and rituals in modern Iran*. Seattle, 2004.

Algar, Hamid. *Religion and State in Iran 1785–1906: The Role of the Ulama in the Qajar Period*. Berkeley and Los Angeles, 1969.

Amanat, Abbas. *Pivot of the Universe: Nasir al-Din Shah Qajar and the Iranian Monarchy, 1831–1896*. London, New York, 1997.

Ardakānī, 'Alī Sipihrī. *'Atabāt-i 'ālīyāt: Āshinā'ī bā amākin-i muqaddasa, Najaf-i Ashraf/ Karbalā-yi mu'allā/ Kāẓimayn/ Sāmarrā, hamrāh bā ziyārat nāma-hā-yi marbūṭa bah munāsibat-i sāl-i 'izzat va iftikhār-i Ḥusaynī*. Qom, 1381s.

Arjomand, Said Amir. *The Shadow of God and the Hidden Imam: Religion, Political Order, and Societal Change in Shi'ite Iran from Beginning to 1890*. Chicago, 1987.

Avery, Peter. "Nādir Shāh and the Afsharid Legacy." *Cambridge History of Iran*, vol. 7 (1991). pp. 3–62.

Bāmdād, Mahdī. *Sharḥ-i ḥāl-i rijāl-i Īrān dar qarn-i 12 va 13 va 14 hijrī*. 6 vols. Tehran, 1378s.

Başbakanlık Osmanlı Arşivi Katalogları Rehberi. Ankara, 1995.

Başbakanlık Osmanlı Arşivi Rehberi. 2nd. ed. İstanbul, 2000.

Calmard, Jean. "Le Patronage des Ta'ziyeh: Elements pour une Etude Globale." *Ta'ziyeh: Ritual and Drama in Iran*. ed. by Peter Chelkowski. New York, 1979. pp. 121–130.

——. "Muharram ceremonies and diplomacy (a preliminary study)." *Qajar Iran: Political, social and cultural change 1800–1925*. eds. by Edmund Bosworth and Carole Hilenbrand. Edinburgh, 1983. pp. 213–228.

Çetinsaya, Gökhan. *Ottoman Administration of Iraq: 1890–1908*. Ph. D. Dissertation of

University of Manchester. 1994.

Chelkowski, Peter (ed.). *Ta'ziyeh: Ritual and Drama in Iran.* New York, 1979.

Chittick, William C. *A Shi'ite Anthology: Selected and with a Foreword by 'Allāmah Sayyid Muḥammad Ḥusayn Ṭabāṭabā'ī.* London, 1980.

Cole, Juan. *Sacred Space and Holy War: The Politics, Culture and History of Shi'ite Islam.* London, 2002.

Cole, Juan R. I. & Moojan Momen. "Mafia, Mob and Shiism in Iraq: The Rebellion of Ottoman Karbala 1824–1843." *Past and Present*, 112 (1986). pp. 112–143.

Dieulafoy. *Īrān dar safarnāma-hā: mardum, mashāghil, abnīya va amākin, majmū'a-yi tāblū az Safarnāma-yi Mādām Dīvlāfuvā (La Perse, la Chaldee et la Susiane: Mme Jane Dieulafoy chevalier de la legion d'honneur, officier d'academie contenant 140 gravures sur bois d'apres les photographies de l'auteur: Les gens, les métier et les monumentes)*, Tehran, 1370s (1991).

Enayat, Hamid. "Shi'ism and Sunnism." *Shi'ism: doctrines, thought and spirituality.* eds. by Seyyed Hossein Nasr, Hamid Dabashi and Seyyed Vali Reza Nasr. State University of New York, 1988. pp. 64–83.

Encyclopædia Iranica. ed. by Ehsan Yarshater. London, 1982–.

Encyclopaedia of Islam. New edition. 12 vols. Leiden, 1979–2002.

Ettehadieh, Mansoureh. "Patterns in urban development; the growth of Tehran (1852–1903)." *Qajar Iran: Political, social and cultural change 1800–1925.* eds. by Edmund Bosworth and Carole Hilenbrand. Edinburgh, 1983. pp. 199–212.

Faroqhi, Suraiya. *Pilgrims & Sultans: The Hajj under the Ottomans.* London, New York, 1994.

Ferrier, Ronald. "Trade from the Mid-14th Century to the End of the Safavid Period." *The Cambridge History of Iran*, vol. 6. Cambridge, 1986. pp. 412–490.

Floor, Willem. *Public Health in Qajar Iran.* Washington, DC, 2004.

Fragner, Bert G. *Persische Memoirenliteratur als Quelle zur Neueren Geschichte Irans.* Wiesbaden, 1979.

藤谷俊雄『「おかげまいり」と「ええじゃないか」』岩波書店（岩波新書）、1968年。

Gilbar, Gad G. "Demographic Developments in Late Qājār Persia, 1870–1906." *Asian and African Studies*, 11 (1976). pp. 125–156.

——. "Persian Agriculture in the Late Qājār Period, 1860–1906: Some Economic and Social Aspects." *Asian and African Studies*, 12 (1978). pp. 312–365.

——. “Trends in the Development of Prices in Late Qajar Iran, 1870–1906.” *Iranian Studies*, 16/3–4 (1983). pp. 177–198.

Ḥā’irī, Sayyid Mahdī. “Ziyārat.” *Dāyirat al-ma‘ārif-i tashayyu‘*. Tehran, 1988–2001.

Hakami, Nasrine. *Pèlerinage de l’Emâm Rezâ: étude socio-économiques*. Tokyo, 1989.

Halm, Heinz. *Shiism*. trans. by Janet Watson. Edinburgh, 1991.

——. *Shi‘a Islam From Religion To Revolution*. trans. by Allison Brown. Princeton, 1999.

羽田正『勲爵士シャルダンの生涯——十七世紀のヨーロッパとイスラーム世界』中央公論新社、1999年。

Ḥusaynī, Sayyid Mujtabā. *Maqāmāt-i awliyā’: sharḥī bar ziyārat-i jāmi‘a-yi kabīra*. vol. 1. Tehran, 1379s.

Imber, C. H. “The persecution of the Ottoman Shī‘ites according to the mühimme defterleri, 1565–1585.” *Der Islam*, 56–2 (1979).

Inṣāfpūr, Ghulām-riżā. *Īrān va Īrānī bah taḥqīq dar ṣad safarnāma-yi khārijī (marbūṭ bah dawrān-i Qājāriyān)*. Tehran, 1363s.

Issawi, Charles. *The Economic History of Iran 1800–1914*. Chicago and London, 1971.

Ja‘farī Valdānī, Aṣghar. *Barrasī-yi tārīkhī-yi ikhtilāfāt-i marzī-yi Īrān va ‘Irāq*. Tehran, 1370s.

Ja‘fariyān, Rasūl. “Ḥajj-guzārī-yi Īrānīyān dar dawra-yi Qājār.” *Maqālāt-i tārīkhī*, 8. Qom, 1379s. pp. 171–270.

Javānbakht, Mihrdād. *Īrānī az nigāh-i anīrānī: Khalq va khū-yi Īrāniyān az nigāh-i sayyāḥān*. Esfahan, 1379s.

Kajūrī, Muḥammad Bāqir Vā‘iẓ Ṭihrānī Māzandarānī. *Rūḥ va rayḥān yā jannat al-na‘īm va al-‘īsh al-salīm fī aḥvāl al-Sayyid ‘Abd al-‘Aẓīm al-Ḥusaynī*. ed. by Sayyid Ṣādiq Ḥusaynī Ashkūrī. vol. 4. Qom, 1382s.

Karpat, Kemal H. “Ottoman Population Records and the Census of 1881/82–1893.” *International Journal of Middle East Studies*, 9 (1978). pp. 237–274.

Keddie, Nikki R. “Shī‘ism and Change: Secularism and Myth.” *Shi‘ite Heritage: Essays on Classical and Modern Traditions*. ed. by L. Clarke. New York, 2001. pp. 389–406.

Khalīlī, Ja‘far. *Mawsū‘at al-‘Atabāt al-muqaddasa*. 12 vols. Beyrut, 1407h/1987.

Khoury, Dina Rizk. “Merchants and Trade in Early Modern Iraq.” *New Perspectives on Turkey*, 5–6 (1991). pp. 53–86.

小牧昌平「カルバラーへの道」鶴見良行・村井吉敬（編）『道のアジア史——モノ・ヒト・文化の交流』同文舘、1991年、197–215頁。

Kudsi-Zadeh, A. Albert. "Iranian Politics in the Late Qājār Period: A Review." *Middle Eastern Studies*, 5 (1969). pp. 251-257.

Lambton, Ann K. S. "Land Tenure and Revenue Administration in the Nineteenth Century." *Cambridge History of Iran,* vol. 7 (1991). pp. 459-505.

Litvak, Meir. "Continuity and Change in the Ulama Population of Najaf and Karbala, 1791-1904: A Socio-Demographic Study." *Iranian Studies*, 23/1-4 (1990). pp. 31-60.

——. *Shi'i scholars of nineteenth-century Iraq: The 'ulama' of Najaf and Karbala'.* Cambridge University Press, 1998.

——. "The Finances of the 'Ulamā' Communities of Najaf and Karbalā'." *Die Welt des Islam*, 40 (2000). pp. 41-66.

——. "Money, Religion, and Politics: The Oudh Bequest in Najaf and Karbala', 1850-1903." *International Journal of Middle East Studies*, 33 (2001). pp. 1-21.

Lockhart, Laurence. *The Fall of the Ṣafavī Dynasty and the Afghan Occupation of Persia.* Cambridge, 1958.

Longrigg, Stephen Hemsley. *Four Centuries of Modern Iraq*. Oxford, 1925.

Mahdavi, Shireen. *For God, Mammon, and Country: A Nineteenth-Century Persian Merchant, Haj Muhammad Hassan Amin al-Zarb (1834-1898)*. Boulder, Colorado, 1999.

Massé, Henri. *Croyances et Coutumes Persanes suivies de contes et chansons populaire.* tome 1. Paris, 1938.

Masters, Bruce. "The Treaties of Erzurum (1823 and 1848) and the Changing Status of Iranians in the Ottoman Empire." *Iranian Studies*, 24/1-4 (1991). pp. 3-15.

Matthee, Rudi. "The Safavid-Ottoman Frontier: Iraq-i Arab as seen by the Safavids." *International Journal of Turkish Studies*, 9/1-2 (2003). pp. 157-173.

McDaniel, Robert A. "Economic Change and Economic Resiliency in 19th Century Persia." *Iranian Studies*, 4/1 (1971). pp. 36-49.

見市雅俊『コレラの世界史』晶文社、1994年。

Momen, Moojan. *An Introduction to Shi'i Islam: The History and Doctrines of Twelver Shi'ism*. New Haven and London. 1985.

守川知子「サファヴィー朝支配下の聖地マシュハド——一六世紀イランにおけるシーア派都市の変容——」『史林』80/2 (1997)、1-41頁。

——.「ガージャール朝期旅行記史料研究序説」『西南アジア研究』55 (2001)、44-68頁。

Muḥaddithī, Javād. *Karbalā*. Tehran, 1377s.

Murphey, Rhoads. "The Ottoman Centuries in Iraq: Legacy or Aftermath? A Survey Study of Mesopotamian Hydrology and Ottoman Irrigation Projects." *Journal of Turkish Studies*, 11 (1987). pp. 17–29.

Mushār, Khānbābā. *Fihrist-i kitāb-hā-yi chāpī-yi fārsī*. 5 vols. Tehran, 1350s.

Mu'tamin, 'Alī. *Rāhnamā yā tārīkh va tawṣīf darbār-i vilāyat-madār-i Riżavī*. [Tehran], 1348s.

Nakash, Yitzhak. "An Attempt to Trace the Origin of the Rituals of *'Āshūrā'*." *Die Welt des Islams*, 33 (1993). pp. 161–181.

——. *The Shi'is of Iraq*. Princeton, 1994.

——. "The Visitation of the Shrines of the Imams and the Shi'i Mujtahids in the Early Twentieth Century." *Studia Islamica*, 81 (1995). pp. 153–164.

Nasiri, Mohammad Reza. *Nâsıreddîn Şah zamanında Osmanlı-İran münasebetleri (1848–1896)*. Tokyo, 1991.

Nasr, Hossein, Hamid Dabashi and Vali Reza Nasr (eds.). *Shi'ism; Doctrines, Thought, and Spirituality*. Albany, 1988.

Nieuwenhuis, Tom. *Politics and Society in Early Modern Iraq: Mamlūk Pashas, Tribal Shayks and Local Rule Between 1802 and 1831*. The Hague, Boston, 1981.

西垣晴次『お伊勢まいり』岩波書店（岩波新書）、1983年。

Nöldeke, Arnold. *Das Heiligtum al-Husains zu Kerbelâ*. Berlin, 1909.

Nowshirvani, Vahid F. "The Beginnings of Commercialized Agriculture in Iran." *The Islamic Middle East 700–1900; Studies in Economic and Social History*. ed. by Abraham L. Udovitch. Princeton, 1981. pp. 547–591.

Olson, Robert W. *The Siege of Mosul and Ottoman-Persian Relations 1718–1743: A Study of Rebellion in the Capital and War in the Provinces of the Ottoman Empire*. Indiana, 1975.

大西源一『昔のお伊勢まいり』河合繁樹、1931年。

大稔哲也「エジプト死者の街における聖墓参詣——十二—十五世紀の参詣慣行と参詣者の意識」『史学雑誌』102/10 (1993)、1-49頁。

——.「オスマン朝期カイロの一参詣書写本——シュアイビーの *Kitāb yashtamil 'alā Dhikr man dufina bi-Miṣr wa-al-Qāhira min al-Muḥaddithīn wa-al-Awliyā' wa-al-Rijāl wa-al-Nisā'* をめぐって——」『史淵』136 (1999)、1-22頁。

——.「イスラーム世界の参詣——聖者とスーフィーズムを視野に入れつつ——」『岩波講座　世界歴史10　イスラーム世界の発展7-16世紀』岩波書店、1999年、

149-180頁。

Pārsādūst, Manūchihr. *Zamīna-hā-yi tārīkhī : Ikhtilāfāt-i Īrān va ʻIrāq (Ravābiṭ-i tārīkhī va ḥuqūqī-yi Īrān, ʻUthmānī va ʻIrāq 1514–1980)*. Tehran, 1364s.

Perry, John R. "The Mamluk Paşalik of Baghdad and Ottoman-Iranian Relations in the Late Eighteenth Century." *Studies on Ottoman Diplomatic History*. ed. by Sinan Kuneralp. Istanbul, 1987.

——. "The Zand Dynasty." *Cambridge History of Iran*, vol. 7 (1991). pp. 63–103.

Pinault, David. "Self-Modrtification Rituals in the Shīʻī and Christian Traditions." *Shiʻite Heritage: Essays on Classical and Modern Traditions*. ed. by L. Clarke. New York, 2001. pp. 375–388.

Pistor-Hatam, Anja. "Pilger, Pest und Cholera: Die Wallfahrt zu den Heiligen Stätten um Irak als Gesundheitspolitisches Problem im 19. Jahrhundert." *Die Welt des Islams*, 31 (1991). pp. 228–245.

——. "Fürbitte und Gedenken: Stationen schiitischer Wallfahrt im Irak, beschrieben in persischen Pilgerberichten des 19. Jahrhunderts." *Asien und Afrika, Beiträge des Zentrums für Asiatische und Afrikanische Studien (ZAAS) der Christian-Albrechts-Universität zu Kiel*, 11 (2006). pp. 77–112.

Richard, Yann. *Shi'ite Islam*. trans. by Antonia Nevill. Oxford UK & Cambridge USA, 1995.

Roff, William R. "Sanitation and Security: The Imperial Powers and the Nineteenth Century Ḥajj." *Arabian Studies*, 6 (1982). pp. 143-160.

坂本勉「近代イスラーム巡礼資料覚書——シーア派を中心として——」『オリエント』29-1 (1986)、113-128頁。

——.「イラン人のメッカ巡礼と都市ネットワーク」『東洋文化』72 (1992)、191-234頁。

——.『イスラーム巡礼』岩波書店、2000年。

Shams al-Dīn, Shaykh Muḥammad Mahdī. *Anṣār al-Ḥusayn darāsa ʻan shuhadā' thavra al-Ḥusayn*. Beyrut, 1996.

Shaw, Stanford J. "The Ottoman Census System and Population, 1831–1914." *International Journal of Middle East Studies*, 9 (1978). pp. 325–338.

——. "Iranian Relations with the Ottoman Empire in the Eighteenth and Nineteenth Centuries." *Studies in Ottoman and Turkish History: Life with the Ottomans*. Istanbul, 2000. pp. 393–409.

Sulaymānī, Karīm. *Alqāb-i rijāl-i dawra-yi Qājārīya*. Tehran. 1379s.

Taghaddusī-niyā, Khusraw. *72 pursish-i pīrāmūn-i ḥamāsa-yi Karbalā*. Qom, 1376s.

Tapper, Richard. "The Tribes in Eighteenth- and Nineteenth-Century Iran." *Cambridge History of Iran*. vol. 7 (1991). pp. 506–541.

Tīmūrī, Ibrāhīm. *'Aṣr-i bī khabarī, yā tārīkh-i imtiyāzāt dar Īrān*. Tehran, 1363s.

Tucker, Ernest. "The Peace Negotiations of 1736: A Conceptual Turning Point In Ottoman-Iranian Relations." *The Turkish Studies Association Bulletin*, 20/1 (1996). pp. 16–37.

Unat, Faik Reşit. *Hicrî Tarihleri Milâdî Tarihe Çevirme Kılavuzu*. Ankara, 1959.

'Uṭāridī, 'Azīz Allāh. *Tārīkh-i Āstān-i Quds-i Riżavī*. vol. 1. Tehran, 1371s.

Werner, Christoph. *An Iranian Town in Transition: A Social and Economic History of the Elites of Tabriz, 1747–1848*. Wiesbaden, 2000.

Yarshater, Ehsan. "Observations on Nâsir al-Dîn Shah." *Qajar Iran: Political, social and cultural change 1800–1925*. eds. by Edmund Bosworth and Carole Hilenbrand. Edinburgh, 1983. pp. 3–13.

吉田京子「12イマーム・シーア廟参詣の理論的側面」『宗教研究』78-2（2004)、207-228頁。

Ziyārat-i 'Āshūrā. trans. by Mahdī Illāhī Qumsha'ī. Mashhad, 1378s.

Shi'ite Pilgrimage to the Sacred ʻAtabāt

by
MORIKAWA Tomoko

Summary

This volume examines pilgrimage of Shiʻi Muslims to holy sites from the viewpoint of socio-religious history.

The Shiʻis are a minority in Islamic society, occupying only 10% of the total Muslim population. However, for various reasons such as the theological regime established in Iran after the Islamic revolution of 1979, the birth of the Shiʻite-centered regime after the fall of Saddam Hussein, the brutal sectarian violence in Iraq, and the dramatic political rise of Hezbollah in Lebanon in this new century, Shiʻite Islam has attracted much international attention in recent years. Previous studies of Shiʻite Islam have focused on the formation of the sect, doctrinal differences with the Sunni, and particularly the activities of Shiʻi jurisprudents (ʻulamā) in holy cities such as Najaf and Qom, thus these topics have often been recounted in historical, theoretical, or political terms. The unique ritual worship of the Shiʻi, the mourning for Imam Ḥusayn (*taʻzīya*), which is observed annually on a massive scale, has frequently drawn the attention of many scholars. Studies on such topics have grown in number. However, the rites of mourning for Ḥusayn are not the sole variety of worship ritual that is unique to the Shi'ite community. The issue of pilgrimages to sacred sites is a topic that has received very little sustained attention, although its importance has been pointed out on occasion. What then was the nature of Shi'ite pilgrimage to sacred sites and how was it performed and understood in those Islamic societies? Providing clear and concrete answers to these questions is the main goal of this book.

Pilgrimage is a quite important ritual in the Islamic societies. Especially, pilgrimage to the Ka'aba (house of the God) of Mecca, which is called *ḥajj* in Arabic, is one of the five pillars of Islam. On the other hand, pilgrimage to tombs of saints, which is known as *ziyāra* (i.e. visitation), is a more ordinary ritual, frequently seen in Shi'ite society. For Shi'is, Imams are considered saints, having the legitimate rights of a successor of the Prophet Muḥammad by virtue of their link to him through his bloodline. The reverence for the Imams is the most characteristic point of Shi'i faith. Therefore pilgrimage to the tombs of the Imams or the graves of the descendants of the Imams has had very important meaning for them. Visiting the tombs of the Imams was intended to attain the blessing of the God as bestowed by the Imams or their offspring at these sites.

From among various tombs of the Imams and their descendants, this volume addresses the sacred Shi'ite sites in Iraq, known as *'Atabāt*. The word *'atabāt* is the plural form of the Arabic *'ataba*, meaning "threshold or gateway", and expresses the sacredness of the tombs of the Imams. The ultimate 'Atabāt (*'atabāt al-'āliyāt*) was the general term for the four Shi'i sacred sites in Iraq, namely Najaf, Karbalā, Kāẓimayn, and Sāmarrā.

As for the names of the Imams whose remains are interred in these sacred sites: at Najaf there is Imam 'Alī b. Abī Ṭālib, murdered in 661; in

Karbalā is buried 'Alī's second son, the third Imam, Ḥusayn b. 'Alī b. Abī Ṭālib, who died a martyr there in 680. Then, in Kāẓimayn in the suburbs of Baghdad are the tombs of the seventh Imam, Mūsā al-Kāẓim, who died in 799, and the ninth Imam, Muḥammad al-Javād, who died in 835. The tenth Imam, 'Alī al-Hādī, who died in 868 and the eleventh Imam, Ḥasan al-'Askarī, who died in 874, are buried in Sāmarrā. This is also said to be the site of the occultation (*ghayba*) of the twelfth Imam, Muḥammad al-Mahdī. In this way the four sacred sites in Iraq known as 'Atabat include the tombs of six of the twelve Imams revered in Twelver Shi'ism as well as the site of the occultation of the last Imam, Muḥammad al-Mahdī. In short, in touring the ultimate 'Atabat, it became possible for the believers in Twelver Shi'ism to successfully conduct the pilgrimage to half of the tombs of the twelve Imams with great efficiency, particularly to those of the most revered Imams, 'Alī and Ḥusayn.

It was 19th-century Iran that witnessed the apex of the pilgrimage to the Imam tombs. In Iran today approximately ninety percent of the population is Shi'i Muslims and Twelver Shi'ism has been the national faith from pre-modern times onwards. The percentage of the population that is Shi'i is much greater than in other Islamic societies, and thus it has proceeded on a different historical path than that of other Islamic countries. The history of Iran as a Shi'i land can be traced back to the establishment of the Safavid dynasty (1501-1722) at the beginning of the 16th century. Following the Safavids, who vigorously instituted the faith in the Twelve Imams in this region, the Shi'ite faith took deeper root in Iran. Under the Qajar dynasty (1796-1925) almost three centuries later, the Shi'ite faith was a matter of course for the people within its territory. For this reason, the mourning ritual for Imam Ḥusayn and the pilgrimage to the tombs of the Imams were extensively carried out throughout Iran during the 19th-century. Pilgrimages to the tombs of ʻAlī and Ḥusayn, who were most important for the Shiʻi faithful, were actively conducted during this period as were pilgrimages to the tomb of Imam Reżā at Mashhad in Iran, despite the fact that Najaf and Karbalā are more than 1,000 kilometers away from Tehran, and that Iraq was then under control of the Sunni Ottoman dynasty (1299-1922), an even more inconvenient reality.

Sources used in this study, such as travel diaries in Persian written by 19th century pilgrims from Iran, and travel literature written in Turkish, Western, and Japanese languages, have seldom been dealt with previously. These first person narratives tell how the journeys were actually made and what the authors saw and how they felt about it. In addition to these narrative sources, diplomatic documents and internal government reports from national archives have been used in this study, such as those from the Markaz-i Asnād va Tārīkh-i Diplumāsī of Ministry of Foreign Affairs of Iran in Tehran and the Başbakanlık Osmanlı Arşivi of Turkish Prime Ministry in Istanbul. These unpublished documents and records make clear both the circumstances in which pilgrims to the ʻAtabat from Iran were placed and the response of the Ottoman government to those pilgrims.

The structure of the book is as follows:

Chapter I: **"Shiʻi Doctrine and *Ziyāra* Pilgrimage to the Tombs of the Imams"** provides an abbreviated account of Twelver Shiʻism and a brief history of the beginning of *ziyāra*, the pilgrimage to the tombs of the Imams, in Shiʻi societies. Then a theological overview of the significance of *ziyāra* is considered in light of the Shiʻite law book, *Jāmiʻ-i ʻabbāsī*, written by a famous jurist in the first half of the 17th century in Iran. This source makes clear the nature of the relationship between an Imam and a follower, the belief that "pilgrimage to an Imam's tomb is a religious duty for each believer", especially to that of Imam Ḥusayn, and then that this act is considered to be creating a "covenant (*'aqd*) with the Imam". In return there is much "spiritual merit (*thavāb*)" to be attained through an Imam in those pilgrimages, such as the intercession (*shifā'a*) of God to guarantee heaven in the next life and to remedy illness in this one, and above all to achieve one's desire (*istijāba al-du'ā*). It is these merits that can be seen as the magnetic force that attracted Shi'i pilgrims to the 'Atabāt.

Chapter II: **"The Historical Setting: Rise and Decline of Pilgrimage to the 'Atabāt"** examines the relationship between Iranian society and sacred Shi'ite sites, the 'Atabāt, going back to the Savafid period, when conversion to Shi'ism from the Sunni sect occurred, and then traces the historical background until the latter half of the 19th century. The crux of the issue was that Iraq, where the 'Atabāt sacred to Shi'i Muslims were located, was under the rule of the Sunni Ottoman Empire almost continuously from the 16th century until the 20th century. Being far removed from the Ottoman central government, there were periods from the 18th to the beginning of the 19th centuries when the control of the central government did not extend to all its territories, which then experienced local rule. The rise and decline of the 'Atabāt pilgrimage from Iran is thus argued in terms of the complex interplay of the history of Iran, the Ottoman dynasty and Iraq. After the reestablishment of the Ottoman control over Iraq in 1831, pilgrimage from Iran to the 'Atabāt was at its height. In the latter half of the 19th century, some one-hundred thousand Iranian pilgrims set out for the 'Atabāt each year, i.e. one percent of the population of the nation.

Chapter III: **"Journey to the 'Atabat"** and Chapter IV: **"At the Sacred Sites in Iraq"** examine the reality of the pilgrimage to the 'Atabāt from the records of the pilgrims themselves and examine how the journey and pilgrimage were in fact conducted. Because the actual circumstances of the pilgrimage have never been studied, these two chapters are valuable in revealing concrete aspects of the entire journey of the pilgrims to the 'Atabāt by 19th century Iranians. In Chapter III, the method of travel from Iran to Iraq is fully examined, including such factors as the route, travel season, period of travel, types of pilgrims, lodgings, means of transportation, costs and motivations. On the other hand, Chapter IV deals with all activities of Iranian pilgrims during their sojourn in Iraq: the pilgrimage sites, the rituals of pilgrimage, and the way the pilgrims passed their time there.

Chapter V: **"Pilgrimage of the Dead: Shi'i Culture of 'Transfer Corpses'"** provides an examination of a unique characteristic of pilgrimage to the 'Atabāt, 'transfer corpses (*naql al-janā'iz*).' During the 19th century, in tandem with the increase in the number of living pilgrims, large numbers of the dead were also transported to Karbalā and Najaf and buried at those sacred sites. In regard to "transfer corpses," the practice of transporting the dead across national borders is nearly unknown in other societies, including other Islamic ones, and the performance of "transfer corpses" described in this chapter serves as a valuable contribution to comparative social history.

The act of pilgrimage to the 'Atabāt is a unique characteristic of Shi'ite Islam, but because the locations of the sacred sites that were the destination of the Iranian Shi'is were in Ottoman-ruled Iraq, the pilgrimage thus displayed aspects of being a diplomatic problem between Iran and the Ottoman dynasty. In Chapter VI: **"'Atabat Pilgrimage as a Diplomatic Problem"**, the fact that the pilgrimage of Shi'i Iranians to the 'Atabāt was continually treated as a serious political issue between the Ottoman dynasty and Iran from the 16th to the 19th century is pinpointed by an examination of five treaties concluded between the two states; the Accord of Amasiya in 1555, the Zohab Accord in 1639, the Kerdan Treaty in 1746, the First Treaty of Erzurum in 1823 and the Second Treaty of Erzurum in 1847.

Chapter VII: **"Pilgrims and Security: Risking Lives and Property"** examines the greatest concern of the pilgrims, the problem of public safety and security. A rich target for plunder, the caravan of pilgrims to the 'Atabāt were exposed to the threat of attack from Arabic and Kurdish nomadic tribes who were never fully under the control of the two governments. This chapter clarifies how the Ottoman and the Iranian governments and the pilgrims themselves contrived strategies against attack by nomads in order to protect their lives and property.

Chapter VIII: **"Constraints of 'Modernization'"** considers the problems faced by the pilgrims that grew out of the various systems of modernization, which were newly introduced in the 19th century. In this period, the Ottoman government imposed new systems, requiring visas including an identification card and quarantine for those in and outside the country, and began strengthening "control of its citizenry". In contrast, Iran was slow to institute such systems, and for the pilgrims who crossed the borders, these new systems, which they encountered for the first time at the border, were a source of growing bewilderment. Customs and transport levies were also unwelcome requirements for the pilgrims, who were supposed to have been exempt from tariffs. In this chapter, the problems of pilgrims and "modernization" are elucidated through the use of diplomatic documents exchanged between the Ottoman and the Iranian governments.

In Chapter IX: **"Shi'i Pilgrims and Iraq under the Ottomans"** is an attempt to consider the influence of the one hundred thousand Iranian Shi'i pilgrims who traveled to the 'Atabāt each year on Ottoman-ruled Iraq. One type of influence was economic, i.e. the profits attributable to the pilgrims. Great wealth was accumulated in the forms of the expenses of the sojourn in Iraq and the various categories of tax collected. For example, revenue from Iranian pilgrims was estimated at around 4 million *toman* per year. The Baghdad provincial government also recognized the importance of Iranian pilgrims from the financial point of view. One may surmise that this is the main reason for the Ottoman government's protection of the Iranian pilgrims, despite the fact that pilgrimage threatened to spread disease. Another aspect of influence that is worthy of mention is the issue of the increase in the number of conversions to Shi'ism in Iraq due to the influx of Shi'i pilgrims. A grasp of the change of the sectarian composition of the population in the 19th century Iraq that accompanied the flourishing of the pilgrimage to the 'Atabāt is indispensable for understanding the complex sectarian make-up of today's Iraqi society.

What did "pilgrimage to the 'Atabāt" mean to Iranian society? Why did Iranian pilgrims undertake pilgrimages that involved a struggle to overcome numerous difficulties and national borders? Chapter X: **"The 'Atabāt Pilgrimage in Iranian Society"** seeks to answer these questions by examining the thoughts of Iranian pilgrims after having reached the holy sites and by considering the observations of Sunni and Western travelers to the Shi'i sacred sites of the 'Atabāt. One is thus able to obtain a glimpse of the impact of the pilgrimage to the 'Atabāt, the places that elicited the profoundest Shi'i religious sentiment, on the Iranian pilgrims. Likewise, by comparing the pilgrimage to the 'Atabāt with those to Mashhad and to Mecca, it can be confirmed that the 'Atabāt were "particularly sacred sites" for Shi'i Muslims.

As seen in this book, pilgrimage to the 'Atabāt was the product of an overwhelming faith that propelled both the living and the dead toward these sacred sites. It reveals to us the entirety of one important aspect of the world of the Shi'i faith. We may conclude that the 'Atabāt in the 19th century were clearly sites of extreme religious frenzy due to the great numbers of Iranian and other Shi'ite pilgrims and residents. For the Ottoman government, these Shi'ite holy places were sites of political unrest that would not conform to the will of the political center. On the other hand, for the Shi'i Muslims of Iran they were scattered enclaves within Sunni territory and refuges where it was possible to act freely without precautionary dissimulation (*taqīya*).

Also, the 19th century, the period in question, saw the establishment of modern communication facilities and transportation networks, such as those of the steamboat and railway, simultaneously with the introduction of "systems of modernization" by the Western powers into the Middle East that resulted in great social change. Shi'i pilgrims to the 'Atabāt were not exempt from the problems of "modernization". They found themselves at the mercy of nation states and their control of the citizenry, which relied on systems that were borne out of the process of "modernization".

The latter half of the 19th century was, furthermore, the period of the expansion of Shiʻi influence in these regions. The social and economic influence of the pilgrims from Iran on Ottoman-controlled Iraq was quite great. In this regard, the 19th-century pilgrimage to the ʻAtabāt is an excellent thematic material for comprehending the societies of Iran and Iraq during that time period and also their successors.

Following the dawn of the 20th century, the Ottoman dynasty collapsed and a new regime was formed in Iraq; while in Iran, the Qajar dynasty was replaced by that of the Pahlavi. Politically, the ʻAtabāt pilgrimage came under the jurisdiction of nation states, whose governments realized its political and economical benefit. In addition, the ʻAtabāt pilgrimage lost its former momentum as a result of technological advances in modern transport. Given the very fact that 100,000 pilgrims annually overcame national borders and various hardships to complete the pilgrimage over 1,000 kilometers in length in the latter half of the 19th century and in light of these historical changes, it can be said that despite the constraints of modernization and the nation state, people still found liberty in the 19th century ʻAtabāt pilgrimage, and it was, furthermore, the product of an age of passionate faith and an act that embodied the fervent devotion of the Shiʻite faithful of Iran toward the Imams.

索　引

［あ行］

挨拶の丘……………………………………277
アーガー・モハンマド・ハーン（Āghā Muḥammad Khān）……………186, 285
アサダーバード……………………191, 208
アーサフ…………………………………374
アーシューラー……17, 22, 25, 50, 67, 69-71, 126, 130, 268, 294, 303-304, 367
アスカライーン廟……102, 111, 123, 127, 281, 285, 287, 325
アゼリー……………………………74, 323
アゼルバイジャン…49, 52, 54, 61, 64, 74, 84, 88, 134, 140, 168, 171, 175, 185, 208, 240, 323-324, 326, 328, 330-331
アタバート………4-11, 17-18, 23, 28, 30, 33-59, 61, 63-76, 78-84, 86-90, 92-97, 99-100, 102-103, 109-110, 115, 117-118, 121-127, 129, 131-132, 134-137, 139-155, 157-158, 161-163, 166-167, 169-170, 172-174, 176-178, 182-185, 190-191, 193, 199-201, 203-211, 213-216, 219-220, 222, 229, 231, 237-240, 244-246, 248, 250, 252, 255-259, 262-263, 266, 268-270, 275-277, 279, 283-286, 288-291, 293-302, 304-305, 307-312, 319-327, 329-333, 344, 347, 353-354, 357
アーダム…………………………………101
アッバース（フサインの異母弟）………99-100, 126, 259-260, 285
アッバース（Shāh ‘Abbās）…18, 32, 41, 57-58, 159, 161, 167, 169
『アッバース大全』…18, 23-25, 31-32, 35, 37, 112, 121, 251, 364
アッバース朝……………………14, 119, 127
アッバース二世（Shāh ‘Abbās II）….59, 168
アッバース廟……100, 117, 121, 123, 126, 134, 273, 279, 299
アッバース・ミールザー（‘Abbās Mīrzā）………………………………175, 345, 347
アッラー………4, 15, 23, 42, 345, 350, 374
アナトリア……………………38, 59, 61, 85
アニーザ………………………196, 199, 205
アーバーダーン…………………………351
アフガニスタン……65, 85, 107, 130, 227, 303
アフガン…………………………………40
アフシャール朝…………………………42
アブー・スフヤーン……………………279
アブデュルメジト（Sulṭān ‘Abd al-Majīd）…………………………………………350
アブドゥルアズィーム……10, 33, 75, 89, 91, 285
アブー・バクル…………………………13-14
アブー・ハニーファ…106-108, 110, 184, 273
アフマドヴァンド…………193, 198, 209
アフマド・シャー（Aḥmad Shāh）……320-321, 325
アフマド・ビザンティー（Aḥmad Bizanṭī）…………………………20, 366, 369
アブー・ユースフ（Abū Yūsuf）………108, 131, 273
油………………………………………43, 79, 92
アヘン………………………………244, 271
アマスィヤ…………………………164, 169
アマスィヤ協定……41, 163-164, 169, 172
アマーラ………………202, 211, 221, 242
アラーク……………………………75, 329
アラス川……………………………59, 174
アラビア半島….38-39, 44, 57, 61, 67, 71, 75, 307

アラブ……34, 39, 45-47, 60, 89, 93, 104-105, 122, 132, 174-175, 190, 195-198, 204, 206, 210, 251, 255, 260, 262, 264, 268, 271-272, 281-282, 291, 297, 302, 309, 311, 328, 351
アラファ……21-22, 25-26, 33, 367
アリー(初代イマーム)……4-5, 14-16, 20, 23, 25, 27, 36-37, 43, 70, 101, 103-104, 107, 109, 126-131, 133, 144, 161, 259-260, 284, 286, 288-289, 295, 302-304, 365-366
アリー・アクバル('Alī Akbar)……100, 126
アリー(・ナキー)・ハーディー(第十代イマーム)……5, 16, 23, 102, 128, 281, 372, 378
アリー廟……4, 26, 30, 42, 45, 50, 70, 101, 121, 123, 127, 133, 140, 144, 159, 271, 273, 278, 284, 287
アリー・レザー(第八代イマーム)……10, 16, 20, 22, 23, 26, 32, 108, 159, 366, 368-369, 372, 377
アルダビール……32, 65-66
アルバイーン(四十日忌)…17, 22, 25-26, 70-71, 87, 146, 304, 367
アルメニア……239, 243
アレクサンドリア……217, 219
アレッポ……67, 201, 211, 217
アワド藩主国……11, 258, 270

筏……77, 80, 236
イギリス…6, 11, 52-53, 55, 59-60, 62, 66, 80, 86, 91, 122, 134, 152, 160, 175, 179-180, 184, 188-189, 197, 226-227, 229-230, 241, 244-245, 252, 256, 262, 264, 267, 326
異教徒……19, 133, 288, 297-298, 302, 364
イーサー……374
医師……93, 140, 149-150, 154, 221-222, 225-226, 242-244, 253, 358
イスタンブール……6, 46, 72, 85-86, 88, 106, 144, 170, 176-180, 182, 187, 189, 194, 197, 200, 202-203, 205, 212, 226, 239-241, 247, 263, 268, 272, 281, 299-300, 303, 348, 357, 359-361
イスタンブール協定……184
イスマーイール(Shāh Ismā'īl)……35, 42, 163-164, 184
イスマーイール派……127
伊勢参り……3, 135
移葬……7, 86, 138-141, 147-149, 151, 153-154, 158-160, 223
遺体運搬人……143
イタリア……242
一時婚……120-121, 135-136, 267
イドリース(預言者)……104, 129
犬……120, 135, 280, 327
イブラーヒーム(預言者)…104, 128-129, 374, 377
イブラヒム(Sulṭān Ibrāhīm)……167
イブン・カウラワイフ(Ibn Qawlavayh)…31-32, 372
イブン・ズィヤード(Ibn Ziyād)……128-129
イブン・バーバワイフ(Ibn Bābavayh)……32, 372, 376
イブン・ムルジャム(Ibn Muljam) 14, 26, 101, 103
イマーム位……369, 374
イマームザーデ……4-5, 10-11, 34, 109, 130, 132-133, 294, 304, 330
イリヤース(預言者)……109
イーワーン……42, 111, 119, 121
印璽官……325
インド……10-11, 39, 42, 55-56, 70, 85-86, 107, 118, 127, 130, 132, 136, 159-160, 171, 186, 227, 241, 245, 258, 262, 270-271, 285, 297

ヴィザ……8, 241
ウスマーン……14, 374

ウフド……25
馬…69, 72, 75, 77-80, 83, 89-92, 119, 125, 128, 148, 156-157, 197, 200, 222, 226, 233, 235, 254, 283, 300, 308, 311
ウマイヤ朝……14, 25, 99-100, 126, 128, 130, 299
ウマル……14, 26, 303-304, 374
ウムラ(小巡礼)……20-22, 27, 366-369
ウラマー…3, 11, 18, 24, 29, 31, 34, 37, 41, 48, 57-58, 102, 115, 118, 120, 133-134, 136, 160-161, 203, 212, 217, 264, 266-267, 269-270, 272, 279, 282, 284, 300-301, 311, 325, 327, 353, 355
ウルミエ……65-66, 84, 254

衛生局……52, 160, 221, 242, 358
衛生審議会……244
駅馬車……77
エジプト……10, 89, 133, 296, 396
エスファハーン……32, 37-38, 54, 57, 59, 64-66, 74-75, 84, 132, 139, 167, 253, 282, 304, 326
エゼキエル……131
エリヴァン……167
エリヴァン協定……184
エルサレム……72, 88, 241, 246
エルズルム……60, 175, 180, 186, 197, 202, 217, 345, 350, 352
エルズルム州長官……346
エルズルム条約……63, 177, 237, 246

王立理工科学校(Dār al-Funūn)……244, 328
おかげまいり……296
贈り物……120, 204, 212, 231, 233, 271, 361
オスマン朝…5, 7, 9, 38-40, 43-44, 47, 49, 51-53, 55-56, 61, 63, 75, 81-82, 91, 107, 122, 125-126, 134-135, 144, 149, 160, 162-171, 173-175, 177-190, 192, 204, 208-209, 211-215, 221, 225, 227-228, 232, 237-238, 245, 256, 259, 263, 268, 281, 295, 307-312, 327, 332
オデッサ……242
オランダ……66
オルタ・ハーン……96, 194, 206

[か行]

カイサーニーヤ……369
改悛……113, 371
ガイバ……5, 15, 99, 102-103, 117, 128, 283
外務省…203, 210, 212, 247, 326, 330, 334, 357, 363
外務大臣……52, 88, 94, 146
カイロ……88, 202, 396
夏営地税……347
鍵保管人(kilīddār)……100, 106, 115-116, 118, 136, 155
学友……324-325, 328
カザー　→　郡
ガーザーニーエ……205
ガージャール朝……5, 18, 32, 41-42, 44, 47-49, 51, 53, 56, 58-59, 61, 63, 91, 132, 134, 162, 173-175, 177-180, 183, 187, 189, 191-192, 202, 211, 216, 244, 258, 292, 303, 319, 320, 323, 325, 327, 331-333, 395
カーシャーン……209, 282, 324
カーズィマイン(カーズィミーヤ)……4, 10, 30, 45, 59, 65, 78, 80, 90-93, 96-97, 99, 101, 105-106, 108, 110, 120-121, 123, 127, 144-146, 148, 159-160, 164, 167, 187, 197, 202, 206, 211, 221, 242, 255, 260-262, 264, 266, 272, 277-278, 285, 287, 298-299, 302, 304-305, 308, 323-326, 329, 355-356
カーズィマイン廟……101, 108-109, 123, 127, 144, 262, 273, 277, 302, 305
ガズヴィーン……66
カスピ海……46, 59, 65, 88, 119, 306
ガスレ・シーリーン……41, 59, 64-65, 72,

75, 83, 95, 97, 167, 185, 192-193, 208-209, 229
カーディー……………………………226
カーディリーヤ…………………………130
ガディール・フンム……14, 20, 25-26, 44, 70, 364
カドル(御稜威)………20, 22, 26, 366-367
カーバ……4, 114, 128, 172, 176, 344, 347, 374
カリフ…………13-14, 101, 127, 172, 281, 303-304, 344
カルバラー……4, 7, 10, 14, 17, 21, 25-26, 28, 30, 33-34, 36-38, 40, 44-45, 47, 49, 54, 56-57, 61, 65, 70, 75, 77-80, 87-92, 96-101, 104-105, 108, 110, 115-117, 119, 122-126, 129-131, 133-136, 138-139, 141-146, 148-152, 155, 158-160, 164, 167, 174, 179-180, 182-184, 186-188, 196-197, 199-200, 202-203, 210-212, 221, 227, 234-236, 242-244, 247, 249-251, 259-264, 266, 268-274, 277-289, 291-294, 299-305, 309, 311, 313, 321-324, 326-327, 329-331, 353, 355-356, 361-362, 366, 375, 382
カルバラーイー…………133, 291-294, 303
カルバラー事件……50, 61, 178-181, 188, 201, 256, 272
カルバラーの土…………30, 117, 134, 138
管区……126-127, 260-261, 270, 272, 346, 351, 354, 356, 363, 380, 382
観光…………………72, 119, 123, 129, 308
慣習税……………………………347, 349
関税…58-59, 153-154, 173, 176-177, 213-215, 231-236, 238, 245-247, 251-253, 257, 269, 347-348, 350, 352-353, 356, 360-361
関税庁……………………………234, 361
官報……34, 47-48, 54, 60, 84-86, 140, 193, 202, 204, 208, 218, 221, 240, 243, 246, 304
議会……………………233, 244, 324, 361
祈願………28-31, 33-34, 81, 114, 116, 124, 133, 143, 165, 169, 191, 284, 299, 327, 372
祈願成就………27-29, 31, 33, 104, 129, 307
飢饉……………79, 174, 176, 186, 255, 271
喜捨………………20, 32, 114, 366, 371, 374
キジルバーシュ…………………………185
キジル・リバート……46, 96-97, 194, 197-198, 210-211, 246
寄進…32, 42-43, 59, 69, 86, 101, 133, 136, 251, 267, 271, 273, 285, 301, 325-326
犠牲祭……21-22, 25-26, 33, 70, 199, 367, 373
奇跡……………………29-31, 34, 134, 325
祈祷…23, 28, 103, 107, 111-116, 124, 128-129, 132-133, 143-144, 251, 271, 370-372
絹…………123, 153, 232-233, 245, 255, 271
キブラ……101, 104, 113, 133, 165, 370-371
義務(farż)……4, 17, 20-21, 23-25, 27, 31, 39, 42-43, 67, 166, 294-295, 307, 357, 366-367
キャラバンサライ(隊商宿)……41-43, 58-59, 76, 80, 83, 89-90, 125, 141, 156, 195, 204, 225, 228, 255, 271, 330, 353, 356
キャリーム・ハーン(Karīm Khān Zand)…173, 186
キャルダーン条約………41, 163, 170-171, 173, 177, 182-183, 185-186, 188, 202, 343, 346
キャンガーヴァル………………………208
救世主………………………………………15
教友…………………104-105, 129-130, 132
ギーラーン……………………271, 324, 326
キリスト教…3, 50, 122, 262-263, 267, 286-288, 297, 302
キルクーク………………………………171
禁忌(ḥarām)……………………19, 120, 364

金曜礼拝……………………………………179

クウェート………………………………196
くじ……………………………………265, 273
貢税…………172, 176, 231, 246, 344, 347
口付け…111-112, 114, 124, 133, 143-144, 370
靴番(kafshdār)………………292, 303, 362
功徳(thavāb)……18-19, 21-22, 24-25, 27-28, 30-31, 36, 57, 70-71, 113-114, 117, 121, 138, 169, 295, 298, 300, 307, 364-368, 371
クーファ……14, 28, 91, 97, 101, 103-105, 107, 123, 128-130, 195, 308, 374, 383
クーファ・モスク………90, 103, 128, 195
クライシュ墓地………………144, 159, 377
クリミア戦争……………………………61, 188
クルアーン……26, 59, 101, 111, 113, 130-133, 146, 157, 264, 288, 371, 373
グルジア………………………59, 174, 186
クルディスターン………44, 64, 84, 88, 93, 171, 186, 299, 328, 346
クルド…44, 46, 49, 88, 118, 122, 124, 174-175, 182, 188, 190-192, 196, 199, 208-209, 310, 329
郡(カザー)…126-127, 198, 223-224, 226, 249, 262, 272, 363, 381-383
郡長………………198, 223-224, 226, 249

契約…19, 24-25, 27, 31, 90, 120, 136, 295, 307, 365
ケルマーン…………………………64-65
ケルマーンシャー…39, 41, 48, 52, 58-59, 61, 64-66, 72, 74-75, 79, 83-85, 87-89, 92-93, 143, 151-152, 179, 191-193, 199-200, 204, 209, 214, 229, 239-240, 243, 245, 284, 298-299, 312, 353
ケルマーンシャー州長官…64-65, 74, 84, 192-193, 229, 246
ケレンド……58, 74, 97, 208-209, 212, 271, 298, 351
検疫…8, 50, 65, 68, 79-80, 93, 95, 140, 149-150, 152-154, 160, 213, 215-216, 220-231, 236-238, 240-244, 247, 249-254, 257, 269-271, 310, 357-360
検疫所…52-54, 65, 68, 141, 149-154, 221-222, 225, 227, 229-230, 242, 244, 252-253, 257, 271
検閲……………………………235, 247, 269
現世…15, 22, 28-29, 31, 82, 164, 296, 307, 367
憲兵………61, 176, 199, 201, 209, 217, 347, 349, 354-356

行為の台帳………………21-22, 366, 368
合法(ḥalāl)………………36, 120, 349, 378
五行……………………………………4, 37
国際衛生会議………………241-242, 244
心づけ…………………………………204, 234
輿………69, 75, 77-78, 83, 90, 92, 120, 198, 235, 308
黒海…………………46, 88, 221, 242, 306
コトゥール………………………………60, 188
ゴム……3, 10, 55, 64, 66, 84, 136, 146, 153, 157, 257-258, 291, 312, 319, 321, 324, 326, 328
小麦………………143, 154, 244, 255, 271
米……………………………………79, 92, 143
ゴレスターン条約………………………59
コレラ……50, 149, 151, 157, 220, 229, 231, 241-243, 275

[さ行]

サイイド…………………43, 115, 217, 227
西国巡礼……………………………………3
最後の審判…19, 27-28, 31, 138, 307, 309, 364
宰相……………………41, 58, 188, 217, 229
ザイナブ…………………………126, 296

ザイヌルアービディーン（第四代イマーム）……16, 23, 376
再臨……15, 378
ザカフカース（コーカサス）……44, 46, 65-66, 169, 185, 250
柵（żarīḥ）……34, 101-102, 111-114, 116, 124, 130, 133, 136, 370-371
ザグロス山脈……68
殺戮の場……100
サドル……88, 346
サナンダジュ……65, 84
サファヴィー朝……5, 7, 11, 13, 18, 23-24, 31-32, 35-36, 38-44, 55, 57, 59, 84, 115, 124, 139, 161-173, 183, 185, 285, 290, 294, 300, 303-305, 307, 309-311, 344
サフィー（Shāh Ṣafī）……167, 169
サフラ・モスク……28, 33, 103-104
サーヴェ……324
サーマッラー…4-5, 10, 15, 30, 34, 56, 59, 65, 69, 77, 88, 91, 96-99, 102, 105, 110, 117, 119, 121, 123, 125, 127-128, 130, 144-146, 156, 160, 167, 194-195, 199, 202, 205-206, 210-212, 225, 236, 242, 251, 259-262, 264, 266, 272, 279-283, 287-288, 299-300, 302, 308, 323-326, 329-330, 360, 378, 381
サマーワ……243, 382
サーリフ……104-105, 144
サルマーン……77, 104, 119, 123, 128-130
サレ・ポレ・ゾハーブ（サレ・ポル）……58, 89, 97, 209
参詣祈祷文（ziyārat-nāma）……23, 28, 111-116, 124, 132-133, 143, 251, 271
参詣祈祷文詠唱者（ziyārat-nāma-khwān）……115-116, 124, 251, 271
参詣代理（nā'ib al-ziyāra）……94, 146, 284
サンジャク → 管区
サンチャゴ巡礼……4
ザンド朝……173, 186
シーア派四書……11, 31-32
地獄……19-20, 300, 365-366
侍従……324-325, 328
ジッダ……46, 52, 60, 86, 211, 217, 219, 243
使徒……19, 21-22, 36, 113, 365, 367-368, 371-372, 374-375
ジハード（聖戦）……21, 27-28, 31-32, 307, 367
司法長官……84, 324-325
シャイフ……204, 210, 212
シャイフ・バハーイー（Shaykh Bahā'ī）……18, 24, 31-32, 37, 57, 114-116, 133
シャイフル・イスラーム……327
シャー・チェラーグ廟……10
シャットルアラブ（川）……44, 60, 66, 351
ジャバル・アーミル……32
『ジャバル街道』……210, 333
ジャバル・ルート……57, 61, 204, 210
シャーバーン月15日（Nīma-yi Sha'bān）……22, 25-26, 70, 129, 330, 367, 378
ジャービル（Jābir b. 'Abd Allāh）……17
ジャーファル・サーディク（第六代イマーム）……16-17, 20-21, 23, 26, 33, 104-105, 129, 365-366, 368-369, 376
ジャーフ（部族）……193, 208-209
シャフラワーン……92, 96-97, 105, 194, 197, 210-211, 363
シャリーア…172, 176, 344, 347-349, 354, 370
シャルダン…36-37, 39, 84, 139-140, 216, 275, 294
銃…120, 135, 192, 196-201, 206, 208, 212, 227, 329
絨毯……136, 232-233, 245, 271, 285
十二イマーム（・シーア）派……5, 14-16, 18, 23, 32, 36, 40, 99, 102, 108-109, 112, 126, 162, 166, 267, 272, 300, 308, 370
終末……15
数珠……122, 354

狩猟…………81, 93, 120, 135, 206, 329, 333
殉教……4, 10, 14–15, 17, 21–22, 24–26, 31, 34, 70, 100–101, 112, 126, 130, 133, 138, 142, 158, 164–166, 169, 260, 289, 291, 294–295, 297, 303–304, 309, 366–368, 370, 376
巡礼団長(amīr al-ḥajj)………75, 172, 176, 208, 210, 302, 344, 347
蒸気船…………………9, 46, 56, 77, 296, 307
召命…………………………25–26, 371, 375
ショール…………………123, 136, 233, 246
シーラーズ………………10, 54, 66, 75, 85
ジーラーニー(ʻAbd al-Qādir Jīlānī)….107, 130, 132, 301
シリア…14, 38, 59–61, 65, 67, 75, 88, 131, 219, 240, 296
シールヴァーン……………………………75
信徒の長(amīr al-mu'minīn)….20, 23, 364–365, 368, 372–374

スエズ運河………………………………245
スーフィー…………109, 124, 131, 132, 308
スフラワルディー(Suhravardī)…107, 131
炭……………………………………79, 92
スライマーン(預言者)……………345, 374
スライマーン(Shāh Sulaymān)………41, 58
ズル・キフル……………………107, 246
スルターン・フサイン(Shāh Sulṭān Ḥusayn)………………171
スレイマニエ…49, 179, 181, 221, 350–351
スレイマン(Sulṭān Sulaymān)……42–43, 59, 164–166, 169, 184
スンナ派…3, 5, 7–8, 10, 14, 29, 35, 37–38, 45, 55, 106, 108–110, 124, 130–132, 135, 153, 158, 162, 163, 166–167, 171–173, 175, 182, 184, 187–188, 192, 260–268, 273, 277–283, 286, 290, 294–295, 297–298, 300–302, 305, 308, 310–311, 321

誓願…………………………………………82
税関……65, 70, 90, 122, 136, 153–154, 187, 192, 215, 232–235, 239, 246–247, 253, 257, 269, 271, 357, 360–361
聖戦　→　ジハード
清掃人(farrāsh)………………159, 292, 303
税務庁……………………………………349
セムナーン………………………………64
セリム(Sulṭān Salīm)………………162, 184

総領事…………………………146, 210–212
ゾハーブ…………49, 60, 85, 167, 185, 351
ゾハーブ協定……163, 167–172, 183, 185

[た行]

第一次エルズルム条約……163, 174–175, 177–178, 182–183, 187, 190, 202, 231–232, 343, 345, 352–353
大宰相………………………159–160, 353
大宰相府…………………………………160
大使……49, 51–52, 60, 81, 160, 171–172, 175, 177–180, 182, 187, 200, 202, 204–205, 212, 219, 239, 243–245, 247, 249–250, 252, 258, 301, 326, 343, 345, 349–350, 353
大使館…188, 202–203, 214, 239–240, 303, 354, 357, 360
第二次エルズルム条約……47, 51, 56, 61, 63, 163, 178, 180–183, 187–190, 192, 198, 200–203, 207–208, 211, 213–214, 216, 245, 308, 343, 350
第六師団……………199, 246, 265–266, 273
ダーウード………………………………104
タキーヤ(信仰隠匿)…124, 272, 295, 298, 305
ターケ・ボスターン……………………72
ターズィイエ(哀悼行事・哀悼儀礼)…3, 5, 11, 34, 155, 215, 268, 291, 294–295, 303–304, 362

立ち処(maqām)……28, 33, 103-109, 111, 124, 128-129, 383
タフマースプ(Shāh Ṭahmāsp)……42-43, 164-166, 169, 171, 185-186
タフマースプ二世(Shāh Ṭahmāsp II)……171
タバコ……209, 232-233, 245-246, 273, 300
タブリーズ…49, 61, 64, 66, 68, 72, 74-75, 84, 88-89, 92, 146-147, 163, 180, 209, 323, 327-328, 330
ダマスクス…38, 47, 51, 67, 172, 176, 182, 202, 217, 241, 290, 302, 344, 347
タワーフ……106, 111-112, 114-115, 124, 143-144, 146, 165, 169
断食……32, 36, 146, 366
断食明け祭 → フィトル
タンズィマート……47, 214, 238, 259, 354, 356

血の代償……93
チャルディラーン……162

通行証……8, 51-52, 65-66, 79-80, 95, 152, 213, 215-220, 229, 234, 236-240, 247, 249, 251-252, 254, 267, 269, 354, 357-358, 361
通行税……39, 80, 214-215, 235-236, 250-251, 270-271
通商大臣……329

ティグリス(川)……65, 77, 85-86, 97-98, 104, 119, 127, 129, 135, 142, 178, 235-236, 250
ティクリート……98
ティフリス……186, 202, 239
ディヤーラー川……95, 97, 235, 247
鉄道……9, 55, 87, 91, 93, 183, 237, 296, 307
テヘラン……5-6, 33-34, 50, 52, 64-69, 72-75, 80, 83-84, 87-92, 189, 191, 254, 278, 293, 303, 323-326, 328-331, 342, 356
天国……19-20, 113, 277-278, 364-365, 371
天幕の場……100-101

冬営地税……347
トゥース……372, 377
盗賊…69, 84, 192-195, 197-199, 206, 208-209, 218, 255, 276
統治者(ḥākim)……45, 164, 172, 176, 208, 344, 347
ドゥルマ税……172, 176, 344, 347
特権(imtiyāz)……173, 181, 202, 211, 332, 350, 352
トラブゾン……197, 202, 217, 243
執り成し……19, 27-28, 31, 33, 116, 158, 284, 307, 309, 364
トルコマン……89
トルコマーン・チャーイ条約……59, 178
奴隷…21-22, 27, 31, 45, 345-346, 350, 367-368, 379

[な行]

ナーウースィーヤ……369
ナジャフ……3-4, 7, 10, 25, 30, 33-34, 36-38, 40, 42, 45, 47, 50-51, 55-57, 61, 65-67, 70-71, 75, 79-80, 87-88, 91-92, 96-99, 101, 103-105, 110, 115, 118-119, 121-126, 128-129, 131, 133-135, 140-141, 144-150, 152, 155, 158-160, 167, 182, 184, 186-187, 195, 199-200, 202-204, 210-211, 221, 225, 227, 234, 242-244, 260-264, 266, 268, 270-272, 278-282, 284-289, 294-295, 298-302, 304-305, 307-308, 311, 324, 326-327, 329, 331, 334, 355, 361, 375, 382
ナジャフ石……122
ナジュド(ネジド)……34, 160, 204, 210
ナーセロッディーン・シャー(Nāṣir al-Dīn Shāh)…11, 47, 58, 69, 77, 81-82,

84, 88, 90, 98, 102, 106-107, 128, 133, 135, 188, 191-192, 239, 243, 247, 252, 281-282, 284-285, 296, 299, 301, 319, 321, 323-329, 333
ナツメヤシ……………………122, 126, 245
ナーディル(Nādir Shāh Afshār)…42, 126-127, 170-171, 173, 177, 183, 185, 187, 285, 304, 343
ナフラワーン……………………………130
ナルジス…………………30, 102-103, 378

肉………………47, 81, 91, 93, 183, 237, 296
ニーシャープール………………………64
担い籠……………………………77-78, 90
二本指の場所……………………………101

ヌーフ……………………………………101

[は行]

バイア……………………………………374
バキー(墓地)…………………42, 375-377
パキスタン………………………………127
ハーキム　→　統治者
バクー……………………………59, 66, 254
バグダード……4-5, 10, 23, 38-39, 42, 45, 47-48, 50, 52, 56-60, 65-66, 73, 75, 77-78, 85-93, 95-99, 101-102, 104, 106-110, 119-120, 122, 125-127, 129-131, 135-136, 141-143, 146, 148, 159-160, 163-164, 166-173, 175, 178, 182, 184-188, 192, 194, 196, 199-200, 202-205, 209-212, 214-217, 221-222, 225, 227, 230, 232-236, 239, 242-243, 245-246, 249-250, 252-253, 260-261, 268-273, 281, 283, 291, 300-301, 304-305, 308, 312, 326, 329-330, 342, 344, 346, 355, 357, 360-361, 363, 368, 377, 380-381
バグダード州…6, 44, 48, 50, 61, 106-107, 126, 130-131, 153, 197, 201, 221, 240-241, 244-245, 249-250, 252, 255-257, 260-261, 263-270, 272-273, 300, 355, 363, 380
バグダード州長官……44, 47, 50, 78, 118, 134, 152, 171, 178-180, 187, 200-201, 212, 225, 239, 254, 256, 265-266, 272-273, 283, 343, 347
『バグダード州年報』…129, 221, 246, 250, 260, 263-264, 268, 273, 383
バークーバ……42, 58, 77, 80, 96-98, 194, 197, 202, 205, 211, 215, 235-236, 252, 276, 363
バーザール……59, 84, 122, 136, 251, 271, 273, 279, 287-288
ハサン(第二代イマーム)…16, 19, 23-24, 101, 303, 365, 374-376
ハサン・アスカリー(第十一代イマーム)……5, 15-16, 23, 102, 127, 130, 260, 281, 368, 372, 378
ハーシム…………………………………16, 374
パシャ……………………106, 173, 288, 346
バスラ……38-39, 47, 57, 60-61, 65-66, 77, 80, 85-86, 88, 91, 109, 128, 132, 140, 159-160, 170, 185-187, 199, 202-203, 211, 216, 221, 242-243, 245, 268, 272
ハッジ(メッカ巡礼、大巡礼)……4, 8, 10-11, 18, 20-22, 24, 27-28, 31-33, 36-43, 46-47, 51-52, 54, 56-57, 59, 61, 67, 71-73, 75, 83, 86-88, 92, 94, 114, 123-125, 131, 135, 144, 146, 165-166, 169-170, 172-173, 183-184, 190, 202-204, 208, 210-211, 219-221, 230, 239-240, 243, 275, 290-291, 293-299, 302, 305, 307, 310-311, 320-322, 328, 333, 364, 366-369
ハーッジー……………………94, 291-293
ハディージャ……………………………373
ハディース……5, 14, 17-18, 23-25, 27-28, 31-33, 70-71, 112, 126, 129-130, 138, 364, 370, 372-373, 378

ハーディム…114, 116, 121, 153, 159, 212, 251, 279-281, 292-293, 299, 301, 303, 371
バドル……………………22, 25, 129, 367
ハーナキーン……45-46, 50, 52-54, 59, 65, 68, 70, 83, 87, 92-93, 95-98, 136, 140-141, 148-149, 152-154, 156, 192-194, 198-200, 202-204, 209-212, 215-217, 219-225, 227, 229-234, 239, 242, 244, 246-247, 249-250, 252-255, 257, 270-271, 276, 358
ハナフィー派……………………130-131
バニー・サード……………………96-97
ハーニー・ブン・ウルワ(Hānī b. ʻUrva)…103
バビロン……………………141, 301
パフラヴィー朝……………………55
ハマダーン………38-39, 64, 66, 84, 87, 89, 191, 208, 328
バラカ(神の恩寵)……15, 27, 95, 116-117, 124, 133, 285
バラド……………………97-98, 105, 130
ハラーム　→　禁忌
パリ……………………202, 241
パリ条約……………………59
ハリーマ……………………102
ハールーンアーバード……………58, 208
ハールーン・ラシード(Hārūn al-Rashīd)……………………127, 132
バーレーン……………………66, 89, 299
ハワーリジュ派……………………14, 101
ハーン・ナッジャール………98, 194-195
バンダレ・アッバース……65-66, 68, 80, 85, 88, 329-330, 342

『光の大洋』……………………11, 24, 32-33
ヒジャーズ……………………57, 88, 185
ヒズル(預言者)……………107, 109, 129
ビーソトゥーン…41-42, 58, 72, 74, 76, 84
棺(柩)…101-102, 139, 141-143, 147-148, 150, 153-154, 157, 161, 233, 309, 358, 363
羊……………………91, 93, 120, 136, 191
ヒッラ……97, 107-108, 131, 202, 211, 260-261, 264, 272, 380

ファオ……………………85, 242
ファーティハ章……………………106
ファーティマ………15-16, 19-20, 24, 129, 365, 372-375
ファーティマ(マースーメ)廟……10, 42, 84, 146, 157
ファトフ・アリー・シャー(Fatḥ ʻAlī Shāh)……84, 174, 178, 186-187, 252, 321, 326, 345
ファトワー……………………48, 118, 300
ファールス……………………74, 85
フィトル(断食明け祭)……20, 25-26, 366
福島安正……………………151, 250, 252, 276
フサイニーヤ(運河・川)……100, 126, 226
フサイン(第三代イマーム)…3-5, 11, 14, 16-17, 19, 21-27, 30, 32-34, 36, 43, 70, 99-101, 115, 117, 122-123, 126, 128-130, 133-134, 138-139, 142, 144, 155, 157, 160, 260, 271, 275, 277-278, 283, 286, 289, 291, 294-295, 297, 303-305, 365-369, 372, 374-376
フサイン廟……4, 17, 26, 28, 36, 42, 45, 70, 100, 115, 117, 122-123, 129, 134, 144, 155, 160, 271, 277-278, 287, 296, 304
ブーシェフル…65-66, 69, 80, 85, 88, 134, 229-230, 243-244, 329
フーゼスターン……………………85, 229, 324
復活の日……………19, 134, 138, 364-365
フッル(Ḥurr)……104-105, 130, 184, 196, 278
フード……………………105, 144
フトバ……………………179
フムス(五分の一税)……………………146
フランス………53, 186-188, 241, 244-245

ブワイフ朝……………………………24, 159

ベクターシュ……………………………119
ペスト…………50, 160, 220, 229, 241-243
ペテルブルク……………………………202
ベドウィン……87, 104-105, 161, 190, 205, 210
ヘラート……………………38, 59, 65, 179
ベルギー……………………………91, 120
ペルシア湾…39, 44, 57-58, 65-66, 69, 73, 86, 88, 91, 119, 134, 187, 196, 221, 230, 242, 329-330

ホイ……………………………49, 88, 331
法学者　→　ウラマー
宝石…42, 92, 100-101, 122-123, 133, 136, 233
奉納…………136, 231, 233, 278, 360-361
頬付け……………………………114, 124
牧地税……………………………………351
ホスロウのイーワーン…………………119
ホセイン　→　フサイン
ホッラムシャフル　→　ムハンマラ
墓廟関係者…117, 134, 136, 145, 246, 271, 284-285, 301
ホラーサーン……37, 64, 66, 74, 84, 139, 163, 208, 246, 253, 303, 326, 358, 363, 377, 381
ボルージェルド……………………………66
ボンベイ…………………………85, 202

［ま行］

埋葬税……………144, 152-153, 249, 251
馬子………………75, 89-90, 194, 247, 300
マーザンダラーン…66, 92, 204, 208, 253, 325
マシュハド……4, 8, 10, 32, 38, 53-57, 61, 65, 69, 89, 132, 134, 136, 146, 153, 157, 159, 166, 183, 185, 257-258, 290-291, 294, 297, 303, 312, 319, 321, 327, 329-330, 342
マジュリスィー（Muḥammad Bāqir Majlisī）……………………11, 24, 31-32, 57
マスカット…………………………85, 196
マースーメ廟　→　ファーティマ廟
マダーイン……77, 97, 104-105, 119, 123, 128-129, 308
マーヒーダシュト…………………89-90
マフディー（第十二代イマーム）……5, 15-16, 26, 30, 99, 102-105, 108, 128, 279, 283, 300, 372, 378
マフムーディーヤ…………………97, 194
マフムト・ハーン（Sulṭān Maḥmūd Khān）……………………………171, 343, 346
マムルーク……44, 47, 170, 173-174, 178, 183-187
魔除け…………………………122, 288
マラーエル…………………………………64
マンダリー……………202, 211, 221, 242

水タバコ………………143, 176, 232, 346
ミナー……………………………………371
ミナレット……42, 100-101, 119, 127, 305
ミフラーブ………………………101, 103
ミヤーネ・ターク…………………58, 271
ミーラージュ……………………………373
ミール・ミーラーン（mīr mīrān）176, 347
ミンバル……………………113, 371, 375

ムアーウィヤ………………………14, 299
ムアッズィン……………292, 303, 362
ムーサー（預言者）……………………372
ムーサー・カーズィム（第七代イマーム）…4, 16, 22-23, 29, 101-102, 107-109, 121, 127, 159, 259-260, 304, 366, 368-369, 372, 377
ムサイイブ……42, 59, 80, 90, 97-98, 105, 119, 125, 194, 196, 199, 202, 210, 212, 215, 225-227, 235, 242-243, 251-252,

264
ムジュタヒド……55, 112-113, 197, 210, 311, 370, 373, 375
ムスリム・ブン・アキール(Muslim b. 'Aqīl)…………………103, 105, 128, 196
ムハンマド(預言者)……4, 13-16, 17-18, 23-26, 33, 36, 42-43, 70, 99, 104, 126, 129-130, 132, 165-166, 185, 299, 364, 372
ムハンマド(・タキー)・ジャヴァード(第九代イマーム)……4, 16, 23, 101-102, 128, 159, 369, 372, 377-378
ムハンマド・バーキル(第五代イマーム)……………………………………16, 376
ムハンマド・ブン・ハナフィーヤ……369
ムハンマド・マフディー(第十二代イマーム)………5, 14-15, 102, 117, 378
ムハンマラ(ホッラムシャフル)…60, 85, 134, 178-179, 181, 187, 350-351
無謬の十四人……………………15-16, 18
ムラト・ハーン四世(Sulṭān Murād Khān IV)……………167, 169, 172, 343-344

メッカ……4, 32, 38-40, 46-47, 50-51, 57, 60, 71-72, 75, 88, 128, 158, 165-166, 176, 181-183, 185, 212, 217, 241, 244, 291, 294, 298-299, 302, 305, 319-321, 347, 352, 373, 375, 377
メッカ巡礼……4, 8, 10, 24, 27-28, 31, 33, 36-41, 43, 46-47, 51-52, 54, 56-57, 59, 61, 67, 71-73, 75, 83, 86-88, 92, 94, 114, 123-125, 131, 135, 144, 146, 165-166, 169-170, 172-173, 183-184, 190, 203-204, 208, 210-211, 219-221, 230, 239-240, 243, 275, 290-291, 293-299, 302, 305, 307, 310-311, 320-322, 328, 333
メディナ…4, 14, 17-18, 23, 32, 38, 42-43, 50, 57, 65, 67, 71-72, 75, 88, 128, 130, 158, 164-166, 170, 172, 176, 181-183, 204, 210, 212, 267, 302, 305, 319, 328, 344, 347, 352, 364, 373, 375-378

沐浴………32, 111-112, 114-115, 124, 133, 143, 368
モザッファロッディーン・シャー(Muẓaffar al-Dīn Shāh)………321, 329
モースル……163, 171, 185, 199, 272, 281, 302
モッラー(mullā)……………133, 279, 302
モハンマド・アリー・シャー(Muḥammad 'Alī Shāh)………320-321
モハンマド・シャー(Muḥammad Shāh)…178, 321, 325, 350

[や行]

ヤークービーヤ → バークーバ
ヤー・スィーン章………………………133
ヤズド………………………………64-66
ヤンブー………………………………46, 52

幽隠 → ガイバ
ユーシャア(預言者)……………109, 374
ユダヤ…50, 107-108, 124, 131, 150, 222-223, 242, 246, 262-263, 271, 286, 308, 358, 374
指輪………………………26, 133, 246, 374
ユーフラテス(川)……65, 77, 98-99, 126, 131, 135, 184, 235

預言者……4, 13-15, 17-24, 26, 33, 42-43, 99, 101, 103-105, 107, 109, 124, 126, 128-131, 144, 165-166, 299, 364-368, 372-375
預言者家(ahl al-bayt)……………………24
ヨーロッパ……9-10, 46, 58, 82, 131-132, 202, 213, 216, 241-242, 245, 271, 296-297, 302, 325, 328, 333, 394

［ら行］

来世……22, 28, 31, 82, 161, 164, 279, 307, 309, 367
ラクア（跪拝）……21-22, 28, 106, 111, 113, 132, 366, 368, 371, 373
楽園……138
ラクダ……59, 72, 78, 89, 92, 129, 143, 247, 254, 312
ラジャブ月朔日……21, 25, 70, 367
ラシュト……65-66, 204, 254
ラバ（騾馬）……78, 80, 89-90, 92, 142-143, 147, 157, 252, 312
ラバ追い……53-54, 89-90, 143, 155
ラフマーン章……133
ラマーディーヤ……241

立憲革命……333
領事……10, 48, 52, 59, 118, 122, 160, 181-183, 200-205, 207, 211-212, 214, 217, 225, 227, 230, 239, 240, 246, 252, 256, 273, 334, 350, 352, 357, 360
領事館……50, 152, 194, 201-203, 211, 217, 354-355

ルーム……172, 176, 232, 344-345, 347-348

レイ……10, 33, 38, 84, 89
礼拝……14, 21-22, 28, 32, 36, 72, 103, 106, 111-114, 117-118, 124, 133, 143, 146-147, 179, 302, 366, 368, 371, 373
礼拝導師……34, 106, 331
礼拝用石（muhr）……356
レザー・シャー（Riżā Shāh Pahlavī）……55, 258, 312
レザー廟……4, 10, 32, 42, 53, 55, 57, 134, 136, 146, 159, 161, 291-293
レバノン……3, 32

ロウゼ・ハーニー（哀悼詩朗詠）……50, 118, 303-304
ロシア……59-61, 88, 134, 137, 152, 174-175, 178-180, 186-187, 189, 200, 239, 243-244, 267
露土戦争……178
ロバ……89, 92, 143, 253, 280
路面電車……78
ロル……191-192, 208
ロレスターン……64, 84, 208
ロンドン……187, 202, 326-327, 379

［わ行］

賄賂……151, 160, 234, 334
ワーキフィーヤ……369
ワクフ……32, 107, 129-130, 159, 161, 231, 233, 292, 361
ワクフ管財人……106, 355
ワクフ管財人長……30, 280
ワクフ庁……233, 324, 361
ワズィール……176, 347, 349
ワッハーブ派……44-45, 59, 104, 132, 174, 259
ワーディー・サラーム（墓地）……105, 121, 144, 147

1854年文書……48, 146, 214, 217, 222, 231, 236, 255, 343, 353
1877年文書……149, 214, 218, 220, 222-224, 230-231, 233-234, 236, 251, 254-255, 271, 343, 357
72人の殉教者……100, 126
ʻAbd al-Ḥusayn Tihrānī……212, 325-326
ʻAlī Khān Zangana……58
Dāʼud Pasha……178, 187
ʻImād al-Dawla……65, 84, 192-193, 246
Midḥat Pasha……47, 78
Mīrzā Ḥasan Shīrāzī……266, 300
Mīrzā Jaʻfar Khān Mushīr al-Dawla……160,

著者略歴

守川　知子（もりかわ　ともこ）

北海道大学大学院文学研究科助教授

1972年　京都市生まれ。

1997年　文部省アジア諸国等派遣留学生としてテヘラン大学に留学。

2002年　京都大学大学院文学研究科博士後期課程研究指導認定退学、京都大学研修員。ドイツ学術交流会短期奨学生としてバンベルク大学で研修。

2006年　日本学術振興会特別研究員を経て、現職（現在にいたる）。

博士（文学）

主要論文

「聖地アタバート参詣考」『東方学報』第79冊（2006）、「ガージャール朝期旅行記史料研究序説」『西南アジア研究』55（2001）、「サファヴィー朝支配下の聖地マシュハド」『史林』第82巻第2号（1997）など。

東洋史研究叢刊之七十一（新装版　9）

シーア派聖地参詣の研究

2007年2月28日　初版第一刷発行

著　者　守　川　知　子

発行者　本　山　美　彦

発行所　京都大学学術出版会

606-8305　京都市左京区吉田河原町15-9京大会館内

電話　075(761)6182　FAX075(761)6190

URL　http://www.kyoto-up.or.jp/

印刷所　亜細亜印刷 株式会社

定価はカバーに表示してあります

ISBN978-4-87698-529-6　C3322

ORIENTAL RESEARCH SERIES No.71

Shi'ite Pilgrimage to the Sacred 'Atabāt

By

MORIKAWA Tomoko

Kyoto University Press
2007